2015

天津调查年鉴

Tianjin Survey Yearbook

国家统计局天津调查总队　天津市统计局　编

NBS Survey Office in Tianjin　Tianjin Municipal Bureau of Statistics

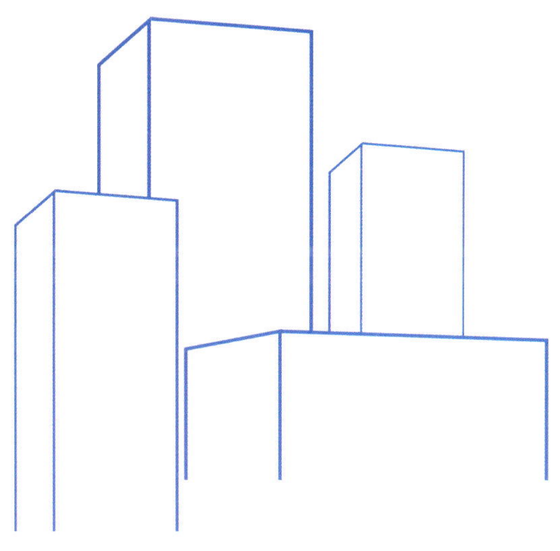

中国统计出版社

China Statistics Press

图书在版编目（CIP）数据

天津调查年鉴. 2015 : 汉英对照 / 国家统计局天津调查总队, 天津市统计局编. -- 北京 : 中国统计出版社, 2015.11
ISBN 978-7-5037-7503-1

Ⅰ. ①天… Ⅱ. ①国… ②天… Ⅲ. ①统计资料－天津市－2015－年鉴－汉、英 Ⅳ. ①C832.21-54

中国版本图书馆 CIP 数据核字（2015）第 170541 号

天津调查年鉴—2015

作　　者/国家统计局天津调查总队　天津市统计局
责任编辑/佘竞雄　李　冲
装帧设计/李雪燕
出版发行/中国统计出版社
通信地址/北京市丰台区西三环南路甲 6 号　邮政编码/100073
电　　话/邮购（010）63376909　书店（010）68783171
网　　址/http://www.zgtjcbs.com/
印　　刷/河北天普润印刷厂
经　　销/新华书店
开　　本/880mm×1230mm　1/16
字　　数/580 千字
印　　张/19　0.5 彩页
版　　别/2015 年 11 月第 1 版
版　　次/2015 年 11 月第 1 次印刷
定　　价/280.00 元　280.00yuan (RMB)

本书附同版本 CD-ROM 一张，光盘内容以书面文字为准。
如有印装差错，由本社发行部调换。

2014年城镇居民可支配收入构成

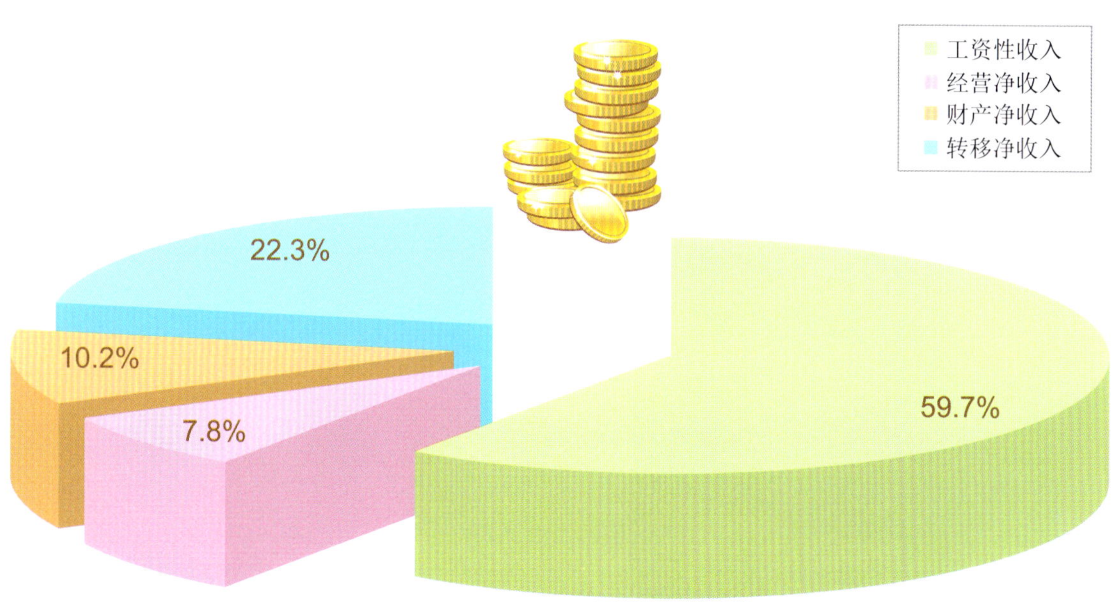

2014年农村居民可支配收入构成

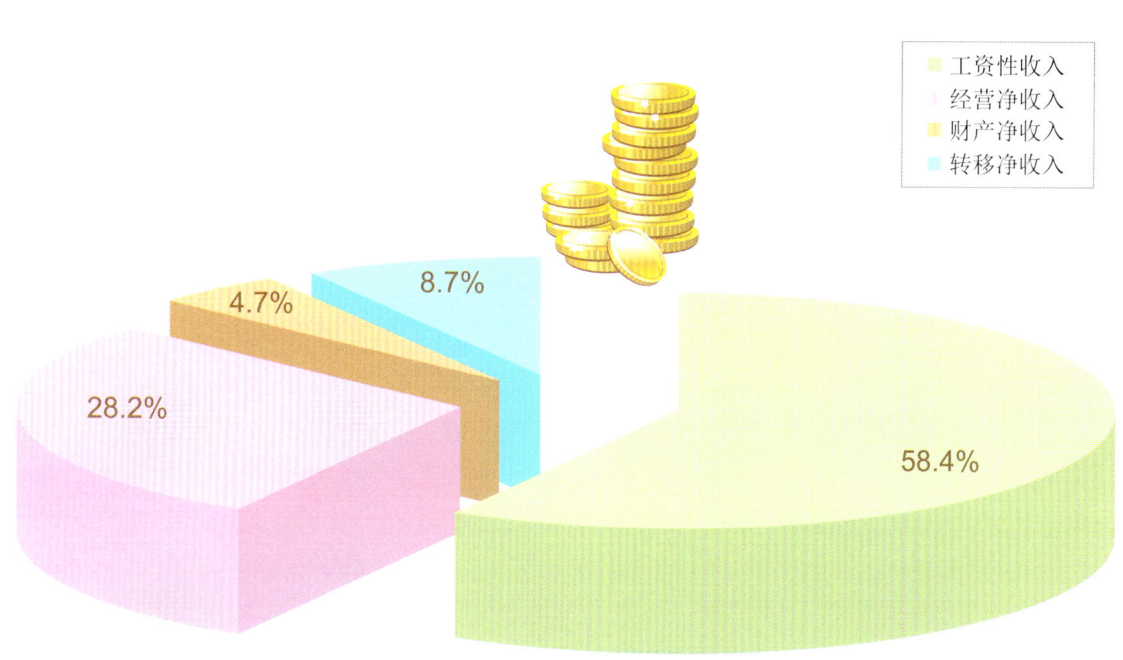

2014 年城镇居民消费支出构成

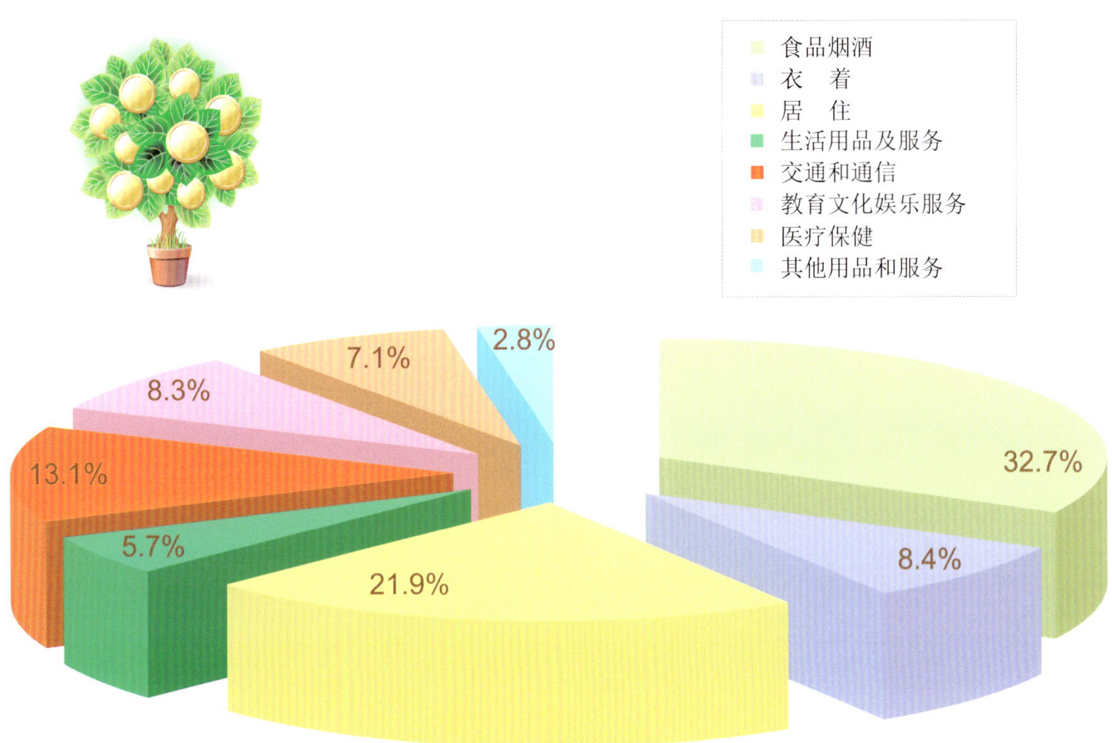

2014 年农村居民消费支出构成

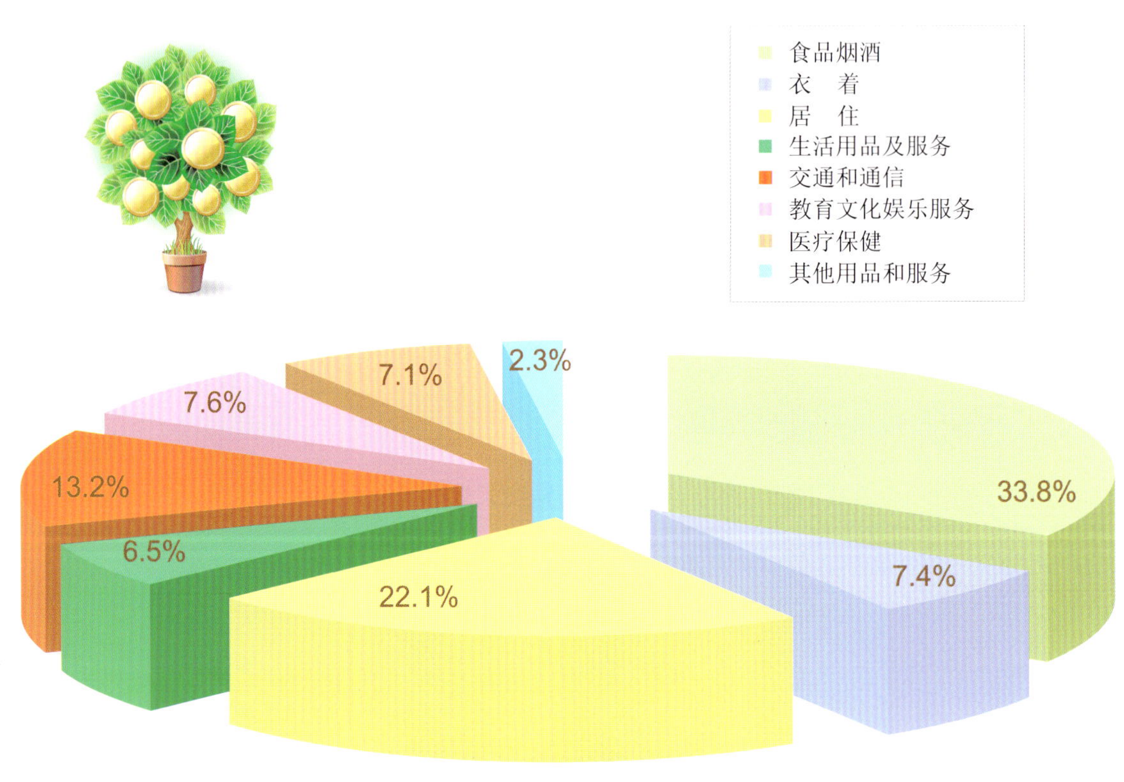

2006-2014 年商品零售价格指数和居民消费价格指数

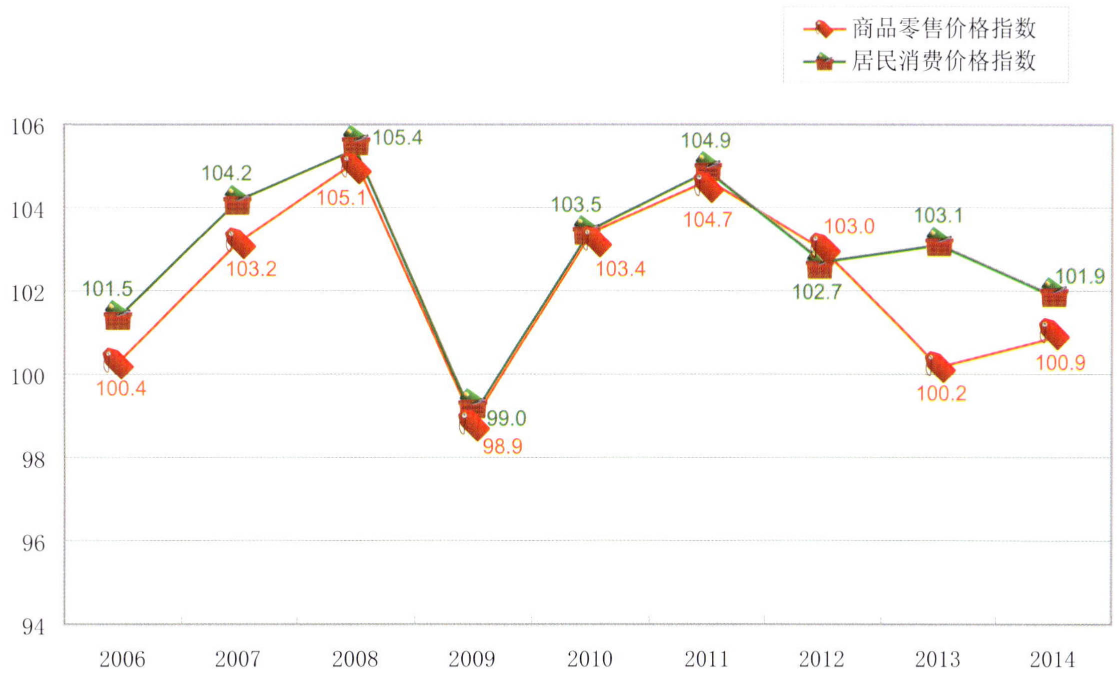

2006-2014 年工业生产者出厂价格指数和购进价格指数

2014 年 1-12 月住宅销售价格指数（新建住宅）

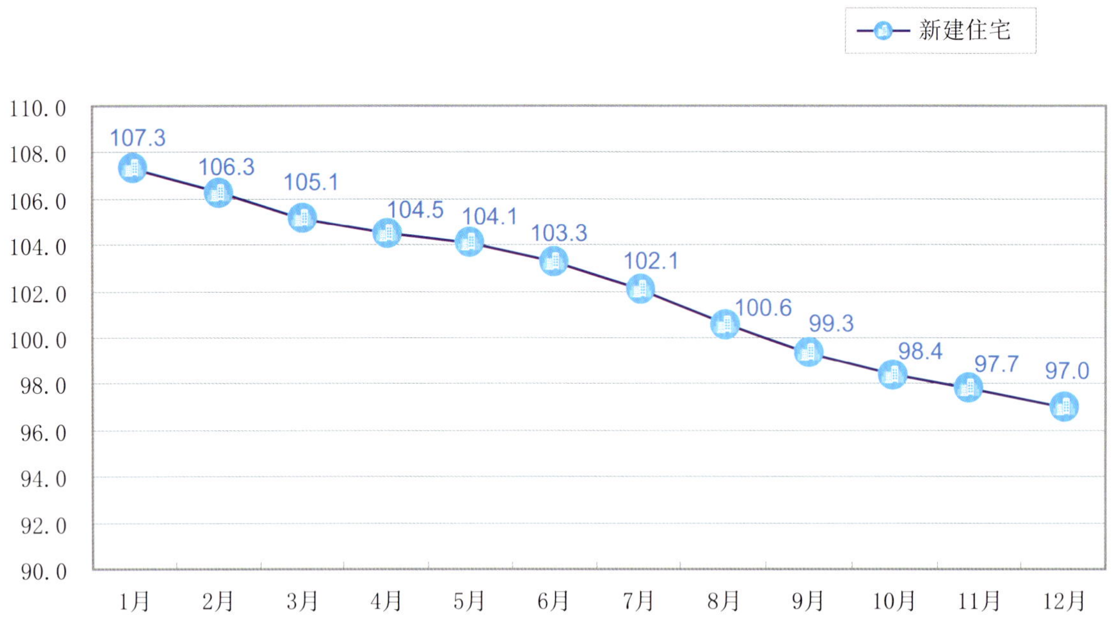

2014 年 1-12 月住宅销售价格指数（二手住宅）

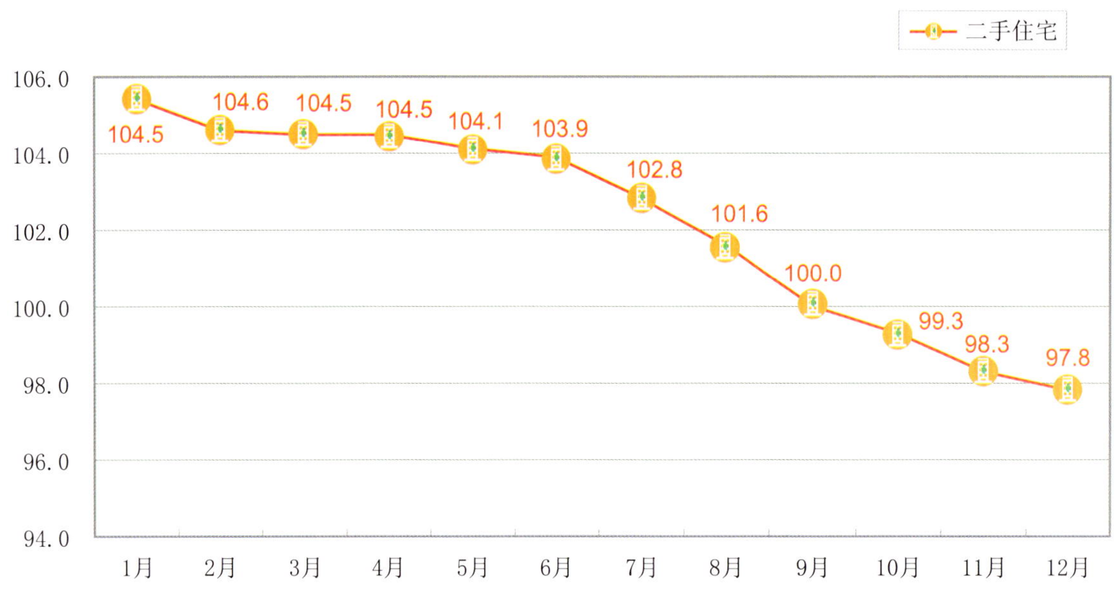

天津的地位
Position of Tianjin in the Country

常住人口	Total Permanent Population	占全国 1.1%
地区生产总值	Gross Domestic Product	占全国 2.5%
#第二产业	Secondary Industry	占全国 2.9%
第三产业	Tertiary Industry	占全国 2.5%
全社会固定资产投资总额	Total Investment in Fixed Assets	占全国 2.3%
社会消费品零售总额	Total Retail Sales of Consumer Goods	占全国 1.8%
城镇居民人均可支配收入	Per Capita Disposable Income of Urban Households	高于全国 2662 元

天津的经济发展
Economic Development of Tianjin

		2010-2014 年平均增长(%) 2010-2014 Average Annual Growth Rate(%)
地区生产总值	Gross Domestic Product	15.9
#第一产业	Primary Industry	9.4
第二产业	Secondary Industry	14.3
第三产业	Tertiary Industry	17.9
全社会固定资产投资总额	Total Investment in Fixed Assets	18.4
公共财政收入	Public Finance Revenue	23.8
社会消费品零售总额	Total Retail Sales of Consumer Goods	14.3
城镇居民人均可支配收入	Per Capita Disposable Income of Urban Households	8.0

天津的一天
One Day in Tianjin

地区生产总值	Gross Domestic Product	亿元 (100 million yuan)	43.09
#第一产业	Primary Industry	亿元 (100 million yuan)	0.55
第二产业	Secondary Industry	亿元 (100 million yuan)	21.28
第三产业	Tertiary Industry	亿元 (100 million yuan)	21.26
全社会固定资产投资总额	Total Investment in Fixed Assets	亿元 (100 million yuan)	31.93
公共财政收入	Public Finance Revenue	亿元 (100 million yuan)	6.55
社会消费品零售总额	Total Retail Sales of Consumer Goods	亿元 (100 million yuan)	12.98
全社会竣工房屋建筑面积	Floor Space of Building Completed	万平方米 (10 000 sq. m)	14.52
商品房销售面积	Floor Space of Commercial Houses Sold	万平方米 (10 000 sq. m)	4.42
外贸进出口总额	Foreign Trade Imp.& Exp. Volume	亿美元 (USD 100 million)	3.67
实际直接利用外资额	Actual Use of FDI in Tianjin	万美元 (USD 100 million)	0.52
港口货物吞吐量	Volume of Freight Handled at Coastal Ports	万吨 (10 000 tons)	147.95
天然原油产量	Output of Crude Petroleum Oil	万吨 (10 000 tons)	8.42
轿车产量	Output of Cars	辆 (unit)	1402
粮食产量	Output of Grain	吨 (ton)	4821
蔬菜产量	Output of Vegetables	吨 (ton)	12608
水果产量	Output of Fruits	吨 (ton)	858
猪肉产量	Output of Pork	吨 (ton)	818
牛羊肉产量	Output of Beef and Mutton	吨 (ton)	135
禽肉产量	Output of Poultry	吨 (ton)	318
禽蛋产量	Output of Poultry Eggs	吨 (ton)	532
牛奶产量	Output of Milk	吨 (ton)	1888
水产品产量	Output of Aquatic Products	吨 (ton)	1118

天津调查年鉴—2015

编辑委员会

Tianjin Survey Yearbook 2015
Editorial Board and Staff

编者说明

一、《天津调查年鉴》是一部反映天津城乡居民生活、居民消费价格、工业生产者价格、房地产价格、固定资产投资价格、农村与农业发展情况的统计资料工具书，创刊于2006年，逐年出版。本书以翔实的抽样调查资料与统计资料向社会各界展现天津经济与民计民生发展状况，成为社会各界了解天津、认识天津和分析研究天津经济和社会发展的权威性的资料工具书。

二、《天津调查年鉴—2015》文字资料载有《2014年天津市国民经济与社会发展统计公报》等文字资料。数据资料共分综合篇、人民生活篇、价格及价格指数篇、农业篇、农村篇等五个篇目。为方便读者使用，书的篇目索引标明了全书结构。在书中每篇后注明统计指标解释。

三、本年鉴数据资料所使用的计量单位，除部分面积单位使用亩或万亩外，其他均为国际统一标准计量单位。

四、本年鉴统计图表中，“#”表示其中的主要项，“空格”表示统计指标无数据，“…”表示数据不足本表最小计量单位数。

五、由于与不同年份有关专业的普查结果相衔接，以及国家统计制度变化等原因，年鉴中部分指标的历史年度数据会有变动。读者在使用历史资料时，凡以前的年鉴与本年鉴数据有出入的，均以本年鉴为准。

六、感谢广大读者对《天津调查年鉴》编辑出版工作的支持和帮助，欢迎继续提出宝贵意见，使《天津调查年鉴》的形式和内容更趋完善。

EDITOR'S NOTES

Ⅰ.*Tianjin Survey Yearbook* is a statistics publication, which reflects various aspects of the livelihood of urban and rural Tianjin residents, consumer prices, industrial producer prices, real estate price, fixed-asset investment prices, purchasing managers' index , rural and agricultural development. It was created in 2006 and published annually ever since. Possessing plentiful and detailed Sampling survey and statistical materials to reflect various aspects of Tianjin's economic and the development of people's livelihood, the yearbook has become the most authoritative statistics publication for various circles to get to know Tianjin and to analyze Tianjin's economic and social development.

Ⅱ. Written materials in *Tianjin Survey Yearbook 2015* include Statistica Communique on the 2014 National Economic and Social Development of Tianjin and so on. Data materials include General Survey, People's life,Price and price indices, Purchasing Managers' Index, Agriculture, Countryside, and so on. To facilitate and ensure comprehension, the book's structure is marked in the index. And there are explanatory notes attached after each chapter.

Ⅲ. The units of measurement used in this yearbook are internationally standard measurement units except for partial area units which used mu or million mus.

Ⅳ. In the charts of this yearbook: "#" indicates a major breakdown of the total; (blank space) indicates the data is not available; and "…" indicates the figure is not large enough to be measured with the smallest unit in the table.

Ⅴ. Some data in this yearbook is different from former yearbook for the reason of keeping consistent with data of census as well as changes of national statistics system. The data of this yearbook should be considered as authoritative.

Ⅵ. The readers' support and help during the editing and publishing work of Tianjin survey Yearbook is very much appreciated. And we hope for your valuable suggestions to make the form and content of Tianjin Survey Yearbook more perfect.

目　　录
Contents

一、综合
GENERAL SURVEY

二、人民生活
PEOPLE'S LIVING CONDITIONS

三、价格及价格指数
PRICE AND PRICE INDICES

四、农 业
AGRICULTURAL

五、农 村
COUNTRYSIDE

2014年天津市国民经济和社会发展统计公报

天津市统计局

国家统计局天津调查总队

2015年3月13日

2014年，是全面深化改革开局之年，是京津冀协同发展全面启动之年。全市上下全面贯彻落实党的十八大和十八届三中、四中全会精神，认真落实市委、市政府决策部署，坚决落实国家宏观调控政策措施，紧紧围绕美丽天津建设，稳中求进，开拓创新，经济社会发展取得新成绩。

一、综合

初步核算，全年实现地区生产总值（GDP）15722.47亿元，按可比价格计算，比上年增长10.0%。分三次产业看，第一产业增加值201.53亿元，增长2.8%；第二产业增加值7765.91亿元，增长9.9%；第三产业增加值7755.03亿元，增长10.2%。三次产业结构为1.3:49.4:49.3。

财政税收增势良好。全年一般公共预算收入2390.02亿元，增长15.0%。其中，税收收入1486.55亿元，增长13.5%，比重达到62.2%。从主体税种看，增值税252.80亿元，增长11.9%；营业税478.47亿元，增长12.6%；企业所得税234.69亿元，增长15.1%。

民生投入快速增长。全年一般公共预算支出2884.70亿元，增长15.2%。其中，教育支出增长13.3%，医疗卫生支出增长19.2%，城乡社区事务支出增长24.8%，农林水事务支出增长15.2%，文化体育与传媒支出增长17.0%。

民营经济发展势头良好。全年新注册民营企业54580户，增长79.9%。全年民营经济增加值7100.42亿元，增长14.9%，占全市生产总值的比重达到45.2%。民营工业总产值10845.75亿元，增长21.7%，快于规模以上工业14.4个百分点。民间投资6743.68亿元，增长32.1%，快于全社会投资17.0个百分点，占全社会投资的比重达57.9%。民营企业出口114.69亿美元，增长22.9%，快于全市出口15.6个百分点。

投资结构继续优化。全年全社会固定资产投资11654.09亿元，增长15.1%，连续七年增量超过1000亿元。其中，城镇投资10986.50亿元，增长15.3%；农村投资667.59亿元，增长12.6%。在城镇投资中，第一产业投资75.50亿元，增长18.8%；第二产业投资4845.20亿元，增长15.1%；第三产业投资6065.80亿元，增长15.4%，占城镇投资的55.2%。三次产业投资结构为0.7:44.1:55.2。第三产业对城镇投资增长的贡献率为55.5%，优势产业投资占工业投资的比重达到91.3%。

消费价格涨幅回落。全年居民消费价格上涨1.9%，涨幅比上年回落1.2个百分点。八大类商品和服务价格“六升二降”，其中，食品类价格上涨3.0%。全年工业生产者出厂价格下降3.7%，工业生产者购进价格下降2.9%。

二、农业

农业稳定发展。全年农业总产值441.69亿元，增长3.0%。其中，种植业产值230.78亿元，增长3.3%；

林业产值 3.20 亿元，增长 3.5%；畜牧业产值 117.59 亿元，增长 2.9%；渔业产值 79.43 亿元，增长 2.2%；农林牧渔服务业产值 10.69 亿元，增长 2.0%。

全年粮食总产量 175.95 万吨，增长 0.7%；蔬菜产量 460.20 万吨，增长 1.1%。新增农民专业合作社 1558 家，总数达到 6694 家。

三、工业和建筑业

工业生产保持稳定。全年全部工业增加值 7083.39 亿元，增长 10.0%。其中，规模以上工业增加值增长 10.1%。全部工业总产值 30055.12 亿元，增长 7.3%；其中，规模以上工业总产值 28078.82 亿元，增长 7.3%。

结构调整稳步推进。全年八大优势产业产值合计 24998.04 亿元，占规模以上工业的 89.0%。其中，航空航天、生物医药等新兴产业分别增长 38.1%和 17.0%。装备制造业贡献突出，产值合计 9873.94 亿元，增长 9.0%，占规模以上工业的 35.2%，拉动全市工业增长 3.1 个百分点，贡献率达到 43.0%。高新技术产业工业总产值 8503.36 亿元，占规模以上工业的 30.3%。先进制造业重大项目建设加快推进，超大型航天器、大众汽车变速器等项目建成投产，示范工业园区建设扎实推进。

企业效益稳步增长。全年规模以上工业企业完成主营业务收入 28275.94 亿元，增长 5.3%；实现利润总额 2042.77 亿元，增长 2.5%。在 39 个工业行业大类中，有 36 个行业实现盈利。

建筑业稳定增长。全年建筑业增加值 682.52 亿元，增长 9.3%；总产值 4123.49 亿元，增长 11.6%。房屋建筑施工面积 14158.77 万平方米，增长 8.9%；竣工面积 3232.02 万平方米，下降 11.1%。年末全市有总承包和专业承包资质的建筑企业 1774 家。

四、批发零售和住宿餐饮

全年批发和零售业增加值 1981.10 亿元，增长 8.6%；住宿和餐饮业增加值 234.41 亿元，增长 4.8%。

市场销售平稳增长。全年社会消费品零售总额 4738.65 亿元，增长 6.0%。限额以上网上零售额 124.86 亿元，增长 62.1%，拉动限额以上零售额增长 2 个百分点。全年批发和零售业商品销售总额 37073.71 亿元，增长 15.1%。其中，金属材料、石油及制品、煤炭及制品、汽车四大支柱类商品合计实现限上销售额 23047.98 亿元，占限额以上销售额的 74.3%。全市亿元以上批发市场 61 家，主要集中在金属材料、农副产品、建筑装饰材料、汽车、五金机电等五大行业，年交易额 2397.64 亿元。

大众餐饮消费保持活跃。全年住宿餐饮业营业额 748.59 亿元，增长 11.4%。其中，限额以下住宿餐饮业营业额 605.61 亿元，增长 16.5%，高于全市平均增幅 5.1 个百分点，比重达到 80.9%；限额以上住宿餐饮业营业额 142.99 亿元，下降 5.8%。

五、交通、邮电和旅游

全年交通运输、仓储和邮政业增加值 753.19 亿元，增长 8.8%。

交通运输稳步增长。全年货运量 50947.75 万吨，其中，公路 31130.00 万吨，增长 10.4%；铁路 8872.37 万吨，增长 5.0%；水运 9749.32 万吨。货物周转量 3354.40 亿吨公里，其中，公路 349.02 亿吨公里，增长 11.3%；铁路 265.17 亿吨公里，下降 3.0%；水运 2734.01 亿吨公里。全年客运量 19599.41 万人，增长 2.6%；旅客周转量 419.71 亿人公里，增长 3.1%。港口货物吞吐量 54001.80 万吨，增长 7.9%；集装箱吞吐量 1406.10 万标准箱，增长 8.1%。机场旅客吞吐量 1207.30 万人次，增长 20.3%；货邮吞吐量 23.34 万吨，增长 8.9%。

公共交通出行量两位数增长。全年公共交通客运量 18.09 亿人次，增长 12.5%。其中轨道交通客运量 2.99 亿人次，增长 23.2%；公共汽电车客运量 15.10 亿人次，增长 10.6%。新辟公交线路 91 条，年末公交线路达 657 条；年末公交运营车辆 11164 辆，运营出租车 31940 辆。

汽车拥有量稳步增长。截至年末，全市民用汽车拥有量 284.89 万辆，增长 4.2%，其中私人汽车 235.22

万辆，增长 4.8%；民用轿车拥有量 181.80 万辆，增长 4.3%，其中私人轿车 163.75 万辆，增长 4.0%。当年新注册民用汽车 24.09 万辆，比上年下降 43.5%，其中私人汽车 18.31 万辆，下降 56.9%；新注册民用轿车 13.61 万辆，下降 52.9%，其中私人轿车 10.80 万辆，下降 61.7%。

邮电业务量增势良好。全年邮电业务总量 243.64 亿元，增长 14.3%。其中，电信业务总量 207.55 亿元，增长 12.9%；邮政行业业务总量 36.08 亿元，增长 23.1%。全年快递业务量 12404.23 万件。年末公网固定电话用户 360.62 万户，移动电话用户 1351.79 万户。互联网用户 841.00 万户，其中，宽带接入用户 270.80 万户，光纤接入用户 131.22 万户。住宅接入带宽能力提高到 100Mbps，互联网出口带宽达 2520G。

旅游市场较快增长。全年接待入境旅游人数 296.17 万人次，增长 12.0%；其中，外国人 272.48 万人次，增长 12.6%。入境旅游外汇收入 29.92 亿美元，增长 15.5%。接待外省市游客人数比上年增长 13.3%；国内旅游收入增长 16.3%。全市 32.19 万人次出国出境旅游，增长 6.4%；出国旅游人均支出 18723 元，增长 5.4%。年末全市有星级宾馆 103 家；旅行社 402 家，其中有出境资质的 42 家；A 级及以上景区 106 个。

六、金融

全年金融业增加值 1389.53 亿元，增长 13.1%。截至年末，全市金融机构（含外资）本外币各项存款余额 24777.75 亿元，增长 6.4%。全年新增存款 1462.02 亿元，其中，新增单位存款 635.14 亿元，新增个人存款 270.76 亿元。各项贷款余额 23223.42 亿元，增长 11.3%。全年新增贷款 2338.04 亿元，其中，新增短期贷款 298.81 亿元，新增中长期贷款 1221.28 亿元，新增融资租赁 549.16 亿元。

金融改革创新取得新突破。全市融资租赁法人机构 288 家，注册资本金 1083 亿元；小额贷款公司达到 173 家，累计向中小企业和三农发放贷款超过 1000 亿元；融资性担保机构达到 100 家，在保余额近 200 亿元。争取国家外管局支持，批准中新生态城开展跨境人民币创新业务试点。金城银行成为国内首批民营银行试点，意愿结汇、境外投资基金、期货保税交割、动产权属登记等创新业务扎实推进。

证券交易规模持续扩张。年末全市境内上市股票 42 只。全年各类证券交易额 25400.20 亿元，增长 52.1%。其中，股票交易额 15573.26 亿元，增长 50.1%；债券交易额 299.23 亿元，下降 35.6%；基金交易额 675.95 亿元，增长 61.8%。年末证券帐户开户 300.57 万户，增长 5.0%。全年期货市场成交量 7906.51 万手，增长 26.8%；成交额 82920.43 亿元，增长 20.8%。

保险市场平稳发展。年末全市共有保险总公司 6 家，资产管理公司 1 家，各类保险分公司 51 家，各类保险支公司、营业部、营销服务部和专属机构 564 家，保险专业中介机构 118 家。全年原保险保费收入 317.75 亿元，增长 14.8%。其中，财产险收入 108.87 亿元，增长 6.5%；人身险收入 208.88 亿元，增长 19.7%。全年赔款和给付 104.39 亿元，增长 2.3%。其中，财产险赔付 59.91 亿元，增长 1.6%；人身险赔付 44.47 亿元，增长 3.4%。

七、对外经济

外贸出口稳步回升。全年外贸进出口总额 1339.12 亿美元，增长 4.2%。其中，进口 813.16 亿美元，增长 2.3%；出口 525.97 亿美元，增长 7.3%，比上年加快 5.8 个百分点。在出口额中，一般贸易出口 229.31 亿美元，增长 11.2%；加工贸易出口 259.40 亿美元，增长 3.6%；租赁贸易、保税仓库进出境货物等新型贸易方式出口分别增长 25.5%和 50.3%。全年机电产品出口 358.32 亿美元，占全市出口额的 68.1%；高新技术产品出口 199.41 亿美元，占全市出口额的 37.9%。对欧盟、美国、日本等传统市场出口分别增长 20.0%、4.6%和 0.5%；新兴市场中，对澳大利亚、东盟、南非出口分别增长 17.4%、13.0%和 11.8%。

对外开放水平提升。中国（天津）自由贸易试验区获批建设，为金融、贸易等领域制度创新和开发开放带来新的机遇。全年新批外商投资企业 674 家，合同外资额 228.20 亿美元，增长 10.1%；实际直接利用外资 188.67 亿美元，增长 12.1%。其中，制造业实际直接利用外资 83.29 亿美元，增长 15.6%；服务业实际直接利用外资 102.89 亿美元，增长 8.6%，占全市的 54.5%。全年实际利用内资 3600.32 亿元，增长 15.4%。

服务外包快速增长。全年服务外包合同额28.2亿美元，增长18.7%；执行额23.0亿美元，增长29.8%，其中，离岸执行额13.0亿美元，增长39.0%。

对外合作交流稳步推进。新签对外承包工程合同额38.03亿美元，增长40.2%，全年完成营业额40.32亿美元，增长28.9%。对外承包工程年末在外劳务人员1.13万人；劳务合作年末在外劳动0.21万人。

对口支援扎实推进。对口支援新疆、西藏、青海、甘肃、重庆等工作取得积极成效。全年累计投入支援帮扶资金7.50亿元，落实项目227个。启动丹江口库区上游地区对口协作。

八、京津冀协同发展

实施京津冀协同发展重大国家战略。与北京市、河北省分别签署了合作框架协议。重点实施了交通、生态环保、产业等领域率先突破项目，京津冀大气污染联防联控和引滦入津水源保护工作顺利推进，“1+11”产业承接平台加快建设，初步形成了由京津城际、津秦高铁和一批高速公路构成的交通网络，组建了渤海津冀港口投资公司、京津冀城际铁路投资公司，实现了京津冀通关一体化。

全年引进北京与河北项目1307个，在津投资1493.36亿元，占全市实际利用内资的41.5%；天津口岸进出口总额中，来自北京与河北的货物比重达到34.8%，比上年提高0.6个百分点；京津城际列车客运量2807.1万人，增长8.6%。

九、城市基础设施和房地产

大交通体系进一步完善。全年基础设施投资2195.11亿元，增长3.9%。天津港30万吨级铁矿石码头、国际邮轮码头二期等一批工程完工。滨海国际机场2号航站楼建成运营，地铁2号线延伸到机场，异地候机厅达到12座，实现了京津空铁联运一小时通达。津保铁路、南港铁路、京津城际高铁延伸线等加快建设，于家堡中心站主体完工。地铁5号、6号线顺利推进，4号、10号线启动建设。

公用事业服务水平继续提升。全社会用电量794.36亿千瓦时，增长2.6%。全市自来水综合生产能力456.1万立方米/日。全年新增供热面积1674万平方米。启用公交专用道41公里，新增公交车辆2500部。

房地产市场平稳发展。全年房地产业增加值550.68亿元，增长1.3%。房地产开发投资1699.65亿元，增长14.8%，比上年回落2.7个百分点；商品房销售面积1612.98万平方米，销售额1486.94亿元，分别下降12.7%和8.0%。存量房交易面积797.7万平方米，交易金额722.4亿元，分别下降17.1%和12.2%。

十、教育和科学技术

年末全市各级各类学校1547所，其中，普通高校55所，中等职业教育[4]学校109所，普通中学507所，小学842所。

全年招收研究生1.76万人，在学研究生5.14万人，毕业生1.58万人。普通高校本专科招生14.54万人，在校生50.58万人，毕业生12.35万人。中等职业教育招生3.95万人，在校生11.37万人，毕业生4.05万人。普通中学招生13.97万人，在校生43.68万人，毕业生14.05万人。小学招生11.02万人，在校生57.32万人，毕业生8.67万人。成人高校招生3.42万人，在校生7.32万人，毕业生3.21万人。特殊教育学校20所，在校生3016人。幼儿园在园幼儿23.98万人。

科技创新成果丰硕。全市17项科技成果获得国家科学技术奖，其中，自然科学奖1项，技术发明奖3项，科技进步奖13项，涉及新材料、生物医药、化学工程等多个领域。全年完成市级科技成果2588项，其中，基础理论成果186项，应用技术成果2371项，软科学成果31项；属于国际领先水平71项，达到国际先进水平367项。全年签订技术合同15087项，合同成交额418.11亿元，增长39.1%。

自主创新能力显著提升。天津国家自主创新示范区获国务院批准，全社会研发经费支出占生产总值比重提高到3%。培育科技小巨人企业和“杀手锏”产品，全年新增科技型中小企业1.48万家，累计达到6.10

万家，新增小巨人企业630家，累计达到3003家，实施智能机器人、新能源汽车等一批重大科技专项，开发出真空分子泵、纳米手机芯片等一批国际领先的技术和产品。年末全市专利拥有量达到8.36万件，每万人口发明专利拥有量达到10件。截至年末，全市国家级实验室、工程技术中心、企业技术中心分别增加到57个、36个和41个。

科技人才队伍不断壮大。年末在津两院院士37名，引进聚集国家“千人计划”人才113人，以工作调动方式从外地引进人才2936人，新建博士后工作站20个，年末博士后流动站77个，工作站193个，在站博士后850余人。

十一、文化、卫生和体育

公共文化服务不断完善。年末全市有艺术表演团体51个，文化馆19个，博物馆22个，公共图书馆31个。开展了形式多样的文化惠民活动，各文化场馆全年共举办展览70个、演出350场、文献外借近270万册，全年举办公益文化普及活动890场，受益市民达60万人次。全年摄制电影故事片9部。全市276个电影放映单位放映电影70.66万场次，观影人数1899万人次，票房收入4.64亿元。全市广播节目10个频率，市级电视节目16个频道。全年出版图书5300万册，报纸7.84亿份，杂志3714万册。

卫生服务不断改善。完成第二儿童医院、中医一附院、环湖医院等新建改扩建工程，推进基层医疗机构标准化建设。年末全市有各类卫生机构4990个，其中，医院、卫生院522个，社区卫生服务中心109个，卫生防疫防治机构24个，妇幼保健机构22个，村卫生室2350个。卫生机构床位6.11万张，其中，医院、卫生院5.67万张，社区卫生服务中心2891张。卫生技术人员8.48万人，其中，执业医师及执业助理医师3.34万人，注册护士3.16万人。

体育事业蓬勃发展。天津体育健儿在国内外大赛中共夺得61枚金牌。其中，获得27个国际比赛冠军，34个国内大赛冠军。在仁川亚运会上，我市运动员共获得5个冠军、6个亚军、3个第三名。成功举办2014中国·海河龙舟节、天津·城市乐跑赛等群众性体育活动。

十二、人口和就业

外来人口是拉动全市人口增长的主要因素。年末全市常住人口1516.81万人，比上年末增加44.60万人；其中，外来人口476.18万人，增加35.27万人，占常住人口增量的79.1%。居住证制度顺利实施。年末全市户籍人口1016.66万人，其中，农业人口371.61万人，非农业人口645.05万人。全市人口出生率8.19‰，死亡率6.05‰，自然增长率2.14‰。

新增就业稳中有升。多渠道开发就业岗位，扶持小微企业发展，营造大众创业良好环境，促进创业带动就业。全年新增就业48.8万人，增长0.4%。劳动力调查数据显示，年末全市就业人口达到877.21万人。

十三、人民生活和社会保障

居民收入稳步增加。实施增加收入21项政策措施，提高最低工资标准。全年城镇常住居民人均可支配收入31506元，增长8.7%，其中，工资性收入、经营净收入、财产净收入和转移净收入分别增长9.6%、7.5%、12.8%和5.2%；农村常住居民人均可支配收入17014元，增长10.8%，其中，工资性收入、经营净收入、财产净收入和转移净收入分别增长11.7%、8.8%、15.1%和9.3%。

社会保障能力持续提升。截至年末，全市参加基本养老保险657.2万人，其中参加城镇职工基本养老保险545.4万人，参加城乡居民养老保险111.8万人。参加医疗保险1023.6万人，其中参加城镇职工基本医疗保险509.6万人，参加城乡居民医疗保险514.0万人。建立城乡居民大病保险制度，居民医保筹资补助标准、住院报销比例、企业退休人员养老金、居民基础养老金都有新提高。开工建设保障性住房6万套，新增住房补贴家庭1万户。

社会福利与救助继续加强。截至年末，城乡低保对象23.72万人，其中城镇13.58万人，农村10.14万人。全市设救助站11个，全年救助人数达11881人。提供住宿的社会服务机构床位数5.32万张。新建老年日间照料服务中心108个，总量达到606个；老年日间照料服务站405个。全年城镇残疾人新增就业4213人。

十四、环境保护

生态环境进一步改善。深入开展“四清一绿”行动，提高排污收费标准，深入推进“美丽天津·一号工程”。全年化学需氧量排放量21.43万吨，比上年下降3.2%；二氧化硫排放量20.92万吨，下降3.5%。全力推进清新空气行动，狠抓煤、尘、车、工业污染、新建项目“五控”治理，空气质量达二级良好水平天数175天。全年$PM_{2.5}$平均浓度为83微克/立方米，比上年下降13.5%。道路交通噪声平均声级67.5分贝，中心城区区域环境噪声平均声级53.9分贝，比上年有所下降。全市共有环境监测站21个，国家生态区1个，自然保护区8个，自然保护区面积9.06万公顷。全年植树造林38.5万亩，新增改造绿化面积2780万平方米，新建提升公园30个。

注：1. 本公报中数据均为初步统计数。
2. 全市生产总值、各产业增加值绝对数按当年价格计算，增长速度按可比价格计算。
3. 邮电业务总量按2010年不变价格计算。
4. 中等职业教育包括中等专业SS学校、成人中等教育、职业中学和技工学校。

2014年天津市城镇居民家庭收入情况分析

一、城镇居民收入实现平稳增长

2014年天津市城镇常住居民人均可支配收入为31506元，比上年增长8.7%。构成可支配收入的四项均有不同程度增长，各项占可支配收入比重有所变动。

（一）从业人员工资及福利提高是工资性收入增长主要原因。2014年人均工资性收入18797元，比上年增长9.6%。2014年天津市继续把企业单位从业人员劳动报酬总额的增长纳入全市主要经济工作目标考核体系，定期发布职工工资指导价位和人工成本统计信息，使企业工资标准更加合理，奖金和各类补贴额度与上年相比均有不同程度提高；同时，市直机关和部分区县进一步规范了机关事业单位人员津贴补贴和绩效工资；全市提高单位从业人员最低工资标准；就业形势平稳。一系列措施促进了居民来自工资收入的增加。

（二）支持小微企业发展，经营净收入逐步提升。2014年人均经营净收入2442元，比上年增长7.5%。随着天津市着力优化产业结构，加快经济转型升级，积极发展现代服务业，支持民营经济和小微企业发展，全面放开竞争性领域，降低准入门槛和创业成本，消除各种隐性壁垒，创造公平的市场环境、政策环境和社会环境等各项政策逐步出台，为各类民营和个体经济发展创作了条件，促进了居民增收。

（三）各类理财产品和股息红利增加是财产净收入较快增长的主要原因。2014年人均财产净收入3230元，比上年增长12.8%。各类理财产品的不断出现以及发展，得益于银行下调各类存款利率，更多得益于市民手头"闲钱"的增多，由此引起的居民理财多样化和理财意识常态化使得居民手中的"闲钱"增值和收益有了较大幅度的增长。同时，股息、红利及出租房屋收入不断增加，也为居民增收做出了较大贡献。其中人均红利收入增长23.5%、出租房屋收入增长22.4%。

（四）提高离退休人员养老待遇是推动转移净收入增长的主要动力。2014年人均转移净收入7037元，比上年增长5.2%。企业离退休人员养老待遇标准连续十几年的增加，为离退休人员生活改善起到极其重要的作用。2014年居民家庭来自养老金收入人均为7858元，增长10.6%。同时，根据物价上涨情况，天津市继续提高城乡低保、重点优抚对象、特困救助等补助标准和老年人生活补贴。人均社会救济和补助收入较上年增长24.4%。

二、促进居民增收的几点建议

（一）继续关注从业人员劳动报酬增长，进一步规范和指导各行业工资标准。目前，工资性收入仍是城镇居民收入的主要来源，关注从业人员劳动报酬增长是直接提高居民收入的成效显著的方法之一。同时，要规范和指导各行业工资标准，进一步缩小单位企业管理者与一线生产者收入差距让更多的劳动者享受经济发展成果。

（二）进一步提高社会救济补助标准，扩大救助范围。近年来，各级政府采取多项措施逐年提升低收入群体救助标准，中低收入群体生活有了极大改善，但仍有部分低收入群体生活拮据，需要得到政府和社会救助。具体建议：一是提高救助标准；二是扩大救助范围；三是适当降低低收入群体个人缴纳社保支出，政府适当给予补贴，减轻其生活压力。

（三）不断推动居民收入多元化发展。进一步放开市场，支持小微企业发展，加强金融监管监督，推动居民收入多元化发展进程，使居民在经营性收入、财产净收入上占比逐步提升。

2014年天津市城镇居民家庭消费情况分析

国家统计局天津调查总队调查资料显示：2014 年天津市城镇常住居民人均生活消费支出 24290 元，比上年增长 8.9%。占生活消费支出 47%以上的吃、穿、用消费增长 11.7%；教育文化娱乐和医疗保健支出分别增长 13.2%和 10.2%，增长较快；受住房市场需求和车辆限购政策影响，居住和交通通信支出呈现小幅增长，分别增长 6.3%和 3.4%；其他用品和服务支出比上年下降 4.2 个百分点。

2014 年城镇居民消费具有以下几个特点：

一、吃、穿、用消费增幅均超过一成

2014 年人均吃、穿、用消费支出 11507 元，增长 11.7%，占生活消费支出 47.4%。其中：

（一）饮食服务消费提高助推食品消费较快提升

2014 年人均食品烟酒消费支出 8069 元，增长 11.1%，其中，饮食服务消费增长 18.3%。饮食服务消费呈较快增长趋势表现出外出饮食已成为居民日常消费的重要消费点之一。

（二）衣着消费增幅明显

2014 年人均衣着消费支出 2051 元，增长 12.7%，其中，衣类消费增长 10.3%，鞋类消费增长 20.5%。衣着消费支出提高一方面得益于日益便捷的全球化购物模式，另一方面体现居民对于衣着的需求方向随着生活发展更加多样化，不再局限于过去“穿暖”的简单要求，更多注重的是衣着附加的“个性化”“品牌化”价值。

（三）“扮靓小家和自我”是推高生活用品及服务的主要动力

2014 年人均生活用品及服务支出 1387 元，增长 13.4%。其中，个人用品支出增长 34.8%；家庭日用杂品支出增长 27.9%；家用纺织品支出增长 25.4%；家庭服务支出增长 22.9%；家用器具支出增长 21.0%。从消费支出增幅较大的四项可以看出，基本围绕“扮靓小家和自我”这个主题。随着居民生活水平的不断提高，追求美丽和舒适的生活逐渐成为一种常态，将会继续对天津市经济发展和居民生活的提高起到积极作用。

二、居住、交通通信支出增速放缓

2014 年人均居住、交通通信支出 8365 元，增长 5.2%。其中：

（一）居住消费平稳增长

2014 年人均居住支出 5251 元，增长 6.3%。2014 年楼市相关政策的变动较为频繁，对买房持观望态度居民的比例有所上升，一定程度上助推房屋租赁市场的繁荣，推高了私房租赁价格，人均私房租赁支出增长 19.2%。随着居住条件的改善，社区物业管理全覆盖工作的完成，居民家庭房水电及物业管理费全年人均支出 1252 元，增长 8.5%。

（二）交通通信消费小幅上涨

2014 年人均交通通信支出 3114 元，增长 3.4%。其中：受车辆“限购”政策的影响，居民购买私家车的热情降低，居民购车数量同比下降 37.4%，全年居民交通支出人均 1958 元，下降 0.4 个百分点。而随着手机更新速度加快，国产手机也逐步占据手机市场显示出较强的竞争力，居民更新手机的热情得到极大提升，通信工具支出增长 31.1%，助推全年居民通信消费人均 1156 元，上涨 10.8%。

三、教育文化娱乐及医疗保健消费增幅明显

2014 年人均教育文化娱乐和医疗保健支出 3734 元，增长 11.8%。其中：

（一）教育文化娱乐消费较快增长

2014 年人均教育文化娱乐支出 2013 元，上涨 13.2%。其中，部分大中专院校学费标准提高，使中专职高和大专及以上教育费用增加，人均支出增长 32.5%，尽管中小学义务教育费用保持平稳态势，全年居民人均教育费用仍增长 5.3%。而随着居民生活条件的改善，参加各类文化娱乐活动的热情有了极大提升，人均支出 1150 元，增长 20.0%

（二）注重健康，医疗保健消费增加

2014 年人均医疗保健支出 1721 元，增长 10.2%。随着居民生活水平的提高，注重日常保健消费，其中人均各种医疗保健用品支出 194 元，增长 28.6%，医疗服务支出 622 元，增长 31.0%。今年随着国家有关部门平抑药品价格措施的出台,患者药品支出负担有所减轻，人均药品支出 437 元，比上年下降 9.3%。

风调雨顺兴三农　实干兴邦利增收

2014 年，面对错综复杂的国内外经济环境，天津市积极适应经济发展的新常态，调结构、破难关，保持经济运行总体平稳，为农民收入持续增长奠定了坚实的经济基础。在气候条件适宜、设施农业增效提质、工资水平不断提高等各项有利因素的促进下，农村居民收入实现较快增长，达到 17014 元，比上年增长 10.8%，连续 14 年保持两位数增长。

一、扩就业奠基础，提水平供动力，工资收入实现较快增长

调查显示，2014 年人均工资性收入 9941 元，增长 11.7%。“涨工资”和“促就业”共同促进了工资性收入的较快增长。一方面，机关事业单位在职及离退休人员待遇标准提高、部分企业纷纷提高职工工资水平以及社会零散人员打零工的标准日益提高等因素，促使劳动力价格不断攀升，拉动工资收入增长。另一方面，通过大力开发就业岗位、积极搭建交流平台、落实促进就业政策和广泛开展技能培训等措施，积极促进农村劳动力转移，扩大就业人群，提高就业质量，通过扩就业带动工资收入增长。

二、渔业经营成增收亮点，非农家庭经营收入稳步提高

2014 年人均家庭经营净收入 4791 元，增长 8.8%。其中，第一产业净收入 2228 元，增长 7.3%；二产 893 元，增长 12.3%；三产 1670 元，增长 9.0%。

（一）渔业经营成亮点，带动第一产业增长 10.0%

2014 年人均家庭经营第一产业净收入 2228 元，增长 7.3%。农、林、牧、渔四项经营收入“三升一降”有效保障了农业经营收入的增长。一是水产品市场供需两旺拉动水产养殖效益提高。二是畜牧业收入在生猪价格止跌回升、牛羊肉价格保持高位运行、禽蛋价格创历史新高等有利因素带动下实现小幅增长。三是“四清一绿”行动让部分花卉苗木种植户受益，加之林业确权的不断推进让广大农民吃了定心丸，搞特色林业种植成为农民的又一重要选择，使林业收入不断增加。

（二）第二三产业稳步发展，拉动收入增长 10.2%

2014 年人均家庭经营非农产业在发展环境优化、发展方式转变等有利因素促进下实现迅猛发展，带动家庭经营非农收入较快增长，其中二产收入达到 893 元，增长 12.3%；三产收入达到 1670 元，增长 9.0%。

一是发展环境优化。随着全面放开竞争性行业和领域，降低准入门槛和创业成本，鼓励民营经济发展，并实施 “以创业带就业”政策，出台小额担保贷款管理办法，为有意愿创业人员提供资金和培训，二三产经营户数量不断增加，为农民经营收入增长奠定了坚实基础。二是部分行业发展势头较好。受整体形势影响，部分行业尤其是钢铁、电子加工业等行业经营效益有所下降，但商贸类、农产品批发零售业、日用品批零业、中低档餐饮业等普遍经营较好，经营收益较往年高出 10%-15%。三是发展方式转变。一方面大力发展休闲农业，另一方面加快企业转型升级步伐，通过转方式、提效益，让质升带动增收。

三、“三改一化”促增收，财产性收入快速增长

2014 年人均财产净收入 799 元，增长 15.1%，主要是集体分配股息红利、租金和转让承包土地经营权租金收入的增加。

一是土地流转建成规模，价格不断上涨。土地流转一方面为农民提供了稳定的流转收入，另一方面让农民从土地上解放出来打工获得工资性收入，成为农民增收的重要转移途径。土地流转在农村中越来越多，已建成规模。如武清区成立了区级土地承包经营纠纷仲裁委员会，开展农村土地承包经营权确权工作试点，成立农村土地承包管理和流转服务平台，建立土地流转合作社等。2014 年全市农村居民转让承包土地经营权租金收入人均 174 元，增长 29.3%。

二是租金收入和分红收入不断增长。随着小城镇建设，搬入还迁房的农民越来越多，农民空置的房屋增加，加之一些行政村为村民分发商业楼宇面积，确保农民房租收入不断增长。2014 年人均房租收入 212 元，增长 33.7%。从分红来看，村集体分红主要来自于集体经营、租金收入和征地补偿款形成的利息等，以分红形式逐步下发至百姓手中。2014 年人均红利收入 282 元，增长 15.9%。

四、支农惠农好政策，转移性收入增加

2014 年，各项支农惠农政策措施进一步保障了农民转移性收入持续增长。人均转移净收入 1483 元，增长 9.3%，主要是养老金收入和各项补贴收入的增加。

一是继续提高居民养老待遇水平，扩大参保人群覆盖面。从 2014 年 1 月起，提高全市企业退休人员养老待遇水平，平均每人每月增加 210 元，增长 10%；市直机关和部分区县进一步规范了机关事业单位离退休人员养老待遇标准；城乡居民基础养老金由每人每月 200 元调整为 220 元；城乡老年人的生活补助费由每人每月 70 元、80 元、90 元分别调整为 80 元、90 元、100 元。加之很多农村居民因“三改一化”的推进而缴纳养老保险，参保人群覆盖面不断扩大。2014 年人均退休金、养老金收入 999 元，增长 12.3%。

二是提高居民医疗保险待遇水平。在现行的居民医疗保险住院报销的基础上，报销比例统一提高 5 个百分点。普通门急诊、住院和门诊特定病种起付标准调整为 500 元。成年居民住院最高支付限额提高到 18 万元等惠民政策，让不少农村家庭因此受益。2014 年人均报销医疗费收入 149 元，增长 11.6%。

三是各项补贴收入不断增长。包括提高社会救助标准、开展帮扶解困、集体经济较强的行政村提高发放各项补贴标准等。2014 年人均社会救济、政策性生活补贴、惠农补贴等各项补贴收入 248 元，增长 15.9%。

2014年天津市农村居民消费支出较快增长 生活质量明显提高

2014 年天津市各部门认真贯彻落实促进农民增收的各项政策措施，确保全年农村居民收入继续保持两位数增长，为农村居民生活水平进一步提升奠定了坚实基础。据国家统计局天津调查总队抽样调查资料显示，2014 年天津市农村常住居民人均生活消费支出 13739 元，比上年增长 10%，生活质量得到明显提高。

一、饮食结构不断改善，生活质量进一步提升

2014 年人均食品烟酒消费支出 4315 元，增长 11.8%。在食品类消费支出中，谷物、肉类、蔬菜及食用菌消费额最高，其次是干鲜瓜果、水产品、蛋类和奶类。从消费支出增速看，禽类增长 54.8%增速最快，主要是由于上年度居民受禽流感疫情大幅减少禽类消费造成基数偏低影响；其次是豆类和水产品，分别增长 34.7%和 26.2%。2014 年以来，水产品市场供需两旺，带动水产品消费额较快增长。从消费量看，蔬菜及制品、蛋类等副食类消费量均不同幅度上涨，反映出农村居民随着收入水平的不断提高以及消费观念的不断变化，饮食结构在不断改善，生活质量提升。

二、衣着消费热情不高，饰品消费持续火热

受衣着类消费价格上涨的影响，农村居民购买衣着的消费需求受到一定的抑制。全年人均衣着类消费支出 1013 元，同比仅增长 6.6%。而黄金价格的持续走低带动了居民购买金银饰品的热情，其他用品和服务消费支出 319 元，增长 23.0%。

三、文娱消费明显增长，健康意识不断增强

受大学学费普涨及休闲旅游升温等因素拉动，2014 年人均文教娱乐消费支出 1042 元，增长 25.0%。其中，教育消费支出 714 元。随着农村居民保健意识不断增强，越来越多居民由被动就医变为主动预防，由“大病才就医”变为“小病也治疗”，医疗保健消费支出持续增长。2014 年人均医疗保健消费支出 980 元，增长 2.8%。

四、购买汽车意愿受限，交通消费同比下降

受汽车限购政策影响，2014 年购买汽车数量同比下降 36.5%，购买汽车消费支出下降 56.2%。受此影响，2014 年人均交通类消费支出 1238 元，下降 13.8%。电信事业、信息产业的快速发展使现代通讯方式更加快捷多样，通讯工具、信息产品更新换代周期缩短，通讯设备消费支出快速增长，全年人均通信类消费支出 741 元，增长 14.3%。

五、城镇化进程加快，居住相关消费增长显著

城镇化进程的加快，带动家庭生活用品和居住消费的较快增长。搬新家换新颜，家具、家电等耐用品消费继续走强，生活用品及服务消费 891 元，增长 16.1%。搬入楼房后，装修住房、水电费、取暖费等消费

支出明显增加，带动居住消费支出较快增长，达到 3200 元，增长 14.9%。

六、网购消费日渐活跃，水平偏低正在起步

2014 年通过互联网购买商品或服务人均支出 37 元，增长 2.7 倍，呈现快速增长态势。随着物流体系逐步向农村地域建设延伸以及农村居民消费观念的转变革新，网上购物作为一种新型便捷的消费方式正快速融入农村居民家庭生活。天津市农村居民网上购物还处于起步阶段，消费水平仅是城镇居民的两成，水平偏低，但发展空间巨大。

2014年天津市居民消费价格运行分析

2014 年，在大力推进结构调整，加快转变发展方式，经济保持总体平稳的经济发展态势下，受经济增速放缓、上游价格回落、国际大宗商品价格下跌等多方面因素影响，天津市居民消费价格总体平稳，物价指数低位运行。

一、价格运行的总体情况

2014 年，天津市居民消费价格（CPI）上涨 1.9%，比 2013 年回落 1.2 个百分点，顺利完成年初的调控目标，也成为自 2010 年以来的新低。全年涨幅低于全国 0.1 个百分点。其中食品价格上涨 3.0%，非食品价格上涨 1.3%，服务价格上涨 2.2%，工业品价格上涨 0.5%。

（一）月同比价格涨幅前高后低

2014 年，除 1 月份受春节不同月影响，居民消费价格同比涨幅超过 3%以外，上半年其余各月同比涨幅基本稳定在 2%左右；6 月份开始价格涨幅进入“1 时代”；10 月份进一步回落至 1%以下，涨幅为全年最低。从季度走势看，一季度上涨 2.9%，二季度上涨 2.1%，三季度上涨 1.2%，三季度上涨 1.2%，逐季走低的特点明显。

（二）环比指数波动弱于往年

从环比看，季节性波动特征较为明显。1、2 月份受元旦、春节节日效应拉动，价格总水平环比分别上涨 1.4%和 0.9%，为全年涨幅最高的两个月份；3、4 月份，随着节日因素消除，价格总水平环比均下降 0.8%；下半年总体走势平稳，除 9 月受高校价格调整政策出台因素影响，环比上涨 0.8%以外，其余各月涨幅均在±0.4 的区间内小幅波动；11、12 月份入冬后市场物价出现了一定的季节性上涨，但涨幅与近年平均水平相比偏低。总体来看，各月市场价格总体呈正常季节性变动趋势，波动程度和上升程度低于往年。

（三）八大类价格涨幅收窄

2014 年，构成居民消费价格指数的八大类商品和服务项目价格看，烟酒及用品、交通和通信类价格比上年有所下降，其余 6 类价格均有不同程度上涨。其中，食品、家庭设备及维修服务和居住类价格比上年分别上涨 3.0%、3.3%和 2.2%，分别拉动价格总水平上涨 0.94、0.16 和 0.42 个百分点。

与 2013 年相比，价格上涨的 5 类商品和服务项目涨幅均有所回落，其中食品、居住类价格涨幅回落幅度较大，分别回落 2.8 个百分点和 2.2 个百分点；烟酒及用品类价格由升转降，交通和通信类价格降幅收窄。

（四）价格总水平变动与全国趋势同步

从各月同比涨幅来看，天津市价格走势与全国基本相同，居民消费价格同比指数为 101.9，低于全国指数 0.1 个百分点，比 36 个大中城市平均指数低 0.2 个百分点。在全国 31 个省市价格指数排位中，天津市排第 21 位。其它直辖市的位次分别为：北京第 28 位、重庆第 22 位、上海第 3 位。

二、物价运行主要特点

（一）价格总水平基本平稳，上升力度不强

从 CPI 同比看，1.9%的涨幅低于 2006 年以来 3.0%的年均水平，2012-2014 年 CPI 涨幅连续三年保持在较温和的水平上，为近年来物价波动幅度较小的时期；从新涨价因素看，全年 CPI 中新涨价因素平均为 1.0

个百分点，低于2006年以来年平均1.8的水平。同时，烟酒类价格同比下降，是2011年以来价格指数首次同比下降；此外，262个基本分类中，同比上涨的为147个，为近四年来最少。

（二）食品价格总体平稳，部分农产品价格波动较大

食品类作为CPI中权重最大的部分，其走势对CPI走势起着关键性的导向作用。2014年，食品价格上涨3.0%，较上年同期低2.8个百分点，拉动CPI上升0.94个百分点，对CPI的影响程度为50.8%，低于上年的57.8%，也是近五年的最低涨幅。食品类的16个中类中，油脂、肉禽及制品、菜、糖价格比去年同期下降；蛋类、干鲜瓜果价格涨幅超过10%，其余价格涨幅不大。

1. 猪肉、蔬菜价格双双下降，是影响CPI涨幅较低的重要因素

自2013年10月开始猪肉价格持续下跌，2014年1-4月环比下降幅度逐渐扩大，虽然5-9月份，市场猪肉价格出现回升趋势，但四季度猪肉价格重拾跌势。猪肉价格1-4季度同比降幅分别为6.2%、4.1%、5.1%、4.5%，全年平均全省猪肉价格同比下降5.0%，影响CPI下降0.1个百分点。

2014年，鲜菜价格同比下降6.3%，为2012年以来首次下降，影响CPI下降0.17个百分点。各季度鲜菜价格同比涨幅分别为1.4%、-6.0%、-14.3%、-7.1%。蔬菜价格在连续多年大幅上涨后，涨势得到抑制。

2. 鸡蛋价格创历史新高

一季度，蛋类价格基本保持平稳，二、三季度出现快速上涨趋势。鸡蛋价格由3月上旬的8.6元/千克迅速攀升至5月中下旬的11元/千克，涨幅接近30%；6月份短暂回落后，中秋节前后鸡蛋价格再度大幅上涨，7-9月环比分别上涨6.2%、5.7%、1.4%，连续创历史新高。四季度逐渐回落，环比平均下降2.5%。全年鸡蛋价格同比上涨11.8%，为三年来最大涨幅，影响CPI上升0.08个百分点。

3. 鲜果价格涨幅较大

在上一年16.6%的涨幅基础上，2014年鲜果价格继续上涨22.4%，为近年来的最高涨幅，影响CPI上升0.43个百分点，成为食品中对CPI拉动作用最大的基本分类。

（三）服务项目价格上涨对CPI的影响持续增强

2014年，服务项目价格同比上涨2.2%，涨幅较上年收窄1.6个百分点，带动CPI同比上涨0.72个百分点，对CPI的影响程度为38.6%。其中家庭服务及加工维修服务上涨6.8%，个人服务上涨2.4%，教育服务上涨4.8%，旅游上涨2.5%，私房房租上涨3.2%。服务项目价格持续上涨，对CPI的推动作用越来越大。

（四）工业消费品价格继续低迷

2014年，工业品价格同比上涨0.5%，涨幅较上年同期扩大0.3个百分点。伴随国际市场原油价格持续下跌，2014年国家18次调整汽、柴油价格，其中14次下调，4次上调。受此影响，2014年汽、柴油价格分别比上年下降1.0%和0.9%。另外，国际市场黄金价格继续走低，2014年首饰价格下降2.3%。

三、影响居民消费价格指数运行的主要因素

（一）宏观经济基本面制约价格总水平上涨动力

进入“新常态”后我国经济增速面临调整，正在由高速增长转向中高速增长。2014年，全国GDP增长7.4%。虽然国家陆续推出局部的微刺激政策，但整体货币政策保持稳健，推动物价上行的动力显著减弱，物价指数也处于下行通道。货币政策方面，货币信贷由前几年的高速增长转为平稳增长，全年货币供应量增速明显低于近年来的平均水平，有利于抑制价格总水平过上升，也有利于稳定社会对价格的上涨预期。

（二）国际大宗商品价格大幅下降，上游价格回落，价格传导压力减轻

2014年，国际大宗商品价格处于低谷，原油、矿石、农产品价格普遍下跌。发达经济体冷热不均，美国经济面转好，欧洲复苏步伐减缓，日本经济出现下滑。新兴经济体面临增速下滑挑战。受消费需求减弱、美国页岩油气产量增加影响，国际市场原油供应过剩，价格大幅下跌，2014年布伦特原油期货价格同比降幅超过40%。全球铁矿石价格同比下降近50%；黄金价格短期反弹后再次下行；国际市场大豆价格也连续

下跌。国内 PPI 同比持续 34 个月下降，工业企业产能过剩和去库存的过程仍没有结束，相关工业消费价格上涨动力不足，特别是煤炭、水泥、建材等工业品价格持续低迷。

（三）农业生产形势良好，农产品价格稳定

农产品价格是保持价格总水平稳定的重要基础。一是粮食连年增产，价格稳定。二是蔬菜产地天气条件好。2014 年全国大部分地区气候条件良好，天津市场蔬菜产地轮换进行较为顺利，市场供应量充足，价格显著低于往年。三是生猪市场上市量充足。按照以往规律，猪肉价格暴跌后养殖户通常迅速减少养殖量以减少损失，往往造成后期供给短缺，猪肉价格暴涨。但在本轮价格变化周期中，养殖户抗损能力增强，前期猪肉价格持续下跌后，并未大范围淘汰能繁母猪，2014 年全国生猪市场供应仍十分充足，猪肉价格未出现反弹，反而低于上年。农产品价格平稳，无论从价格传导、价格预期方面都对价格总水平稳定起到了非常重要的基础作用。

（四）成本上升是价格总水平仍然上涨的关键因素

尽管居民消费价格涨幅较低，但价格总水平仍在上涨，主要由于各类成本不断上涨。一是人工成本。近年来，劳动力成本逐年攀升，人工成本刚性上涨已经成为长期趋势。2014 年，全国共有 19 个省份调整了月最低工资，平均调资幅度约 14%。同时，人工成本上涨带动家庭服务、衣着加工服务等价格长期上涨。二是生产资料成本。全国饲料、农用种子、农具等农业生产资料价格多年持续上涨。全国饲料价格自 2001 年起连续 13 年上涨，累计上涨一倍多。另外，近几年天津上调了非居民用天然气等资源类产品价格。各种成本攀升成为推升物价的刚性动力。三是土地成本。除住宅外，各种商业用房的租赁成本也不断增加。

四、2015 年居民消费价格走势判断

当前宏观经济基本面方面仍不支撑价格总水平明显上涨，尤其是工业品市场供大于求的基本面并没有发生改变，工业品价格尚不具备全面上涨的基础；同时农业生产形势较好，部分农产品价格处于下降周期，除非恶劣天气来袭，否则食品价格大幅度上涨的可能不大；从翘尾影响看，今年价格上升对明年的翘尾影响约为 0.8 个百分点，与今年相当，翘尾压力不大。

推动 CPI 上升的力量，主要来自服务项目价格上升和部分领域价格改革。各项成本增加对服务项目价格形成刚性支撑，成为推动 CPI 的长期动力。土地、劳动力、资金等生产要素价格上升趋势不断加强，已成为推动价格总水平上升的长期因素，特别是对劳动密集型的服务类价格影响显著，房租、个人服务、家庭服务等服务项目价格保持持续较强上涨趋势，学前教育、旅行社收费等服务价格上涨幅度较大。这些价格上涨存在着一定的刚性，通过技术进步降低成本的可能性很小，价格基本不存在回调的可能。同时 2014 年 11 月国务院常务会议部署加快推进价格改革，2015 年水电气等能源、医药、环保、服务业等重点领域的价格改革的具体实施，也将直接影响 CPI 上升。

综合来看，2015 年全年天津市居民消费价格总水平仍将保持温和上行的运行态势，但价格总体涨幅将比上年有所扩大。

2014年天津市工业生产者价格变动分析

一、2014年天津市工业生产者价格运行情况

（一）工业生产者价格持续下降

2014年工业生产者出厂价格和购进价格均延续上年下降走势，全年12个月价格指数环比、同比均低于100运行。截至12月份，天津市出厂价格环比指数连续15个月，同比指数连续37个月低于100运行；购进价格环比指数连续14个月，同比指数连续35个月低于100运行。下降周期为天津市1991年工业生产者价格统计调查以来最长。

（二）下半年价格降幅加深，月度价格创基期低点

2014年天津市工业生产者出厂价格同比降幅先持续收窄，7月份降幅最小，8月后各月降幅呈现快速扩大走势，12月价格总水平同比下降7.0%，是2011年以来四年间最高同比降幅，与2010年基期价格相比，下降10.3%，是四年来首次两位数降幅。与出厂价格走势一致，12月天津市工业生产者购进价格也降至基期内低点。

（三）生产资料价格下降是总指数下行的主要因素

2014年，天津市生产资料价格下降4.5%，拉动总指数下降3.54个百分点，对总指数的贡献率为96.2%，其中采掘业下降3.9%，加工业下降4.5%，原料业下降4.6%；生活资料价格下降0.6%，拉动总指数下降0.13个百分点，对总指数贡献率仅为3.8%，四大类生活资料价格涨跌不一，其中食品和耐用消费品呈下降走势，降幅分别为2.1%和0.4%，衣着和一般日用品价格分别上涨0.4%和0.5%。

（四）近六成工业行业出厂价格同比下降

2014年，在天津市调查的39个工业行业中，产品价格下降的有23个，下降面比去年同期扩大2.6个百分点。在价格下降的行业中，对工业生产者出厂价格总指数产生明显影响的主要是石油、金属两大产品链和计算机通讯一个重点行业。

1. 石油价格先升后降，波动剧烈。上半年国际原油价格波动上行，下半年美国原油和成品油库存全面增长，不断打压油价。受其影响，天津市石油价格在7月份到达同比上涨11.1%的高位后，9月份由升转降，急速下跌，12月份价格同比下降35.4%，最高涨跌幅相差46.5个百分点。全年，天津市石油和天然气开采业价格下降5.1%，石油加工、炼焦和核燃料加工业下降4.6%，共同拉动总指数下行0.5个百分点。

2. 金属相关行业产品价格持续下降。受铁矿石价格下挫，企业融资困难、下游行业需求疲弱，以及产能过剩问题未得到彻底解决等因素影响，天津市黑色金属冶炼和压延加工业产品价格下降8.6%，有色金属冶炼和压延加工业产品价格下降6.6%，金属制品业产品价格下降2.4%，金属制品、机械和设备修理业价格下降4.6%，共同拉动总指数下行1.9个百分点。

3. 计算机、通信及其他电子设备制造业价格低位运行。由产品特点决定计算机、通信及其他电子设备制造业产品价格继续走低，各月同比指数在90.8-94.0之间波动。全年同比下降7.8%，拉动工业品出厂价格总水平下降0.9个百分点。其中，手机出厂价格降幅最大，下降20.5%。

（五）天津市工业生产者价格指数处于全国中下游

据国家统计局反馈数据资料显示：2014年全国工业生产者出厂价格同比指数为98.1，天津市为96.3，低于全国1.8个百分点，在31个省、区、直辖市排位中，天津市居第26位；全国购进价格同比指数为97.8，天津市为97.1，低于全国0.7个百分点，在30个省、区、直辖市（不含西藏）排位中，天津市居第25位。

二、影响工业生产者价格变化的主要原因

2014 年国内外经济形势较为复杂，在国际大宗商品价格下行、需求不足、产能过剩等背景下，天津市工业生产者价格持续走低，引发价格走势变化的主要原因包括：

（一）当前经济发展面临需求不足和产能过剩的矛盾，天津市石化、黑色、有色、氯碱、水泥等传统行业的产能过剩问题依然存在，产业结构和经济增速的稳步调整必然通过市场经济价格杠杆来完成。全年，天津市规模以上工业增加值同比增长 10.1%，较去年同期增长 13.0%相比，回落 2.9 个百分点；工业总产值增长 7.3%，较去年同期增长 13.1%相比，回落 5.8 个百分点。

（二）原油、铁矿石等国际大宗商品价格的波动，对国内工业品价格带来输入型影响。近期，受美元走强、地缘政治、世界主要经济体复苏缓慢等因素影响，国际大宗商品价格持续走低。下半年以来，原油价格持续下跌且跌幅不断加深，受此影响，石化产品、有机化工产品、橡胶和塑料制品等价格大幅下降。

（三）电子类产品价格拉低总指数。受产品更新换代和技术革新等因素的影响，天津市计算机、通信和其他电子设备制造业价格持续低位运行，成为影响工业生产者价格总指数下行的重要因素。

（四）2014 年，天津市工业生产者购进价格同比下降 2.9%。九大类原材料产品 “一升八降”。其中影响购进价格总指数趋势的主要产品是黑色金属材料类，价格同比下降 6.2%，拉动工业生产者购进价格总水平下降 1.0 个百分点；其次是其他工业原材料及半成品，同比下降 2.6%，拉动工业生产者购进价格总水平下降 0.9 个百分点。

三、2015 年工业生产者价格面临形势

根据当前工业生产者价格的运行特点和经济社会的发展形势，短期内经济大环境不支持天津市工业生产者价格上行。但是，中后期工业生产者价格存在企稳因素：一是随着石油、铁矿石等资源性产品下降空间的缩小，外部输入型因素止跌企稳可能性增大，2014 年底杜里原油现货价格每桶 49.1 美元，价格水平已接近 2008 年底金融危机时油价；二是二、三季度进入建筑施工旺季，对钢材、水泥等基础性建材需求增多，且过剩产能整合调整效果将陆续显现，黑色金属冶炼及压延加工产品供需矛盾在一定程度上可以得到缓解，为价格企稳带来积极作用；三是由于 2014 年下半年工业生产者价格的快速下降，形成一个较低的价格基期平台，为 2015 年后期同比价格企稳回升预留了空间。

2014年天津市固定资产投资价格情况简要分析

据国家统计局天津调查总队资料显示：2014 年天津市固定资产投资价格同比指数为 100.5，比上年的 99.5 上升 1.0 个百分点。其中：建筑安装、装饰工程价格同比指数为 100.5，设备工器具购置价格指数为 99.3，其他费用价格指数为 101.6。从各季度情况看，一至四季度天津市固定资产投资价格指数分别为 100.6、100.8、100.5、100.0。

一、建筑安装装饰工程价格呈小幅上升态势

2014 年建筑安装装饰工程价格同比指数为 100.5，比上年的 99.3 上升 1.2 个百分点，一至四季度的指数分别为 100.7、100.9、100.7、99.6，呈平稳下滑趋势。2014 年以来受国际国内经济形势影响，钢材、石油等材料价格逐季波动回落，造成材料费价格全年指数稳中有降，同时人工费、机械费价格继续保持增长，共同影响天津市建筑安装装饰工程价格指数呈小幅上升态势。

（一）材料费价格持续小幅下降

2014 年受需求和成本变化影响，材料费价格同比累计下降 1.3%，与去年同期下降 3.0%相比，降幅回升 1.7 个百分点。而且随季度呈波动下滑趋势，一至四季度材料费价格同比分别下降 1.1%、0.8%、1.0%和 2.2%。主要影响因素：一是钢材价格下降的影响，2014 年钢材价格下降幅度较大，一至四季度的指数分别为 95.5、95.8、95.1 和 94.5，全年累计为 95.2 ，是拉动材料费价格指数下降的主要因素；二是受化工材料价格指数下降影响，2014 年化工材料价格全年累计为 99.0。水泥、电料、木材、地方建筑材料和其他材料价格继续保持小幅度上涨，同比分别上涨 0.1%、0.4%、1.2%、1.5%和 2.2%。

（二）人工费价格继续保持上升态势

2014 年人工费价格保持持续上升趋势，同比上涨 6.7%，涨幅低于上年 1.3 个百分点。其中：工程管理人员工资累计价格指数为 106.2；工程技术人员工资累计价格指数为 106.6；普通工人工资累计价格指数为 106.9，涨幅分别比上年低 1.3、0.5 和 1.3 个百分点。人工费价格上涨主要原因：一是城乡居民生活水平的不断提高；二是企业根据效益情况调整工资水平。

（三）机械费价格稳中有涨

2014 年机械费价格同比上涨 1.8%，涨幅比上年同期回落 0.2 个百分点。机械费价格趋于上升，但与上年相比总体有所回落的主要是由于人工费、水电费的不断上升以及汽油、柴油价格的变化影响。在各类机械中，打桩机械、起重机械和其他机械价格分别上涨 0.4%、1.1%和 1.4%；混凝土及砂浆机械、土石方及筑路机械和加工机械价格分别上涨 1.7%、1.7%和 1.9%；泵类机械和运输机械价格分别上涨 2.3%和 3.2%。

二、设备工器具购置价格小幅下降

受国家反馈设备工器具购置价格指数价格影响，2014 年天津市设备工器具购置价格指数为 99.3，比上年的 98.8 上升 0.5 个百分点。一至四季度天津市设备工器具购置价格指数分别为 99.4、99.5、98.9 和 99.5。

三、其他费用价格有所增长

2014年其他费用价格指数为101.6，比上年上升1.0个百分点，主要受土地取得费和施工工作费价格上涨的拉动。在其他费用的四大类中，施工工作费价格上涨2.5%；土地取得费价格上涨2.4%；前期工程费价格上涨1.5%；建设单位其他费用与上年持平。

2014年天津市住宅销售价格运行情况

据国家统计局天津调查总队调查资料显示：2014 年，在宏观调控措施影响和市场调节作用下，天津市房地产市场总体保持平稳。新建商品住宅、二手住宅销售受有关政策影响有小幅波动，销售价格同比指数都呈现下行态势。

一、2014 年天津市住宅销售价格走势特点

（一）新建商品住宅销售价格指数持续下行

2014 年，天津市新建商品住宅销售价格一路走低，前 8 个月环比降幅持续扩大，其中 8 月份降幅为 1.1%，为全年最大，9 月份起随着市场出现回暖迹象，环比降幅逐月收窄，其中 12 月份环比降幅为 0.2%。其中，6 月是自 2012 年 5 月份以来的月环比价格的首次回落。

从同比价格变动情况看，前 8 个月虽然保持上涨趋势，但是涨幅逐月回落。至 9 月，价格同比由升转降，同比指数从 2012 年 11 月连续 22 个月上涨以来首次出现回落，跌入 100.0 以内运行，并连续四个月降幅持续扩大，由 9 月的 99.2 直至 12 月的 96.6。12 月份同比降幅高达 3.4%，与 1 月份 8.3%的涨幅相差 11.7 个百分点。

（二）二手住宅价格平稳运行

从各月环比价格变动情况看，总体呈趋稳态势，前 6 个月天津市二手住宅销售价格波动不大，整体保持温和上涨态势，环比价格指数最高为 4 月的 100.5，其余四个月均在 100.5 以下运行，到 6 月份价格趋稳，指数为 100.0。自 7 月起，二手房环比价格指数开始在 100 以下运行，环比指数自 2012 年 11 月以来首次下降至 100.0 以内，三季度各月降幅逐渐加深，四季度在政策刺激下降幅有所收窄。

从各月同比价格变动情况看，与新建商品住宅价格走势近似，前 8 个月同比价格虽然趋涨但涨幅逐月收窄，指数走低。9 月同比指数开始出现 100.0，从 10 月开始，同比指数跌入 100 以内运行，降幅呈持续扩大趋势，由 10 月的 99.3 直至 12 月的 97.8。12 月同比降幅达到 2.2%，与 1 月的 5.4%的涨幅相差 7.6 个百分点。

（三）户型结构差异在价格上有不同表现

目前，天津市住宅交易市场仍以中小户型需求为主，大户型成交需求不高。从 2014 年 12 月的数据来看，无论是新建商品住宅和二手住宅，144 平米以上户型的同比价格指数都低于 90 平米以下和 90-144 平米户型。

二、重点城市住宅销售价格指数比较

从 6 个重点城市的比较来看，12 月，除了深圳新建商品住宅无论从环比指数还是同比指数来看排名靠前之外，其他 5 城市名次并不位居前列。二手住宅销售价格来看，12 月，除了天津和重庆，其他四个一线城市环比全线上涨，深圳无论是环比还是同比都在 70 个大中城市中排名首位，表现了极强的价格上涨态势。天津、重庆作为非一线城市，环比价格继续下降，和一线城市比差异化依然明显。

三、天津市全年房地产市场主要变化及其对价格的影响

（一）二季度蓝印户口政策调整实施前后对价格造成了不同的影响

蓝印户口政策的调整，刺激了少数区域成交量的猛增。天津市在 2014 年 4 月 17 日出台了取消蓝印户口的方案，大量有蓝印需求的消费者为了抢在 4-5 月份购房，导致武清区的火热成交，从而带动了全市成交

量趋于上升。据上报网签数据看，5 月份全市新建商品住宅销售量达到 13662 套，比 4 月份增加 7 成多，6 月份恢复正常，月销量达 6889 套。但是成交量的上涨并未引起价格的显著变化，原因是一方面大量的落户需求产生了大量的住房需求，虽然可能引发价格的正常上涨，但是另一方面，因为开发商对蓝印政策后时期的楼市比较悲观，担心如果提价会引发自身楼盘的滞销，反而减轻其他同区域楼盘的去库存压力，同时，也急于将现有自身存量可售住宅出手。因此，在某种程度上开发商与购房者形成了博弈关系，反而使 4 月、5 月价格保持了平稳。自该部分需求释放后，供需再次失衡，需求减弱导致 6 月份新建商品住宅环比价格指数跌破 100.0，进入环比下降通道。

（二）四季度的天津房地产市场新政引发市场积极变化，对价格变化起到了一定的提振作用

房地产市场在第四季度的 10 月开始出现积极变化，随着央行等贷款政策及天津市 10 月 17 日房产新政的陆续实施，从 10 月开始，天津房地产市场释放积极信号，无论是新房销售人员还是二手房中介从业者都对楼市后续的发展抱有市场好转的预期，认为无论是从价格还是从成交量都将有所回升。

从 10 月份的市场实际表现来看，鉴于 10 月前半月政策颁布尚未落地，引起了部分购房者的暂时观望，造成 10 月总体成交量并不如预想的高。后半月，随着各项政策的逐步实施，成交量开始增加，部分二手房成交热点区域的二手房价格也出现了小幅上调。10 月限购限贷政策的取消开始使新建商品住宅传统意义上的改善型楼盘成交态势良好，而所谓的刚需型楼盘成交则保持平稳。

11 月、12 月新建商品住宅成交套数都有明显量的增长。11 月新建商品住宅成交量达到了 8650 套，为 2014 年新建商品住宅成交量的次高值，仅低于蓝印户口取消的 5 月份特殊市场情况。12 月新建商品住宅市场态势依然良好，成交量也达到了 7954 套，说明各项利好政策的出台在一定程度刺激了天津 2014 年冬的楼市。成交量好转推动了四季度新建商品住宅的环比价格跌幅持续收窄，从 10 月的 99.2 连续收窄至 12 月份的 99.8。

从房管局反馈数据来看，10 月二手房成交套数远低于 9 月，据调研中介了解的情况，10 月二手房成交量是整体上涨的，幅度也不小，但是因为政策颁布与正式实施存在时间差，买卖双方在 10 月达成协议后，为享受到税费减免的利好，等待政策实施后的 11 月才去签署正式合同，致使从 10 月房管局反馈来看，成交量要少于 9 月，11 月二手住宅成交量开始放量增长，11 月成交套数达到了 8309 套，与 10 月的 4886 套相比，有近七成的增长，为全年二手房月成交套数最高值，12 月也延续了这一态势，二手住宅成交套数为 8094 套，与 11 月一起掀起了 2014 年年底一个成交小高潮。

从全年市场来看，2014 年年底虽然成交量有所上升，但仍属于房地产市场冷淡的一年，新建商品住宅和二手住宅成交套数都仅为 2013 年全年的八成左右。

2014年天津市农业经济保持平稳增长

2014 年，天津市农业经济在新常态背景下，经市委、市政府的正确领导和各农口部门、涉农区县的共同努力，克服了气侯、市场等不利因素影响，保持了平稳增长。据统计，全市农林牧渔业总产值达到 441.71 亿元，同比增长（按可比价计算，下同）3.0%；农林牧渔业增加值 201.53 亿元，同比增长 2.8%。

从各业增加值情况看，种植业 111.41 亿元，同比增长 3.1%；林业 1.87 亿元，同比增长 2.9%；畜牧业 48.94 亿元，同比增长 2.6%；渔业 37.68 亿元，同比增长 2.0%；农林牧渔服务业 1.63 亿元，同比增长 1.7%。

一、2014 年农业经济运行特点

（一）粮食生产喜获“十一连丰”

2014 年，天津市着力推动农村改革发展，高度重视粮食生产。围绕提高粮食综合生产能力，深化高产创建、科学防灾减灾，切实落实强农惠农富农政策，努力增加农业投入。在遭遇干旱气候的情况下，全年粮食产量以夏补秋、稳中略增。粮食种植面积 518.73 万亩，同比增长 3.9%；总产量达 175.95 万吨，同比增长 0.7%。

1. 夏粮种植面积稳定，总产再获丰收

连续多年的种粮补贴政策激励，使全市小麦种植面积保持了稳中有增的良好态势，为夏粮增产奠定了良好基础。2014 年初春小麦出苗期气温较常年偏高，冬小麦出苗好、返青早、灌浆期长。生长期管理到位，在小麦主产区县开展 “一喷三防”工作，政府根据财政状况给予补贴，防治效果明显，病虫害轻于常年。同时，针对 2014 年春季回暖早，小麦苗旺等特点，种植户采取及时浇水、喷施矮壮素、除草剂、叶面肥等措施，积极有效的措施使天津市夏粮生产总体好于往年，确保了夏粮丰收，种植面积、产量均保持增长。据统计，全市夏粮种植面积为 165.99 万亩，同比增长 0.3%；总产为 58.62 万吨，同比增长 2.3%。

2. 秋粮种植面积增加，总产基本保持稳定

2014 年，由于棉花收益持续走低，种植户减少棉花种植，转而增加秋粮种植，使天津市秋粮种植面积大幅增加。再加上全市大力加强农田水利设施建设，彰显成效，在面临干旱天气的不利因素影响下，受灾程度较轻，确保了秋粮总产的基本稳定。据统计，全市秋粮种植面积为 352.74 万亩，同比增长 5.7%；总产为 117.33 万吨，同比仅减少 0.1%。

（二）蔬菜继续稳定增产

2014 年，依托设施农业提升改造工程，天津市蔬菜结构继续调整优化，蔬菜产量继续稳定增长。全市蔬菜产量达到 460.20 万吨，同比增长 1.1%。蔬菜产值达到 105.84 亿元，在种植业产值中占比达五成以上。蔬菜的稳定增产是拉动种植业增长的主要动力之一。

（三）棉花种植面积产量双双下降，单产略增

棉花由于近年来价格不断走低，棉农收益下降，再加上种植费时费力，容易受灾，种植户纷纷放弃种植棉花，转而种植粮食、蔬菜等省时省力效益高的产品。2014 年，天津市棉花种植面积继续下降，为 45.24 万亩，同比下降 23.0%。受此影响，棉花产量也明显下降，为 3.82 万吨，同比下降 21.2%。从单产情况看，2014 年棉花生长期间气候条件较为适宜，棉花单产为 84.4 公斤/亩，同比增加 2.3%。

（四）主要畜牧业产品产量稳步增长

2014 年，天津市生猪生产总体平稳，生猪出栏量为 386.50 万头，同比增长 1.3%。牛、羊在高价位带动下，出栏量也保持稳步增长，分别为 19.43 万头和 67.12 万只，同比分别增长 2.0%和 3.4%。

2014 年，国内禽流感疫情弱于往年，天津市家禽生产形势向好，全市共出栏家禽 8136.12 万只，同比增长 1.5%，增幅比上年提高 1.4 个百分点。禽蛋在三、四季度价格上涨带动下，全年平均价格达到 9.11 元/公斤，同比增长 11.7%。价格上涨带动蛋鸡养殖量增加，全年禽蛋产量达到 19.80 万吨，同比增长 3.2%。

天津市奶牛主要以规模养殖为主，生产比较稳定，生牛奶产量为 68.90 万吨，同比增长 1.0%。

（五）渔业内部结构调整，总产量保持增长

2014 年，天津市水产品产量为 40.80 万吨，同比增长 2.4%，保持了平稳增长。从内部结构看，海水养殖产品受环境保护、企业外迁等因素影响，产品产量有所下降，为 7.69 万吨，同比下降 2.3%；淡水产品由于年内价格涨幅较高（淡水产品价格同比上涨 7.0%），养殖量有所增加，产量达到 33.10 万吨，同比增长 3.5%。

二、2015 年农业经济展望

（一）种植业内部结构将有所调整

2015 年，为配合华北地区水资源治理保护，天津市计划减少粮食种植面积，增加蔬菜、果树、苗木等节水农产品种植面积，种植业内部结构将有所调整。从秋冬播情况看，全市冬小麦播种面积为 147.25 万亩，同比减少 0.9%。

随着种植业内部结构的调整，蔬菜、苗木等高效益农产品产量将有所增加，有望带动天津市种植业产值继续保持增长。

（二）生猪价格有望回升

持续较低的生猪价格使养殖户积极性有所降低，从 2014 年末的生猪存栏看，共存栏 199.78 万头，同比减少 0.6%。同时，为保护环境资源，天津市对生猪养殖总体规模将有所控制，2015 年的生猪饲养量大幅增加的可能性不大，生猪价格有望得到回升，生猪生产也有望保持平稳的发展态势。

（三）牛羊禽蛋价格有望趋于稳定

目前，天津市牛羊肉及禽蛋价格处于较高水平，从牛、羊及蛋鸡存栏来看，分别为 29.96 万头、46.76 万只和 1290.62 万只，同比分别增长 5.8%、2.9%和 7.9%。存栏量充足，价格上涨动力有所减弱，有望趋于稳定。

（四）水产品产量有望继续增长

2015 年，天津市将继续大力发展远洋捕捞，远洋捕捞产品产量有望继续较快增长，加之淡水产品养殖面积比较稳定，产量预计将稳中有增，水产品产量有望继续保持增长态势。

2014年天津市种植业生产情况分析及2015年展望

2014 年, 得益于农业基础设施完善、政府支持力度不断加强、农业科技水平持续提高，天津市种植业生产顺利渡过了干旱、风雹等自然灾害影响，实现了稳定发展。

一、2014 年天津市种植业生产的主要特点

受种粮补贴政策刺激，天津市种植结构进一步向粮食作物倾斜，棉改粮面积增加。2014 年，农作物种植面积为 718.53 万亩，比 2013 年增加 8.26 万亩，增加 1.2%。其中，粮食作物种植面积所占比重为 72.2%，比上年提高 1.9 个百分点；经济作物所占比重为 27.8%，经济作物中棉花比重为 8.7%，均比上年有所下降。

（一）粮食产量平稳略增

虽然 2014 年天津市遭遇了一定程度的旱灾，秋粮产量有所减少，但是经过广大农口干部群众的共同努力，秋粮产量减幅较小，全年粮食生产以夏补秋，实现总面积和总产量双增长。全市粮食种植面积 518.73 万亩，比上年增加 19.55 万亩，增幅 3.9%。粮食总产量 175.95 万吨，比上年增加 1.24 万吨，增幅 0.7%。

夏粮实现丰收。全市夏粮种植面积 165.99 万亩，比上年增加 0.42 万亩，增长 0.3%；总产 58.62 万吨，比上年增加 1.34 万吨，增长 2.3%。

秋粮产量减幅较小。2014 年，全市秋粮播种面积 352.74 万亩，比上年增加 19.13 万亩，增长 5.7%；总产 117.3 万吨，比去年减少 0.1 万吨，减幅 0.1%。

（二）蔬菜生产保持稳定，油料、棉花继续减少

2014 年天津市蔬菜生产依托设施农业建设成果，在现有种植面积基础上不断优化结构，大力提升蔬菜品质，克服了干旱、风雹等自然灾害和蔬菜价格下跌的不利影响，种植面积、产量均保持稳定。2014 年共种植蔬菜 135.2 万亩，比上年增加 0.4 万亩，增长 0.3%。全市蔬菜产量达到 460.20 万吨，比上年增长 1.1%。

油料、棉花传统经济作物种植面积继续下降。油料作物种植面积为 2.52 万亩，比上年减少 0.15 万亩，下降 5.8%；总产量为 0.52 万吨，比上年减少 9.3%。受旱灾影响，油料作物亩产有所下降，为每亩 206.7 公斤，比上年下降 3.8%。受棉花补贴政策调整和棉花价格下降、种植成本上升等因素影响，2014 年全市棉花种植面积继续下降，为 45.2 万亩，比上年减少 23.0%，棉花产量 3.82 万吨，同比减少 21.3%。

（三）高附加值作物优势显现

蘑菇种植具有占地少、产量高的特点。近年来价格相对稳定，效益较好，得到了快速发展，2014 年天津市鲜品蘑菇产量达到 11.4 万吨, 比上年增长 12.1%。西瓜、甜瓜、草莓等瓜果产量较高，而且近年来水果价格一直处于较高水平，种植面积不断增加，2014 年天津市瓜果类种植面积达到 9.3 万亩，比上年上涨超过两成，产量达到 31.4 万吨，增加 18.0%。

随着人们对居室环境的重视程度不断提高，盆栽观赏植物受到更多家庭的欢迎，得到快速发展。2014 年天津市盆栽观赏植物产量达到 4600 余万盆，比上年增长 13.3%。

二、促进天津市种植业发展的三方面因素

（一）惠农政策落实到位，充分调动农民的生产积极性

2014 年，天津市继续实施各项惠农政策，大力支持种植业生产。粮食补贴、粮食最低收购价政策继续

实行，其中综合直补每亩 53 元，粮食直补每亩 30 元，小麦、玉米良种补贴每亩 10 元，水稻、棉花每亩 15 元；农机购置补贴有序推进，取消部分销售量少、受益面窄的机械品目，加大对设施机械、秸秆还田机械等先进机械的补贴力度，调动了农民的生产积极性。。

（二）农业机械化水平明显提升

由于农机购置补贴到位，2014 年，全市新增农机动力 13.32 万千瓦，三大粮食作物小麦、玉米、水稻实现了全程机械化，综合机械化水平达到 85.3%，比上年提高 0.5 个百分点，农业机械化水平得到明显提升。

（三）农业基础设施更加完善

2014 年，天津市加大农田水利建设投资，维修改造农用桥闸涵 451 座、更新改造扬水站 16 座、清淤整治排沥河道 369.7 公里、新增节水灌溉面积 21.5 万亩。农业基础设施的进一步完善，有效缓解了旱情对农业生产的不利影响，保证了农作物产量的总体平稳。

三、2015 年天津市种植业生产趋势展望

（一）主要粮食作物将平稳略降

2015 年天津市鼓励农民种植经济作物，但是出于劳动力情况和种植成本考虑，农民改种经济作物的意愿并不强烈。2014 年冬小麦播种面积统计和 2015 年农户种植意向调查结果显示，天津市粮食作物种植面积将不会出现较大降幅。主要原因包括；一是由于天津市农民外出务工较多，更倾向于种植机械化程度高、管理相对简单的粮食作物；二是农民家庭资金实力有限，种植粮食作物成本较低；三是农民倾向于更加稳定的收入，而粮食作物产量、价格均比较稳定；四是粮食补贴政策落实到位也提高了农民种粮积极性。

（二）蔬菜、瓜果发展速度受到一定制约

随着天津市设施农业提升工程建设的推进，天津市设施作物种植面积有望进一步提升，其中食用菌和瓜果类由于收益较高，发展速度较快，蔬菜种植结构将进一步优化。同时，天津市蔬菜、瓜果等设施作物的发展也受到下列四方面因素制约，难以出现快速突破。一是资金制约，设施建设维护成本较高，普通种植户难以独立承担；二是技术制约，设施作物种植技术要求高且需要不断学习创新；三是人才制约，蔬菜种植需要有较强的学习能力，但天津市年轻人多数外出务工，缺乏从事蔬菜种植的人才；四是土地制约，天津市户均耕地面积少，土地分散，需要大量流转土地才能实现设施农业的规模效益。

（三）棉花种植面积将继续减少，油料面积保持稳定

目前，国家全面调整棉花补贴政策以及在新疆棉花目标价格改革试点工作还在总结经验阶段，同时 2014 年棉花出售价格再次下跌，天津市棉农对市场行情并不看好，种植面积将会继续减少。

天津市油料作物主要是花生和少量芝麻，多用于农户家庭食用，农户种植意愿没有明显变化，种植面积基本保持稳定。

2014年天津市畜牧业生产稳中有升

2014 年，天津市畜牧业生产紧紧围绕“保供给、保安全、保生态”这一总体目标，在面临生猪生产连续数月亏损、牛奶价格持续下跌、肉羊价格下半年开始掉头下降等严峻形势下，积极争取并认真落实国家和天津市对畜牧业生产的各项扶持政策，加快推进现代都市型畜牧业发展，确保了全年畜牧业生产呈现出稳中有升的良好态势。全市畜牧业产值达到 117.59 亿元，同比增长 2.9%；畜牧业增加值达到 48.94 亿元，同比增长 2.6%。

一、2014 年畜牧业生产主要特点

（一）生猪出栏量稳定增长，但价格持续低迷

2014 年，天津市生猪生产面临的形势比较严峻。从出栏情况看，由于近几年规模化生产水平不断提高，养殖规模相对稳定，全年共出栏生猪 386.50 万头，同比增长 1.3%。然而，受团体消费、宾馆酒店消费量大幅下降等因素影响，生猪价格总体水平低于上年同期，全年平均价格为 13.58 元/公斤，同比下降 9.2%。从天津市三个“国家生猪调出大县”（生猪大县）监测资料也可以看出，2014 年除 5 月份价格与上年同期持平外，其余各月均低于上年同期水平。

持续低迷的生猪价格使天津市生猪养殖面临亏损，根据生猪大县监测资料计算的猪粮比情况看，除 1 月和 8 月外，猪粮比价均低于 6∶1 的盈亏平衡点。全年平均猪粮比价为 5.8∶1，生猪养殖效益受到影响。

（二）禽蛋价格创历史新高，家禽生产总体稳中有升

近两年的禽流感疫情，使天津市蛋鸡养殖户补栏比较谨慎。2014 年，鸡蛋市场供给偏紧的现象开始显现，蛋鸡价格出现了快速上涨，特别是 3 季度，在中秋、国庆双节需求快速增长拉动下，鸡蛋平均价格达到 10.28 元/公斤，同比上涨 19.7%。从全年平均水平看，鸡蛋平均价格为 9.11 元/公斤，同比上涨 11.7%。持续上涨的鸡蛋价格，带动了蛋鸡养殖积极性的提高，全年禽蛋产量达到 19.80 万吨，同比增长 3.2%。

随着禽流感疫情影响的消退，天津市禽肉市场也逐步得到恢复，全年禽肉平均价格为 9.65 元/公斤，同比上涨 1.9%。家禽出栏量达到 8136.12 万只，同比增长 1.5%。

（三）牛、羊出栏量继续增长，价格开始两极分化

近年来牛、羊价格的持续上涨，带动天津市牛、羊养殖量稳定增加。2014 年，全市共出栏牛 19.43 万头，同比增长 2.0%；出栏羊 67.12 万只，同比增长 3.4%。

从年内价格走势来看，牛、羊价格出现了两级分化。

由于牛繁殖率和集约化程度低，饲养周期长，市场供需矛盾短期内没有得到解决，肉牛价格继续呈现上涨态势，全年平均价格为 26.92 元/公斤，同比上涨 2.5%。

羊繁殖率高且饲养周期短，近年来在高价位的带动下，养殖量持续增加，肉羊供应紧张的局面逐步得到缓解。2014 年下半年，天津市肉羊价格开始有所下降，三季度和四季度，肉羊价格同比分别下降 4.3%和 11.1%。因一、二季度肉羊价格仍处于高涨幅状态，所以全年肉羊平均价格为 32.15 元/公斤，同比仍上涨 2.7%，但涨幅比去年回落了 5.4 个百分点。

（四）牛奶产量稳定，但价格有所回落

天津市奶牛主要以规模化养殖为主，养殖规模比较稳定。2014 年，全市牛奶产量为 68.90 万吨，同比增长 1.0%。年末奶牛存栏 15.71 万头，同比增长 4.0%。

从价格情况看，2014 年，牛奶价格一改上年持续上涨的局面，开始逐季下降。一至三季度，牛奶价格分别为 4.25 元/公斤、3.78 元/公斤和 3.70 元/公斤，同比涨幅也逐季缩小，分别为 21.8%、9.6%和 6.0%，四季度牛奶价格水平下滑至 3.65 元/公斤，同比下降 9.2%。

牛奶价格的下降原因，一是由于进口奶粉增加，市场供应紧张的局面得到了缓解；二是由于上年牛奶价格较高，良好的养殖效益使奶牛存栏量增加，牛奶产量的增加使供应紧张的局面得到缓解。

二、2015 年畜牧业生产走势预测

从 2014 年底主要畜产品存栏情况看，全市生猪存栏 199.78 万头，同比减少 0.6%；家禽存栏 2887.51 万只，同比增长 5.1%，其中蛋鸡存栏 1290.62 万只，同比增长 7.9%；牛存栏 29.96 万头，同比增长 5.8%，其中奶牛存栏 15.71 万头，同比增长 4.0%；羊存栏 46.76 万只，同比增长 2.9%。生猪存栏量的略减有利于缓解供大于求的局面，价格有望走出低迷。其他畜产品存栏量均有所增加，在不发生大的疫情的前提下，畜牧业生产有望继续保持增长，价格有望理性回归。

一、综　合

Chapter 1

GENERAL SURVEY

1-1 按产业分全市生产总值及增速
Gross Domestic Product and Growth Rate by Industry (2013-2014)

单位：亿元 (100 million yuan)

项 目	Item	2013	2014	2014比2013年增长(%) Increase Rate in 2014 over 2013(%)
全市生产总值	**Gross Domestic Product**	**14442.01**	**15726.93**	**110.0**
第一产业	**Primary Industry**	**188.54**	**201.53**	**102.9**
第二产业	**Secondary Industry**	**7308.05**	**7766.08**	**109.9**
工 业	Industry	6686.60	7079.10	110.0
建筑业	Construction	621.45	686.98	109.3
第三产业	**Tertiary Industry**	**6945.42**	**7759.32**	**110.4**
#批发和零售业	Wholesale and Retail Trade	1813.47	1950.71	108.6
交通运输、仓储和邮政业	Transportation, Storage and Post Services	675.02	720.72	108.7
住宿和餐饮业	Accommodation and Catering Services	221.13	230.28	104.8
信息传输、软件和信息技术服务业	Information Transmitting, Software and Information Technology Services	196.14	220.49	106.3
金融业	Finance Intermediation	1235.91	1422.28	113.1
房地产业	Real Estate	533.33	550.86	101.2
租赁和商务服务业	Leasing and Business Services	520.73	632.29	119.1
科学研究、技术服务业	Scientific Research, Technical Services	510.65	620.26	120.4
水利、环境和公共设施管理业	Management for Water Conservancy, Environment and Public Facilities	95.55	155.11	111.9
居民服务、修理和其他服务业	Resident Services，Repair and Other Services	348.28	380.85	108.9
教 育	Education	290.28	312.68	109.9
卫生和社会工作	Health Care and Social Work	146.70	159.31	108.9
文化、体育和娱乐业	Culture, Sports and Recreational Services	76.97	86.00	118.6
公共管理、社会保障和社会组织	Public Management,Social Security and Social Organizations	281.26	317.48	108.9

1-2 国民经济和社会发展总量与速度指标

指标	Item	总量指标 Aggregate Data		
		1978	1990	2000
人口与就业	**Population and Employment**			
人　口(万人)	**Population(10 000 persons)**			
年末常住人口	Year-end Resident Permanent	724.27	884.03	1001.14
#城镇人口	Urban		611.11	724.83
年末户籍人口	Year-end Registered Population	724.27	866.25	912.00
#非农业人口	Non-agricultural Population	358.45	485.44	532.51
就　业(万人)	**Employment(10 000 persons)**			
社会从业人员	Number of Employment Personnel	366.70	470.07	486.89
#城镇非私营单位从业人员	Employment Personnel in Urban Non-Private Units	217.40	284.31	201.75
城镇登记失业人数	Registrated Unemployment in Urban Areas			10.50
宏观经济	**Macro Economy**			
国民经济核算	**National Accounting**			
全市生产总值(亿元)	Gross Domestic Product(100 million yuan)	82.65	310.95	1701.88
第一产业	Primary Industry	5.03	27.32	73.69
第二产业	Secondary Industry	57.53	181.38	863.83
第三产业	Tertiary Industry	20.09	102.25	764.36
人均生产总值(元)	Per Capita GDP (yuan)			
(按常住人口计算)	(Calculated by Resident Population)	1133	3487	17353
固定资产投资	**Investment in Fixed Assets**			
全社会固定资产投资总额(亿元)	Total Investment in Fixed Assets(100 million yuan)	20.30	87.69	608.80
#地　方	Local Govemment	10.03	57.47	463.83
城镇房地产开发	Real Estate Development			133.93
全社会房屋竣工面积(万平方米)	Floor Space of Buildings Completed (10 000 sq.m)		686.39	1459.36
消　费(亿元)	**Consumption(100 million yuan)**			
社会消费品零售总额	Total Retail Sales of Consumer Goods	25.20	139.88	736.63
对外贸易(亿美元)	**Foreign Trade(USD 100 million)**			
货物进出口总额	Total Value of Imports and Exports	9.88	22.10	171.57
出口额	Exports	8.65	17.86	86.29
进口额	Imports	1.24	4.24	85.28

注：1.本表价值指标除邮电业务总量按不变价格计算外，其余均按当年价格计算。邮电业务总量2000年及以前按1990年不变价格计算，2001-2010年按2000年不变价格计算，2011年起按2010年不变价格计算。表15-10和15-11同。2.本表速度指标中，国内生产总值及三次产业增加值、农林牧渔业总产值、工业总产值、公共财政收支、邮电业务总量和城市居民收入指标均按可比价格计算。固定资产投资平均增长速度按累计法计算。以下各表同。3.农村居民人均可支配收入2011年以前为农村居民人均纯收入。

Principal Aggregate Indicators on Nationnal Economic and Social Development and Growth Rates

		指数(%)(2014为以下各年) Index (%) (2014 as Percentage of the Following Years)				平均增长速度(%) Average Annual Growth Rate (%)		
2013	2014	1978	1990	2000	2013	1979-2014	1991-2014	2001-2014
1472.21	1516.81	209.4	171.6	151.5	103.0	2.1	2.3	3.0
1207.36	1248.04		204.2	172.2	103.4		4.0	4.0
1003.97	1016.66	140.4	117.4	111.5	101.3	0.9	0.7	0.8
632.23	645.05	180.0	132.9	121.1	102.0	1.6	1.2	1.4
847.46	877.21	239.2	186.6	180.2	103.5	2.5	2.6	4.3
302.44	295.51	135.9	103.9	146.5	97.7	0.9	0.2	2.8
21.69	22.52			214.5	103.8			5.6
14442.01	15726.93	4840.9	1985.6	667.4	110.0	11.4	13.3	14.5
188.45	201.53	680.8	278.9	172.6	102.9	5.5	4.4	4.0
7308.05	7766.08	5524.3	2433.6	819.8	109.9	11.8	14.2	16.2
6945.42	7759.32	5386.7	1854.3	555.6	110.4	11.7	12.9	13.0
100105	105231	2362.3	1184.5	439.0	106.2	9.2	10.9	11.1
10121.21	11654.09	57409.3	13290.1	1914.3	115.1	19.0	23.0	24.4
9420.26	10911.83	108791.9	18987.0	2352.5	115.8	21.3	24.8	26.2
1480.82	1699.65			1269.1	114.8			20.4
4415.88	5299.93		772.1	363.2	120.0		8.9	9.7
4470.43	4738.65	18804.2	3387.7	643.3	106.0	15.7	15.8	14.2
1285.28	1339.12	13553.8	6059.4	780.5	104.2	14.6	18.7	15.8
490.25	525.97	6080.6	2945.0	609.5	107.3	12.1	15.1	13.8
795.03	813.16	65577.4	19178.3	953.5	102.3	19.7	24.5	17.5

Note:a) Figures in value terms in this table are at current prices, except that on the business value of post and telecommunication services which is at 1990 constant prices before 2000 and at 2000 constant prices from 2000 to 2010.Since 2011, it was calculated at 2010 constant prices. Same as table 15-10 and 15-11.b)The indices and growth rates of the follow indicators are calculated at constant prices: Gross Domestic Product and value-added of the three strata of industry,Gross Output Value of Agriculture,Forestry,Animal Husbandry and Fishery,Gross Output Value of Industry,Public Finale Revenue and penditure,business Value of Post and Telecommunication Services,Per Capita Income of Urban and Rural Residents.The average annual growth rate of total investment in fixed assets is calculated at the accumulate method.Same as following next.c)Before 2011, Per Capita Annual Disposable Income of Rural Residents refers to per capita annual net income of rural households.

1-2 续表 1

指 标	Item	1978	1990
实际利用外资额(亿美元)	**Actually Utilization of Foreign Capital(USD 100 million)**		
外商直接投资	Foreign Direct Investments		0.83
财 政(亿元)	**Government Finance(100 million yuan)**		
公共财政收入	Public Finance Revenue	39.25	44.88
公共财政支出	Public Finance Expenditure	14.51	40.20
物价总指数(上年=100)	**Price Indices(preceding year=100)**		
居民消费价格指数	Consumer Price Index	100.0	103.0
商品零售价格指数	Retail Price Index	100.0	102.7
能源生产与消费(万吨标准煤)	**Production and Consumption of Energy(10 000 tons of SCE)**		
能源生产总量	Total Energy Production		
能源消费总量	Total Energy Consumption		1961.58
产 业	**Industry**		
农 业(亿元)	**Agriculture(100 million yuan)**		
农林牧渔业总产值	Gross Output Value of Agriculture, Forestry, Animal Husbandry and Fishery	6.72	51.72
工 业(亿元)	**Industry(100 million yuan)**		
工业总产值	Gross Output Value of Industry	157.90	679.94
轻工业	Light Industry	81.47	354.50
重工业	Heavy Industry	76.43	325.44
建筑业(亿元)	**Construction(100 million yuan)**		
建筑业总产值	Gross Output Value	8.78	31.70
交通运输、邮政业和信息传输	**Transportation,Postal and Information Transmission**		
港口货物吞吐量(万吨)	Volume of Freight Handled at Coastal Ports (10 000 tons)	1131	2063
集装箱吞吐量(万TEU)	Handled Containers (10 000TEU)	1	29
邮电业务总量(亿元)	Business Value of Post and Telecommunication Services (100 million yuan)	0.27	3.27
移动电话年末用户(万户)	Number of Mobile Telephone Subscribers at Year-end (10 000 subscribers)		
固定电话年末用户(万户)	Number of Fixed Telephone Subscribers at Year-end (10 000 subscribers)	8.36	31.78
旅游业	**Tourism**		
入境旅游过夜游客(万人次)	Number of Tourists(Overnight Visitors)(10 000 person-times)		5.60
国际旅游外汇收入(万美元)	Foreign Exchange Earnings from International Tourism (USD 10 000)		2314
金融业(亿元)	**Financial Intermediation(100 million yuan)**		
中资金融机构人民币存款年末余额	RMB Deposits Balance of Chinese Financial Institutions year-end	33.24	263.21
中资金融机构人民币贷款年末余额	RMB Loans Balance of Chinese Financial Institutions year-end	80.14	415.91
股票筹资额	Raised Capital of Listed Companies		
保险公司保费金额	Insurance Premium of Insurance Companies		3.43
保险公司赔款及给付金额	Indemnity Expenditure and Payment of Insurance Companies		0.98

continued

总量指标 Aggregate Data			指数(%)(2014为以下各年) Index(%)(2014 as Percentage of the Following Years)				平均增长速度(%) Average Annual Growth Rate (%)		
2000	2013	2014	1978	1990	2000	2013	1979-2014	1991-2014	2001-2014
25.60	168.29	188.67		22731.3	737.0	112.1		25.4	15.3
133.61	2079.07	2390.35	11481.3	10041.0	1789.1	115.0	14.1	21.2	22.9
187.05	2549.21	2884.70	26220.7	9464.2	1542.2	115.2	16.7	20.9	21.6
99.6	103.1	101.9	612.0	310.8	136.7	101.9	5.2	4.8	2.3
98.6	101.7	100.9	398.2	197.2	116.1	100.9	3.9	2.9	1.1
1201.94	4634.41	4726.73			393.3	102.0			10.3
2553.60	7694.82	7955.00		405.5	311.5	103.4		6.0	8.5
156.30	412.36	441.71	1035.2	342.5	180.3	103.0	6.7	5.3	4.3
3080.74	27283.28	29686.33	20978.3	6536.5	1258.4	107.3	16.0	19.0	19.8
1263.10	5861.38	6200.66	11337.3	3275.5	739.5	107.9	14.0	15.6	15.4
1817.64	21421.90	23485.67	28762.7	9745.8	1606.6	107.1	17.0	21.0	21.9
238.10	3694.4	4123.5	46964.6	13007.9	1731.8	111.6	18.6	22.5	22.6
9582	50063	54002	4774.7	2617.6	563.6	107.9	11.3	14.6	13.1
171	1301	1406	140600.0	4848.3	822.2	108.1	22.3	17.6	16.2
75.37	196.00	244.82	163956.0	27621.6	1199.7	124.9	22.8	26.4	19.4
122.80	1323.15	1351.79			1100.8	102.2			18.7
247.06	352.80	360.62	4313.6	1134.7	146.0	102.2	11.0	10.7	2.7
15.97	75.86	76.63		1368.4	479.8	101.0		11.5	11.9
23176	259139	299210		12930.4	1291.0	115.5		22.5	20.0
2281.55	22268.27	23484.54	70651.4	8922.4	1029.3	105.5	20.0	20.6	18.1
1863.60	18987.54	21189.30	26440.4	5094.7	1137.0	111.6	16.8	17.8	19.0
32.79	376.52								
31.47	276.80	317.75		9263.8	1009.7	114.8		20.8	18.0
7.20	102.00	104.39		10652.0	1449.9	102.3		21.5	21.0

1-2 续表 2

指标	Item	1978	1990
教育、科技、文化	**Education, Science and Technology and Culture**		
教育	**Education**		
在校学生数(万人)	Students Enrollment(10 000 persons)	162.30	134.97
专任教师数(万人)	Full-time Teachers(10 000 persons)	9.25	10.53
科技(亿元)	**Science and Technology**		
研究与试验发展经费支出	Expenditures on Research and Development(100 million yuan)		
文化	**Culture**		
图书出版总印数(万册)	Number of Books Published(10 000 copies)	7367	13048
电视节目制作时间(万小时)	Time for TV Programs Production(10 000 hours)		
人民生活	**People's Living Conditions**		
婚姻家庭	**Marriages and Divorces, Family Size**		
城镇居民平均每户家庭人口(人)	Average Household Size in Urban Areas(person)		3.20
农村居民平均每户常住人口(人)	Average Household Size in Rural Areas(person)	5.80	4.40
结婚登记总数(对)	Registered Number of Marriages(couples)	63599	77210
离婚数(对)	Number of Divorces(couples)	1481	6967
居住(平方米)	**Housing(sq.m)**		
城市人均住宅建筑面积	Per Capita Floor Space of Urban Residential Buildings	4.3	9.8
农村人均住房面积	Per Capita Floor Space of Rural Residents	9.0	18.0
生活	**Living**		
城市居民人均可支配收入(元)	Per Capita Annual Disposable Income of Urban Residents(yuan)	388	1639
农村居民人均可支配收入(元)	Per Capita Annual Disposable Income of Rural Residents(yuan)	153	1069
中资金融机构人民币储蓄存款余额(亿元)	RMB Deposit Balance of Saving Deposits of Chinese Financial Institutions(100 million yuan)	4.02	126.92
社会保险(亿元)	**Social Insurance(100 million yuan)**		
社会保险基金收入	Revenue of Social Insurance Fund		
社会保险基金支出	Expenses of Social Insurance Fund		
卫生	**Health Care**		
医院、卫生院(个)	Number of Hospitals(unit)	310	293
执业(助理)医师(万人)	Number of Licensed (Assistant) Doctors(10 000 persons)	1.58	3.20
医院、卫生院床位数 (万张)	Number of Beds of Hospitals(10 000 units)	1.73	3.34
城市市政建设	**Municipal Works**		
自来水供水总量(亿吨)	Annual Supply of Tap Water(100 million tons)	2.16	6.32
天然气销售量(亿立方米)	Volume of Natural Gas Supply(100 million cu.m)	2.05	2.49
供热面积(万平米)	Heating Area(10 000 sq.m)		
年末实有铺装道路长度(公里)	Length of Paved Roads at Year-end(km)	764	2932
排水管道长度(公里)	Length of Sewer Pipelines(km)	1051	2645
年末公共交通车辆运营数(辆)	Number of Public Vehicles in Operation at Year-end(unit)	1205	1857
城市绿地面积(平方公里)	Areas of Green Land (sq.km)		
环境	**Environment**		
废水中化学需氧量排放量(万吨)	COD Discharge of Waste Water(10 000 tons)		
废气中二氧化硫排放量(万吨)	Sulphur Dioxide Emission of Waste Gas(10 000 tons)		

continued

总量指标 Aggregate Data			指数(%)(2014为以下各年) Index(%)(2014 as Percentage of the Following Years)				平均增长速度(%) Average Annual Growth Rate (%)		
2000	2013	2014	1978	1990	2000	2013	1979–2014	1991–2014	2001–2014
162.22	158.88	162.28	100.0	120.2	100.0	102.1		0.8	
11.07	11.90	12.03	130.1	114.2	108.7	101.1	0.7	0.6	0.6
24.69	428.09	464.69			1882.1	108.5			23.3
5881	5134	4560	61.9	34.9	77.5	88.8	-1.3	-4.3	-1.8
	2.8	2.9				103.6			
3.08	2.78	2.80		87.5	90.9	100.7		-0.6	-0.7
3.69	3.35	3.32	57.2	75.5	90.0	99.1	-1.5	-1.2	-0.8
61416	102574	99394	156.3	128.7	161.8	96.9	1.2	1.1	3.5
13338	44093	43342	2926.5	622.1	325.0	98.3	9.8	7.9	8.8
13.90	35.75	21.82							
23.60	31.80								
8141	28980	31506	1523.3	710.5	325.1	108.7	7.9	8.5	8.8
4370	15353	17014				110.8			
1172.40	7563.46	7863.57	195611.3	6195.7	670.7	104.0	23.4	18.8	14.6
	696.31	800.15				114.9			
	611.30	728.02				119.1			
488	482	631	203.5	215.4	129.3	130.9	2.0	3.2	1.9
3.00	3.21	3.33	210.8	104.1	111.0	103.7	2.1	0.2	0.7
3.88	5.31	5.95	343.9	178.1	153.4	112.1	3.5	2.4	3.1
6.11	7.86	8.12	375.9	128.5	132.9	103.3	3.7	1.0	2.1
2.35	26.96	29	1436.6	1182.7	1253.2	109.2	7.7	10.8	19.8
3260	32897	34240			1050.3	104.1			18.3
3602	6933	7275	952.2	248.1	202.0	104.9	6.5	3.9	5.1
7032	18644	18748	1783.8	708.8	266.6	100.6	8.3	8.5	7.3
5358	9670	11164	926.5	601.2	208.4	115.4	6.4	7.8	5.4
17.70	83.16	77.72			439.1	93.5			11.1
	22.15	21.43				96.7			
	21.68	20.92				96.5			

1-3 按地区分的户数、人口数及人口密度
Households, Population and Population Density by Region (2013-2014)

地 区	Region	年末户数（万户）Year-end Households (10000 households)		年末人口数（万人）Year-end Population (10000 persons)		年平均人口（万人）Average Annual Population (10000 persons)	人口密度（人/平方公里）Population Density (person/sq.km)
		2013	2014	2013	2014	2013	2014
全市常住人口	**Total Permanent Population**	**457.09**	**470.51**	**1472.21**	**1516.81**	**1252**	**1290**
全市户籍人口	**Total Registered Population**	**356.60**	**362.63**	**1003.97**	**1016.66**	**1010**	**864**
市辖区	**Districts under City Administration**	**295.73**	**301.01**	**821.70**	**832.78**	**827**	**1612**
#市内六区	Six Urban Districts	146.55	148.61	394.52	398.22	396	22489
和平区	Heping District	13.67	13.99	40.28	41.08	41	41080
河东区	Hedong District	28.76	29.23	73.98	74.65	74	18837
河西区	Hexi District	28.61	28.98	80.94	81.88	81	21542
南开区	Nankai District	30.83	31.36	85.37	86.14	86	22345
河北区	Hebei District	24.08	24.31	62.15	62.65	62	21151
红桥区	Hongqiao District	20.60	20.74	51.80	51.82	52	24374
东丽区	Dongli District	13.61	13.94	35.60	36.06	36	754
西青区	Xiqing District	13.42	13.79	37.36	38.16	38	674
津南区	Jinnan District	14.97	15.20	42.35	42.91	43	1106
北辰区	Beichen District	14.57	14.99	37.93	38.69	38	818
武清区	Wuqing District	27.73	28.20	87.09	88.70	88	563
宝坻区	Baodi District	21.99	22.25	68.56	69.43	69	460
滨海新区	Binhai New Area	42.89	44.03	118.29	120.61	119	540
市辖县	**Counties under City Administration**	**60.87**	**61.62**	**182.27**	**183.88**	**183**	**421.61**
宁河县	Ninghe County	13.67	13.94	39.19	39.51	39	305
静海县	Jinghai County	20.53	20.77	58.26	58.91	59	399
蓟 县	Jixian County	26.67	26.91	84.81	85.46	85	538

1-4 按国民经济行业分各类从业人员(2014年)
Persons Employed Grouped by Sector, 2014

单位：万人 (10000 persons)

		社会从业人员 Persons Employed	城镇非私营单位从业人员 Persons Employed In Urban non-private Units	在岗职工人数 On-post Staff and Workers	其他从业人员 Other Persons Employed
总　计	**Total**	**877.21**	**295.51**	**279.09**	**16.42**
按三次产业分	**Grouped by Three Industries**				
第一产业	Primary Industry	67.98	0.50	0.46	0.04
第二产业	Secondary Industry	341.51	161.37	155.51	5.86
第三产业	Tertiary Industry	467.72	133.64	123.11	10.53
按国民经济行业分	**Grouped by Sector**				
农、林、牧、渔业	Farming, Forestry, Animal Husbandry and Fishery	67.98	0.50	0.46	0.04
采矿业	Minerals Mining	11.87	6.64	6.52	0.12
制造业	Manufacturing	241.73	119.00	116.78	2.22
电力、热力、燃气及水生产和供应业	Production and Supply of Electricity, Heat, Gas and Water	7.17	4.46	4.31	0.15
建筑业	Construction	80.74	31.27	27.90	3.37
批发和零售业	Wholesale and Retail Trade	136.43	17.27	16.66	0.61
交通运输、仓储和邮政业	Transportation, Storage and Post Services	43.26	14.34	13.96	0.38
住宿和餐饮业	Accommodation and Catering Services	39.60	5.96	4.59	1.37
信息传输、软件和信息技术服务业	Information Transmitting, Software and Information Technology Services	11.96	3.85	3.82	0.03
金融业	Finance Intermediation	15.70	8.91	6.17	2.74
房地产业	Real Estate	20.28	6.67	6.22	0.45
租赁和商务服务业	Leasing and Business Services	33.36	6.66	6.20	0.46
科学研究和技术服务业	Scientific Research and Technical Services	30.33	10.69	9.82	0.87
水利、环境和公共设施管理业	Management for Water Conservancy, Environment and Public Facilities	8.13	4.07	3.35	0.72
居民服务、修理和其他服务业	Resident Services, Repair and Other Services	47.21	11.04	10.85	0.19
教　育	Education	34.22	17.37	16.47	0.90
卫生和社会工作	Health Care and Social Work	16.93	9.28	8.66	0.62
文化、体育和娱乐业	Culture, Sports and Recreational Services	5.25	2.08	1.95	0.13
公共管理、社会保障和社会组织	Public Management, Social Security and Social Organizations	25.06	15.45	14.40	1.05

1-5 城镇非私营单位从业人员
Number and Composition of Employment Personnel in Urban Non-private Units (2013-2014)

单位：万人 (10000 persons)

项 目	Item	2013	2014	2014 比2013年增长(%) Increase Rate in 2014 over 2013(%)
总 计	**Total**	**302.44**	**295.51**	**-2.3**
按登记注册类型分	**Grouped by Registration Status**			
国有单位	State-owned Units	77.85	75.14	-3.5
集体单位	Collective-owned Units	7.10	7.62	7.3
其他单位	Others	217.49	212.75	-2.2
#外商及港澳台商投资单位	Units with Funds from Foreign Countries, Hong Kong, Macao & Taiwan	88.70	84.54	-4.7
股份有限公司	Share Holding Corporations Ltd.	25.02	25.79	3.1
按国民经济行业分	**Grouped by Sector**			
农、林、牧、渔业	Farming, Forestry, Animal Husbandry and Fishery	0.53	0.50	-5.7
采矿业	Minerals Mining	7.61	6.64	-12.7
制造业	Manufacturing	122.33	119.00	-2.7
电力、热力、燃气及水生产和供应业	Production and Supply of Electricity, Heat, Gas and Water	4.49	4.46	-0.7
建筑业	Construction	31.04	31.27	0.7
批发和零售业	Wholesale and Retail Trade	17.17	17.27	0.6
交通运输、仓储和邮政业	Transportation, Storage and Post Services	14.35	14.34	-0.1
住宿和餐饮业	Accommodation and Catering Services	6.57	5.96	-9.3
信息传输、软件和信息技术服务业	Information Transmitting, Software and Information Technology Services	3.57	3.85	7.8
金融业	Finance Intermediation	8.09	8.91	10.1
房地产业	Real Estate	9.15	6.67	-27.1
租赁和商务服务业	Leasing and Business Services	5.77	6.66	15.4
科学研究和技术服务业	Scientific Research and Technical Services	10.75	10.69	-0.6
水利、环境和公共设施管理业	Management for Water Conservancy, Environment and Public Facilities	4.14	4.07	-1.7
居民服务、修理和其他服务业	Resident Services, Repair and Other Services	10.83	11.04	1.9
教 育	Education	18.94	17.37	-8.3
卫生和社会工作	Health Care and Social Work	9.31	9.28	-0.3
文化、体育和娱乐业	Culture, Sports and Recreational Services	2.27	2.08	-8.4
公共管理、社会保障和社会组织	Public Management, Social Security and Social Organizations	15.53	15.45	-0.5
按企业、事业、机关分	**Grouped by Enterprise, Institution and Government Agency**			
#企 业	Enterprises	250.16	245.32	-1.9
中 央	Central	32.54	32.71	0.5
地 方	Local	217.62	212.61	-2.3
#国 有	State-owned	27.36	17.73	-35.2
事 业	Institutions	37.20	35.27	-5.2
中 央	Central	1.96	2.06	5.1
地 方	Local	35.24	33.21	-5.8
机 关	Government Agencies	14.05	13.98	-0.5
中 央	Central	1.23	1.21	-1.6
地 方	Local	12.82	12.77	-0.4

1-6 城镇非私营单位在岗职工

Number and Composition of On-post Staff and Workers in Urban Non-Private Units (2013-2014)

单位：万人 (10000 persons)

项 目	Item	2013	2014	2014比2013年增长(%) Increase Rate in 2014 over 2013(%)
总 计	**Total**	**283.80**	**279.09**	**-1.7**
按登记注册类型分	**Grouped by Registration Status**			
国有单位	State-owned Units	73.68	70.90	-3.8
集体单位	Collective-owned Units	5.95	6.95	16.8
其他单位	Others	204.17	201.24	-1.4
#外商及港澳台商投资单位	Units with Funds from Foreign Countries, Hong Kong, Macao & Taiwan	85.67	82.27	-4.0
股份有限公司	Share Holding Corporations Ltd.	21.74	22.43	3.2
按国民经济行业分	**Grouped by Sector**			
农、林、牧、渔业	Farming, Forestry, Animal Husbandry and Fishery	0.49	0.46	-6.1
采矿业	Minerals Mining	7.48	6.52	-12.8
制造业	Manufacturing	119.35	116.78	-2.2
电力、热力、燃气及水生产和供应业	Production and Supply of Electricity, Heat, Gas and Water	4.31	4.31	
建筑业	Construction	26.84	27.90	3.9
批发和零售业	Wholesale and Retail Trade	16.30	16.66	2.2
交通运输、仓储和邮政业	Transportation, Storage and Post Services	13.77	13.96	1.4
住宿和餐饮业	Accommodation and Catering Services	5.04	4.59	-8.9
信息传输、软件和信息技术服务业	Information Transmitting, Software and Information Technology Services	3.55	3.82	7.6
金融业	Finance Intermediation	5.41	6.17	14.0
房地产业	Real Estate	8.63	6.22	-27.9
租赁和商务服务业	Leasing and Business Services	5.31	6.20	16.8
科学研究和技术服务业	Scientific Research and Technical Services	9.99	9.82	-1.7
水利、环境和公共设施管理业	Management for Water Conservancy, Environment and Public Facilities	3.42	3.35	-2.0
居民服务、修理和其他服务业	Resident Services, Repair and Other Services	10.40	10.85	4.3
教 育	Education	18.06	16.47	-8.8
卫生和社会工作	Health Care and Social Work	8.76	8.66	-1.1
文化、体育和娱乐业	Culture, Sports and Recreational Services	2.14	1.95	-8.9
公共管理、社会保障和社会组织	Public Management, Social Security and Social Organizations	14.55	14.40	-1.0

1-7 城镇单位其他从业人员

Number and Composition of Other Employment Personnel in Urban Units (2013-2014)

单位：万人 (10000 persons)

项　目	Item	2013	2014	2014比2013年增长(%) Increase Rate in 2014 over 2013(%)
总　计	**Total**	**18.64**	**16.42**	**-11.9**
按登记注册类型分	**Grouped by Registration Status**			
国有单位	State-owned Units	4.17	4.24	1.7
集体单位	Collective-owned Units	1.01	0.66	-34.7
其他单位	Others	13.46	11.52	-14.4
#外商及港澳台商投资单位	Units with Funds from Foreign Countries, Hong Kong, Macao & Taiwan	3.03	2.27	-25.1
股份有限公司	Share Holding Corporations Ltd.	3.28	3.37	2.7
按国民经济行业分	**Grouped by Sector**			
农、林、牧、渔业	Farming, Forestry, Animal Husbandry and Fishery	0.04	0.04	
采矿业	Minerals Mining	0.13	0.12	-7.7
制造业	Manufacturing	2.98	2.22	-25.5
电力、热力、燃气及水生产和供应业	Production and Supply of Electricity, Heat, Gas and Water	0.18	0.15	-16.7
建筑业	Construction	4.20	3.37	-19.8
批发和零售业	Wholesale and Retail Trade	0.87	0.61	-29.9
交通运输、仓储和邮政业	Transportation, Storage and Post Services	0.58	0.38	-34.5
住宿和餐饮业	Accommodation and Catering Services	1.53	1.37	-10.5
信息传输、软件和信息技术服务业	Information Transmitting, Software and Information Technology Services	0.02	0.03	50.0
金融业	Finance Intermediation	2.68	2.74	2.2
房地产业	Real Estate	0.52	0.45	-13.5
租赁和商务服务业	Leasing and Business Services	0.46	0.46	
科学研究和技术服务业	Scientific Research and Technical Services	0.76	0.87	14.5
水利、环境和公共设施管理业	Management for Water Conservancy, Environment and Public Facilities	0.72	0.72	
居民服务、修理和其他服务业	Resident Services, Repair and Other Services	0.43	0.19	-55.8
教　育	Education	0.88	0.90	2.3
卫生和社会工作	Health Care and Social Work	0.55	0.62	12.7
文化、体育和娱乐业	Culture, Sports and Recreational Services	0.13	0.13	
公共管理、社会保障和社会组织	Public Management, Social Security and Social Organizations	0.98	1.05	7.1

主要统计指标解释

生产总值(原国内生产总值) 指按市场价格计算的一个国家（或地区）所有常住单位在一定时期内生产活动的最终成果。

从价值形态看，它是所有常驻单位在一定时期内所生产的全部货物和服务价值超过同期投入的全部非固定资产货物和服务价值的差额，即所有常驻单位的增加值之和；从收入形态看，它是所有常驻单位在一定时期内所创造并分配给常驻单位和非常驻单位的初次分配收入之和；从产品形态看，它是最终使用的货物和服务减去进口货物和服务。在实际核算中，其三种表现形态体现为三种计算方法，即生产法、收入法和支出法。三种方法分别从不同的方面反映生产总值及其构成。根据国务院和国家统计局有关我国 GDP 核算和数据发布制度的规定，天津市国内生产总值自 2004 年起更名为“天津市生产总值”简称“天津市 GDP”。

常住人口 指实际经常居住在某地区一定时间（指半年以上）的人口。按人口普查和抽样调查规定，主要包括: 1. 除离开本地半年以上（不包括在国外工作或学习的人）的全部常住本地的户籍人口；2.户口在外地，但在本地居住半年以上者，或离开户口地半年以上而调查时在本地居住的人口；3.调查时居住在本地，但在任何地方都没有登记常住户口，如手持户口迁移证、出生证、退伍证、劳改劳教释放证等尚未办理常住户口的人，即所谓“口袋户口”的人。

户籍人口 指公民依照《中华人民共和国户口登记条例》，已在其经常居住地的公安户籍管理机关登记了常住户口的人。这类人口不管其是否外出，也不管外出时间长短，只要在某地注册有常住户口，则为该地区的户籍人口。

社会从业人员 是指在劳动年龄内，有劳动能力，参加社会劳动取得劳动报酬或经营收入的人员。具体指城镇单位从业人员，乡镇企业从业人员，乡村农林牧渔劳动者，私营、个体雇员，私营、个体雇主以及其他从业人员。从空间范围上讲社会从业人员既包括城镇中的从业人员，又包括乡村中的从业人员。

城镇单位从业人员 是指在各级国家机关、政党机关、社会团体、事业单位以及城镇范围内的各类企业中工作，并取得劳动报酬的全部人员。包括在岗职工和其他从业人员，但不包括不在岗职工。

在岗职工 是指调查时期（时点）在单位工作并领取工资的职工。具体是指那些与本单位签有劳动合同或在本单位在册，并在本单位从事有报酬的劳动人员，在岗职工还包括单位派出学习、工作及病伤产假（六个月内）且仍在单位支付劳动报酬的人员。

单位其他从业人员 劳动统计规定不作在岗职工统计，但实际参加各单位生产或工作并取得劳动报酬的人员。包括再就业的离退休人员、民办教师、在各单位工作的港、澳、台、外籍人员、聘用的外单位不在岗人员、聘用的失业人员、聘用和使用的外来人员、聘用的其他人员以及在本单位从事第二职业的外单位人员，但不包括在单位中工作并领取报酬的在校学生。

Explanatory Notes on Main Statistical Indicators

Gross Domestic Product refers to the final products at market prices produced by all resident units in a country (or a region) during a certain period of time.

From the aspect of value added form, GDP refers to the total value of all products and services produced by all resident units during a certain period of time minus total value of inputs of non-fixed-assets products and services or the summation of the value added of all resident units; the form of products refers to all final goods and services minus imports of goods and services. In the practice of national accounting, it is calculated by three approaches, i.e. product approach, income approach and expenditure approach, respectively, to reflect Gross Product and its composition of different aspects. According to the regulations of GDP national accounting as Tianjin Gross Product Value, for short Tianjin GDP.

Permanent Resident Population refers to the total number of people alive at a given area within a period (over half a year). According to the regulation of population census and sample survey, permanent resident population include (a) registered population in this area except those who have left this area over half a year (exclude those going abroad to work or study). (b) population with residence registered in other area, but having actually resided in this area over half a year or having left place of residence registration over half a year and resided in this area during the period of population survey.(c) population with residence registration in this enumeration area not yet settled, i.e. residence card on hand, migration certificate, birth certificate, demobilized soldier card, release certificate, etc.

Registered Population refers to the population with registered in accordance with the regulation of the People's Republic of China on the Management of Registration Residence in public security organs in this area. No matter he is out or not, how long the time is, which is often expressed in.

Social Employment Personnel refer to the persons aged 16 and over who are engaged in social labor and receive remuneration payment or earn business income, including employment personnel worked in units in urban areas, employment personnel worked in township enterprises, rural labor engaged in farming, forestry, animal husbandry and fishery, employees in private enterprises and individual economy, employers of private enterprises and individual economy and other employment personnel. Social employment personnel not only include those in urban areas, also include those in rural areas.

Persons Employed in Urban Units refer to all the persons working in government agencies of various levels, political and party organizations, social organizations, enterprises and institutions, and receiving remuneration payment. They include on-post staff and workers and other employment personnel in various units, but exclude staff and workers who have left their working units.

On-post Staff and Workers refer to staff and workers who work in and receive wages from their working units during a survey period. They include the persons who have signed working contracts with units or registered in units, also include those receive wages fromunits but are temporarily absent fromwork for reasons of study, work or on sick, injury or maternal leave no more than six months.

Other Persons Employed in Various Units refer to the numbers receiving wages or other forms of payment, include re-employed retirees, teachers in schools run by the local people, foreigners and Chinese compatriots from Hong Kong, Macao, and Taiwan working in various units, employees of other units working temporarily at current posts, unemployment personnel, non-locals, and employees holding the second job of other units, exclude students enrolled in universities and colleges who work at the units and receive wages.

二、人民生活

Chapter 2

PEOPLE'S LIVING CONDITIONS

2-1 城乡住户基本情况
Basic Conditions of Urban and Rural Households
(2013-2014)

项　目	Item	单位	Unit	2013	2014
一、调查样本户数	**Number of Households Surveyed**	户	**household**	**3917**	**3916**
1.城镇住户	Urban	户	household	2927	2931
2.农村住户	Rural	户	household	990	985
二、调查样本户结构	**Structure of Household**				
1.城镇住户	Urban	%		74.7	74.8
2.农村住户	Rural	%		25.3	25.2
三、住户基本情况	**Basic Conditions of Households**				
户均常住成员	Average Number of Permanent Residents Per Household	人/户	person/household	2.93	2.93
户均就业成员	Average Number of Employees Per Household	人/户	person/household	1.64	1.62
平均每户就业人口比重	Average Employment Proportion Per Household	%		56.0	55.3
平均每一就业者负担人口	Average Number of Dependents Per Employee	人	person	1.79	1.81
四、住户常住成员户口登记地	**Registered Location of Permanent Residents**				
1.本村(居委会)	Home Village Or Residents' Committee	%		78.7	78.8
2.村外乡(镇、街道)内	Outside Home Village	%		7.0	6.9
3.乡外县(区)内	Outside Home Township Residential District	%		3.8	4.1
4.县外市内	Outside Home County (District)	%		5.5	5.6
5.市外省内	Outside Home Municipality	%			
6.省外	Outside Home Province	%		5.0	4.6
7.其他(如户口待定)	Others	%			
五、住户6周岁及以上成员受教育程度	**Education Level of Residents Above 6-Year-Old**				
1.未上过学	Non-Educated	%		2.3	2.0
2.小学	Primary School	%		15.8	15.8
3.初中	Junior Middle School	%		38.1	37.6
4.高中	Senior Middle School	%		24.0	23.7
5.大学专科	Junior College	%		11.4	11.5
6.大学本科	Undergraduate College	%		7.9	8.8
7.研究生	Graduate	%		0.5	0.6
六、住户成员参加养老保险情况	**Pension Insurance**				
1.新型农村社会养老保险	The New Rural Community Pension Insurance	%		1.2	0.9
2.城镇职工基本养老保险	Urban Employee Pension Insurance	%		55.1	54.8
3.城乡居民基本养老保险	Urban-Rural Residents Basic Pension Insurance	%		17.0	18.6
4.商业养老保险	Business Pension Insurance	%		0.6	0.6
5.其他养老保险	Others	%			
6.没有参加任何养老保险	No Pension Insurance	%		26.1	25.1

注：根据国家统计局统一工作部署，自2012年4季度城镇住户调查和农村住户调查实施了一体化改革。改革后的农村住户调查，样本地域范围由涉农区县城乡结合区、镇中心区、乡村缩小到只包括乡村，城乡结合区和镇中心区均纳入城镇；同时，调整了部分指标口径和计算方法。年鉴中指标均以新口径为准，且2013年和2014年数据均为新口径，2012年及以前均为老口径，以下所有表中数据口径均同。

Notes: According to the arrangement of NBS, urban and rural household surveys have implemented integrated reform since the fourth quarter of 2012. After the reform, the geographic area of the rural household survey has shrunk from urban-rural fringe zone and town center and villages of all the districts and counties to only villages. Urban-rural fringe zone and town center have been brought into urban area. Meanwhile, the reform has adjusted some statistical caliber and its calculations.In this yearbook, all the data of 2013 and 2014 are in new scope. However, the data of 2012 or former are in old scope. Similarly hereinafter.

2-1 续表 1 continued

项 目	Item	单 位 Unit	2013	2014
七、住户成员参加医疗保险情况	**Medical Care Insurance**			
1.新型农村合作医疗	The New Rural Cooperative Medical Care Insurance	%	0.6	0.9
2.城镇职工基本医疗保险	Urban Employee Basic Medical Care Insurance	%	44.6	44.1
3.城乡居民基本医疗保险	Urban-Rural Residents Basic Medical Care Insurance	%	49.7	51.5
4.公费医疗	Socialized Medical Care	%	0.0	0.0
5.商业医疗保险	Business Medical Care Insurance	%	1.1	1.2
6.其他医疗保险	Others	%		
7.没有参加任何医疗保险	No Medical Care Insurance	%	4.0	2.3
八、住户从业人员行业分布	**Industry Distribution**			
1.第一产业	Primary Industry	%	8.3	7.9
2.第二产业	Secondary Industry	%	36.8	36.7
3.第三产业	Tertiary Industry	%	54.9	55.4
九、住户从业人员职业分布	**Profession Distribution**			
1.国家机关、党群组织、企业、事业单位负责人	Directors of Government Agency, CPC or Mass Organizations, Enterprises and Institutions	%	2.5	2.1
2.专业技术人员	Professional Staff	%	15.2	15.9
3.办事人员和有关人员	Clerks	%	19.0	18.8
4.商业、服务业人员	Commercial and Service Personel	%	23.3	23.8
5.农、林、牧、渔、水利业生产人员	Primary Industry and Irrigation Workers	%	9.5	8.9
6.生产、运输设备操作人员及有关人员	Equipment Operators	%	30.4	30.4
7.军人	Soldiers	%	0.1	0.1
8.不便分类的其他从业人员	Others	%		
十、住户从业人员就业分布	**Employment Distribution**			
1.雇主	Employers	%	1.1	0.9
2.公职人员	Public Servants	%	1.9	1.6
3.事业单位人员	Institutions Staff	%	5.6	5.4
4.国有企业雇员	State-Owned Enterprise Employees	%	10.7	11.8
5.其他雇员	Other Employees	%	61.4	63.1
6.农业自营	Agricultrual Managers	%	8.6	7.6
7.非农自营	Secendary and Teriary Industry Managers	%	10.7	9.6
十一、住户成员健康状况	**Health Condition**			
1.健康	Healthy	%	86.1	87.1
2.基本健康	General Healthy	%	11.1	10.3
3.不健康，但生活能自理	Unhealthy but Independent	%	2.5	2.3
4.生活不能自理	Dependent	%	0.3	0.3
十二、常住居民收入与支出	**Income and Expenditure**			
全体居民人均可支配收入	Per-Capita Disposable Income	元/人	26359	28832
全体居民人均消费性支出	Per-Capita Consumption Expenditure	元/人	20419	22343
平均消费倾向	Average Propensity To Consume	%	77.5	77.5
十三、住户现住房居住空间样式	**Housing Style**			
1.单栋楼房	Single Building	%	1.1	0.5
2.单栋平房	Single Bungalow	%	26.0	26.5
3.四居室及以上单元房	Apartment with 4 Bedrooms or More	%	0.2	0.2
4.三居室单元房	Apartment with 3 Bedrooms	%	7.9	8.4
5.二居室单元房	Apartment with 2 Bedrooms	%	39.9	42.3
6.一居室单元房	Apartment with 1 Bedrooms	%	16.6	15.0
7.筒子楼或连片平房	Tube-Shaped Apartment or Cottage	%	8.2	7.0
8.其他	Others	%	0.1	0.1

2-1 续表 2 continued

项 目	Item	单 位 Unit	2013	2014
十四、住户现住房房屋来源	**Source Of House**			
1.租赁公房	Rent Public House	%	16.6	15.7
2.租赁私房	Rent Private House	%	3.9	3.6
3.自建住房	Self-Help House	%	28.0	28.1
4.购买商品房	Purchased Commercial House	%	26.4	28.3
5.购买房改住房	Purchased Public House	%	10.8	10.5
6.购买保障性住房	Purchased Social House	%	1.7	1.1
7.拆迁安置房	Resettlement House	%	5.5	7.2
8.其他	Others	%	7.1	5.5
十五、住户主要饮用水来源情况	**Source Of Drinking Water**			
1.经过净化处理的自来水	Tap Water	%	91.2	90.2
2.受保护的井水和泉水	Protected Wells and Springs	%	7.7	8.8
3.不受保护的井水和泉水	Unprotected Wells and Springs	%		
4.江河湖泊水	River and Lake Water	%		
5.收集雨水	Collected Rain Water	%		
6.桶装水	Bottled Water	%	1.1	1.0
7.其他水源	Others	%		
十六、住户主要取暖用能源状况	**Fuel For Heating**			
1.柴草	Firewoods	%		
2.煤炭	Coal	%	30.4	28.6
3.罐装液化石油气	Canned Liquefied Petroleum Gas	%		
4.管道液化石油气	Pipeline Liquefied Petroleum Gas	%		
5.管道煤气	Pipeline Coal Gas	%		
6.管道天然气	Pipeline Natural Gas	%		
7.电	Electricity	%	1.1	1.9
8.燃料用油	Fuel Oil	%		
9.沼气	Methane	%		
10.其他	Others	%		
11.集中供暖	Central Heating	%	68.5	69.5
十七、住户主要炊用能源状况	**Fuel For Cooking**			
1.柴草	Firewoods	%	2.0	1.5
2.煤炭	Coal	%	1.7	1.7
3.罐装液化石油气	Canned Liquefied Petroleum Gas	%	26.7	26.0
4.管道液化石油气	Pipeline Liquefied Petroleum Gas	%		
5.管道煤气	Pipeline Coal Gas	%		
6.管道天然气	Pipeline Natural Gas	%	64.0	64.8
7.电	Electricity	%	1.7	2.1
8.燃料用油	Fuel Oil	%		
9.沼气	Methane	%		
10.其他	Others	%		
11.无炊用行为	No Cooking Behavior	%	3.9	3.9
十八、住户厕所类型	**Toilet Type**			
1.水冲式卫生厕所	Sanitary Water Flush Toilet	%	81.1	81.7
2.水冲式非卫生厕所	Non-Sanitary Water Flush Toilet	%		
3.卫生旱厕	Sanitary Dry Toilet	%	4.5	5.6
4.普通旱厕	Common Dry Toilet	%	8.5	8.7
5.无厕所	No Toilet	%	5.9	4.0
十九、住户洗澡设施情况	**Bath Facilities**			
1.统一供热水	Unified Supply of Hot Water	%	8.2	7.6
2.家庭自装热水器	Water Heater Installed By Household	%	80.6	85.2
3.其他	Others	%	3.3	1.5
4.无洗澡设施	No Bath Facilities	%	7.9	5.7

2-2 城乡居民人均食品消费量
Per Capita Consumption of Foods by Urban and Rural Households (2013-2014)

单位：公斤 (kg)

项　　目	Item	2013	2014
粮食	Grain	117.9	116.6
#谷物	Cereal	110.1	108.0
薯类	Tuber	2.0	2.5
豆类	Beans and the Products	5.8	6.2
食用油	Oil and Fats	12.1	12.1
蔬菜及菜制品	Vegetables and Edible Fungi	112.7	114.3
#鲜菜	Fresh Vegetables	109.8	111.3
肉及制品	Meat and Meat Products	23.7	24.0
#猪肉	Pork	14.8	15.3
牛羊肉	Beef and Mutton	4.6	4.8
家禽及制品	Poultry and Poultry Products	4.4	4.8
水产及制品	Aquatic Products	15.4	16.3
蛋类及蛋制品	Eggs and Related Products	16.9	16.8
#鲜蛋	Eggs	16.1	15.9
奶和奶制品	Milk and Dairy Products	18.1	18.2
干鲜瓜果类	Dried and Fresh Melons and Fruits	63.5	69.3
#鲜瓜果	Fresh Melons and Fruits	57.9	63.1
糖果糕点类	Confectionery	8.1	8.2
白酒	Wine	3.3	3.5

2-3 城乡居民家庭每百户主要耐用消费品拥有量
Per 100 Urban and Rural Households Possessions of Durable Consumer Goods (2013-2014)

项　　目	Item	单位	unit	2013	2014
摩托车	Motorcycle	辆	unit	13.2	14.2
助力车	Electric Bicycle	辆	unit	43.0	46.1
家用汽车	Automobile	辆	unit	28.8	30.1
洗衣机	Washing Machine	台	set	98.6	99.1
电冰箱（柜）	Refrigerator	台	set	99.6	102.4
彩色电视机	Color Television Set	台	set	113.9	116.6
家用电脑	Micro-Computer	台	set	61.2	66.6
摄像机	Vidicon	台	set	8.3	9.1
照相机	Camera	架	set	35.0	36.4
微波炉	Microwave Oven	台	set	68.7	70.7
空调器	Air Conditioner	台	set	115.7	125.9
热水器	Water Heater	台	set	91.1	93.2
固定电话	Telephone	部	set	53.3	60.7
移动电话	Mobile Telephone	部	set	208.2	214.3

2-4 城乡居民收入和指数
Per Capita Income and Index of Urban and Rural Households (1978-2014)

年 度 Year	城镇居民人均可支配收入 Per Capita Disposable Income of Urban Households			农村居民人均可支配收入 Per Capita Disposable Income of Rural Households		
	绝对数(元) Value (yuan)	指数(上年=100) Index (last year=100)	指数(1978=100) Index (year 1978=100)	绝对数(元) Value (yuan)	指数(上年=100) Index (last year=100)	指数(1978=100) Index (year 1978=100)
1978	388		100.0	153		100.0
1979	425	109.5	109.5	179	117.0	117.0
1980	527	123.9	135.7	278	155.3	181.7
1981	540	102.4	138.9	297	106.8	194.1
1982	577	106.9	148.5	326	109.8	213.1
1983	604	104.8	155.6	412	126.4	269.3
1984	728	120.5	187.5	504	122.3	329.4
1985	876	120.2	225.4	564	111.9	368.6
1986	1070	122.2	275.5	635	112.6	415.0
1987	1187	111.0	305.8	749	118.0	489.5
1988	1330	112.0	342.5	891	119.0	582.4
1989	1478	111.1	380.5	1020	114.5	666.7
1990	1639	110.9	422.0	1069	104.8	698.7
1991	1845	112.6	475.1	1169	109.4	764.1
1992	2238	121.3	576.3	1410	120.6	921.6
1993	2769	123.7	712.9	1593	113.0	1041.2
1994	3982	143.8	1025.2	1956	122.8	1278.4
1995	4930	123.8	1269.2	2531	129.4	1654.2
1996	5967	121.1	1537.0	3142	124.1	2053.6
1997	6609	110.7	1701.4	3548	112.9	2319.0
1998	7111	107.6	1830.7	3890	109.6	2542.5
1999	7650	107.6	1969.9	4055	104.2	2650.3
2000	8141	106.4	2095.9	4370	107.8	2856.2
2001	8959	110.1	2307.6	4825	110.4	3153.6
2002	9338	111.6	2575.3	5315	110.2	3473.9
2003	10313	110.4	2843.2	5861	110.3	3830.7
2004	11467	111.2	3161.6	6525	111.3	4264.7
2005	12639	110.2	3484.1	7202	110.4	4707.2
2006	14283	113.0	3937.0	7942	110.3	5190.8
2007	16357	114.5	4507.9	8752	110.2	5720.3
2008	19423	118.7	5350.8	9670	110.5	6320.3
2009	21402	110.2	5896.6	10675	110.4	6977.1
2010	24293	113.5	6692.7	11801	110.5	7713.1
2011	26920	110.8	7415.5	11891	115.5	8908.6
2012	29626	110.0	8157.0	13571	114.1	10164.7
2013	28980	110.2	8989.0	15353	113.5	11536.9
2014	31506	108.7	9771.1	17014	110.8	12782.9

注：①农村居民自2011年开始为可支配收入，以前为纯收入。

②因调查范围变化，城镇居民家庭可支配收入在2013年之前全部为城市居民收入。

③2013年、2014年为一体化住户调查新口径数据。

Notes: ①Income of rural households is net income before 2011,and then disaposable income.

②It is disposable income of households living in metropolitan area since the change of survey area.

③Data of 2013 and 2014 are integrated household survey data in new scope.

2-5 城乡居民消费支出和指数

Per Capita Consumption Expenditure and Index of Urban and Rural Households (1978-2014)

年 度 Year	城镇居民人均消费支出 Per Capita Disposable Income of Urban Households			农村居民人均消费支出 Per Capita Disposable Income of Rural Households		
	绝对数(元) Value (yuan)	指数(上年=100) Index (last year=100)	指数(1978=100) Index (year 1978=100)	绝对数(元) Value (yuan)	指数(上年=100) Index (last year=100)	指数(1978=100) Index (year 1978=100)
1978	345		100.0	132		100.0
1979	385	111.7	111.7	135	102.3	102.3
1980	475	123.2	137.6	208	154.1	157.6
1981	486	102.4	140.9	249	119.7	188.6
1982	497	102.2	144.0	267	107.2	202.3
1983	521	104.9	151.0	366	137.1	277.3
1984	600	115.1	173.9	372	101.6	281.8
1985	771	128.5	223.5	426	114.5	322.7
1986	949	123.2	275.2	480	112.7	363.6
1987	1071	112.9	310.6	539	112.3	408.3
1988	1279	119.4	370.8	714	132.5	540.9
1989	1291	101.0	374.4	781	109.4	591.7
1990	1440	111.6	417.7	733	93.9	555.3
1991	1586	110.1	459.8	796	108.6	603.0
1992	1907	120.3	553.0	923	116.0	699.2
1993	2322	121.8	673.3	1010	109.4	765.2
1994	3301	142.2	957.3	1274	126.1	965.2
1995	4064	123.1	1178.4	1711	134.3	1296.2
1996	4680	115.1	1356.9	2101	122.8	1591.7
1997	5204	111.2	1509.0	2110	100.4	1598.5
1998	5471	105.1	1586.4	2260	107.1	1712.1
1999	5852	107.0	1696.7	2334	103.3	1768.2
2000	6121	104.6	1774.8	2393	102.5	1812.9
2001	6987	114.2	2026.0	2618	109.4	1983.3
2002	7192	102.9	2085.4	2778	106.1	2104.5
2003	7868	109.4	2281.2	3015	108.5	2284.1
2004	8802	111.9	2552.3	3297	109.4	2497.7
2005	9653	109.7	2799.0	3590	108.9	2719.7
2006	10548	109.3	3058.5	3829	106.7	2900.8
2007	12029	114.0	3487.8	4118	107.5	3119.7
2008	13422	111.6	3891.9	4593	111.5	3479.5
2009	14801	110.3	4291.7	4926	107.3	3731.8
2010	16562	111.9	4802.2	5606	113.8	4247.0
2011	18424	111.2	5342.2	6725	120.0	5094.7
2012	20024	108.7	5806.1	8337	124.0	6315.9
2013	22306	109.1	6467.8	12491	121.8	9462.9
2014	24290	108.9	7043.0	13739	110.0	10408.3

2-6 城乡居民平均消费率和恩格尔系数
The Average Consumption Rate & Engel's Coefficient of Urban and Rural Households (1978-2014)

年 度 Year	城镇居民 Urban Households		农村居民 Rural Households	
	平均消费率 Average Consumption Rate	恩格尔系数 Engel's Coefficient	平均消费率 Average Consumption Rate	恩格尔系数 Engel's Coefficient
1978	88.9	58.1	86.3	59.8
1979	90.6	57.0	75.4	64.4
1980	90.1	54.9	74.8	56.7
1981	90.0	55.8	83.8	50.6
1982	86.1	58.5	81.9	50.6
1983	86.2	61.2	88.8	44.8
1984	82.4	60.9	73.8	49.2
1985	88.0	54.4	75.5	47.4
1986	88.7	54.5	75.6	49.0
1987	90.2	54.0	72.0	49.9
1988	96.2	52.1	80.1	46.1
1989	87.4	58.6	76.6	47.8
1990	87.9	57.9	68.6	54.0
1991	85.9	58.6	68.1	52.4
1992	85.2	57.6	65.5	51.0
1993	83.9	54.6	63.4	50.6
1994	82.9	52.1	65.1	56.3
1995	82.4	52.1	67.6	57.3
1996	78.4	51.3	66.9	52.3
1997	78.7	46.7	59.5	51.1
1998	76.9	43.6	58.1	47.1
1999	76.5	42.0	57.6	44.3
2000	75.2	40.1	54.8	42.6
2001	78.0	37.0	54.3	40.5
2002	77.0	36.2	52.3	38.2
2003	76.3	37.7	51.4	38.3
2004	76.8	37.2	50.5	38.5
2005	76.4	36.7	49.8	38.3
2006	73.9	34.9	48.2	38.0
2007	73.5	35.3	47.1	38.9
2008	69.1	37.3	47.5	39.9
2009	69.2	36.5	46.1	39.5
2010	68.2	35.9	47.5	39.0
2011	68.4	36.2	56.6	37.9
2012	67.6	36.7	61.4	36.2
2013	77.0	32.1	81.4	33.1
2014	77.1	32.7	80.8	33.8

2-7 城乡居民可支配收入及构成

Per Capita Disposable Income and Component of Urban and Rural Households (2013-2014)

项 目	Item	2013	2014
人均可支配收入(元)	**Per Capita Disposable Income (yuan)**	**26359**	**28832**
工资性收入	Income of Wages and Salaries	15567	17162
经营净收入	Net Business Income	2682	2876
财产净收入	Net Income from Property	2445	2782
转移净收入	Net Income from Transfer	5665	6012
#养老金或离退休金	Pensions and Retirement Pay	5911	6592
人均可支配收入构成(%)	**Component of Per Capita Disposable Income (%)**	**100**	**100**
工资性收入	Income of Wages and Salaries	59.1	59.5
经营净收入	Net Business Income	10.2	10.0
财产净收入	Net Income from Property	9.3	9.6
转移净收入	Net Income from Transfer	21.4	20.9
#养老金或离退休金	Pensions and Retirement Pay	22.4	22.9

2-8 城乡居民消费支出及构成

Per Capita Consumption Expenditure and Component of Urban and Rural Households (2013-2014)

项 目	Item	2013	2014
消费支出(元)	**Per Capita Consumption Expenditure(yuan)**	**20419**	**22343**
食品烟酒	Food,Tobacco and Liquor	6607	7377
衣 着	Clothing	1652	1859
居 住	Residence	4525	4873
生活用品及服务	Household Appliances and Services	1135	1296
交通和通信	Transportations and Communications	2832	2905
教育文化娱乐	Education, Cultural and Recreation	1597	1834
医疗保健	Health Care and Medical Services	1445	1584
其他用品和服务	Other Commodities and Services	626	615
消费支出构成(%)	**Component of Per Capita Consumption Expenditure(%)**	100	100
食品烟酒	Food,Tobacco and Liquor	32.4	33.0
衣 着	Clothing	8.1	8.3
居 住	Residence	22.1	21.8
生活用品及服务	Household Appliances and Services	5.6	5.8
交通和通信	Transportations and Communications	13.8	13.0
教育文化娱乐	Education, Cultural and Recreation	7.8	8.2
医疗保健	Health Care and Medical Services	7.1	7.1
其他用品和服务	Other Commodities and Services	3.1	2.8

2-9 城乡居民消费支出
Per Capita Consumption Expenditure of Urban and Rural Households (2013-2014)

单位：元 (yuan)

项 目	Item	2013	2014
消费支出	Per Capita Consumption Expenditure	20419	22343
(一)食品烟酒	Food,Tobacco and Liquor	6607	7377
1.食品	Food	4523	4797
2.烟酒	Tobacco and Liquor	651	735
3.饮料	Drink	–	180
4.饮食服务	Catering Services	1434	1664
(二)衣着	Clothing	1652	1859
1.衣类	Clothes	1253	1385
2.鞋类	Shoes	399	475
(三)居住	Residence	4525	4873
1.租赁房房租	Rent of Rental Housing	177	195
2.住房维修及管理	Housing Maintenance and Management	391	438
3.水电燃料及其他	Water,Electricity,Fuel and Others	1149	1194
4.自有住房折算租金	Imputed Rents of Owner-occupied Dwelling	2808	3046
(四)生活用品及服务	Household Appliances and Services	1135	1296
1.家具及室内装饰品	Furniture and Interior Decoration	253	190
2.家用器具	Household Appliances	297	350
3.家用纺织品	Home Textiles	88	108
4.家庭日用杂品	Family Daily Groceries	299	382
5.个人用品	Personal Products	160	217
6.家庭服务	Family Services	39	50
(五)交通和通信	Transportations and Communications	2832	2905
1.交通	Transportations	1865	1826
2.通信	Communications	967	1079
(六)教育文化娱乐	Education, Cultural and Recreation	1597	1834
1.教育	Education	757	835
2.文化娱乐	Cultural and Recreation	839	998
(七)医疗保健	Health Care and Medical Services	1445	1584
1.医疗器具及药品	Medical Equipment and Medicine	606	622
2.医疗服务	Medical Services	839	962
(八)其他用品和服务	Other Commodities and Services	626	615
1.其他用品	Other Commodities	378	397
2.其他服务	Other Services	248	218

2-10 城镇住户基本情况
Basic Conditions of Urban Households (2013-2014)

项　目	Item	单 位 Unit	2013	2014
一、住户基本情况	**Basic Conditions of Households**			
户均常住成员	Average Number of Permanent Residents Per Household	人/户	2.78	2.80
户均就业成员	Average Number of Employees Per Household	人/户	1.49	1.49
平均每户就业人口比重	Average Employment Proportion Per Household	%	53.6	53.2
平均每一就业者负担人口	Average Number of Dependents Per Employee	人	1.87	1.88
二、住户常住成员户口登记地	**Registered Location of Permanent Residents**			
1.本村(居委会)	Home Village or Residents' Committee	%	74.7	74.9
2.村外乡(镇、街道)内	Outside Home Village	%	8.2	8.1
3.乡外县(区)内	Outside Home Township Residential District	%	4.5	4.9
4.县外市内	Outside Home County (District)	%	6.7	6.7
5.市外省内	Outside Home Municipality	%		
6.省外	Outside Home Province	%	5.9	5.4
7.其他(如户口待定)	Others	%		
三、住户6周岁及以上成员受教育程度	**Education Level of Residents Above 6-Year-Old**			
1.未上过学	Non-Educated	%	2.0	1.7
2.小学	Primary School	%	13.0	13.0
3.初中	Junior Middle School	%	34.9	34.4
4.高中	Senior Middle School	%	27.0	26.7
5.大学专科	Junior College	%	13.3	13.3
6.大学本科	Undergraduate College	%	9.2	10.2
7.研究生	Graduate	%	0.6	0.7
四、住户成员参加养老保险情况	**Pension Insurance**			
1.新型农村社会养老保险	The New Rural Community Pension Insurance	%	1.5	1.1
2.城镇职工基本养老保险	Urban Employee Basic Pension Insurance	%	65.5	64.7
3.城乡居民基本养老保险	Urban-Rural Residents Basic Pension Insurance	%	14.4	16.4
4.商业养老保险	Business Pension Insurance	%	0.5	0.5
5.其他养老保险	Others	%		
6.没有参加任何养老保险	No Pension Insurance	%	18.1	17.3
五、住户成员参加医疗保险情况	**Medical Care Insurance**			
1.新型农村合作医疗	The New Rural Cooperative Medical Care Insurance	%	1.2	1.2
2.城镇职工基本医疗保险	Urban Employee Basic Medical Care Insurance	%	53.2	53.3
3.城乡居民基本医疗保险	Urban-Rural Residents Basic Medical Care Insurance	%	41.8	41.5
4.公费医疗	Socialized Medical Care	%		
5.商业医疗保险	Bussiness Medical Care Insurance	%	1.2	1.4
6.其他医疗保险	Others	%		
7.没有参加任何医疗保险	No Medical Care Insurance	%	2.6	2.6
六、住户从业人员行业分布	**Industry Distribution**			
1.第一产业	Primary Industry	%	3.5	2.7
2.第二产业	Secondary Industry	%	34.9	35.0
3.第三产业	Tertiary Industry	%	61.6	62.3
七、住户从业人员职业分布	**Profession Distribution**			
1.国家机关、党群组织、企业、事业单位负责人	Directors of Government Agency, CPC or Mass Organizations, Enterprises and Institutions	%	3.1	2.4

2-10 续表 1 continued

项目	Item	单位 Unit	2013	2014
2.专业技术人员	Professional Staff	%	16.3	16.6
3.办事人员和有关人员	Clerks	%	20.3	21.2
4.商业、服务业人员	Commercial and Service Personel	%	27.0	26.9
5.农、林、牧、渔、水利业生产人员	Primary Industry and Irrigation Workers	%	3.8	3.1
6.生产、运输设备操作人员及有关人员	Equipment Operators	%	29.4	29.7
7.军人	Soldiers	%	0.1	0.1
8.不便分类的其他从业人员	Others	%		
八、住户从业人员就业分布	**Employment Distribution**			
1.雇主	Employers	%	1.2	1.0
2.公职人员	Public Servants	%	2.4	1.9
3.事业单位人员	Institutions Staff	%	7.0	6.6
4.国有企业雇员	State-owned Enterprise Employees	%	13.7	15.0
5.其他雇员	Other Employees	%	61.7	63.5
6.农业自营	Agricultrual Managers	%	3.5	2.5
7.非农自营	Secendary and Teriary Industry Managers	%	10.5	9.5
九、住户成员健康状况	**Health Condition**			
1.健康	Healthy	%	84.6	86.1
2.基本健康	General Healthy	%	12.4	11.5
3.不健康，但生活能自理	Unhealthy But Independent	%	2.5	2.1
4.生活不能自理	Dependent	%	0.5	0.3
十、常住居民收入与支出	**Income and Expenditure of Urban Households**			
城镇居民人均可支配收入	Per-Capita Disposable Income of Urban Households	元/人	28980	31506
城镇居民人均消费性支出	Per-Capita Consumption Expenditure of Urban Households	元/人	22306	24290
平均消费倾向	Average Propensity To Consume of Urban Households	%	77.0	77.1
十一、住户现住房居住空间样式	**Housing Style**			
1.单栋楼房	Single Building	%	1.1	0.5
2.单栋平房	Single Bungalow	%	15.4	16.2
3.四居室及以上单元房	Apartment with 4 Bedrooms or More	%	0.2	0.2
4.三居室单元房	Apartment with 3 Bedrooms	%	9.2	9.7
5.二居室单元房	Apartment with 2 Bedrooms	%	46.7	49.0
6.一居室单元房	Apartment with 1 Bedrooms	%	19.7	17.8
7.筒子楼或连片平房	Tube-Shaped Apartment or Cottage	%	7.5	6.5
8.其他	Others	%	0.2	0.1
十二、住户现住房房屋来源	**Source of House**			
1.租赁公房	Rent Public House	%	19.8	18.6
2.租赁私房	Rent Private House	%	4.5	4.2
3.自建住房	Self-Help House	%	15.5	16.2
4.购买商品房	Purchased Commercial House	%	30.9	33.2
5.购买房改住房	Purchased Public House	%	12.8	12.4
6.购买保障性住房	Purchased Social House	%	2.1	1.3
7.拆迁安置房	Resettlement House	%	6.0	7.6
8.其他	Others	%	8.4	6.5

2-10 续表 2 continued

项 目	Item	单 位 Unit	2013	2014
十三、住户主要饮用水来源情况	**Source Of Drinking Water**			
1.经过净化处理的自来水	Tap Water	%	93.3	92.9
2.受保护的井水和泉水	Protected Wells And Springs	%	5.4	5.9
3.不受保护的井水和泉水	Unprotected Wells And Springs	%		
4.江河湖泊水	River And Lake Water	%		
5.收集雨水	Collected Rain Water	%		
6.桶装水	Bottled Water	%	1.3	1.2
7.其他水源	Others	%		
十四、住户主要取暖用能源状况	**Fuel For Heating**			
1.柴草	Firewoods	%		
2.煤炭	Coal	%	19.3	17.4
3.罐装液化石油气	Canned Liquefied Petroleum Gas	%		
4.管道液化石油气	Pipeline Liquefied Petroleum Gas	%		
5.管道煤气	Pipeline Coal Gas	%		
6.管道天然气	Pipeline Natural Gas	%		
7.电	Electricity	%	1.1	2.0
8.燃料用油	Fuel Oil	%		
9.沼气	Methane	%		
10.其他	Others	%		
11.集中供暖	Central Heating	%	79.6	80.6
十五、住户主要炊用能源状况	**Fuel For Cooking**			
1.柴草	Firewoods	%	0.4	0.3
2.煤炭	Coal	%	1.4	1.3
3.罐装液化石油气	Canned Liquefied Petroleum Gas	%	16.7	16.2
4.管道液化石油气	Pipeline Liquefied Petroleum Gas	%		
5.管道煤气	Pipeline Coal Gas	%		
6.管道天然气	Pipeline Natural Gas	%	75.6	75.8
7.电	Electricity	%	1.3	1.8
8.燃料用油	Fuel Oil	%		
9.沼气	Methane	%		
10.其他	Others	%		
11.无炊用行为	No Cooking Behavior	%	4.6	4.6
十六、住户厕所类型	**Toilet Type**			
1.水冲式卫生厕所	Sanitary Water Flush Toilet	%	86.4	86.9
2.水冲式非卫生厕所	Non-Sanitary Water Flush Toilet	%		
3.卫生旱厕	Sanitary Dry Toilet	%	3.3	3.9
4.普通旱厕	Common Dry Toilet	%	5.1	5.7
5.无厕所	No Toilet	%	5.2	3.5
十七、住户洗澡设施情况	**Bath Facilities**			
1.统一供热水	Unified Supply Of Hot Water	%	9.4	8.9
2.家庭自装热水器	Water Heater Installed By Household	%	80.4	84.3
3.其他	Others	%	2.2	1.0
4.无洗澡设施	No Bath Facilities	%	8.0	5.8
十八、城镇居民住房建筑面积	**Floor Space of Urban Household**	平方米/人 sq.m/person	35.75	30.75

注：2013年城镇居民住房建筑面积数据取自于天津统计年鉴，自2014年起，该数据使用居民收支调查结果。2013年为30.25平方米/人。

Note: In 2013, floor space of urban household was taken from Tianjin statistical Yearbook. These data have been using the result of residents income and expenditure investigation since 2014, while the data of 2013 is 30.25 m^2/person.

2-11 城镇居民人均食品消费量
Per Capita Consumption of Food by Urban Households (2013-2014)

单位：公斤 (kg)

项 目	tem	2013	2014
粮食	Grain	112.6	110.8
#谷物	Cereal	103.1	100.6
薯类	Tuber	2.4	2.8
豆类	Beans and the Products	7.0	7.4
食用油	Oil and Fats	12.5	12.8
蔬菜及菜制品	Vegetables and Edible Fungi	119.6	121.3
#鲜菜	Fresh Vegetables	116.4	117.9
肉及制品	Meat and Meat Products	24.2	24.4
#猪肉	Pork	15.0	15.6
牛羊肉	Beef and Mutton	4.9	5.0
家禽及制品	Poultry and Poultry Products	4.8	5.1
水产品及制品	Aquatic Products	16.5	17.1
蛋类及蛋制品	Eggs and Related Products	18.0	17.6
#鲜蛋	Eggs	17.1	16.7
奶和奶制品	Milk and Dairy Products	20.3	19.9
干鲜瓜果类	Dried and Fresh Melons and Fruits	67.7	71.6
#鲜瓜果	Fresh Melons and Fruits	61.6	65.2
糖果糕点类	Confectionery	8.9	8.6
白酒	Wine	3.1	3.3

2-12 城镇居民家庭平均每百户主要耐用消费品拥有量
Per 100 Urban Households Possessions of Durable Consumer Goods (2010-2014)

项 目	Item	单 位	Unit	2010	2011	2012	2013	2014
摩托车	Motorcycle	辆	unit	1.7	0.5	0.4	6.0	6.6
助力车	Electric Bicycle	辆	unit	28.5	26.2	27.9	34.6	37.4
家用汽车	Automobile	辆	unit	16.1	20.3	24.9	30.4	32.1
洗衣机	Washing Machine	台	unit	100.2	100.1	101.2	98.7	100.0
电冰箱（柜）	Refrigerator	台	unit	107.5	107.7	107.7	100.6	103.1
彩色电视机	Color Television Set	台	unit	130.8	125.9	121.7	112.7	115.0
家用电脑	Micro-Computer	台	unit	91.2	95.6	98.9	72.0	76.7
摄像机	Vidicon	架	unit	14.1	13.7	16.5	8.6	10.6
照相机	Camera	架	unit	63.2	59.3	59.1	40.0	41.1
微波炉	Microwave Oven	台	unit	88.5	87.9	88.9	75.5	77.5
空调器	Air Conditioner	台	unit	143.0	144.1	147.5	130.8	134.2
热水器	Warer Heater	台	unit	96.4	95.1	94.5	91.1	93.7
固定电话	Telephone	部	unit	80.5	73.9	67.8	52.4	57.5
移动电话	Mobile Telephone	部	unit	205.2	217.0	225.0	215.6	220.4

2-13 城镇居民可支配收入及构成

Per Capita Disposable Income and Component of Urban Households (2010-2014)

项 目	Item	2010	2011	2012	2013	2014
人均可支配收入(元)	**Per Capita Disposable Income (yuan)**	**24293**	**26921**	**29626**	**28980**	**31506**
工资性收入	Income of Wages and Salaries	14324	15993	18408	17156	18797
经营净收入	Net Business Income	932	1059	1200	2272	2442
财产净收入	Net Income from Property	333	462	515	2862	3230
转移净收入	Net Income from Transfer	8704	9407	9503	6690	7037
#养老金或离退休金	Pensions and Retirement Pay	7029	7677	7943	7106	7858
人均可支配收入构成(%)	**Component of Per Capita Disposable Income (%)**	**100**	**100**	**100**	**100**	**100**
工资性收入	Income of Wages and Salaries	59.0	59.5	62.1	59.2	59.7
经营净收入	Net Business Income	3.8	3.9	4.1	7.8	7.8
财产净收入	Net Income from Property	1.4	1.7	1.7	9.9	10.2
转移净收入	Net Income from Transfer	35.8	34.9	32.1	23.1	22.3
#养老金或离退休金	Pensions and Retirement Pay	28.9	28.5	26.8	24.5	24.9

2-14 城镇居民消费支出及构成

Per Capita Consumption Expenditure and Component of Urban Households (2010-2014)

项 目	Item	2010	2011	2012	2013	2014
消费支出(元)	**Per Capita Consumption Expenditure(yuan)**	**16562**	**18424**	**20024**	**22306**	**24290**
食品烟酒	Food,Tobacco and Liquor	5940	6663	7344	7160	7943
衣 着	Clothing	1568	1755	1882	1819	2051
居 住	Residence	1616	1763	1854	4997	5320
生活用品及服务	Household Appliances and Services	1120	1175	1151	1223	1387
交通和通信	Transportations and Communications	2454	2700	3083	3056	3182
教育文化娱乐	Education, Cultural and Recreation	1899	2116	2254	1778	2013
医疗保健	Health Care and Medical Services	1276	1415	1556	1562	1721
其他用品和服务	Other Commodities and Services	689	837	900	711	673
消费支出构成(%)	**Component of Per Capita Consumption Expenditure(%)**	**100**	**100**	**100**	**100**	**100**
食品烟酒	Food,Tobacco and Liquor	35.9	36.2	36.7	32.1	32.7
衣 着	Clothing	9.4	9.5	9.4	8.2	8.4
居 住	Residence	9.8	9.6	9.3	22.4	21.9
生活用品及服务	Household Appliances and Services	6.8	6.4	5.7	5.5	5.7
交通和通信	Transportations and Communications	14.8	14.6	15.4	13.7	13.1
教育文化娱乐	Education, Cultural and Recreation	11.5	11.5	11.2	8.0	8.3
医疗保健	Health Care and Medical Services	7.7	7.7	7.8	7.0	7.1
其他用品和服务	Other Commodities and Services	4.2	4.5	4.5	3.1	2.8

注：2012年以前为现金消费支出。

Note:It is consumption expenditures in cash before 2012.

2-15 城镇居民消费支出

Per Capita Consumption Expenditure of Urban Households (2013-2014)

单位：元 (yuan)

项　目	Item	2013	2014
消费支出	**Per Capita Consumption Expenditure**	**22306**	**24290**
(一)食品烟酒	Food,Tobacco and Liquor	7160	7943
1.食品	Food	4919	5154
2.烟酒	Tobacco and Liquor	656	743
3.饮料	Drink	–	165
4.饮食服务	Catering Services	1585	1881
(二)衣着	Clothing	1819	2051
1.衣类	Clothes	1390	1534
2.鞋类	Shoes	429	517
(三)居住	Residence	4997	5320
1.租赁房房租	Rent of Rental Housing	216	239
2.住房维修及管理	Housing Maintenance and Management	384	383
3.水电燃料及其他	Water,Electricity,Fuel and Others	1223	1277
4.自有住房折算租金	Imputed Rents of Owner-occupied Dwelling	3174	3421
(四)生活用品及服务	Household Appliances and Services	1223	1387
1.家具及室内装饰品	Furniture and Interior Decoration	287	204
2.家用器具	Household Appliances	305	369
3.家用纺织品	Home Textiles	93	117
4.家庭日用杂品	Family Daily Groceries	315	403
5.个人用品	Personal Products	178	240
6.家庭服务	Family Services	45	54
(五)交通和通信	Transportations and Communications	3056	3182
1.交通	Transportations	1990	1992
2.通信	Communications	1066	1190
(六)教育文化娱乐	Education, Cultural and Recreation	1778	2013
1.教育	Education	819	863
2.文化娱乐	Cultural and Recreation	959	1150
(七)医疗保健	Health Care and Medical Services	1562	1721
1.医疗器具及药品	Medical Equipment and Medicine	648	644
2.医疗服务	Medical Services	914	1077
(八)其他用品和服务	Other Commodities and Services	711	673
1.其他用品	Other Commodities	423	432
2.其他服务	Other Services	288	241

2-16 农村住户基本情况
Basic Conditions of Rural Households (2013-2014)

项目	Item	单位 Unit	2013	2014
一、住户基本情况	**Basic Conditions of Households**			
户均常住成员	Average Number of Permanent Residents Per Household	人/户	3.35	3.32
户均就业成员	Average Number of Employees Per Household	人/户	2.09	2.01
平均每户就业人口比重	Average Employment Proportion Per Household	%	62.4	60.5
平均每一就业者负担人口	Average Number of Dependents Per Employee	人	1.6	1.65
二、住户常住成员户口登记地	**Registered Location Of Permanent Residents**			
1.本村(居委会)	Home Village Or Residents' Committee	%	95.9	95.8
2.村外乡(镇、街道)内	Outside Home Village	%	1.9	1.9
3.乡外县(区)内	Outside Home Township Residential District	%	0.5	0.6
4.县外市内	Outside Home County (District)	%	0.7	0.6
5.市外省内	Outside Home Municipality	%		
6.省外	Outside Home Province	%	1.0	1.1
7.其他(如户口待定)	Others	%		
三、住户6周岁及以上成员受教育程度	**Education Level Of Residents Above 6-Year-Old**			
1.未上过学	Non-Educated	%	3.5	3.1
2.小学	Primary School	%	27.5	28.0
3.初中	Junior Middle School	%	51.7	51.5
4.高中	Senior Middle School	%	11.6	11.2
5.大学专科	Junior College	%	3.1	3.3
6.大学本科	Undergraduate College	%	2.5	2.8
7.研究生	Graduate	%	0.1	0.1
四、住户成员参加养老保险情况	**Pension Insurance**			
1.新型农村社会养老保险	The New Rural Community Pension Insurance	%	0.1	
2.城镇职工基本养老保险	Urban Employee Basic Pension Insurance	%	6.8	7.3
3.城乡居民基本养老保险	Urban-Rural Residents Basic Pension Insurance	%	29.1	29.4
4.商业养老保险	Business Pension Insurance	%	1.1	0.9
5.其他养老保险	Others	%	0.1	
6.没有参加任何养老保险	No Pension Insurance	%	62.8	62.4
五、住户成员参加医疗保险情况	**Medical Care Insurance**			
1.新型农村合作医疗	The New Rural Cooperative Medical Care Insurance	%		
2.城镇职工基本医疗保险	Urban Employee Basic Medical Care Insurance	%	3.5	3.7
3.城乡居民基本医疗保险	Urban-Rural Residents Basic Medical Care Insurance	%	93.0	95.7
4.公费医疗	Socialized Medical Care	%		
5.商业医疗保险	Bussiness Medical Care Insurance	%	0.6	0.5
6.其他医疗保险	Others	%	0.3	
7.没有参加任何医疗保险	No Medical Care Insurance	%	2.6	0.1

2-16 续表 1 continued

项 目	Item	单位 Unit	2013	2014
六、住户从业人员行业分布	**Industry Distribution**			
1.第一产业	Primary Industry	%	28.8	27.7
2.第二产业	Secondary Industry	%	43.7	42.9
3.第三产业	Tertiary Industry	%	27.5	29.4
七、住户从业人员职业分布	**Profession Distribution**			
1.国家机关、党群组织、企业、事业单位负责人	Directors of Government Agency, CPC or Mass Organizations, Enterprises And Institutions	%	0.7	0.6
2.专业技术人员	Professional Staff	%	13.0	13.2
3.办事人员和有关人员	Clerks	%	13.3	9.5
4.商业、服务业人员	Commercial And Service Personel	%	10.3	12.2
5.农、林、牧、渔、水利业生产人员	Primary Industry And Irrigation Workers	%	32.0	30.9
6.生产、运输设备操作人员及有关人员	Equipment Operators	%	30.7	33.4
7.军人	Soldiers	%		0.1
8.不便分类的其他从业人员	Others	%		0.1
八、住户从业人员就业分布	**Employment Distribution**			
1.雇主	Employers	%	1.2	1.0
2.公职人员	Public Servants	%	2.4	1.9
3.事业单位人员	Institutions Staff	%	7.0	6.6
4.国有企业雇员	State-Owned Enterprise Employees	%	13.7	15.0
5.其他雇员	Other Employees	%	61.7	63.5
6.农业自营	Agricultrual Managers	%	3.5	2.5
7.非农自营	Secondary And Teriary Industry Managers	%	10.5	9.5
九、住户成员健康状况	**Health Condition**			
1.健康	Healthy	%	91.2	91.6
2.基本健康	General Healthy	%	5.3	4.9
3.不健康，但生活能自理	Unhealthy But Independent	%	3.0	3.1
4.生活不能自理	Dependent	%	0.5	0.4
十、常住居民收入与支出	**Income And Expenditure of Rural Households**			
农村居民人均可支配收入	Per-Capita Disposable Income of Rural Households	元/人	15353	17014
农村居民人均消费性支出	Per-Capita Consumption Expenditure of Rural Households	元/人	12491	13739
平均消费倾向	Average Propensity To Consume of Rural Households	%	81.4	80.8
十一、住户现住房居住空间样式	**Housing Style**			
1.单栋楼房	Single Building	%	0.6	0.5
2.单栋平房	Single Bungalow	%	81.7	82.2
3.四居室及以上单元房	Apartment with 4 Bedrooms or More	%		
4.三居室单元房	Apartment with 3 Bedrooms	%	1.1	1.2
5.二居室单元房	Apartment with 2 Bedrooms	%	4.7	5.9
6.一居室单元房	Apartment with 1 Bedrooms	%		0.6
7.筒子楼或连片平房	Tube-Shaped Apartment or Cottage	%	11.9	9.6
8.其他	Others	%		
十二、住户现住房房屋来源	**Source of House**			
1.租赁公房	Rent Public House	%		
2.租赁私房	Rent Private House	%	0.6	0.2
3.自建住房	Self-Help House	%	93.3	92.2
4.购买商品房	Purchased Commercial House	%	2.6	2.9
5.购买房改住房	Purchased Public House	%	0.4	0.2

2-16 续表 2 continued

项 目	Item	单 位	Unit	2013	2014
6.购买保障性住房	Purchased Social House	%			
7.拆迁安置房	Resettlement House	%		3.1	4.5
8.其他	Others	%			
十三、住户主要饮用水来源情况	**Source Of Drinking Water**				
1.经过净化处理的自来水	Tap Water	%		80.4	75.6
2.受保护的井水和泉水	Protected Wells And Springs	%		19.6	24.4
3.不受保护的井水和泉水	Unprotected Wells And Springs	%			
4.江河湖泊水	River And Lake Water	%			
5.收集雨水	Collected Rain Water	%			
6.桶装水	Bottled Water	%			
7.其他水源	Others	%			
十四、住户主要取暖用能源状况	**Fuel For Heating**				
1.柴草	Firewoods	%			
2.煤炭	Coal	%		92.7	91.6
3.罐装液化石油气	Canned Liquefied Petroleum Gas	%			
4.管道液化石油气	Pipeline Liquefied Petroleum Gas	%			
5.管道煤气	Pipeline Coal Gas	%			
6.管道天然气	Pipeline Natural Gas	%			
7.电	Electricity	%		0.8	1.4
8.燃料用油	Fuel Oil	%			
9.沼气	Methane	%			
10.其他	Others	%			
11.集中供暖	Central Heating	%		6.5	7.0
十五、住户主要炊用能源状况	**Fuel For Cooking**				
1.柴草	Firewoods	%		9.8	8.1
2.煤炭	Coal	%		3.4	3.6
3.罐装液化石油气	Canned Liquefied Petroleum Gas	%		79.3	79.1
4.管道液化石油气	Pipeline Liquefied Petroleum Gas	%			
5.管道煤气	Pipeline Coal Gas	%			
6.管道天然气	Pipeline Natural Gas	%		3.6	5.4
7.电	Electricity	%		3.9	3.8
8.燃料用油	Fuel Oil	%			
9.沼气	Methane	%			
10.其他	Others	%			
11.无炊用行为	No Cooking Behavior	%			
十六、住户厕所类型	**Toilet Type**				
1.水冲式卫生厕所	Sanitary Water Flush Toilet	%		53.1	54.0
2.水冲式非卫生厕所	Non-Sanitary Water Flush Toilet	%			
3.卫生旱厕	Sanitary Dry Toilet	%		11.3	15.1
4.普通旱厕	Common Dry Toilet	%		26.1	24.5
5.无厕所	No Toilet	%		9.5	6.4
十七、住户洗澡设施情况	**Bath Facilities**				
1.统一供热水	Unified Supply Of Hot Water	%		1.8	1.0
2.家庭自装热水器	Water Heater Installed By Household	%		82.0	90.0
3.其他	Others	%		8.9	4.3
4.无洗澡设施	No Bath Facilities	%		7.3	4.7
十八、农村居民住房建筑面积	**Floor Space of Rural Households**	平方米/人	sq.m/person	**31.80**	**31.93**

2-17 农村居民人均食品消费量
Per Capita Annual Consumption on Food of Rural Households (2013-2014)

单位：公斤 (kg)

项 目	Item	2013	2014
粮食	Grain	141.8	140.9
#谷物	Cereal	136.4	134.4
薯类	Tuber	1.6	2.0
豆类	Beans and the Products	3.8	4.5
食用油	Oil and Fats	9.8	10.3
蔬菜及菜制品	Vegetables and Edible Fungi	83.7	90.3
#鲜菜	Fresh Vegetables	82.1	88.5
肉及制品	Meat and Meat Products	18.4	21.3
#猪肉	Pork	13.2	15.0
牛羊肉	Beef and Mutton	2.8	2.9
家禽及制品	Poultry and Poultry Products	2.4	3.7
水产品及制品	Aquatic Products	10.9	13.0
蛋类及蛋制品	Eggs and Related Products	12.4	13.2
#鲜蛋	Eggs	12.0	12.8
奶和奶制品	Milk and Dairy Products	9.3	10.6
干鲜瓜果类	Dried and Fresh Melons and Fruits	46.2	59.2
#鲜瓜果	Fresh Melons and Fruits	42.3	54.1
糖果糕点类	Confectionery	5.4	6.3
白酒	Wine	4.2	4.6

2-18 农村居民平均每百户主要耐用消费品拥有量
Per 100 Rural Households Possession of Durable Consumer Goods (2010-2014)

项 目	Item	单 位	Unit	2010	2011	2012	2013	2014
摩托车	Motorcycle	辆	unit	52.0	26.0	27.0	39.8	39.7
助力车	Electric Bicycle	辆	unit	38.0	67.0	71.0	74.6	75.5
家用汽车	Automobile	辆	unit	14.0	15.0	18.0	24.0	27.5
洗衣机	Washing Machine	台	unit	101.0	99.0	100.0	98.1	98.0
电冰箱(柜)	Refrigerator	台	unit	103.0	96.0	97.0	94.6	98.6
彩色电视机	Color Television Set	台	unit	131.0	122.0	125.0	119.8	120.3
家用电脑	Micro-Computer	台	unit	29.0	37.0	44.0	42.6	45.5
摄像机	Vidieon	架	unit	2.0	1.0	2.0	1.6	1.6
照相机	Camera	架	unit	25.0	19.0	23.0	10.6	12.4
微波炉	Microwave Oven	台	unit	37.0	33.0	38.0	35.4	36.3
空调器	Air Conditioner	台	unit	77.0	70.0	75.0	71.2	71.1
热水器	Water Heater	台	unit	58.0	87.0	92.0	89.5	90.6
固定电话	Telephone	部	unit	71.0	52.0	56.0	57.7	67.0
移动电话	Mobile Telephone	部	unit	182.0	188.0	196.0	196.4	203.4

2-19 农村居民可支配收入及构成
Per Capita Disposable Income and Component of Rural Households (2010-2014)

项　目	Item	2010	2011	2012	2013	2014
人均可支配收入(元)	**Per Capita Disposable Income (yuan)**	**11801**	**11891**	**13571**	**15353**	**17014**
工资性收入	Income of Wages and Salaries	6401	6829	7922	8898	9941
经营净收入	Net Business Income	4277	3908	4126	4404	4791
财产净收入	Net Income from Property	1123	730	920	694	799
转移净收入	Net Income from Transfer		424	603	1357	1483
#养老金或离退休金	Pensions and Retirement Pay	–	–	631	890	999
人均可支配收入构成(%)	**Component of Per Capita Disposable Income (%)**	**100**	**100**	**100**	**100**	**100**
工资性收入	Income of Wages and Salaries	54.3	57.4	58.4	58.0	58.4
经营净收入	Net Business Income	36.2	32.9	30.4	28.7	28.2
财产净收入	Net Income from Property	9.5	6.1	6.8	4.5	4.7
转移净收入	Net Income from Transfer		3.6	4.4	8.8	8.7
#养老金或离退休金	Pensions and Retirement Pay	–	–	4.6	5.8	5.9

2-20 农村居民消费支出及构成
Per Capita Consumption Expenditure and Component of Rural Households (2010-2014)

项　目	Item	2010	2011	2012	2013	2014
消费支出(元)	**Per Capita Consumption Expenditure(yuan)**	**5606**	**6725**	**8337**	**12491**	**13739**
食品烟酒	Food,Tobacco and Liquor	2184	2545	3020	4132	4645
衣　着	Clothing	502	588	781	951	1013
居　住	Residence	1432	1294	1264	2784	3036
生活用品及服务	Household Appliances and Services	181	339	451	767	891
交通和通信	Transportations and Communications	406	751	1066	1811	1813
教育文化娱乐	Education, Cultural and Recreation	320	521	766	833	1041
医疗保健	Health Care and Medical Services	351	549	760	953	980
其他用品和服务	Other Commodities and Services	230	138	229	260	320
消费支出构成(%)	**Component of Per Capita Consumption Expenditure(%)**	**100**	**100**	**100**	**100**	**100**
食品烟酒	Food,Tobacco and Liquor	39.0	37.9	36.2	33.1	33.8
衣　着	Clothing	9.0	8.7	9.4	7.6	7.4
居　住	Residence	25.5	19.2	15.2	22.3	22.1
生活用品及服务	Household Appliances and Services	3.2	5.0	5.4	6.1	6.5
交通和通信	Transportations and Communications	7.2	11.2	12.8	14.5	13.2
教育文化娱乐	Education, Cultural and Recreation	5.7	7.7	9.2	6.7	7.6
医疗保健	Health Care and Medical Services	6.3	8.2	9.1	7.6	7.1
其他用品和服务	Other Commodities and Services	4.1	2.1	2.7	2.1	2.3

2-21 农村居民消费支出
Per Capita Consumption Expenditure of Rural Households (2013-2014)

单位：元 (yuan)

项目	Item	2013	2014
消费支出	**Per Capita Consumption Expenditure**	**12491**	**13739**
(一)食品烟酒	Food,Tobacco and Liquor	4132	4645
1.食品	Food	2805	3164
2.烟酒	Tobacco and Liquor	577	645
3.饮料	Drink	–	192
4.饮食服务	Catering Services	750	644
(二)衣着	Clothing	951	1013
1.衣类	Clothes	677	724
2.鞋类	Shoes	274	289
(三)居住	Residence	2784	3036
1.租赁房房租	Rent of Rental Housing	9	14
2.住房维修及管理	Housing Maintenance and Management	563	665
3.水电燃料及其他	Water,Electricity,Fuel and Others	850	844
4.自有住房折算租金	Imputed Rents of Owner-occupied Dwelling	1362	1513
(四)生活用品及服务	Household Applications and Services	767	891
1.家具及室内装饰品	Furniture and Interior Decoration	107	128
2.家用器具	Household Appliances	263	266
3.家用纺织品	Home Textiles	65	68
4.家庭日用杂品	Family Daily Groceries	234	289
5.个人用品	Personal Products	83	112
6.家庭服务	Family Services	15	28
(五)交通和通信	Transportations and Communications	1813	1811
1.交通	Transportations	1301	1154
2.通信	Communications	512	657
(六)教育文化娱乐	Education, Cultural and Recreation	833	1041
1.教育	Education	496	714
2.文化娱乐	Cultural and Recreation	337	327
(七)医疗保健	Health Care and Medical Services	953	980
1.医疗器具及药品	Medical Equipment and Medicine	428	528
2.医疗服务	Medical Services	525	452
(八)其他用品和服务	Other Commodities and Services	260	320
1.其他用品	Other Commodities	184	221
2.其他服务	Other Services	76	99

2-22 全国31省市城乡居民可支配收入和增速
Per Capita Disposable Income and Growth of Urban and Rural Households by 31 Regions (2014)

地区名称	Name of Regions	全体居民（元）Permanent Residents (yuan)	增速 Growth (%)	城镇常住居民（元）Urban Households (yuan)	增速 Growth (%)	农村常住居民（元）Rural Households (yuan)	增速 Growth (%)
全　国	**National Average**	**20167**	**10.1**	**28844**	**9.0**	**10489**	**11.2**
北　京	Beijing	44489	9.0	48532	8.9	18867	10.3
天　津	Tianjin	28832	9.4	31506	8.7	17014	10.8
河　北	Hebei	16647	9.6	24141	8.6	10186	10.9
山　西	Shanxi	16538	9.4	24069	8.1	8809	10.8
内蒙古	Inner Mongolia	20559	10.0	28350	9.0	9976	11.0
辽　宁	Liaoning	22820	9.6	29082	8.9	11191	10.1
吉　林	Jilin	17520	9.5	23218	8.8	10780	10.2
黑龙江	Heilongjiang	17404	9.4	22609	8.4	10453	11.6
上　海	Shanghai	45966	9.0	48841	8.8	21192	10.3
江　苏	Jiangsu	27173	9.7	34346	8.7	14958	10.6
浙　江	Zhejiang	32658	9.7	40393	8.9	19373	10.7
安　徽	Anhui	16796	10.8	24839	9.0	9916	12.0
福　建	Fujian	23331	10.0	30722	9.0	12650	10.9
江　西	Jiangxi	16734	10.8	24309	9.9	10117	11.3
山　东	Shandong	20864	9.8	29222	8.7	11882	11.2
河　南	Henan	15695	10.5	23672	8.9	9966	11.1
湖　北	Hubei	18283	11.0	24852	9.6	10849	11.9
湖　南	Hunan	17622	10.1	26570	9.1	10060	11.4
广　东	Guangdong	25685	9.7	32148	8.8	12246	10.6
广　西	Guangxi	15557	10.5	24669	8.7	8683	11.4
海　南	Hainan	17476	11.1	24487	9.3	9913	12.6
重　庆	Chongqing	18352	10.8	25147	9.1	9490	11.7
四　川	Sichuan	15749	10.7	24234	9.0	9348	11.5
贵　州	Guizhou	12371	11.6	22548	9.6	6671	13.1
云　南	Yunnan	13772	9.5	24299	8.2	7456	10.9
西　藏	Tibet	10730	10.2	22016	7.9	7359	12.3
陕　西	Shaanxi	15837	10.2	24366	9.0	7932	11.8
甘　肃	Gansu	12185	11.2	21804	9.7	6277	12.3
青　海	Qinghai	14374	11.0	22307	9.6	7283	12.7
宁　夏	Ningxia	15907	9.2	23285	8.4	8410	10.7
新　疆	Xinjiang	15097	10.4	23214	10.1	8724	11.2

2-23 全国31省市城乡居民消费支出和增速

Consumption Expenditure and Growth of Urban and Rural Households by 31 Regions (2014)

地区名称	Name of Regions	全体居民（元）Permanent Residents (yuan)	增速 Growth (%)	城镇常住居民（元）Urban Households (yuan)	增速 Growth (%)	农村常住居民（元）Rural Households (yuan)	增速 Growth (%)
全　国	**National Average**	**14491**	**9.6**	**19968**	**8.0**	**8383**	**12.0**
北　京	Beijing	31103	6.6	33717	6.6	14535	7.2
天　津	Tianjin	22343	9.4	24290	8.9	13739	10.0
河　北	Hebei	11932	9.7	16204	8.2	8248	11.8
山　西	Shanxi	10864	7.4	14637	6.4	6992	8.3
内蒙古	Inner Mongolia	16258	9.3	20885	8.5	9972	9.8
辽　宁	Liaoning	16068	7.5	20520	6.2	7801	10.9
吉　林	Jilin	13026	8.1	17156	7.6	8140	8.2
黑龙江	Heilongjiang	12769	6.1	16467	4.9	7830	8.9
上　海	Shanghai	33065	8.8	35182	8.4	14820	13.9
江　苏	Jiangsu	19164	6.9	23476	5.5	11820	9.9
浙　江	Zhejiang	22552	9.4	27242	7.9	14498	13.2
安　徽	Anhui	11727	11.2	16107	10.4	7981	10.8
福　建	Fujian	17644	9.1	22204	8.0	11056	10.7
江　西	Jiangxi	11089	10.3	15142	9.4	7548	10.9
山　东	Shandong	13329	12.0	18323	10.1	7962	15.8
河　南	Henan	11000	10.0	16184	6.1	7277	14.4
湖　北	Hubei	12928	9.9	16681	8.8	8681	10.6
湖　南	Hunan	13289	11.2	18335	8.7	9025	15.2
广　东	Guangdong	19205	10.2	23612	9.2	10043	12.4
广　西	Guangxi	10274	7.1	15045	4.0	6675	10.6
海　南	Hainan	12471	11.4	17514	10.6	7029	10.2
重　庆	Chongqing	13811	9.6	18279	6.7	7983	14.5
四　川	Sichuan	12368	11.9	17760	10.3	8301	12.7
贵　州	Guizhou	9303	12.3	15255	10.8	5970	12.8
云　南	Yunnan	9870	11.9	16268	9.5	6030	14.9
西　藏	Tibet	7317	16.0	15669	14.6	4822	17.6
陕　西	Shaanxi	12204	8.8	17546	7.0	7252	11.8
甘　肃	Gansu	9875	10.4	15942	10.6	6148	8.7
青　海	Qinghai	12605	8.9	17493	7.8	8235	9.7
宁　夏	Ningxia	12485	10.6	17216	8.9	7676	13.9
新　疆	Xinjiang	11904	4.5	17685	4.9	7365	3.7

2-24 全国31省市城乡居民可支配收入(分季度)
Per Capita Disposable Income of Urban and Rural Households by 31 Regions(by Quarters) (2014)

单位：元 (yuan)

地区名称	Name of Regions	1季度 One Quarter			上半年 Two Quarters		
		全体居民 Permanent Residents	城镇常住居民 Urban Households	农村常住居民 Rural Households	全体居民 Permanent Residents	城镇常住居民 Urban Households	农村常住居民 Rural Households
全 国	**National Average**	**5562**	**7912**	**2980**	**10025**	**14520**	**5073**
北 京	Beijing	11506	12454	5543	22240	24161	10099
天 津	Tianjin	8085	8833	4882	15239	16725	8846
河 北	Hebei	4307	6143	2757	8134	11576	5211
山 西	Shanxi	4097	5927	2268	7602	11392	3842
内蒙古	Inner Mongolia	5538	7370	3097	9752	14038	4013
辽 宁	Liaoning	6077	7349	3760	11748	14556	6607
吉 林	Jilin	4817	5933	3514	8661	11542	5279
黑龙江	Heilongjiang	4754	5790	3382	8114	10827	4502
上 海	Shanghai	12423	13099	6627	23432	24732	12230
江 苏	Jiangsu	8863	10682	5792	14205	17938	7978
浙 江	Zhejiang	10157	12333	6495	17236	20937	10979
安 徽	Anhui	4713	6791	2962	8474	12337	5203
福 建	Fujian	6658	9059	3275	12080	16411	5947
江 西	Jiangxi	4258	6296	2497	7597	11578	4141
山 东	Shandong	5785	7982	3475	10684	14556	6592
河 南	Henan	3990	6188	2429	7304	11648	4203
湖 北	Hubei	5106	7067	2906	8816	12634	4513
湖 南	Hunan	4805	7212	2777	8234	12564	4617
广 东	Guangdong	7139	8901	3520	13414	16864	6293
广 西	Guangxi	4234	6703	2397	7716	12137	4412
海 南	Hainan	4631	6586	2580	9055	12320	5612
重 庆	Chongqing	5296	7338	2675	9510	13248	4688
四 川	Sichuan	4275	6521	2594	7966	12203	4821
贵 州	Guizhou	3077	5910	1502	5817	11258	2776
云 南	Yunnan	3496	6418	1795	6403	11979	3141
西 藏	Tibet	1994	5527	929	4222	10920	2245
陕 西	Shaanxi	4208	6360	2268	7860	12165	3959
甘 肃	Gansu	3164	5659	1676	5527	10282	2675
青 海	Qinghai	3653	5683	1908	6473	10479	2999
宁 夏	Ningxia	3913	5774	2041	7063	10936	3146
新 疆	Xinjiang	3145	5903	1054	5600	11112	1236

2-24 续表 continued

单位：元 (yuan)

地区名称 Name of Regions	前三季度 Three Quarters			全年 Year		
	全体居民 Permanent Residents	城镇常住居民 Urban Households	农村常住居民 Rural Households	全体居民 Permanent Residents	城镇常住居民 Urban Households	农村常住居民 Rural Households
全　国 National Average	**14986**	**21697**	**7574**	**20167**	**28844**	**10489**
北　京 Beijing	33216	36085	15051	44489	48532	18867
天　津 Tianjin	22836	25147	12918	28832	31506	17014
河　北 Hebei	12229	17583	7676	16647	24141	10186
山　西 Shanxi	11982	17645	6171	16538	24069	8809
内蒙古 Inner Mongolia	15074	21331	6687	20559	28350	9976
辽　宁 Liaoning	17288	21789	9026	22820	29082	11191
吉　林 Jilin	12445	17147	6921	17520	23218	10780
黑龙江 Heilongjiang	12332	16618	6620	17404	22609	10453
上　海 Shanghai	34690	36675	17561	45966	48841	21192
江　苏 Jiangsu	20569	26158	11245	27173	34346	14958
浙　江 Zhejiang	25156	30864	15523	32658	40393	19373
安　徽 Anhui	12520	18499	7457	16796	24839	9916
福　建 Fujian	18037	24231	9285	23331	30722	12650
江　西 Jiangxi	11827	17626	6781	16734	24309	10117
山　东 Shandong	15912	21912	9573	20864	29222	11882
河　南 Henan	11167	17370	6748	15695	23672	9966
湖　北 Hubei	13238	18601	7179	18283	24852	10849
湖　南 Hunan	12416	18894	6991	17622	26570	10060
广　东 Guangdong	20208	25299	9683	25685	32148	12246
广　西 Guangxi	11449	18476	6186	15557	24669	8683
海　南 Hainan	13053	18158	7595	17476	24487	9913
重　庆 Chongqing	14023	19380	7061	18352	25147	9490
四　川 Sichuan	11594	17962	6832	15749	24234	9348
贵　州 Guizhou	8839	16709	4424	12371	22548	6671
云　南 Yunnan	9656	17894	4827	13772	24299	7456
西　藏 Tibet	7249	16573	4496	10730	22016	7359
陕　西 Shaanxi	11895	18436	5939	15837	24366	7932
甘　肃 Gansu	8637	16122	4135	12185	21804	6277
青　海 Qinghai	10301	16463	4955	14374	22307	7283
宁　夏 Ningxia	11010	16650	5341	15907	23285	8410
新　疆 Xinjiang	8887	16740	2663	15097	23214	8724

2-25 全国31省市城乡居民可支配收入增速(分季度)
Per Capita Disposable Income Growth of Urban and Rural Households by 31 Regions (by Quarters)
(2014)

单位：% (%)

地区名称	Name of Regions	1季度 One Quarter			上半年 Two Quarters		
		全体居民 Permanent Residents	城镇常住居民 Urban Households	农村常住居民 Rural Households	全体居民 Permanent Residents	城镇常住居民 Urban Households	农村常住居民 Rural Households
全 国	**National Average**	**11.1**	**9.8**	**12.3**	**10.8**	**9.6**	**12.0**
北 京	Beijing	8.9	8.9	8.8	9.2	8.9	10.3
天 津	Tianjin	10.3	9.7	12.3	9.9	9.3	11.7
河 北	Hebei	11.2	10.2	12.5	10.5	9.3	11.9
山 西	Shanxi	11.1	10.0	12.7	9.9	9.4	12.0
内蒙古	Inner Mongolia	11.0	9.3	14.5	11.0	9.7	13.1
辽 宁	Liaoning	11.1	9.9	13.8	10.7	9.7	12.8
吉 林	Jilin	12.2	9.9	16.1	11.1	9.9	12.5
黑龙江	Heilongjiang	12.2	10.3	15.5	10.5	9.5	12.6
上 海	Shanghai	9.7	9.5	10.5	9.6	9.3	10.7
江 苏	Jiangsu	10.0	9.0	10.9	10.1	9.3	11.1
浙 江	Zhejiang	10.3	9.8	10.8	10.0	9.4	10.9
安 徽	Anhui	11.5	9.8	12.2	11.5	9.8	12.3
福 建	Fujian	10.5	9.7	11.6	10.5	9.7	11.7
江 西	Jiangxi	11.6	10.2	12.4	11.5	10.1	12.2
山 东	Shandong	10.7	9.6	12.5	10.5	9.5	12.1
河 南	Henan	11.9	10.1	12.2	11.6	9.7	12.3
湖 北	Hubei	11.7	9.8	13.3	11.9	9.9	13.1
湖 南	Hunan	11.3	9.9	12.4	10.7	9.8	12.1
广 东	Guangdong	10.6	9.8	10.7	10.3	9.5	10.6
广 西	Guangxi	12.0	10.2	12.8	11.3	9.8	12.2
海 南	Hainan	10.9	9.2	12.9	10.4	8.9	12.7
重 庆	Chongqing	11.4	9.4	12.8	11.6	9.6	12.6
四 川	Sichuan	11.7	9.8	12.5	11.3	9.7	12.3
贵 州	Guizhou	12.4	10.6	13.8	11.7	10.1	13.7
云 南	Yunnan	10.9	10.5	11.5	9.9	9.0	11.4
西 藏	Tibet	12.0	9.4	13.4	10.5	7.3	14.8
陕 西	Shaanxi	10.9	9.8	13.3	11.0	9.8	13.3
甘 肃	Gansu	11.7	10.5	13.4	11.4	10.0	13.0
青 海	Qinghai	12.9	12.4	14.3	11.4	11.0	14.0
宁 夏	Ningxia	9.8	9.0	10.6	9.3	8.1	11.0
新 疆	Xinjiang	12.9	12.8	13.5	12.1	11.5	14.5

2-25 续表 continued

单位：% (%)

地区名称	Name of Regions	前三季度 Three Quarters			全年 Year		
		全体居民 Permanent Residents	城镇常住居民 Urban Households	农村常住居民 Rural Households	全体居民 Permanent Residents	城镇常住居民 Urban Households	农村常住居民 Rural Households
全 国	**National Average**	**10.5**	**9.3**	**11.8**	**10.1**	**9.0**	**11.2**
北 京	Beijing	9.4	9.1	10.4	9.0	8.9	10.3
天 津	Tianjin	9.7	9.1	11.5	9.4	8.7	10.8
河 北	Hebei	10.2	9.0	11.5	9.6	8.6	10.9
山 西	Shanxi	10.2	8.8	11.5	9.4	8.1	10.8
内蒙古	Inner Mongolia	10.6	9.4	12.6	10.0	9.0	11.0
辽 宁	Liaoning	10.5	9.5	12.3	9.6	8.9	10.1
吉 林	Jilin	10.7	9.4	12.0	9.5	8.8	10.2
黑龙江	Heilongjiang	10.0	8.9	12.1	9.4	8.4	11.6
上 海	Shanghai	9.5	9.1	10.8	9.0	8.8	10.3
江 苏	Jiangsu	9.9	9.1	10.9	9.7	8.7	10.6
浙 江	Zhejiang	9.8	9.2	10.8	9.7	8.9	10.7
安 徽	Anhui	11.0	9.4	12.2	10.8	9.0	12.0
福 建	Fujian	10.1	9.3	11.4	10.0	9.0	10.9
江 西	Jiangxi	11.3	9.8	12.1	10.8	9.9	11.3
山 东	Shandong	10.0	9.0	11.8	9.8	8.7	11.2
河 南	Henan	11.1	9.3	11.8	10.5	8.9	11.1
湖 北	Hubei	11.1	9.5	12.3	11.0	9.6	11.9
湖 南	Hunan	10.5	9.5	11.9	10.1	9.1	11.4
广 东	Guangdong	10.1	9.2	10.7	9.7	8.8	10.6
广 西	Guangxi	11.0	9.3	12.1	10.5	8.7	11.4
海 南	Hainan	10.9	9.1	12.9	11.1	9.3	12.6
重 庆	Chongqing	11.2	9.4	12.4	10.8	9.1	11.7
四 川	Sichuan	11.1	9.4	12.0	10.7	9.0	11.5
贵 州	Guizhou	11.7	9.9	13.4	11.6	9.6	13.1
云 南	Yunnan	9.8	8.7	11.2	9.5	8.2	10.9
西 藏	Tibet	11.1	8.5	13.8	10.2	7.9	12.3
陕 西	Shaanxi	10.7	9.4	12.8	10.2	9.0	11.8
甘 肃	Gansu	11.4	9.9	12.7	11.2	9.7	12.3
青 海	Qinghai	10.6	10.1	13.5	11.0	9.6	12.7
宁 夏	Ningxia	9.2	8.6	10.8	9.2	8.4	10.7
新 疆	Xinjiang	11.3	10.5	13.7	10.4	10.1	11.2

2-26 全国31省市城乡居民消费支出(分季度)
Consumption Expenditure of Urban and Rural Households by 31 Regions(by Quarters) (2014)

单位：元 (yuan)

地区名称	Name of Regions	1季度 One Quarter			上半年 Two Quarters		
		全体居民 Permanent Residents	城镇常住居民 Urban Households	农村常住居民 Rural Households	全体居民 Permanent Residents	城镇常住居民 Urban Households	农村常住居民 Rural Households
全　国	**National Average**	**3755**	**5193**	**2175**	**6916**	**9671**	**3881**
北　京	Beijing	7968	8633	3784	15356	16693	6906
天　津	Tianjin	5755	6344	3233	11232	12352	6410
河　北	Hebei	3100	4217	2156	5616	7686	3858
山　西	Shanxi	2920	3898	1943	5193	7122	3278
内蒙古	Inner Mongolia	4081	5129	2684	7645	9811	4745
辽　宁	Liaoning	3958	5017	2029	7566	9683	3690
吉　林	Jilin	3145	4055	2083	5997	7886	3779
黑龙江	Heilongjiang	3142	3966	2050	5899	7520	3741
上　海	Shanghai	8546	9074	4018	16400	17423	7585
江　苏	Jiangsu	5053	6139	3220	9434	11669	5706
浙　江	Zhejiang	6212	7362	4276	11245	13525	7390
安　徽	Anhui	3242	4368	2293	5746	7759	4042
福　建	Fujian	4627	5917	2808	8604	11092	5081
江　西	Jiangxi	2830	3862	1938	5131	7207	3328
山　东	Shandong	3664	5123	2130	6240	8571	3776
河　南	Henan	2748	3989	1867	5113	7504	3405
湖　北	Hubei	3491	4440	2427	6291	8237	4098
湖　南	Hunan	3420	4692	2348	6089	8636	3962
广　东	Guangdong	5073	6311	2533	9536	11876	4708
广　西	Guangxi	2709	4023	1732	4958	7384	3144
海　南	Hainan	3182	4452	1849	6018	8505	3395
重　庆	Chongqing	3791	5316	1834	6624	9145	3372
四　川	Sichuan	2813	4182	1788	5352	8062	3341
贵　州	Guizhou	2148	3637	1319	4097	7039	2452
云　南	Yunnan	2422	4163	1408	4528	7954	2523
西　藏	Tibet	1520	3998	772	3053	7888	1625
陕　西	Shaanxi	3197	4526	1998	5840	8353	3563
甘　肃	Gansu	2604	4174	1667	4681	7680	2882
青　海	Qinghai	3257	4476	2209	5948	8498	3737
宁　夏	Ningxia	3157	4447	1858	5862	8448	3246
新　疆	Xinjiang	2850	4316	1738	5410	8184	3214

2-26 续表 continued

单位：元 (yuan)

地区名称	Name of Regions	前三季度 Three Quarters			全年 Year		
		全体居民 Permanent Residents	城镇常住居民 Urban Households	农村常住居民 Rural Households	全体居民 Permanent Residents	城镇常住居民 Urban Households	农村常住居民 Rural Households
全 国	**National Average**	**10402**	**14607**	**5759**	**14491**	**19968**	**8383**
北 京	Beijing	22703	24634	10478	31103	33717	14535
天 津	Tianjin	17018	18624	10128	22343	24290	13739
河 北	Hebei	8332	11465	5666	11932	16204	8248
山 西	Shanxi	7825	10755	4819	10864	14637	6992
内蒙古	Inner Mongolia	11765	15397	6895	16258	20885	9972
辽 宁	Liaoning	11418	14692	5409	16068	20520	7801
吉 林	Jilin	9083	12007	5648	13026	17156	8140
黑龙江	Heilongjiang	8942	11461	5585	12769	16467	7830
上 海	Shanghai	24637	26193	11208	33065	35182	14820
江 苏	Jiangsu	13946	17112	8664	19164	23476	11820
浙 江	Zhejiang	16709	20175	10860	22552	27242	14498
安 徽	Anhui	8623	11801	5932	11727	16107	7981
福 建	Fujian	13030	16780	7732	17644	22204	11056
江 西	Jiangxi	7731	10910	4966	11089	15142	7548
山 东	Shandong	9424	13067	5574	13329	18323	7962
河 南	Henan	7665	11456	4964	11000	16184	7277
湖 北	Hubei	9308	12338	5885	12928	16681	8681
湖 南	Hunan	9172	13113	5872	13289	18335	9025
广 东	Guangdong	14609	18289	7003	19205	23612	10043
广 西	Guangxi	7338	11014	4586	10274	15045	6675
海 南	Hainan	9141	13025	4988	12471	17514	7029
重 庆	Chongqing	9878	13537	5123	13811	18279	7983
四 川	Sichuan	8156	12284	5070	12368	17760	8301
贵 州	Guizhou	6344	11001	3732	9303	15255	5970
云 南	Yunnan	6699	11727	3752	9870	16268	6030
西 藏	Tibet	4733	11723	2669	7317	15669	4822
陕 西	Shaanxi	8880	12818	5294	12204	17546	7252
甘 肃	Gansu	6999	11500	4291	9875	15942	6148
青 海	Qinghai	8818	12727	5427	12605	17493	8235
宁 夏	Ningxia	8953	12911	4976	12485	17216	7676
新 疆	Xinjiang	8172	12514	4731	11904	17685	7365

2-27 全国31省市城乡居民消费支出增速(分季度)
Consumption Expenditure Growth of Urban and Rural Households by 31 Regions (by Quarters) (2014)

单位：% (%)

地区名称	Name of Regions	1季度 One Quarter			上半年 Two Quarters		
		全体居民 Permanent Residents	城镇常住居民 Urban Households	农村常住居民 Rural Households	全体居民 Permanent Residents	城镇常住居民 Urban Households	农村常住居民 Rural Households
全 国	**National Average**	**11.4**	**9.9**	**13.3**	**10.5**	**9.2**	**12.3**
北 京	Beijing	7.6	7.5	8.1	8.6	8.6	6.7
天 津	Tianjin	10.7	10.1	12.8	9.2	8.6	11.7
河 北	Hebei	13.0	12.7	13.1	9.0	8.6	8.8
山 西	Shanxi	11.7	10.8	13.0	9.8	8.9	12.4
内蒙古	Inner Mongolia	7.6	6.2	10.1	7.9	4.9	15.1
辽 宁	Liaoning	11.5	10.4	13.9	9.9	8.0	17.3
吉 林	Jilin	9.0	7.2	12.1	8.7	7.0	11.1
黑龙江	Heilongjiang	9.6	8.2	12.0	6.9	4.8	11.8
上 海	Shanghai	10.6	10.3	13.1	10.6	10.3	10.8
江 苏	Jiangsu	11.7	10.5	13.1	10.2	10.2	8.7
浙 江	Zhejiang	10.7	8.9	15.2	11.7	10.6	14.4
安 徽	Anhui	14.2	12.4	15.4	12.7	11.3	13.1
福 建	Fujian	10.2	9.2	12.0	10.1	9.1	12.2
江 西	Jiangxi	12.2	11.1	12.6	11.1	9.3	12.8
山 东	Shandong	9.7	8.2	12.3	9.9	8.5	12.7
河 南	Henan	12.3	11.3	11.6	9.3	6.8	11.1
湖 北	Hubei	14.8	12.0	18.5	15.4	13.3	17.2
湖 南	Hunan	10.0	6.0	15.7	8.5	8.1	8.7
广 东	Guangdong	11.9	11.4	10.8	9.6	8.9	9.9
广 西	Guangxi	12.9	9.6	16.7	11.3	8.4	14.8
海 南	Hainan	13.2	12.2	13.2	12.4	12.6	10.3
重 庆	Chongqing	9.8	7.8	11.7	9.9	7.7	12.0
四 川	Sichuan	12.1	10.8	12.2	12.7	11.8	12.7
贵 州	Guizhou	11.7	10.7	11.8	13.8	11.0	17.3
云 南	Yunnan	12.1	12.4	11.5	13.9	12.2	16.6
西 藏	Tibet	13.5	5.6	24.7	10.3	9.4	11.2
陕 西	Shaanxi	9.3	7.5	13.0	7.3	5.2	11.3
甘 肃	Gansu	11.6	9.1	15.0	13.0	10.5	16.1
青 海	Qinghai	9.8	7.3	14.5	11.2	9.2	16.3
宁 夏	Ningxia	12.0	11.3	12.7	11.4	11.1	11.3
新 疆	Xinjiang	6.8	4.0	12.5	8.8	6.9	12.4

2-27 续表 continued

单位：% (%)

地区名称 Name of Regions	前三季度 Three Quarters			全年 Year		
	全体居民 Permanent Residents	城镇常住居民 Urban Households	农村常住居民 Rural Households	全体居民 Permanent Residents	城镇常住居民 Urban Households	农村常住居民 Rural Households
全 国 National Average	**10.5**	**8.3**	**11.8**	**9.6**	**8.0**	**12.0**
北 京 Beijing	9.4	7.2	8.7	6.6	6.6	7.2
天 津 Tianjin	9.7	8.1	9.4	9.4	8.9	10.0
河 北 Hebei	10.2	9.2	6.6	9.7	8.2	11.8
山 西 Shanxi	10.2	7.7	8.8	7.4	6.4	8.3
内蒙古 Inner Mongolia	10.6	7.9	12.2	9.3	8.5	9.8
辽 宁 Liaoning	10.5	7.5	9.7	7.5	6.2	10.9
吉 林 Jilin	10.7	6.1	10.1	8.1	7.6	8.2
黑龙江 Heilongjiang	10.0	4.8	12.8	6.1	4.9	8.9
上 海 Shanghai	9.5	9.8	11.9	8.8	8.4	13.9
江 苏 Jiangsu	9.9	6.9	11.7	6.9	5.5	9.9
浙 江 Zhejiang	9.8	7.8	13.8	9.4	7.9	13.2
安 徽 Anhui	11.0	11.4	17.2	11.2	10.4	10.8
福 建 Fujian	10.1	8.9	11.2	9.1	8.0	10.7
江 西 Jiangxi	11.3	9.9	10.8	10.3	9.4	10.9
山 东 Shandong	10.0	8.4	12.3	12.0	10.1	15.8
河 南 Henan	11.1	6.3	10.5	10.0	6.1	14.4
湖 北 Hubei	11.1	10.7	13.6	9.9	8.8	10.6
湖 南 Hunan	10.5	7.2	9.7	11.2	8.7	15.2
广 东 Guangdong	10.1	8.9	6.6	10.2	9.2	12.4
广 西 Guangxi	11.0	4.1	14.6	7.1	4.0	10.6
海 南 Hainan	10.9	12.3	10.8	11.4	10.6	10.2
重 庆 Chongqing	11.2	7.6	16.6	9.6	6.7	14.5
四 川 Sichuan	11.1	10.4	13.8	11.9	10.3	12.7
贵 州 Guizhou	11.7	12.1	17.0	12.3	10.8	12.8
云 南 Yunnan	9.8	8.7	15.8	11.9	9.5	14.9
西 藏 Tibet	11.1	11.6	10.2	16.0	14.6	17.6
陕 西 Shaanxi	10.7	7.2	12.7	8.8	7.0	11.8
甘 肃 Gansu	11.4	8.4	16.4	10.4	10.6	8.7
青 海 Qinghai	10.6	8.3	17.2	8.9	7.8	9.7
宁 夏 Ningxia	9.2	12.5	13.2	10.6	8.9	13.9
新 疆 Xinjiang	11.3	2.2	6.5	4.5	4.9	3.7

2-28 各区县城乡居民人均可支配收入
Per Capita Disposable Income of Urban and Rural Households by Districts and Counties (2013-2014)

地区名称	Name of Districts	城镇常住居民 Urban Households 绝对数(元) Number(yuan) 2013	2014	增速 Growth (%)	农村常住居民 Rural Households 绝对数(元) Number(yuan) 2013	2014	增速 Growth (%)
全 市	**All Districts and Counties**	**28980**	**31506**	**8.7**	**15353**	**17014**	**10.8**
和平区	Heping	36129	39200	8.5	-	-	-
河东区	Hedong	29570	32255	9.1	-	-	-
河西区	Hexi	33739	36945	9.5	-	-	-
南开区	Nankai	32487	35476	9.2	-	-	-
河北区	Hebei	30354	33208	9.4	-	-	-
红桥区	Hongqiao	28919	31508	9.0	-	-	-
东丽区	Dongli	26450	28605	8.1	18680	20747	11.1
西青区	Xiqing	26950	29190	8.3	18950	21035	11.0
津南区	Jinnan	25780	27845	8.0	17590	19588	11.4
北辰区	Beichen	26146	28281	8.2	17850	19868	11.3
武清区	Wuqing	24379	26550	8.9	15450	17140	10.9
宝坻区	Baodi	22870	24883	8.8	14590	16170	10.8
滨海新区	Binhai	32650	35680	9.3	15705	17465	11.2
宁河县	Ninghe	22575	24546	8.7	14950	16534	10.6
静海县	Jinghai	23089	25090	8.7	15120	16714	10.5
蓟 县	Jixian	22350	24370	9.0	14710	16279	10.7

2-29 各区县农村居民人均可支配收入(分季度)
Per Capita Disposable Income of Rural Households by Districts and Counties (by Quarters) (2013-2014)

地区名称	Name of Counties	1季度 One Quarter			上半年 Two Quarters		
		绝对数(元) Number(yuan)		增速 Growth (%)	绝对数(元) Number(yuan)		增速 Growth (%)
		2013	2014		2013	2014	
全 市	**All Districts and Counties**	**4346**	**4882**	**12.3**	**7918**	**8846**	**11.7**
东丽区	Dongli	5285	5905	11.7	9719	10815	11.3
西青区	Xiqing	5484	6118	11.6	9881	10960	10.9
津南区	Jinnan	4790	5366	12.0	9080	10145	11.7
北辰区	Beichen	4968	5585	12.4	9242	10335	11.8
武清区	Wuqing	4450	5005	12.5	8150	9120	11.9
宝坻区	Baodi	4009	4502	12.3	7456	8328	11.7
滨海新区	Binhai	4590	5130	11.8	7365	8190	11.2
宁河县	Ninghe	4215	4748	12.6	7671	8605	12.2
静海县	Jinghai	4320	4838	12.0	7782	8677	11.5
蓟 县	Jixian	4120	4620	12.1	7558	8435	11.6

2-29 续表 continued

地区名称	Name of Counties	前三季度 Three Quarters			全年 Year		
		绝对数(元) Number(yuan)		增速 Growth (%)	绝对数(元) Number(yuan)		增速 Growth (%)
		2013	2014		2013	2014	
全 市	**All Districts and Counties**	**11583**	**12918**	**11.5**	**15353**	**17014**	**10.8**
东丽区	Dongli	14195	15769	11.1	18680	20747	11.1
西青区	Xiqing	14550	16167	11.1	18950	21035	11.0
津南区	Jinnan	13280	14790	11.4	17590	19588	11.4
北辰区	Beichen	13487	15043	11.5	17850	19868	11.3
武清区	Wuqing	11840	13235	11.8	15450	17140	10.9
宝坻区	Baodi	11005	12276	11.5	14590	16170	10.8
滨海新区	Binhai	11198	12501	11.6	15705	17465	11.2
宁河县	Ninghe	11095	12425	12.0	14950	16534	10.6
静海县	Jinghai	11449	12730	11.2	15120	16714	10.5
蓟 县	Jixian	11122	12395	11.4	14710	16279	10.7

2-30 各区县城镇居民人均可支配收入(分季度)
Per Capita Disposable Income of Urban Households by Districts(by Quarters) (2013-2014)

地区名称	Name of Counties	1季度 One Quarter			上半年 Two Quarters		
		绝对数(元) Number(yuan)		增速 Growth (%)	绝对数(元) Number(yuan)		增速 Growth (%)
		2013	2014		2013	2014	
和平区	Heping	9426	10048	6.6	16911	18264	8.0
河东区	Hedong	7683	8449	10.0	14231	15591	9.6
河西区	Hexi	8656	9500	9.8	16171	17730	9.6
南开区	Nankai	8357	9202	10.1	15555	17070	9.7
河北区	Hebei	8190	8991	9.8	15007	16455	9.6
红桥区	Hongqiao	7597	8362	10.1	14100	15481	9.8

2-30 续表 continued

地区名称	Name of Counties	前三季度 Three Quarters			全年 Year		
		绝对数(元) Number(yuan)		增速 Growth (%)	绝对数(元) Number(yuan)		增速 Growth (%)
		2013	2014		2013	2014	
和平区	Heping	26455	28565	8.0	36129	39200	8.5
河东区	Hedong	21167	23156	9.4	29570	32255	9.1
河西区	Hexi	24400	26722	9.5	33739	36945	9.5
南开区	Nankai	23421	25646	9.5	32487	35476	9.2
河北区	Hebei	22228	24317	9.4	30354	33208	9.4
红桥区	Hongqiao	20820	22828	9.6	28919	31508	9.0

主要统计指标解释

一体化住户调查：从 2012 年四季度起，国家统计局对分别进行的城乡住户调查实施了一体化改革，改革后的农村住户调查，样本地域范围由涉农区县城乡结合区、镇中心区、乡村缩小到只包括乡村，城乡结合区和镇中心区均纳入城镇。同时，统一了城乡居民收入指标名称、分类和统计标准，建立了城乡统一的一体化住户调查《住户收支与生活状况调查》，并据此获得居民有关数据。自 2013 年起发布一体化住户调查新口径收支数据。天津市住户调查样本涉及全市 16 个区县的 400 个调查小区的 4000 个调查户，其中城镇 3000 户、农村 1000 户。另外，城镇住户调查地域由 2013 年前的市内 6 区、滨海新区扩大到全市所有区县。

常住成员：指住户成员中，经常在家居住、或者调查期内居住时间超过一半的人员，以及本住户供养的学生。常住成员为住户收支的调查对象。

居民可支配收入：指调查户在调查期内获得的、可用于最终消费支出和储蓄的总和，及调查户可以用来支配的收入。即包括现金收入，也包括实物收入。按照收入的来源分四项:工资性收入、经营净收入、财产净收入和转移净收入。计算公式:

可支配收入=工资性收入+经营净收入+财产净收入+转移净收入

其中：经营净收入=经营收入-经营费用-生产性固定资产折旧-生产税

财产净收入=财产性收入-财产性支出

转移净收入=转移性收入-转移性支出

工资性收入：指就业人员通过各种途径得到的全部劳动报酬和各种福利，包括受雇于单位或个人、从事各种自由职业、兼职和零星劳动得到的全部劳动报酬和福利。

实物福利：指单位或雇主免费或低价提供给员工的各种实物产品和服务折价。由个人先行付款消费，后由单位或雇主给予报销的款额也视为实物福利。实物福利还包括单位或雇主自身生产过程所生产的货物与服务，如铁路或航空公司提供给员工的免费旅程，采矿企业提供给员工的免费煤炭等。

经营净收入：指住户或住户成员从事生产经营活动所获得的净收入，是全部经营收入中扣除经营费用、生产性固定资产折旧和生产税之后得到的净收入，包括第一、二、三产经营净收入。

财产净收入：指住户或住户成员将其所拥有的金融资产、住房等非金融资产和自然资源交由其他机构单位、住户或个人支配而获得的回报并扣除相关的费用之后得到的净收入。财产净收入包括利息净收入、红利净收入、储蓄性保险净收益、转让承包土地经营权租金净收入、出租房屋净收入、出租其他资产净收入和自有住房折算净租金等。

自有住房折算净租金（城镇）：指城镇居民现住房产权为自有住房（含自建住房、自购商品房、自购房改住房、自购保障性住房、拆迁安置房、继承或获赠住房）的住户为自身消费提供住房服务的折算价值扣除折旧后得到的净租金。它是一种财产性实物收入。

自有住房年度折算净租金=自有住房年度折算租金-购建房年度分摊成本

转移性收入：指国家、单位、社会团体对住户的各种经常性转移支付和住户之间的经常性收入转移。包括政府、非行政事业单位、社会团体对居民专一的养老金或退休金、社会救济和补助、惠农补贴、政策性生活补贴、救灾款、经常性捐赠和赔偿以及报销医疗费等；住户之间的赡养收入、经常性捐赠和赔偿以及农村地区（村委会）在外（含国外）工作的本住户非常住成员寄回带回的收入等。

居民消费性支出：指住户用于满足日常生活消费需要的全部支出，包括用于消费品的支出和用于服务性消费的支出。根据用途不同，消费支出可划分为食品烟酒、衣着、居住、生活用品及服务、交通通信、教育文化娱乐、医疗保健、其他用品及服务八类。根据来源不同，消费支出可划分为现金消费支出、实物消费支出（含自产自用、来自单位、来自政府和其他社会组织）。

食品烟酒：指用于各种食品和烟草、酒类的支出，包括食品、烟酒消费、饮料和饮食服务。

衣着：指与居民穿着有关的支出，包括服装、服装材料、鞋类、其他衣类及配件、衣着相关加工服务费。

居住：指与居住有关的支出，包括房租、水、电、燃料、取暖费；住房装潢、住房维修、物业管理等方面的支出，也包括自有住房折算租金。

自有住房折算租金（消费）：指现住房为自有住房（含自建住房、自购商品房、自购房改住房、自购保障性住房、拆迁安置房、继承或获赠住房）的住户为自身消费提供住房服务的折算价值。目前自有住房折算租金采用折旧法计算。具体方法:

自有住房折算租金=自有住房市场现价估值×年折旧率（城乡不同）。

生活用品及服务：指用于家庭及个人的各类生活品及家庭服务的支出。包括家具及室内装饰品、家用器具、家用纺织品、家庭日用杂品、个人用品和家庭服务费。

交通和通信：指用于交通和通信工具及相关的各种服务费、维修费和车辆保险费等。

教育、文化和娱乐：指用于教育和文化娱乐方面的支出。

教育：指按一定的目的要求，对受教育者的德育、智育、体育、爱好、技能等诸方面施以影响的一种有计划的活动，与这一活动直接相关的支出即为教育支出。包括学前教育、小学教育、初中教育、高中教育、中专职高教育、大专及以上教育、其他教育和培训的各项费用。如学杂费、培训费、赞助费、一揽子教育服务、教育用品等。

文化和娱乐：指用于文娱耐用消费品、其他文娱用品和文化娱乐服务的费用。

医疗保健：指用于医疗和保健的药品、用品和服务的总费用。包括医疗器具及药品，以及医疗服务。

医疗器具及药品：包括购买药品、滋补保健品、医疗卫生器具及用品和保健器具费用。

医疗服务：包括门诊和住院的医疗总费用。其中包括从各种医疗保险或其他医疗救助计划中获得的医药费和医疗费的报销款额。报销医疗费应按收付实现制记录。

其他用品及服务：指无法直接归入各类支出的其他用品与服务支出。

其他用品：包括首饰、手表和其他杂项用品等支出。

其他服务：指用于个人消费中的服务费，包括旅馆住宿费、美容美发洗浴、其他杂项服务；以及丧葬费、请律师的诉讼费、公证费、房地产中介服务费等。

Explanatory Notes on Main Statistical Indicators

Integrated Household Survey means from the fourth quarter of 2012, the National Bureau of Statistics implemented the integrated reform for the independent urban and rural household survey. After the reform, the geographic area of the rural household survey has shrunk from urban-rural fringe zone and town center and villages of all the districts and counties to only villages. Urban-rural fringe zone and town center have been brought into urban area. Meanwhile, the reform has unified the indicators, classifies and statistical standards of urban and rural household income. Also it has established a unified and integrated household survey "the household budget and living conditions survey ", and thus to obtain the data. Integrated household survey data in new scope has been published since 2013. There are 4000 samples involved in the Tianjin's 16 districts and counties, including 3000 urban households and 1000 rural households. In addition, the survey area of urban households has expanded from the city's 6 Districts and Binhai New District by 2013 to all the districts and counties.

Permanent Members means household members who stay at home regularly or for over the half of the survey period. Also including the students supported by family. Permanent members are the respondents of the household survey.

Disposable Income means the total income of households earned in the survey period, which can be used for consumption and savings, including cash income and physical income. According to the source of income, it can be classified as income of wages and salaries, net business income, net income from property and net income from transfer. Calculation formula.

Disposable income = income of wages and salaries + net business income + net income from property + net income from transfer

Where:

Net business income=business income-business expenses-depreciation of productive fixed assets - production taxes

Net income from property=property income-property expenses

Net income from transfer=transfer income-transfer expenses

Income of Wages and Salaries means the total remuneration and benefits earned by employees who are employed by units or individuals, freelances and part-time workers.

Physical Benefits means physical products and services provided by the employer for free or at low prices. Consumption paid by personal, and then recouped by employers should be considered physical benefits. It also includes the products and services produced during the production process, such as free journey provided by railway or airline companies, free coal provided by mining companies, to their employees.

Net Business Income means net income earned by business activities, which are operated by households and their members. Business expenses, depreciation of productive fixed assets and production taxes should be deducted from income. It includes net income of primary, secondary and tertiary industries.

Net Income from Property means the net income obtained by authorizing other institutional units, households or individuals to dominate the financial assets, housing, other non-financial assets and natural resources owned by households and their members. Expenses should be deducted. Net income from property includes net interest income, bonus income, net income of savings insurance, net rent income from the transfer of land management right, net rent housing income, net rent other assets income and net conversion rental of private housing.

Net Imputed Rent of Owner-occupied Dwelling (urban area) means net rent income refers to the value of housing services provided residents'owner-occupied dwelling (including self-help housing, purchased commercial housing and social housing, resettlement housing and inherited or given housing). Depreciation should be deducted. It is a kind of property income.

Annual net imputed rent of owner-occupied dwelling = annual imputed rent of owner-occupied dwelling-annual purchasing or building cost.

Income from Transfer means recurrent income transfers from the state, units, social groups and other households. Including the pension, government, social benefits and subsidies, agricultural subsidies, policy living subsidies relief funds, regular donation and compensation and reimbursement of medical expenses from institutions, social groups , alimony , regular donation and compensation from other households, and the income sent back by non-permanent members working nonlocal.

Consumption Expenditure of Households has a provincial coverage comparable between urban and rural households, and refers to the all the expenditures of households for consumption in daily life. It includes expenditures in cash and in kinds on eight categories: food; clothing; housing; household appliances and services; transport and communications; education; culture and recreational activities; and medical care.(Includes self-made and consumed products from units, government and other social organizations.)

Food, Tobacco and Liquor means the expenditure on Food, Tobacco and Liquor. It includes the expenditure on Food, Tobacco, Liquor, Dink and Catering Services.

Clothing means the expenditure on clothing. It includes the expenditure of Clothes, Shoes, accessories and Clothes processing fee.

Residence means the expenditure on residence. It includes the expenditure of rents, water, electricity, fuels, heating fees, housing maintenance and management , property management fees, and imputed rents of owner-occupied dwelling.

Imputed Rents of Owner-occupied Dwelling (Expenditure) means the commuted value of owner-occupied housing. Imputed rents of owner-occupied dwelling using depreciation method to calculate.

Formula :

Imputed Rent of Owner-occupied Dwelling=the current prices of owner-occupied housing*annual depreciation (different between rural and urban)

Household Appliances and Services means the expenditure on household facilities, articles and services. It includes the expenditure on furniture and interior decoration, household appliances, home textiles, family daily groceries, personal products and family services.

Transportations and Communications means the expenditure on transport and communications. It includes the expenditure on tools, service charges, allowances for repairs and maintenance, vehicle insurance premium and so on.

Education, Cultural and Recreation means the expenditure on education, cultural and recreation.

Education means according to the certain requirements and purpose, training the educates in moral, knowledge, sports, hobbies, skills and all aspects. The education expenditure is directly related to activities for education. It includes the expenditure on the Pre-school education, primary education, secondary education, high school education, secondary vocational education, junior college or above education, other education and training. Such as tuition and miscellaneous fees, training expenses, sponsorship, packages of education services, education supplies.

Cultural and Recreation means the expenditure on recreational durable goods, other recreational goods and cultural & entertainment services.

Health Care and Medical Services means the expenditure on medical equipment , medicine and medical services.

Medical Equipment and Medicine means the expenditure on medicine, nourishing health products, medical & health care instruments.

Medical Services includes the expenditure in outpatient clinic and hospitalization. It includes the reimbursement amount from medical insurance or medical financial assistance. The reimbursement signed in cash basis.

Other Commodities and Services means the expenditure of miscellaneous goods and services which is hard to classify.

Other Commodities includes the expenditure on jewelry, watch and so on.

Other Services means the expenditure on service charge. It includes hotel bills, grooming, salon fee, miscellaneous services, funeral expenses, court costs, notary fees, inter-mediation services and so on.

三、价格及价格指数

Chapter 3
PRICE AND PRICE INDICES

3-1 城市居民消费价格分类指数
Urban Consumer Price Indices by Category
(2010-2014)

(上年=100) (preceding year=100)

项 目	Item	2010	2011	2012	2013	2014
居民消费价格指数	**Consumer Price Index**	**103.5**	**104.9**	**102.7**	**103.1**	**101.9**
#服务项目价格指数	Services	101.3	103.0	100.3	103.8	102.2
#消费品价格指数	Consumer Goods	104.4	105.8	103.9	102.8	101.7
一、食 品	Food	108.0	111.4	106.4	105.8	103.0
1.粮 食	Grain	117.5	108.5	102.4	108.7	103.4
2.淀粉及制品	Starches and Tubers	108.6	123.3	103.1	102.1	100.4
3.干豆类及豆制品	Beans and Bean Products	113.6	100.1	103.2	108.0	106.3
4.油 脂	Oil and Fat	105.2	115.3	103.7	98.7	93.6
5.肉禽及其制品	Meat, Poultry and Processed Products	103.9	122.6	105.7	108.0	99.6
6.蛋	Eggs	108.0	114.4	101.7	102.2	111.1
7.水产品	Aquatic Products	110.9	120.7	106.7	100.9	106.8
8.菜	Vegetables	114.7	96.7	119.6	110.0	95.4
9.调味品	Flavoring	105.2	106.4	103.6	101.9	101.7
10.糖	Carbohydrate	105.9	109.1	105.1	99.7	99.7
11.茶及饮料	Tea and Beverages	100.7	104.7	106.4	104.6	101.6
12.干鲜瓜果	Dried and Fresh Melons and Fruits	111.5	108.8	91.3	112.6	117.3
13.糕点饼干面包	Cake, Biscuit and Bread	102.4	113.3	105.4	101.9	100.6
14.液体乳及乳制品	Milk and Its Products	104.8	104.6	101.9	103.5	108.3
15.在外用膳食品	Dining Out	106.6	109.6	110.5	104.6	102.2
16.其它食品	Other Foods	102.9	114.0	102.9	105.1	104.4
二、烟酒及用品	Tobacco, Liquor and Articles	104.3	104.8	104.9	100.9	98.7
1.烟 草	Tobacco	103.9	100.6	98.1	100.2	99.6
2.酒	Liquor	106.1	109.5	111.9	101.6	97.9
三、衣 着	Clothing	102.8	102.1	107.0	101.1	101.8
1.服 装	Garments	102.9	101.7	105.4	100.9	102.2

3-1 续表 continued

(上年=100) (preceding year=100)

项 目	Item	2010	2011	2012	2013	2014
2.衣着材料	Clothing Material	101.4	119.3	103.8	99.8	100.9
3.鞋袜帽	Footgear and Hats	102.4	101.9	110.9	101.6	101.0
4.衣着加工服务	Clothing Manufacturing Services	117.6	116.8	120.9	104.4	101.7
四、家庭设备用品及维修服务	Household Facilities, Articles and Services	99.5	106.1	101.6	102.0	103.3
1.耐用消费品	Durable Consumer Goods	95.4	102.9	99.4	100.7	102.8
2.室内装饰品	Interior Decorations	100.5	100.2	100.1	99.1	99.6
3.床上用品	Bed Articles	110.2	127.0	103.6	104.8	103.2
4.家庭日用杂品	Daily Use Household Articles	100.0	103.0	102.7	101.6	103.7
5.家庭服务及加工维修服务	Household Services and Maintenance and Renovation	115.5	126.0	112.2	109.2	106.8
五、医疗保健和个人用品	Health Care and Personal Articles	103.7	101.8	102.2	100.6	100.4
1.医疗保健	Health Care	104.1	100.7	102.3	101.2	100.9
2.个人用品及服务	Personal Articles and Services	102.8	104.0	102.0	99.3	99.5
六、交通和通信	Transportation and Communication	98.1	99.9	97.6	98.6	99.7
1.交 通	Transportation	101.9	104.8	99.4	98.3	99.7
2.通 信	Communication	92.6	92.9	94.8	98.9	99.6
七、娱乐教育文化用品及服务	Recreation, Education and Culture Articles	98.8	99.5	99.3	102.5	101.7
1.文娱用耐用消费品及服务	Consumer Goods for Cultural and Recreational Use and Services	88.0	86.7	92.8	94.2	90.5
2.教 育	Education	101.8	100.2	100.2	100.2	104.3
3.文化娱乐	Cultural and Recreational Articles	100.5	100.6	102.0	101.1	100.4
4.旅游	Touring and Outing	101.3	106.8	99.3	113.7	102.5
八、居 住	Residence	102.3	104.7	100.9	104.4	102.0
1.建房及装修材料	Building and Building Decoration Materials	101.7	109.0	101.6	103.4	101.6
2.住房租金	Renting	103.6	101.2	101.0	99.9	103.7
3.自有住房	Private Housing	102.4	104.9	100.0	106.0	102.2
4.水电燃料	Water, Electricity and Fuels	101.4	102.2	103.1	101.7	101.3

3-2 城市商品零售价格分类指数
Urban Retail Price Indices by Category
(2010-2014)

(上年=100) (preceding year=100)

项 目	Item	2010	2011	2012	2013	2014
商品零售价格指数	**Retail Price Index**	**103.4**	**104.7**	**103.0**	**100.2**	**100.9**
一、食品类	Food	108.3	111.6	106.5	100.2	103.0
1.粮 食	Grain	117.5	108.5	102.4	100.7	103.4
2.淀粉及制品	Starches and Tubers	108.6	123.3	103.1	98.7	100.4
3.干豆类及豆制品	Bean and Related Products	113.6	100.1	103.2	101.1	106.3
4.油 脂	Oil and Fat	105.2	115.3	103.7	99.1	93.6
5.肉禽及其制品	Meat, Poultry and Processed Products	103.9	122.6	105.7	99.9	99.6
6.蛋	Eggs	108.0	114.4	101.7	101.5	111.1
7.水产品	Aquatic Products	110.9	120.7	106.7	101.5	106.8
8.菜	Vegetables	114.7	96.7	119.6	96.0	95.4
9.调味品	Flavoring	105.2	106.4	103.6	98.7	101.7
10.糖	Carbohydrate	105.9	109.1	105.1	98.6	99.7
11.干鲜瓜果	Dried and Fresh Melons and Fruits	111.5	108.8	91.3	104.5	117.3
12.糕点饼干面包	Cake, Biscuit and Bread	102.4	113.3	105.4	99.5	100.6
13.液体乳及乳制品	Milk and Its Products	104.8	104.6	101.9	102.3	108.3
14.在外用膳食品	Dining Out	106.6	109.6	110.5	100.1	102.2
15.其它食品	Other Foods	102.9	114.0	102.9	100.9	104.4
二、饮料、烟酒	Beverages, Tobacco and Liquor	103.8	104.7	105.2	100.0	99.4
1.茶及饮料	Tea and Beverages	100.7	104.7	106.4	99.9	101.6
2.烟 草	Tobacco	103.9	100.6	98.1	100.0	99.6
3.酒	Liquor	106.1	109.5	111.9	100.0	97.9
三、服装、鞋帽	Garments, Shoes and Hats	102.7	101.8	106.9	99.9	101.9
1.服 装	Garments	102.9	101.7	105.4	100.4	102.2
2.鞋袜帽	Footgear and Hats	102.4	101.9	110.9	98.5	101.0
3.其 它	Other	99.9	107.0	106.2	98.3	101.9
四、纺织品	Textiles	108.6	112.4	102.3	101.8	100.4
1.衣着材料	Clothing Material	101.4	119.3	103.8	99.6	100.9
2.床上用品	Bed Articles	110.2	110.9	101.9	102.3	100.3
五、家用电器及音像器材	Household Appliances, Music and Video Equipment	93.8	95.4	96.9	99.0	94.6
1.家庭设备	Household Facilities	96.8	102.3	99.9	99.4	99.1
2.文娱用耐用消费品	Consumer Goods for Cultural and Recreational Use	88.4	84.8	92.1	98.0	85.8

3-2 续表 continued

(上年=100) (preceding year=100)

项　　目	Item	2010	2011	2012	2013	2014
3.音像器材	Music and Video Equipment	99.5	100.4	96.5	100.0	95.3
六、文化办公用品	Cultural and Office Applicances	90.8	90.5	94.6	99.6	96.4
七、日用品	Articles for Daily Use	100.5	103.8	104.1	99.5	99.4
1.日用百货	General Merchandise for Daily Use	101.1	106.2	103.3	99.3	99.8
2.日用杂品	Miscellaneous for Daily Use	100.2	95.2	100.1	99.5	102.0
3.洗涤用品	Washing Articles	97.9	102.9	109.3	99.9	100.9
4.其它日用品	Other Articles for Daily Use	101.2	103.5	101.5	99.5	97.0
八、体育娱乐用品	Sports and Recreation Articles	94.9	100.1	100.4	100.0	99.9
1.体育用品	Sports Articles	101.3	105.6	104.5	100.0	100.2
2.娱乐用品	Recreation Articles	92.3	97.8	98.5	100.0	99.8
九、交通、通信用品	Transportation and Communication Appliances	96.1	100.1	96.6	102.2	101.1
1.交通运输机械	Transportation Machine	100.1	102.9	98.3	102.3	101.2
2.通信器材	Communication Facilities	68.6	65.0	63.1	100.2	95.5
十、家　具	Furniture	93.4	103.7	98.7	103.3	107.6
十一、化妆品	Cosmetics	102.5	99.6	104.4	97.5	97.6
十二、金银珠宝	Gold, Silver and Jewelry	125.4	113.3	95.8	92.3	91.8
十三、中西药品及医疗保健用品	Traditional Chinese and Western Medicines and Health Care Articles	106.4	101.1	103.6	100.4	101.4
1.医疗器具及用品	Medical Apparatus and Article	101.9	111.1	103.4	100.0	99.8
2.中药材及中成药	Traditional Chinese Medicinal Materials and Medicines	113.3	102.7	102.5	100.6	103.2
3.西　药	Western Medicines	102.3	100.5	104.7	100.3	100.6
4.保健器具及用品	Healthcare Equipment	103.6	99.0	102.2	100.4	99.5
十四、书报杂志及电子出版物类	Books, Newspapers, Magazines and Electronic Publications	100.0	100.3	101.2	100.0	100.4
1.教材及参考书	Teaching Materials and Reference Books	100.0	100.5	101.0	100.0	100.5
2.书报杂志	Books, Newspapers, Magazines	100.0	100.0	100.9	100.0	100.3
3.电子音像制品	Electronic Publications	100.0	100.0	102.5	100.0	100.0
十五、燃料	Fuels	106.8	108.2	102.2	103.8	102.8
1.煤炭及制品	Coal and Related Products	109.9	109.2	100.7	100.0	97.9
2.石油及制品	Petroleum and Related Products	106.9	108.2	102.2	103.9	102.9
十六、建筑材料及五金电料	Building Materials and Hardware	101.4	107.7	101.1	100.7	101.0
1.建筑装璜材料	Building Decoration Materials	101.6	107.6	101.1	100.8	101.2
2.五金电料	Hardware	100.5	108.8	101.0	100.0	100.0

3-3 城市主要商品基本分类价格指数
Urban Major Commodity Price Indices by Category (2010-2014)

(上年=100) (preceding year=100)

项目	Item	2010	2011	2012	2013	2014
大米	Rice	126.9	108.6	103.2	104.4	101.2
面粉	Flour	106.1	108.0	100.0	115.2	104.3
食用植物油	Vegetable Oil	96.9	112.2	103.4	105.8	97.6
猪肉	Pork	105.6	130.6	96.8	103.4	95.0
牛肉	Beef	101.7	115.6	123.5	131.7	102.8
羊肉	Mutton	110.1	123.4	119.3	115.7	105.0
鲜蛋	Eggs	108.2	114.3	102.1	101.8	111.8
淡水鱼	Freshwater Fish	105.6	114.1	105.6	96.8	101.0
海水鱼	Seawater Fish	118.6	118.5	105.9	97.7	104.4
鲜菜	Fresh Vegetables	111.9	97.0	122.9	109.1	93.7
盐	Salt	99.1	100.9	100.0	100.1	100.4
食糖	Sugar	120.3	125.6	103.4	101.3	100.5
液体饮料	Beverages	101.5	106.7	103.8	102.4	103.9
鲜瓜果	Fresh Fruits	110.8	107.5	86.8	116.6	122.4
巴氏杀菌奶或消毒奶	Milk	104.8	104.1	100.0	104.5	110.2
白酒	Wine	108.3	112.2	113.7	101.6	96.3
啤酒	Beer	98.4	103.2	107.3	102.1	104.4
男式衬衫	Men's Shirt	101.1	90.7	101.0	95.1	105.7
男式西服	Men's Suits	93.1	101.6	110.8	96.5	102.2
女式大衣	Women's Coat	98.7	94.9	102.5	101.8	100.1
女式毛线衣	Women's Sweater	98.8	96.8	97.7	96.8	106.6
女式羽绒衣	Women's Down Jacket	117.8	132.2	128.5	97.6	111.5
女式套装	Suit of Clothes	104.8	104.0	107.7	97.6	94.0
柜	Cabinet	92.7	103.5	98.5	101.9	108.3
桌	Desk	96.2	103.0	100.1	102.9	107.2
沙发	Sofa	92.4	104.5	97.6	100.8	106.4
洗衣机	Washing Machine	96.1	97.8	97.5	95.2	103.6
电风扇	Electric Fan	97.7	98.3	98.2	102.7	93.3
电冰箱(柜)	Refrigerator	102.4	101.0	100.7	99.4	97.3
空调器	Air-conditioner	89.7	107.0	99.3	100.5	98.1
热水器	Water Heater	97.9	104.6	101.8	97.7	99.7
洗涤用品	Wash	99.4	103.3	108.4	103.2	106.6
中药材	Traditional Chinese Medicinal Materials	129.2	109.7	103.4	106.7	105.7
中成药	Ready-made Traditional Chinese Medicine	91.7	94.1	101.2	100.8	99.5
消化系统用药	Digestive Medicine	105.9	100.4	104.4	102.0	100.6

3-3 续表 continued

(上年=100) (preceding year=100)

项 目	Item	2010	2011	2012	2013	2014
呼吸系统用药	Respiratory Medicine	102.8	94.0	99.1	97.1	99.6
滋补保健用品	Medical Products	105.0	98.8	102.8	100.5	99.2
挂号费	Registration Fee	100.0	100.0	100.0	100.0	100.0
检查费	Check Expenses	100.0	100.0	100.0	100.0	100.0
手术费	Operating Expenses	100.0	100.0	100.0	100.0	100.0
住院费	Hospitalization Expenses	100.0	100.0	100.0	100.0	100.0
首 饰	Jewelry	110.0	112.2	100.1	93.1	97.7
自行车	Bicycle	97.9	97.5	102.1	96.7	99.9
轿 车	Car	98.8	103.3	96.1	94.9	99.1
汽 油	Gasoline	115.1	113.5	103.0	99.2	99.1
公共汽车票	Bus Ticket	100.0	100.0	100.0	100.0	100.0
飞机票	Air Ticket	107.4	117.9	102.0	91.7	104.2
火车票	Railway Ticket	100.0	100.0	100.0	99.4	101.8
市内电话费	Local Calls Fee	100.0	100.0	100.0	100.0	100.0
长途电话费	Long Distance Calls Fee	100.0	100.0	100.0	100.0	100.0
电视机	TV Set	85.5	81.5	90.6	91.5	81.7
摄像机	Video Camera	87.2	91.4	98.1	103.0	100.2
照相机	Camera	83.5	88.0	91.7	87.6	90.0
家用音响	Hi-Fi Stereo Component System	97.1	98.5	101.5	98.2	98.5
电 脑	Computer	87.1	88.0	92.6	97.8	95.3
教 材	Teaching Materials	100.0	100.9	101.9	100.0	100.0
书 籍	Books	100.0	100.0	100.0	100.0	100.0
报 纸	Newspapers	100.0	100.0	100.0	100.0	100.0
杂 志	Magaines	100.0	100.0	104.3	106.8	101.3
景点门票	Park Ticket	102.6	100.0	104.1	102.4	98.5
有线电视	Cable Television	93.1	97.5	100.0	100.0	100.0
健身活动	Sport Activity	103.4	104.2	102.4	107.5	109.1
公房房租	Rent	105.4	101.7	100.0	100.0	104.7
水	Water	105.5	110.5	109.5	101.7	100.0
电	Electricity	100.0	100.0	102.0	102.0	100.0
液化石油气	Liquefied Petroleum Gas	111.5	115.9	106.3	108.2	94.9
管道燃气	Pipeline Gas	100.0	100.0	100.0	100.8	108.3

3-4 居民货币购买力指数
Indices of Monetary Purchasting Power of Residents (1991-2014)

年 份 Year	上年=100 Preceding Year=100	年 份 Year	1990=100 Year of 1990=100
1991	90.7	1991	90.7
1992	89.8	1992	81.4
1993	85.0	1993	69.3
1994	80.6	1994	55.9
1995	86.7	1995	48.4
1996	91.7	1996	44.4
1997	97.0	1997	43.1
1998	100.5	1998	43.3
1999	101.1	1999	43.8
2000	100.4	2000	44.0
2001	98.8	2001	43.5
2002	100.4	2002	43.6
2003	99.0	2003	43.2
2004	97.8	2004	42.2
2005	98.5	2005	41.6
2006	98.5	2006	41.0
2007	96.0	2007	39.3
2008	94.9	2008	37.3
2009	101.0	2009	37.7
2010	96.6	2010	36.4
2011	95.3	2011	34.7
2012	97.4	2012	33.8
2013	97.0	2013	32.8
2014	98.1	2014	32.2

3-5 重要商品及服务项目价格(2014)
Important Commodity and Service Prices,2014

项　目	Item	单位	Unit	价格 Price
水　价	Water Price			
居民生活用水	Residential Water	元/立方米(吨)	yuan/cu.m(ton)	4.90
企事业单位用水	Enterprises and Institutions	元/立方米(吨)	yuan/cu.m(ton)	7.85
特种行业用水	Special Trades	元/立方米(吨)	yuan/cu.m(ton)	22.25
电　价	Electricity Price			
居民生活用电	Residential Electricity	元/千瓦时	yuan/kwh	0.49
(不超过220千瓦时)	(No More than 220 Kilowatt-hours)			
居民生活用电	Residential Electricity	元/千瓦时	yuan/kwh	0.54
(221至400千瓦时)	(Between 221 and 400 Kilowatt-hours)			
居民生活用电	Residential Electricity	元/千瓦时	yuan/kwh	0.79
(超过400千瓦时)	(More than 400 Kilowatt-hours)			
管道燃气价格	Pipeline Gas Price			
天然气	Natural Gas	元/立方米	yuan/cu.m	2.40
供热价格	Price of Heat-supply			
居民住宅	Residential Building	元/平方米	yuan/cu.m	25.00
机关事业单位	Government and Institutions	元/平方米	yuan/cu.m	40.00
工商业	Industrial and Commercial	元/平方米	yuan/cu.m	40.00
宾馆饭店及三资企业等	Hotels、Restaurants、Foreign-funded Enterprises and so on	元/平方米	yuan/cu.m	40.00
物业管理基本服务收费	Service Charges of Realty Management			
一　级	First-class	元/建筑面积·月	yuan/building area month	1.20
二　级	Second-class	元/建筑面积·月	yuan/building area month	0.90
三　级	Third-class	元/建筑面积·月	yuan/building area month	0.70
四　级	Fourth-class	元/建筑面积·月	yuan/building area month	0.50
出租车服务收费	Service Charges of Taxi			
起步价(1.6升及以下)	Flag-down price (1.6 Litres or Less)	元	yuan	8.00
3-10公里收费	Between 3 and 10 Kilometers harges	元/公里	yuan/km	1.70
(1.6升及以下)	(1.6 Litres or Less)			
10公里以上收费	More Than 10 Kilometers Charges	元/公里	yuan/km	2.55
(1.6升及以下)	(1.6 Litres or Less)			

3-5 续表 continued

项 目	Item	单位	Unit	价格 Price
公有住房租金	Public Housing Rent			
成套独用(一级地段)	Complete Set Private Housing(First-class Location)	元/使用面积·月	yuan/usable area month	2.89
成套独用(二级地段)	Complete Set Private Housing(Second-class Location)	元/使用面积·月	yuan/usable area month	2.65
成套独用(三级地段)	Complete Set Private Housing(Third-class Location)	元/使用面积·月	yuan/usable area month	2.41
成套独用(四级地段)	Complete Set Private Housing(Fourth-class Location)	元/使用面积·月	yuan/usable area month	2.29
成套独用(五级地段)	Complete Set Private Housing(Fifth-class Location)	元/使用面积·月	yuan/usable area month	2.17
医疗服务价格	Medical Service Price			
普通门诊(一级医院)	General Clinic(Third-class Hospital)	元/人次	yuan/person time	0.60
普通门诊(二级医院)	General Clinic(Second-class Hospital)	元/人次	yuan/person time	0.80
普通门诊(三级医院)	General Clinic(First-class Hospital)	元/人次	yuan/person time	1.00
专家门诊(副主任医师)	Specialist Clinic(Chief Physician)	元/人次	yuan/person time	5.00
专家门诊(主任医师)	Specialist Clinic(Associate Chief Physician)	元/人次	yuan/person time	10.00
国办学校教育收费	Education Fees of Public School			
大学学费(文科类专业)	University Tuition(Liberal Arts Major)	元/学年	yuan/school year	4400-5200
大学学费(理工外语类专业)	University Tuition(Science and Engineering and Foreign Language Major)	元/学年	yuan/school year	5400-5800
大学学费(医学类专业)	University Tuition(Medical Major)	元/学年	yuan/school year	5800-6200
大学学费(艺术类专业)	University Tuition(Art Major)	元/学年	yuan/school year	10000-15000
高等职业教育学费(一般专业)	Higher Vocational Education Tuition(General Major)	元/学年	yuan/school year	5000
高等职业教育学费(特殊专业)	Higher Vocational Education Tuition(Special Major)	元/学年	yuan/school year	5500
高等职业教育学费(艺术类专业)	Higher Vocational Education Tuition(Art Major)	元/学年	yuan/school year	8000
成人高校一般专业学费(全日制)	Adult School General Major Tuition(Full-time)	元/学年	yuan/school year	2000
成人高校一般专业学费(业余)	Adult School General Major Tuition(Part-time)	元/学年	yuan/school year	1600
成人高校特殊专业(全日制)	Adult School Special Major Tuition(Full-time)	元/学年	yuan/school year	2300
成人高校特殊专业(业余)	Adult School Special Major Tuition(Part-time)	元/学年	yuan/school year	1840
普通中专、职业中专学费	General or Vocational Secondary School Tuition	元/学年	yuan/school year	2500
职业高中、技工学校学费	Vocational High School and Technical School Tution	元/学年	yuan/semester	2200
市直属高中学费	Municipal Senior High School Tuition	元/学期	yuan/semester	1000
区县所属市重点高中学费	District and Country owned City Key Senior High School Tution	元/学期	yuan/semester	630
区县级重点高中学费	District Key Senior High School Tution	元/学期	yuan/semester	630
市区一般高中学费	General Senior High School Tuition in Urban Area	元/学期	yuan/semester	340
农村地区高中学费	Senior High School Tuition in Rural Area	元/学期	yuan/semester	340

注：①居民生活用电指一户一表居民用户。
②物业管理基本服务收费有±20%的浮动。
③出租车收费未包括1元的燃油附加费，每等候5分钟按1公里计价，不足5分钟不计费用。
④自2014年9月1日起执行调整后的公有住房租金标准。
⑤2014年招收的普通高校本科新生执行新的学费标准。

Notes: ①Residential electricity refers to residents with one meter per household.
②Service charges of realty management can be adjusted around -20%-20%.
③Service charges of taxi do not including fuel surcharge 1yuan,and waiting for every 5 minutes once will be charge by 1 kilometer,but there is no charge for less than 5 minutes.
④Public housing rent levels will be put into force since September 1, 2014.
⑤The new tuition standard will be applied to the freshmen of general institutions of higher education since 2014.

3-6 天津市成品油最高零售价(2014)
The Maximum Retail Price of Refined Oil in Tianjin,2014

单位：元/升 (yuan/L)

调整日期 Adjustment Date	90号汽油 No.90 gasoline	93号汽油 No.93 gasoline	97号汽油 No.97 gasoline	0号柴油 No.0 diesel oil
2014年1月10日 January 10,2014	7.06	7.61	8.04	7.20
2014年1月24日 January 24,2014	6.96	7.51	7.93	7.10
2014年2月26日 February 26,2014	7.11	7.67	8.11	7.27
2014年3月26日 March 26,2014	7.01	7.56	7.99	7.16
2014年4月24日 April 24,2014	7.13	7.69	8.12	7.28
2014年5月9日 May 9,2014	7.09	7.65	8.08	7.24
2014年5月23日 May 23,2014	7.14	7.70	8.14	7.30
2014年6月23日 June 23,2014	7.27	7.84	8.23	7.44
2014年7月21日 July 21,2014	7.08	7.64	8.07	7.23
2014年8月18日 August 18,2014	6.94	7.49	7.91	7.07
2014年9月1日 September 1,2014	6.86	7.40	7.82	6.99
2014年9月16日 September 16,2014	6.76	7.29	7.70	6.87
2014年9月29日 September 29,2014	6.68	7.21	7.62	6.79
2014年10月17日 October 17,2014	6.46	6.97	7.36	6.54
2014年10月31日 October 31,2014	6.28	6.77	7.15	6.34
2014年11月14日 November 14,2014	6.14	6.62	6.99	6.18
2014年12月12日 December 12,2014	6.01	6.48	6.85	5.83
2014年12月26日 December 26,2014	5.62	6.06	6.41	5.40

注：2014年12月31日24时起，汽油、柴油升级为国V标准。
Notes: The gasoline was upgraded to Counties No.5 emissions standards since 12 p.m.on December 31,2014.

3-7 主要食品价格
Main Food Price
(2014年1月)

项 目	Item	规格等级	Grade	单 位	Unit	平均价(元) Average Price (Yuan)	最高价(元) Highest price (Yuan)	最低价(元) Lowest Price (Yuan)
大 米	Rice	粳 米	Polished Round-grained Rice	千克	Kg	5.83	6.60	5.40
面 粉	Flour	富强粉	High Gluten Wheat Flour	千克	Kg	5.02	6.00	3.78
切 面	Cut Noodles	新 鲜	Fresh	千克	Kg	5.27	5.60	5.00
馒 头	Steamed Bread	新 鲜	Fresh	千克	Kg	5.24	7.14	4.44
豆制品	Bean Products	豆 腐	Tofu	千克	Kg	4.77	7.60	3.00
花生油	Peanut Oil	压榨一级	Pressing First-class Peanut Oil	升	L	25.87	25.98	25.00
调和油	Blended Oil	5L桶装	Barrel,5L	升	L	11.59	13.16	10.78
猪 肉	Pork	猪后腿肉	Pig Hind Leg Meat	千克	Kg	29.42	37.00	21.36
猪 肉	Pork	猪五花肉	Pig Streaky Pork	千克	Kg	31.00	39.00	23.80
牛 肉	Beef	腿 肉	Legs of Cow	千克	Kg	58.06	64.00	54.00
羊 肉	Mutton	腿 肉	Legs of Mutton	千克	Kg	70.00	72.00	68.00
鸡 肉	Chicken	白条鸡	Dressed Chicken	千克	Kg	15.50	18.00	14.00
鸡 蛋	Eggs	散装鲜鸡蛋	Fresh Eggs in Bluk	千克	Kg	9.58	10.20	8.80
活鲤鱼	Live Carp	0.75kg左右	0.75kg or so	千克	Kg	15.11	20.00	12.00
活鲫鱼	Live Crucian	0.40kg左右	0.40kg or so	千克	Kg	19.78	25.60	16.00
带 鱼	Hairtail	中带0.25-0.35kg	Median Size,0.25-0.35kg	千克	Kg	36.97	59.60	27.60
养殖虾	Farmed shrimp	22-26头	Half a Kilo Can Buy about 22-26 Shrimps	千克	Kg	64.23	70.00	50.00
大白菜	Chinese Cabbage	新 鲜	Fresh	千克	Kg	1.66	3.00	0.76
油 菜	Rape	新 鲜	Fresh	千克	Kg	7.34	13.96	1.98
芹 菜	Celery	新 鲜	Fresh	千克	Kg	4.15	8.00	1.76
黄 瓜	Cucumber	新 鲜	Fresh	千克	Kg	6.64	13.16	3.36
西红柿	Tomato	新 鲜	Fresh	千克	Kg	10.11	17.00	5.96
青 椒	Green Pepper	新 鲜	Fresh	千克	Kg	9.96	19.60	5.96
豆 角	String Bean	新 鲜	Fresh	千克	Kg	14.61	26.00	7.96
香 菜	Coriander	新 鲜	Fresh	千克	Kg	10.15	20.00	5.36
马铃薯	Potato	新 鲜	Fresh	千克	Kg	3.82	6.00	1.90
食用盐	Salt	中盐加碘	Refined Salt with Iodine	千克	Kg	3.75	3.75	3.75
酱 油	Soy Sauce	淘大黄豆酱油	Amoy Soy Sauce	升	L	8.10	9.49	4.30
食用醋	Vinegar	天立保健醋	Tianli Healthy Vinegar	升	L	11.02	12.29	10.00
白 糖	White Sugar	绵白糖	Soft White Sugar	千克	Kg	12.51	13.75	11.60
市民奶	Milk	海河纯牛奶	Haihe Pure Milk	升	L	8.75	9.00	8.50
苹 果	Apple	富士苹果	Fuji Apple	千克	Kg	13.01	19.60	9.60
香 蕉	Banana	国 产	Domestic	千克	Kg	6.96	8.00	5.60

3-8 主要食品价格
Main Food Price
(2014年2月)

项　目	Item	规格等级	Grade	单 位	Unit	平均价(元) Average Price (Yuan)	最高价(元) Highest price (Yuan)	最低价(元) Lowest Price (Yuan)
大　米	Rice	粳　米	Polished Round-grained Rice	千克	Kg	5.83	6.60	5.40
面　粉	Flour	富 强 粉	High Gluten Wheat Flour	千克	Kg	5.01	6.00	4.18
切　面	Cut Noodles	新　鲜	Fresh	千克	Kg	5.27	5.60	5.00
馒　头	Steamed Bread	新　鲜	Fresh	千克	Kg	5.24	7.14	4.44
豆制品	Bean Products	豆　腐	Tofu	千克	Kg	4.75	7.60	3.00
花生油	Peanut Oil	压榨一级	Pressing First-class Peanut Oil	升	L	25.91	25.98	25.58
调和油	Blended Oil	5L桶装	Barrel,5L	升	L	11.49	13.16	10.64
猪　肉	Pork	猪后腿肉	Pig Hind Leg Meat	千克	Kg	29.61	37.00	19.96
猪　肉	Pork	猪五花肉	Pig Streaky Pork	千克	Kg	31.30	39.20	22.00
牛　肉	Beef	腿　肉	Legs of Cow	千克	Kg	58.39	70.00	54.00
羊　肉	Mutton	腿　肉	Legs of Mutton	千克	Kg	70.33	80.00	68.00
鸡　肉	Chicken	白 条 鸡	Dressed Chicken	千克	Kg	15.61	18.00	14.00
鸡　蛋	Eggs	散装鲜鸡蛋	Fresh Eggs in Bluk	千克	Kg	8.92	10.00	8.20
活鲤鱼	Live Carp	0.75kg左右	0.75kg or so	千克	Kg	14.84	19.80	12.00
活鲫鱼	Live Crucian	0.40kg左右	0.40kg or so	千克	Kg	19.31	25.60	16.00
带　鱼	Hairtail	中带0.25-0.35kg	Median Size,0.25-0.35kg	千克	Kg	37.05	59.60	27.60
养殖虾	Farmed shrimp	22-26头	Half a Kilo Can Buy about 22-26 Shrimps	千克	Kg	65.93	70.00	56.00
大白菜	Chinese Cabbage	新　鲜	Fresh	千克	Kg	1.90	3.00	0.96
油　菜	Rape	新　鲜	Fresh	千克	Kg	8.62	13.96	3.10
芹　菜	Celery	新　鲜	Fresh	千克	Kg	4.33	8.00	1.76
黄　瓜	Cucumber	新　鲜	Fresh	千克	Kg	9.02	13.96	5.90
西红柿	Tomato	新　鲜	Fresh	千克	Kg	11.57	17.00	6.96
青　椒	Green Pepper	新　鲜	Fresh	千克	Kg	11.33	19.60	7.56
豆　角	String Bean	新　鲜	Fresh	千克	Kg	16.21	26.00	10.00
香　菜	Coriander	新　鲜	Fresh	千克	Kg	13.17	20.00	7.00
马铃薯	Potato	新　鲜	Fresh	千克	Kg	3.89	5.00	1.98
食用盐	Salt	中盐加碘	Refined Salt with Iodine	千克	Kg	3.75	3.75	3.75
酱　油	Soy Sauce	淘大黄豆酱油	Amoy Soy Sauce	升	L	7.80	9.49	4.30
食用醋	Vinegar	天立保健醋	Tianli Healthy Vinegar	升	L	11.43	12.29	10.62
白　糖	White Sugar	绵 白 糖	Soft White Sugar	千克	Kg	12.51	13.75	11.60
市民奶	Milk	海河纯牛奶	Haihe Pure Milk	升	L	8.75	9.00	8.50
苹　果	Apple	富士苹果	Fuji Apple	千克	Kg	13.85	21.60	10.00
香　蕉	Banana	国　产	Domestic	千克	Kg	7.69	11.00	6.00

3-9 主要食品价格

Main Food Price

(2014年3月)

项 目	Item	规格等级	Grade	单 位	Unit	平均价(元) Average Price (Yuan)	最高价(元) Highest price (Yuan)	最低价(元) Lowest Price (Yuan)
大 米	Rice	粳 米	Polished Round-grained Rice	千克	Kg	5.83	6.60	5.40
面 粉	Flour	富强粉	High Gluten Wheat Flour	千克	Kg	5.10	6.00	4.40
切 面	Cut Noodles	新 鲜	Fresh	千克	Kg	5.27	5.60	5.00
馒 头	Steamed Bread	新 鲜	Fresh	千克	Kg	5.24	7.14	4.44
豆制品	Bean Products	豆 腐	Tofu	千克	Kg	4.75	7.60	3.00
花生油	Peanut Oil	压榨一级	Pressing First-class Peanut Oil	升	L	25.90	25.98	25.60
调和油	Blended Oil	5L桶装	Barrel,5L	升	L	11.56	13.16	10.78
猪 肉	Pork	猪后腿肉	Pig Hind Leg Meat	千克	Kg	28.26	37.00	19.60
猪 肉	Pork	猪五花肉	Pig Streaky Pork	千克	Kg	30.28	39.20	21.60
牛 肉	Beef	腿 肉	Legs of Cow	千克	Kg	58.00	60.00	54.00
羊 肉	Mutton	腿 肉	Legs of Mutton	千克	Kg	70.00	72.00	68.00
鸡 肉	Chicken	白条鸡	Dressed Chicken	千克	Kg	15.53	18.00	14.00
鸡 蛋	Eggs	散装鲜鸡蛋	Fresh Eggs in Bluk	千克	Kg	8.91	9.60	8.40
活鲤鱼	Live Carp	0.75kg左右	0.75kg or so	千克	Kg	14.50	19.80	12.00
活鲫鱼	Live Crucian	0.40kg左右	0.40kg or so	千克	Kg	19.40	25.60	14.00
带 鱼	Hairtail	中带0.25-0.35kg	Median Size,0.25-0.35kg	千克	Kg	35.87	53.60	27.60
养殖虾	Farmed shrimp	22-26头	Half a Kilo Can Buy about 22-26 Shrimps	千克	Kg	66.73	70.00	60.00
大白菜	Chinese Cabbage	新 鲜	Fresh	千克	Kg	2.05	3.16	0.98
油 菜	Rape	新 鲜	Fresh	千克	Kg	7.35	12.00	1.98
芹 菜	Celery	新 鲜	Fresh	千克	Kg	3.77	6.00	1.18
黄 瓜	Cucumber	新 鲜	Fresh	千克	Kg	7.70	12.50	4.96
西红柿	Tomato	新 鲜	Fresh	千克	Kg	10.42	15.96	5.80
青 椒	Green Pepper	新 鲜	Fresh	千克	Kg	9.82	14.00	7.00
豆 角	String Bean	新 鲜	Fresh	千克	Kg	13.79	20.00	7.96
香 菜	Coriander	新 鲜	Fresh	千克	Kg	13.36	20.00	8.00
马铃薯	Potato	新 鲜	Fresh	千克	Kg	3.61	5.00	1.78
食用盐	Salt	中盐加碘	Refined Salt with Iodine	千克	Kg	3.75	3.75	3.75
酱 油	Soy Sauce	淘大黄豆酱油	Amoy Soy Sauce	升	L	7.99	9.71	4.63
食用醋	Vinegar	天立保健醋	Tianli Healthy Vinegar	升	L	11.21	12.29	8.54
白 糖	White Sugar	绵白糖	Soft White Sugar	千克	Kg	12.65	14.25	11.60
市民奶	Milk	海河纯牛奶	Haihe Pure Milk	升	L	8.65	9.00	8.50
苹 果	Apple	富士苹果	Fuji Apple	千克	Kg	14.08	21.60	10.00
香 蕉	Banana	国 产	Domestic	千克	Kg	7.74	9.00	6.00

3-10 主要食品价格
Main Food Price
（2014年4月）

项 目	Item	规格等级	Grade	单 位	Unit	平均价（元） Average Price (Yuan)	最高价（元） Highest price (Yuan)	最低价（元） Lowest Price (Yuan)
大 米	Rice	粳 米	Polished Round-grained Rice	千克	Kg	5.83	6.60	5.40
面 粉	Flour	富 强 粉	High Gluten Wheat Flour	千克	Kg	5.03	6.00	4.38
切 面	Cut Noodles	新 鲜	Fresh	千克	Kg	5.27	5.60	5.00
馒 头	Steamed Bread	新 鲜	Fresh	千克	Kg	5.24	7.14	4.44
豆制品	Bean Products	豆 腐	Tofu	千克	Kg	4.75	7.60	3.00
花生油	Peanut Oil	压榨一级	Pressing First-class Peanut Oil	升	L	25.96	25.98	25.80
调和油	Blended Oil	5L桶装	Barrel,5L	升	L	11.65	13.16	10.49
猪 肉	Pork	猪后腿肉	Pig Hind Leg Meat	千克	Kg	26.86	37.00	17.00
猪 肉	Pork	猪五花肉	Pig Streaky Pork	千克	Kg	27.96	37.00	17.00
牛 肉	Beef	腿 肉	Legs of Cow	千克	Kg	58.00	60.00	54.00
羊 肉	Mutton	腿 肉	Legs of Mutton	千克	Kg	70.00	72.00	68.00
鸡 肉	Chicken	白 条 鸡	Dressed Chicken	千克	Kg	16.28	18.00	15.00
鸡 蛋	Eggs	散装鲜鸡蛋	Fresh Eggs in Bluk	千克	Kg	9.81	10.60	8.80
活鲤鱼	Live Carp	0.75kg左右	0.75kg or so	千克	Kg	13.73	17.60	10.40
活鲫鱼	Live Crucian	0.40kg左右	0.40kg or so	千克	Kg	19.18	25.60	16.00
带 鱼	Hairtail	中带0.25-0.35kg	Median Size,0.25-0.35kg	千克	Kg	35.87	53.60	25.60
养殖虾	Farmed shrimp	22-26头	Half a Kilo Can Buy about 22-26 Shrimps	千克	Kg	67.40	70.00	60.00
大白菜	Chinese Cabbage	新 鲜	Fresh	千克	Kg	2.19	3.00	1.36
油 菜	Rape	新 鲜	Fresh	千克	Kg	4.84	9.96	1.56
芹 菜	Celery	新 鲜	Fresh	千克	Kg	2.77	5.00	0.56
黄 瓜	Cucumber	新 鲜	Fresh	千克	Kg	4.79	7.76	1.98
西红柿	Tomato	新 鲜	Fresh	千克	Kg	8.14	11.76	5.00
青 椒	Green Pepper	新 鲜	Fresh	千克	Kg	8.44	11.96	6.00
豆 角	String Bean	新 鲜	Fresh	千克	Kg	11.13	17.96	5.96
香 菜	Coriander	新 鲜	Fresh	千克	Kg	9.26	15.00	3.96
马铃薯	Potato	新 鲜	Fresh	千克	Kg	4.03	8.76	1.70
食用盐	Salt	中盐加碘	Refined Salt with Iodine	千克	Kg	3.75	3.75	3.75
酱 油	Soy Sauce	淘大黄豆酱油	Amoy Soy Sauce	升	L	8.02	9.14	5.83
食用醋	Vinegar	天立保健醋	Tianli Healthy Vinegar	升	L	11.35	12.29	9.79
白 糖	White Sugar	绵 白 糖	Soft White Sugar	千克	Kg	12.73	14.25	12.00
市民奶	Milk	海河纯牛奶	Haihe Pure Milk	升	L	8.63	9.00	8.50
苹 果	Apple	富士苹果	Fuji Apple	千克	Kg	14.42	23.60	10.00
香 蕉	Banana	国 产	Domestic	千克	Kg	7.90	9.00	6.00

3-11 主要食品价格
Main Food Price
(2014年5月)

项 目	Item	规格等级	Grade	单 位	Unit	平均价(元) Average Price (Yuan)	最高价(元) Highest price (Yuan)	最低价(元) Lowest Price (Yuan)
大 米	Rice	粳 米	Polished Round-grained Rice	千克	Kg	5.83	6.60	5.40
面 粉	Flour	富 强 粉	High Gluten Wheat Flour	千克	Kg	4.80	6.00	4.38
切 面	Cut Noodles	新 鲜	Fresh	千克	Kg	5.27	5.60	5.00
馒 头	Steamed Bread	新 鲜	Fresh	千克	Kg	5.24	7.14	4.44
豆制品	Bean Products	豆 腐	Tofu	千克	Kg	4.75	7.60	3.00
花生油	Peanut Oil	压榨一级	Pressing First-class Peanut Oil	升	L	25.89	25.98	25.80
调和油	Blended Oil	5L桶装	Barrel,5L	升	L	11.60	13.16	10.15
猪 肉	Pork	猪后腿肉	Pig Hind Leg Meat	千克	Kg	27.61	37.00	17.80
猪 肉	Pork	猪五花肉	Pig Streaky Pork	千克	Kg	28.64	37.20	17.80
牛 肉	Beef	腿 肉	Legs of Cow	千克	Kg	58.00	60.00	54.00
羊 肉	Mutton	腿 肉	Legs of Mutton	千克	Kg	69.78	72.00	66.00
鸡 肉	Chicken	白 条 鸡	Dressed Chicken	千克	Kg	16.44	20.00	15.00
鸡 蛋	Eggs	散装鲜鸡蛋	Fresh Eggs in Bluk	千克	Kg	11.03	11.60	10.40
活鲤鱼	Live Carp	0.75kg左右	0.75kg or so	千克	Kg	15.68	18.00	12.00
活鲫鱼	Live Crucian	0.40kg左右	0.40kg or so	千克	Kg	20.81	27.60	16.00
带 鱼	Hairtail	中带0.25–0.35kg	Median Size,0.25-0.35kg	千克	Kg	35.68	53.60	27.60
养殖虾	Farmed shrimp	22–26头	Half a Kilo Can Buy about 22-26 Shrimps	千克	Kg	69.18	80.00	66.66
大白菜	Chinese Cabbage	新 鲜	Fresh	千克	Kg	1.91	3.00	1.36
油 菜	Rape	新 鲜	Fresh	千克	Kg	4.45	6.76	1.56
芹 菜	Celery	新 鲜	Fresh	千克	Kg	3.33	5.00	0.76
黄 瓜	Cucumber	新 鲜	Fresh	千克	Kg	3.42	7.00	1.76
西红柿	Tomato	新 鲜	Fresh	千克	Kg	6.96	10.36	3.96
青 椒	Green Pepper	新 鲜	Fresh	千克	Kg	6.81	9.16	3.96
豆 角	String Bean	新 鲜	Fresh	千克	Kg	9.00	12.00	3.76
香 菜	Coriander	新 鲜	Fresh	千克	Kg	8.37	15.00	3.96
马铃薯	Potato	新 鲜	Fresh	千克	Kg	4.96	7.16	3.00
食用盐	Salt	中盐加碘	Refined Salt with Iodine	千克	Kg	3.75	3.75	3.75
酱 油	Soy Sauce	淘大黄豆酱油	Amoy Soy Sauce	升	L	8.00	9.14	4.83
食用醋	Vinegar	天立保健醋	Tianli Healthy Vinegar	升	L	11.19	12.29	10.21
白 糖	White Sugar	绵 白 糖	Soft White Sugar	千克	Kg	12.89	14.25	12.00
市民奶	Milk	海河纯牛奶	Haihe Pure Milk	升	L	8.60	9.00	8.50
苹 果	Apple	富士苹果	Fuji Apple	千克	Kg	15.17	25.60	10.00
香 蕉	Banana	国 产	Domestic	千克	Kg	9.24	12.00	5.00

3-12 主要食品价格
Main Food Price
(2014年6月)

项 目	Item	规格等级	Grade	单 位	Unit	平均价(元) Average Price (Yuan)	最高价(元) Highest price (Yuan)	最低价(元) Lowest Price (Yuan)
大 米	Rice	粳 米	Polished Round-grained Rice	千克	Kg	5.83	6.60	5.40
面 粉	Flour	富 强 粉	High Gluten Wheat Flour	千克	Kg	5.00	6.00	4.40
切 面	Cut Noodles	新 鲜	Fresh	千克	Kg	5.27	5.60	5.00
馒 头	Steamed Bread	新 鲜	Fresh	千克	Kg	5.24	7.14	4.44
豆制品	Bean Products	豆 腐	Tofu	千克	Kg	4.75	7.60	3.00
花生油	Peanut Oil	压榨一级	Pressing First-class Peanut Oil	升	L	25.91	25.98	25.76
调和油	Blended Oil	5L桶装	Barrel,5L	升	L	11.50	13.16	10.15
猪 肉	Pork	猪后腿肉	Pig Hind Leg Meat	千克	Kg	28.21	37.00	19.60
猪 肉	Pork	猪五花肉	Pig Streaky Pork	千克	Kg	29.42	37.20	19.80
牛 肉	Beef	腿 肉	Legs of Cow	千克	Kg	58.00	60.00	54.00
羊 肉	Mutton	腿 肉	Legs of Mutton	千克	Kg	69.67	72.00	66.00
鸡 肉	Chicken	白 条 鸡	Dressed Chicken	千克	Kg	16.58	20.00	15.00
鸡 蛋	Eggs	散装鲜鸡蛋	Fresh Eggs in Bluk	千克	Kg	10.16	10.80	9.60
活鲤鱼	Live Carp	0.75kg左右	0.75kg or so	千克	Kg	15.71	18.00	12.00
活鲫鱼	Live Crucian	0.40kg左右	0.40kg or so	千克	Kg	20.72	27.60	16.00
带 鱼	Hairtail	中带0.25–0.35kg	Median Size,0.25-0.35kg	千克	Kg	34.94	53.60	29.80
养殖虾	Farmed shrimp	22–26头	Half a Kilo Can Buy about 22-26 Shrimps	千克	Kg	68.71	73.34	60.00
大白菜	Chinese Cabbage	新 鲜	Fresh	千克	Kg	2.15	3.60	1.36
油 菜	Rape	新 鲜	Fresh	千克	Kg	5.35	9.36	2.98
芹 菜	Celery	新 鲜	Fresh	千克	Kg	3.23	5.00	1.56
黄 瓜	Cucumber	新 鲜	Fresh	千克	Kg	3.87	5.96	1.98
西红柿	Tomato	新 鲜	Fresh	千克	Kg	4.94	7.16	2.76
青 椒	Green Pepper	新 鲜	Fresh	千克	Kg	5.14	7.00	2.56
豆 角	String Bean	新 鲜	Fresh	千克	Kg	7.21	15.96	2.96
香 菜	Coriander	新 鲜	Fresh	千克	Kg	13.87	20.00	7.96
马铃薯	Potato	新 鲜	Fresh	千克	Kg	3.24	5.00	1.96
食用盐	Salt	中盐加碘	Refined Salt with Iodine	千克	Kg	3.75	3.75	3.75
酱 油	Soy Sauce	淘大黄豆酱油	Amoy Soy Sauce	升	L	7.71	8.57	4.83
食用醋	Vinegar	天立保健醋	Tianli Healthy Vinegar	升	L	11.04	12.29	9.79
白 糖	White Sugar	绵 白 糖	Soft White Sugar	千克	Kg	12.79	14.25	12.00
市民奶	Milk	海河纯牛奶	Haihe Pure Milk	升	L	8.85	9.50	8.50
苹 果	Apple	富士苹果	Fuji Apple	千克	Kg	16.87	31.60	10.00
香 蕉	Banana	国 产	Domestic	千克	Kg	9.31	12.00	8.00

3-13 主要食品价格
Main Food Price
(2014年7月)

项 目	Item	规格等级	Grade	单 位	Unit	平均价(元) Average Price (Yuan)	最高价(元) Highest price (Yuan)	最低价(元) Lowest Price (Yuan)
大 米	Rice	粳 米	Polished Round-grained Rice	千克	Kg	5.83	6.60	5.40
面 粉	Flour	富 强 粉	High Gluten Wheat Flour	千克	Kg	4.70	6.00	3.78
切 面	Cut Noodles	新 鲜	Fresh	千克	Kg	5.27	5.60	5.00
馒 头	Steamed Bread	新 鲜	Fresh	千克	Kg	5.24	7.14	4.44
豆制品	Bean Products	豆 腐	Tofu	千克	Kg	4.75	7.60	3.00
花生油	Peanut Oil	压榨一级	Pressing First-class Peanut Oil	升	L	26.07	27.98	25.80
调和油	Blended Oil	5L桶装	Barrel,5L	升	L	11.33	13.16	10.15
猪 肉	Pork	猪后腿肉	Pig Hind Leg Meat	千克	Kg	28.25	37.00	19.60
猪 肉	Pork	猪五花肉	Pig Streaky Pork	千克	Kg	29.71	39.76	19.80
牛 肉	Beef	腿 肉	Legs of Cow	千克	Kg	58.00	60.00	54.00
羊 肉	Mutton	腿 肉	Legs of Mutton	千克	Kg	69.33	72.00	64.00
鸡 肉	Chicken	白 条 鸡	Dressed Chicken	千克	Kg	16.61	20.00	15.00
鸡 蛋	Eggs	散装鲜鸡蛋	Fresh Eggs in Bluk	千克	Kg	11.02	11.80	10.00
活鲤鱼	Live Carp	0.75kg左右	0.75kg or so	千克	Kg	16.69	25.60	13.00
活鲫鱼	Live Crucian	0.40kg左右	0.40kg or so	千克	Kg	21.20	29.60	14.00
带 鱼	Hairtail	中带0.25-0.35kg	Median Size,0.25-0.35kg	千克	Kg	34.06	47.60	29.80
养殖虾	Farmed shrimp	22-26头	Half a Kilo Can Buy about 22-26 Shrimps	千克	Kg	66.60	73.34	60.00
大白菜	Chinese Cabbage	新 鲜	Fresh	千克	Kg	2.55	3.96	1.36
油 菜	Rape	新 鲜	Fresh	千克	Kg	5.96	11.16	1.96
芹 菜	Celery	新 鲜	Fresh	千克	Kg	3.52	6.00	1.56
黄 瓜	Cucumber	新 鲜	Fresh	千克	Kg	3.91	7.00	1.56
西红柿	Tomato	新 鲜	Fresh	千克	Kg	4.29	6.00	1.98
青 椒	Green Pepper	新 鲜	Fresh	千克	Kg	5.65	9.96	2.76
豆 角	String Bean	新 鲜	Fresh	千克	Kg	6.46	10.00	3.96
香 菜	Coriander	新 鲜	Fresh	千克	Kg	14.34	27.60	8.00
马铃薯	Potato	新 鲜	Fresh	千克	Kg	2.96	5.00	1.76
食用盐	Salt	中盐加碘	Refined Salt with Iodine	千克	Kg	3.75	3.75	3.75
酱 油	Soy Sauce	淘大黄豆酱油	Amoy Soy Sauce	升	L	7.72	8.57	5.83
食用醋	Vinegar	天立保健醋	Tianli Healthy Vinegar	升	L	10.73	12.29	9.37
白 糖	White Sugar	绵 白 糖	Soft White Sugar	千克	Kg	13.04	15.50	12.00
市民奶	Milk	海河纯牛奶	Haihe Pure Milk	升	L	8.80	9.50	8.50
苹 果	Apple	富士苹果	Fuji Apple	千克	Kg	17.62	31.60	14.00
香 蕉	Banana	国 产	Domestic	千克	Kg	8.64	10.00	8.00

3-14 主要食品价格
Main Food Price
(2014年8月)

项 目	Item	规格等级	Grade	单 位	Unit	平均价(元) Average Price (Yuan)	最高价(元) Highest price (Yuan)	最低价(元) Lowest Price (Yuan)
大 米	Rice	粳 米	Polished Round-grained Rice	千克	Kg	5.84	6.60	5.40
面 粉	Flour	富 强 粉	High Gluten Wheat Flour	千克	Kg	4.86	6.00	3.70
切 面	Cut Noodles	新 鲜	Fresh	千克	Kg	5.27	5.60	5.00
馒 头	Steamed Bread	新 鲜	Fresh	千克	Kg	5.24	7.14	4.44
豆制品	Bean Products	豆 腐	Tofu	千克	Kg	4.80	7.60	3.00
花生油	Peanut Oil	压榨一级	Pressing First-class Peanut Oil	升	L	27.58	27.98	25.98
调和油	Blended Oil	5L桶装	Barrel,5L	升	L	11.16	13.16	10.05
猪 肉	Pork	猪后腿肉	Pig Hind Leg Meat	千克	Kg	29.25	37.00	21.00
猪 肉	Pork	猪五花肉	Pig Streaky Pork	千克	Kg	29.79	37.20	21.00
牛 肉	Beef	腿 肉	Legs of Cow	千克	Kg	58.00	60.00	54.00
羊 肉	Mutton	腿 肉	Legs of Mutton	千克	Kg	69.06	72.00	64.00
鸡 肉	Chicken	白 条 鸡	Dressed Chicken	千克	Kg	17.31	20.00	15.00
鸡 蛋	Eggs	散装鲜鸡蛋	Fresh Eggs in Bluk	千克	Kg	11.98	12.60	11.00
活鲤鱼	Live Carp	0.75kg左右	0.75kg or so	千克	Kg	16.92	25.60	12.00
活鲫鱼	Live Crucian	0.40kg左右	0.40kg or so	千克	Kg	21.13	29.60	17.00
带 鱼	Hairtail	中带0.25-0.35kg	Median Size,0.25-0.35kg	千克	Kg	34.76	47.60	30.00
养殖虾	Farmed shrimp	22-26头	Half a Kilo Can Buy about 22-26 Shrimps	千克	Kg	63.68	73.34	60.00
大白菜	Chinese Cabbage	新 鲜	Fresh	千克	Kg	2.24	3.60	1.36
油 菜	Rape	新 鲜	Fresh	千克	Kg	5.91	9.20	3.56
芹 菜	Celery	新 鲜	Fresh	千克	Kg	3.59	6.00	1.96
黄 瓜	Cucumber	新 鲜	Fresh	千克	Kg	4.55	7.00	1.98
西红柿	Tomato	新 鲜	Fresh	千克	Kg	4.11	5.16	2.56
青 椒	Green Pepper	新 鲜	Fresh	千克	Kg	4.77	6.00	1.78
豆 角	String Bean	新 鲜	Fresh	千克	Kg	7.15	11.16	2.76
香 菜	Coriander	新 鲜	Fresh	千克	Kg	12.30	17.60	8.00
马铃薯	Potato	新 鲜	Fresh	千克	Kg	3.43	5.00	1.56
食用盐	Salt	中盐加碘	Refined Salt with Iodine	千克	Kg	3.75	3.75	3.75
酱 油	Soy Sauce	淘大黄豆酱油	Amoy Soy Sauce	升	L	7.63	8.57	5.83
食用醋	Vinegar	天立保健醋	Tianli Healthy Vinegar	升	L	11.10	12.29	9.79
白 糖	White Sugar	绵 白 糖	Soft White Sugar	千克	Kg	13.00	15.50	12.00
市民奶	Milk	海河纯牛奶	Haihe Pure Milk	升	L	8.80	9.50	8.50
苹 果	Apple	富士苹果	Fuji Apple	千克	Kg	18.97	31.60	14.00
香 蕉	Banana	国 产	Domestic	千克	Kg	9.50	11.00	8.00

3-15 主要食品价格
Main Food Price
(2014年9月)

项 目	Item	规格等级	Grade	单 位	Unit	平均价(元) Average Price (Yuan)	最高价(元) Highest price (Yuan)	最低价(元) Lowest Price (Yuan)
大 米	Rice	粳 米	Polished Round-grained Rice	千克	Kg	5.88	6.80	5.40
面 粉	Flour	富 强 粉	High Gluten Wheat Flour	千克	Kg	4.90	6.00	3.70
切 面	Cut Noodles	新 鲜	Fresh	千克	Kg	5.27	5.60	5.00
馒 头	Steamed Bread	新 鲜	Fresh	千克	Kg	5.24	7.14	4.44
豆制品	Bean Products	豆 腐	Tofu	千克	Kg	4.83	7.60	3.60
花生油	Peanut Oil	压榨一级	Pressing First-class Peanut Oil	升	L	27.91	27.98	27.80
调和油	Blended Oil	5L桶装	Barrel,5L	升	L	11.08	13.16	9.85
猪 肉	Pork	猪后腿肉	Pig Hind Leg Meat	千克	Kg	29.39	37.00	21.00
猪 肉	Pork	猪五花肉	Pig Streaky Pork	千克	Kg	30.05	37.20	21.00
牛 肉	Beef	腿 肉	Legs of Cow	千克	Kg	58.00	60.00	54.00
羊 肉	Mutton	腿 肉	Legs of Mutton	千克	Kg	69.28	72.00	64.00
鸡 肉	Chicken	白 条 鸡	Dressed Chicken	千克	Kg	17.81	20.00	15.00
鸡 蛋	Eggs	散装鲜鸡蛋	Fresh Eggs in Bluk	千克	Kg	11.95	12.40	11.00
活鲤鱼	Live Carp	0.75kg左右	0.75kg or so	千克	Kg	16.71	25.60	13.00
活鲫鱼	Live Crucian	0.40kg左右	0.40kg or so	千克	Kg	20.97	29.60	16.00
带 鱼	Hairtail	中带0.25-0.35kg	Median Size,0.25-0.35kg	千克	Kg	34.10	47.60	27.20
养殖虾	Farmed shrimp	22-26头	Half a Kilo Can Buy about 22-26 Shrimps	千克	Kg	62.42	73.34	50.00
大白菜	Chinese Cabbage	新 鲜	Fresh	千克	Kg	2.17	3.00	0.98
油 菜	Rape	新 鲜	Fresh	千克	Kg	7.09	11.96	4.00
芹 菜	Celery	新 鲜	Fresh	千克	Kg	3.22	5.00	1.56
黄 瓜	Cucumber	新 鲜	Fresh	千克	Kg	5.20	8.00	2.76
西红柿	Tomato	新 鲜	Fresh	千克	Kg	4.51	7.00	2.56
青 椒	Green Pepper	新 鲜	Fresh	千克	Kg	4.90	7.00	2.56
豆 角	String Bean	新 鲜	Fresh	千克	Kg	6.81	10.00	3.76
香 菜	Coriander	新 鲜	Fresh	千克	Kg	18.76	30.00	9.00
马铃薯	Potato	新 鲜	Fresh	千克	Kg	3.50	5.00	1.16
食用盐	Salt	中盐加碘	Refined Salt with Iodine	千克	Kg	3.75	3.75	3.75
酱 油	Soy Sauce	淘大黄豆酱油	Amoy Soy Sauce	升	L	7.94	9.14	5.83
食用醋	Vinegar	天立保健醋	Tianli Healthy Vinegar	升	L	11.08	12.29	10.21
白 糖	White Sugar	绵 白 糖	Soft White Sugar	千克	Kg	12.26	14.25	10.00
市民奶	Milk	海河纯牛奶	Haihe Pure Milk	升	L	8.90	9.50	8.50
苹 果	Apple	富士苹果	Fuji Apple	千克	Kg	17.19	31.60	11.96
香 蕉	Banana	国 产	Domestic	千克	Kg	10.33	11.00	8.00

3-16 主要食品价格
Main Food Price
(2014年10月)

项目	Item	规格等级	Grade	单位	Unit	平均价(元) Average Price (Yuan)	最高价(元) Highest price (Yuan)	最低价(元) Lowest Price (Yuan)
大米	Rice	粳米	Polished Round-grained Rice	千克	Kg	5.85	7.00	5.40
面粉	Flour	富强粉	High Gluten Wheat Flour	千克	Kg	5.00	6.00	4.14
切面	Cut Noodles	新鲜	Fresh	千克	Kg	5.27	5.60	5.00
馒头	Steamed Bread	新鲜	Fresh	千克	Kg	5.24	7.14	4.44
豆制品	Bean Products	豆腐	Tofu	千克	Kg	4.88	7.60	4.00
花生油	Peanut Oil	压榨一级	Pressing First-class Peanut Oil	升	L	27.94	27.98	27.80
调和油	Blended Oil	5L桶装	Barrel,5L	升	L	11.01	13.16	9.85
猪肉	Pork	猪后腿肉	Pig Hind Leg Meat	千克	Kg	29.02	37.00	21.00
猪肉	Pork	猪五花肉	Pig Streaky Pork	千克	Kg	30.13	37.20	21.00
牛肉	Beef	腿肉	Legs of Cow	千克	Kg	58.00	60.00	54.00
羊肉	Mutton	腿肉	Legs of Mutton	千克	Kg	69.06	72.00	64.00
鸡肉	Chicken	白条鸡	Dressed Chicken	千克	Kg	17.49	20.00	15.60
鸡蛋	Eggs	散装鲜鸡蛋	Fresh Eggs in Bluk	千克	Kg	11.14	11.60	10.80
活鲤鱼	Live Carp	0.75kg左右	0.75kg or so	千克	Kg	16.30	25.60	12.00
活鲫鱼	Live Crucian	0.40kg左右	0.40kg or so	千克	Kg	20.67	29.60	16.00
带鱼	Hairtail	中带0.25–0.35kg	Median Size,0.25-0.35kg	千克	Kg	33.36	47.60	23.80
养殖虾	Farmed shrimp	22–26头	Half a Kilo Can Buy about 22-26 Shrimps	千克	Kg	63.21	70.00	60.00
大白菜	Chinese Cabbage	新鲜	Fresh	千克	Kg	1.94	3.00	0.78
油菜	Rape	新鲜	Fresh	千克	Kg	7.13	12.36	4.00
芹菜	Celery	新鲜	Fresh	千克	Kg	3.20	5.00	1.08
黄瓜	Cucumber	新鲜	Fresh	千克	Kg	4.73	6.76	2.76
西红柿	Tomato	新鲜	Fresh	千克	Kg	5.45	7.00	3.56
青椒	Green Pepper	新鲜	Fresh	千克	Kg	4.88	7.00	2.56
豆角	String Bean	新鲜	Fresh	千克	Kg	7.69	10.56	3.76
香菜	Coriander	新鲜	Fresh	千克	Kg	16.80	30.00	8.00
马铃薯	Potato	新鲜	Fresh	千克	Kg	3.54	5.00	1.96
食用盐	Salt	中盐加碘	Refined Salt with Iodine	千克	Kg	3.75	3.75	3.75
酱油	Soy Sauce	淘大黄豆酱油	Amoy Soy Sauce	升	L	7.78	8.57	5.83
食用醋	Vinegar	天立保健醋	Tianli Healthy Vinegar	升	L	11.04	12.29	8.75
白糖	White Sugar	绵白糖	Soft White Sugar	千克	Kg	11.95	14.25	7.50
市民奶	Milk	海河纯牛奶	Haihe Pure Milk	升	L	8.90	9.50	8.50
苹果	Apple	富士苹果	Fuji Apple	千克	Kg	15.38	31.60	9.96
香蕉	Banana	国产	Domestic	千克	Kg	8.65	11.00	7.00

3-17 主要食品价格
Main Food Price
(2014年11月)

项目	Item	规格等级	Grade	单位	Unit	平均价(元) Average Price (Yuan)	最高价(元) Highest price (Yuan)	最低价(元) Lowest Price (Yuan)
大米	Rice	粳米	Polished Round-grained Rice	千克	Kg	5.83	6.60	5.40
面粉	Flour	富强粉	High Gluten Wheat Flour	千克	Kg	4.73	6.00	4.16
切面	Cut Noodles	新鲜	Fresh	千克	Kg	5.27	5.60	5.00
馒头	Steamed Bread	新鲜	Fresh	千克	Kg	5.24	7.14	4.44
豆制品	Bean Products	豆腐	Tofu	千克	Kg	4.88	7.60	4.00
花生油	Peanut Oil	压榨一级	Pressing First-class Peanut Oil	升	L	26.92	29.80	23.71
调和油	Blended Oil	5L桶装	Barrel,5L	升	L	11.05	13.16	9.81
猪肉	Pork	猪后腿肉	Pig Hind Leg Meat	千克	Kg	28.96	37.00	21.00
猪肉	Pork	猪五花肉	Pig Streaky Pork	千克	Kg	29.66	37.20	21.00
牛肉	Beef	腿肉	Legs of Cow	千克	Kg	58.00	60.00	54.00
羊肉	Mutton	腿肉	Legs of Mutton	千克	Kg	69.00	72.00	64.00
鸡肉	Chicken	白条鸡	Dressed Chicken	千克	Kg	17.00	20.00	15.00
鸡蛋	Eggs	散装鲜鸡蛋	Fresh Eggs in Bluk	千克	Kg	11.03	11.20	10.80
活鲤鱼	Live Carp	0.75kg左右	0.75kg or so	千克	Kg	15.91	25.60	12.00
活鲫鱼	Live Crucian	0.40kg左右	0.40kg or so	千克	Kg	19.84	29.60	14.00
带鱼	Hairtail	中带0.25-0.35kg	Median Size,0.25-0.35kg	千克	Kg	33.33	47.60	23.80
养殖虾	Farmed shrimp	22-26头	Half a Kilo Can Buy about 22-26 Shrimps	千克	Kg	63.93	67.00	60.00
大白菜	Chinese Cabbage	新鲜	Fresh	千克	Kg	1.53	2.00	0.78
油菜	Rape	新鲜	Fresh	千克	Kg	6.11	12.16	3.96
芹菜	Celery	新鲜	Fresh	千克	Kg	3.14	5.00	1.36
黄瓜	Cucumber	新鲜	Fresh	千克	Kg	6.44	9.96	2.76
西红柿	Tomato	新鲜	Fresh	千克	Kg	5.31	7.00	3.96
青椒	Green Pepper	新鲜	Fresh	千克	Kg	5.17	9.00	3.16
豆角	String Bean	新鲜	Fresh	千克	Kg	10.19	15.36	5.96
香菜	Coriander	新鲜	Fresh	千克	Kg	12.92	19.60	7.96
马铃薯	Potato	新鲜	Fresh	千克	Kg	3.46	5.00	1.58
食用盐	Salt	中盐加碘	Refined Salt with Iodine	千克	Kg	3.75	3.75	3.75
酱油	Soy Sauce	淘大黄豆酱油	Amoy Soy Sauce	升	L	7.77	9.14	5.83
食用醋	Vinegar	天立保健醋	Tianli Healthy Vinegar	升	L	10.88	12.29	9.17
白糖	White Sugar	绵白糖	Soft White Sugar	千克	Kg	12.15	14.25	7.50
市民奶	Milk	海河纯牛奶	Haihe Pure Milk	升	L	8.90	9.50	8.50
苹果	Apple	富士苹果	Fuji Apple	千克	Kg	14.86	29.60	9.96
香蕉	Banana	国产	Domestic	千克	Kg	7.25	9.00	6.00

3-18 主要食品价格
Main Food Price
(2014年12月)

项 目	Item	规格等级	Grade	单 位	Unit	平均价(元) Average Price (Yuan)	最高价(元) Highest price (Yuan)	最低价(元) Lowest Price (Yuan)
大 米	Rice	粳 米	Polished Round-grained Rice	千克	Kg	5.83	6.60	5.40
面 粉	Flour	富 强 粉	High Gluten Wheat Flour	千克	Kg	4.59	4.98	3.98
切 面	Cut Noodles	新 鲜	Fresh	千克	Kg	5.27	5.60	5.00
馒 头	Steamed Bread	新 鲜	Fresh	千克	Kg	5.24	7.14	4.44
豆制品	Bean Products	豆 腐	Tofu	千克	Kg	4.84	7.60	4.00
花生油	Peanut Oil	压榨一级	Pressing First-class Peanut Oil	升	L	27.34	28.00	23.71
调和油	Blended Oil	5L桶装	Barrel,5L	升	L	10.85	13.16	9.71
猪 肉	Pork	猪后腿肉	Pig Hind Leg Meat	千克	Kg	28.68	37.00	19.80
猪 肉	Pork	猪五花肉	Pig Streaky Pork	千克	Kg	29.78	37.20	19.80
牛 肉	Beef	腿 肉	Legs of Cow	千克	Kg	58.00	60.00	54.00
羊 肉	Mutton	腿 肉	Legs of Mutton	千克	Kg	69.00	72.00	64.00
鸡 肉	Chicken	白 条 鸡	Dressed Chicken	千克	Kg	16.83	20.00	15.00
鸡 蛋	Eggs	散装鲜鸡蛋	Fresh Eggs in Bluk	千克	Kg	10.85	11.40	10.20
活鲤鱼	Live Carp	0.75kg左右	0.75kg or so	千克	Kg	15.74	25.60	11.00
活鲫鱼	Live Crucian	0.40kg左右	0.40kg or so	千克	Kg	19.80	29.60	14.00
带 鱼	Hairtail	中带0.25-0.35kg	Median Size,0.25-0.35kg	千克	Kg	33.25	47.60	28.00
养殖虾	Farmed shrimp	22-26头	Half a Kilo Can Buy about 22-26 Shrimps	千克	Kg	63.78	73.34	60.00
大白菜	Chinese Cabbage	新 鲜	Fresh	千克	Kg	1.58	2.00	0.78
油 菜	Rape	新 鲜	Fresh	千克	Kg	7.18	12.00	4.76
芹 菜	Celery	新 鲜	Fresh	千克	Kg	3.61	5.00	1.98
黄 瓜	Cucumber	新 鲜	Fresh	千克	Kg	8.07	11.00	5.00
西红柿	Tomato	新 鲜	Fresh	千克	Kg	6.57	9.16	4.76
青 椒	Green Pepper	新 鲜	Fresh	千克	Kg	6.46	10.00	3.96
豆 角	String Bean	新 鲜	Fresh	千克	Kg	10.49	17.60	7.76
香 菜	Coriander	新 鲜	Fresh	千克	Kg	13.54	20.00	8.00
马铃薯	Potato	新 鲜	Fresh	千克	Kg	3.38	5.00	1.98
食用盐	Salt	中盐加碘	Refined Salt with Iodine	千克	Kg	3.75	3.75	3.75
酱 油	Soy Sauce	淘大黄豆酱油	Amoy Soy Sauce	升	L	7.86	9.14	5.83
食用醋	Vinegar	天立保健醋	Tianli Healthy Vinegar	升	L	10.94	12.29	9.37
白 糖	White Sugar	绵 白 糖	Soft White Sugar	千克	Kg	12.39	14.25	10.00
市民奶	Milk	海河纯牛奶	Haihe Pure Milk	升	L	8.90	9.50	8.50
苹 果	Apple	富士苹果	Fuji Apple	千克	Kg	15.05	29.60	7.60
香 蕉	Banana	国 产	Domestic	千克	Kg	6.76	7.00	5.60

3-19 工业生产者出厂价格指数
Producer Price Indices for Industrial Products (2010-2014)

(上年=100) (Preceding Year=100)

项 目	Item	2010	2011	2012	2013	2014
工业生产者出厂价格指数	**Producer Price Indices for Industrial Products**	**105.1**	**103.8**	**97.0**	**97.0**	**96.3**
#轻工业	Light Industry	99.7	103.9	100.7	97.9	99.3
以农产品为原料	Using Farm Products as Raw Materials	103.2	107.6	99.6	97.7	98.3
以非农产品为原料	Using Non-farm Products as Raw Materials	98.5	100.2	101.8	98.0	100.3
重工业	Heavy Industry	107.4	103.8	96.3	96.8	95.8
采 掘	Mining and Quarying Industry	146.8	115.5	97.9	98.4	96.1
原 料	Raw Materials Industry	111.0	109.4	98.1	96.7	95.4
加 工	Processing Industry	99.2	99.7	95.3	96.7	95.9
#生产资料	Means of Production	106.6	104.1	96.1	96.5	95.5
采 掘	Mining & Quarrying Industry	142.8	115.5	97.9	98.4	96.1
原 料	Raw Materials Industry	112.1	109.7	98.1	96.6	95.4
加 工	Processing Industry	99.8	99.9	94.9	96.2	95.5
生活资料	Consumer Goods	99.3	102.4	100.6	98.9	99.4
食 品	Food	101.7	107.9	98.4	96.1	97.9
衣 着	Clothing	101.6	108.1	103.9	102.4	100.4
一般日用品	Articles for Daily Use	100.9	102.1	100.5	100.3	100.5
耐用消费品	Durable Consumer Goods	97.3	98.6	101.4	99.4	99.6
按行业分:	**By Sector**					
煤炭开采和洗选业	Mining and Washing of Coal	106.2	96.0	95.3	92.9	88.5
石油和天然气开采业	Extraction of Petroleum and Natural Gas	101.2	115.6	96.1	93.5	94.9
黑色金属矿采选业	Mining and Processing of Ferrous Metal Ores	101.2	106.8	93.4	95.4	91.0
非金属矿采选业	Mining and Processing of Nonmetal Ores	107.3	106.4	102.8	102.0	102.4
开采辅助活动	Mining support activities			104.9	114.1	99.7
农副食品加工业	Processing of Food from Agricultural Products	106.5	117.6	96.3	90.8	91.9
食品制造业	Processing of Foodstuff	97.5	101.4	101.7	101.0	103.0
酒、饮料和精制茶制造业	Manufacture of Wine, Beverages and refined tea	100.7	98.1	99.9	100.6	100.3
烟草制品业	Manufacture of Tobacco	100.9	100.0	102.0	100.4	100.0
纺织业	Manufacture of Textile	111.9	114.0	97.3	100.0	100.2
纺织服装、服饰业	Manufacture of Textile Wearing Apparel	100.9	107.0	104.3	103.2	99.6
皮革、毛皮、羽毛及其制品和制鞋业	Manufacture of Leather, Fur, Feather and Related Products, Footware	103.4	102.7	103.4	100.6	105.2
木材加工及木、竹、藤、棕、草制品业	Processing of Timber, Manufacture of Wood, Bamboo, Rattan, Palm and Straw Products	105.5	101.9	100.7	100.2	100.5

3-19 续表 continued

(上年=100) (Preceding Year=100)

项 目	Item	2010	2011	2012	2013	2014
家具制造业	Manufacture of Furniture	102.2	99.5	100.2	99.4	100.3
造纸及纸制品业	Manufacture of Paper and Paper Products	101.7	101.2	100.0	97.8	99.3
印刷和记录媒介复制业	Printing, Reproduction of Recording Media	99.6	100.4	99.7	95.9	100.5
文教、工美、体育和娱乐用品制造业	Manufacture of Articles for Culture, Education , Artwork, Sport Activities and entertainment goods	100.3	99.1	99.2	98.9	102.7
石油加工、炼焦和核燃料加工业	Processing of Petroleum, Coking, Processing of Nuclear Fuel	115.0	117.1	103.2	96.6	95.4
化学原料及化学制品制造业	Manufacture of Raw Chemical Materials and Chemical Products	109.0	111.8	99.1	98.3	100.2
医药制造业	Manufacture of Medicines	100.8	102.0	102.4	100.9	99.7
化学纤维制造业	Manufacture of Chemical Fibers	107.2	127.9	103.1	96.2	99.2
橡胶制品业	Manufacture of Rubber	101.4	112.7			
塑料制品业	Manufacture of Plastics	101.5	103.7			
橡胶和塑料制品业	Manufacture of Rubber and Plastics			100.3	100.5	98.5
非金属矿物制品业	Manufacture of Non-metallic Mineral Products	100.6	103.5	97.1	96.9	99.0
黑色金属冶炼及压延加工业	Smelting and Pressing of Ferrous Metals	113.5	109.1	91.3	94.4	91.4
有色金属冶炼及压延加工业	Smelting and Pressing of Non-ferrous Metals	137.4	111.6	88.7	94.9	93.4
金属制品业	Manufacture of Metal Products	101.7	107.2	97.5	97.3	97.6
通用设备制造业	Manufacture of General Purpose Machinery	99.6	102.9	103.2	98.8	98.6
专用设备制造业	Manufacture of Special Purpose Machinery	98.4	100.1	99.8	97.8	98.5
交通运输设备制造业	Manufacture of Transport Equipment	98.5	97.9			
汽车制造业	Manufacture of Automobile			99.1	100.0	99.9
铁路、船舶、航空航天和其他运输设备制造业	Manufacture of Railway, shipbuilding, aerospace and other transportation equipment			98.5	101.6	100.2
电气机械及器材制造业	Manufacture of Electrical Machinery and Equipment	106.5	102.0	98.1	97.8	99.0
计算机、通信和其他电子设备制造业	Manufacture of Computers ,Communication Equipment and Other Electronic Equipment	85.1	84.2	90.7	94.1	92.2
仪器仪表制造业	Manufacture of Measuring Instruments	96.7	103.1	104.6	95.1	94.8
其他制造业	Other manufacturing	99.4	98.3	100.0	100.0	100.0
废弃资源综合利用业	Recycling and Disposal of Waste	105.6	115.0	93.8	87.2	93.2
金属制品、机械和设备修理业	Metal products, machinery and equipment repair industry			100.0	93.7	95.4
电力、热力的生产和供应业	Production and Supply of Electric Power and Heat Energy	102.1	100.3	106.5	100.5	105.7
燃气生产和供应业	Production and Supply of Gas	105.3	105.1	100.0	101.3	107.6
水的生产和供应业	Production and Supply of Tap Water	111.1	111.0	106.9	100.8	101.7

3-20 按工业部门分工业生产者出厂价格指数
Producer Price Indices for Industrial Products by Industrial Sector (2010-2014)

(上年=100) (Preceding Year=100)

项　目	Item	2010	2011	2012	2013	2014
按工业部门分	**By Industrial Sector**					
冶金工业	Metallurgical Industry	113.5	109.1	91.9	94.4	92.2
电力工业	Power Industry	102.1	100.3	106.5	100.5	105.7
煤炭及炼焦工业	Coal Industry	104.6	96.3	96.2	92.6	87.9
石油工业	Petroleum Industry	134.4	116.3	99.8	97.9	96.2
化学工业	Chemical Industry	105.6	108.9	100.0	99.4	99.7
机械工业	Mechanical Industry	93.9	94.7	96.7	97.6	97.1
建筑材料工业	Building Materials Industry	101.6	104.0	97.1	96.6	98.9
森林工业	Timber Industry	103.9	101.0	100.4	100.2	100.4
食品工业	Food Industry	102.0	108.2	98.7	96.2	97.4
纺织工业	Textile Industry	114.3	118.2	96.4	100.5	100.3
缝纫工业	Tailoring Industry	100.8	106.3	104.0	102.7	99.6
皮革工业	Leather Industry	103.6	102.7	103.4	101.6	107.0
造纸工业	Paper Industry	101.7	101.2	100.0	97.8	99.3
文教艺术用品工业	Cultural, Educational & Handicrafts Articals	96.8	100.1	112.9	93.0	95.7
其它工业	Other Industry	100.4	103.0	100.9	98.5	102.2

3-21 工业生产者出厂价格月度指数
Monthly Producer Price Indices for Industrial Products
(2014年1月)

项　目	Item	环比	同比	累计比
工业生产者出厂价格指数	**Producer Price Indices for Industrial Products**	**99.8**	**96.5**	**96.5**
#轻工业	Light Industry	99.7	98.9	98.9
以农产品为原料	Using Farm Products as Raw Materials	99.2	98.0	98.0
以非农产品为原料	Using Non-farm Products as Raw Materials	100.2	99.8	99.8
重工业	Heavy Industry	99.8	96.0	96.0
采　掘	Mining and Quarying Industry	101.1	100.5	100.5
原　料	Raw Materials Industry	99.4	95.8	95.8
加　工	Processing Industry	99.7	95.5	95.5
#生产资料	Means of Production	99.7	95.8	95.8
采　掘	Mining and Quarying Industry	101.1	100.5	100.5
原　料	Raw Materials Industry	99.4	95.7	95.7
加　工	Processing Industry	99.7	95.1	95.1
生活资料	Consumer Goods	99.8	99.2	99.2
食　品	Food	99.1	96.5	96.5
衣　着	Clothing	100.2	102.8	102.8
一般日用品	Articles for Daily Use	100.1	101.3	101.3
耐用消费品	Durable Consumer Goods	100.0	99.5	99.5
按工业部门分	**By Industrial Sector**			
冶金工业	Metallurgical Industry	99.3	93.2	93.2
电力工业	Power Industry	100.0	99.3	99.3
煤炭及炼焦工业	Coal Industry	99.7	84.4	84.4
石油工业	Petroleum Industry	100.2	100.1	100.1
化学工业	Chemical Industry	99.9	99.9	99.9
机械工业	Mechine Building Industry	100.0	96.5	96.5
建筑材料工业	Building Materials Industry	99.3	99.5	99.5
森林工业	Timber Industry	100.0	100.3	100.3
食品工业	Food Industry	98.9	96.2	96.2
纺织工业	Textile Industry	99.5	102.6	102.6
缝纫工业	Tailoring Industry	100.2	102.9	102.9
皮革工业	Leather Industry	100.4	103.6	103.6
造纸工业	Paper Industry	100.0	98.2	98.2
文教艺术用品工业	Cultural, Educational & Handicrafts Articals	99.3	95.9	95.9
其它工业	Other Industry	100.9	100.6	100.6

3-22 工业生产者出厂价格月度指数
Monthly Producer Price Indices for Industrial Products
(2014年2月)

项 目	Item	环比	同比	累计比
工业生产者出厂价格指数	**Producer Price Indices for Industrial Products**	**99.8**	**96.1**	**96.3**
#轻工业	Light Industry	100.0	98.8	98.8
以农产品为原料	Using Farm Products as Raw Materials	100.1	97.6	97.8
以非农产品为原料	Using Non-farm Products as Raw Materials	100.0	99.9	99.8
重工业	Heavy Industry	99.7	95.6	95.8
采 掘	Mining and Quarying Industry	98.6	98.2	99.3
原 料	Raw Materials Industry	100.0	95.7	95.7
加 工	Processing Industry	99.8	95.1	95.3
#生产资料	Means of Production	99.7	95.3	95.5
采 掘	Mining and Quarying Industry	98.6	98.2	99.3
原 料	Raw Materials Industry	100.0	95.6	95.7
加 工	Processing Industry	99.7	94.7	94.9
生活资料	Consumer Goods	100.0	99.1	99.1
食 品	Food	100.2	96.5	96.5
衣 着	Clothing	99.8	100.6	101.7
一般日用品	Articles for Daily Use	99.8	100.5	100.9
耐用消费品	Durable Consumer Goods	100.0	99.7	99.6
按工业部门分	**By Industrial Sector**			
冶金工业	Metallurgical Industry	99.0	91.8	92.5
电力工业	Power Industry	106.5	105.8	102.6
煤炭及炼焦工业	Coal Industry	99.0	82.9	83.6
石油工业	Petroleum Industry	98.5	98.1	99.1
化学工业	Chemical Industry	99.7	99.2	99.6
机械工业	Mechine Building Industry	99.9	96.5	96.5
建筑材料工业	Building Materials Industry	100.5	99.8	99.7
森林工业	Timber Industry	100.0	100.3	100.3
食品工业	Food Industry	100.2	96.1	96.2
纺织工业	Textile Industry	100.1	102.5	102.6
缝纫工业	Tailoring Industry	99.7	100.3	101.6
皮革工业	Leather Industry	100.4	104.0	103.8
造纸工业	Paper Industry	100.3	99.1	98.7
文教艺术用品工业	Cultural, Educational & Handicrafts Articals	100.1	99.2	97.6
其它工业	Other Industry	100.3	102.9	101.8

3-23 工业生产者出厂价格月度指数
Monthly Producer Price Indices for Industrial Products
(2014年3月)

项　　目	Item	环比	同比	累计比
工业生产者出厂价格指数	**Producer Price Indices for Industrial Products**	**99.9**	**96.5**	**96.3**
#轻工业	Light Industry	100.3	99.4	99.0
以农产品为原料	Using Farm Products as Raw Materials	100.1	98.3	98.0
以非农产品为原料	Using Non-farm Products as Raw Materials	100.4	100.4	100.0
重工业	Heavy Industry	99.9	95.9	95.8
采　掘	Mining and Quarying Industry	100.3	99.6	99.4
原　料	Raw Materials Industry	99.8	95.4	95.6
加　工	Processing Industry	99.8	95.6	95.4
#生产资料	Means of Production	99.8	95.7	95.6
采　掘	Mining and Quarying Industry	100.3	99.6	99.4
原　料	Raw Materials Industry	99.9	95.5	95.6
加　工	Processing Industry	99.8	95.1	95.0
生活资料	Consumer Goods	100.2	99.5	99.3
食　品	Food	100.5	98.1	97.0
衣　着	Clothing	99.7	100.1	101.2
一般日用品	Articles for Daily Use	100.0	100.8	100.9
耐用消费品	Durable Consumer Goods	100.2	99.8	99.7
按工业部门分	**By Industrial Sector**			
冶金工业	Metallurgical Industry	99.2	91.4	92.1
电力工业	Power Industry	100.4	106.2	103.8
煤炭及炼焦工业	Coal Industry	102.3	85.7	84.3
石油工业	Petroleum Industry	100.5	98.7	98.9
化学工业	Chemical Industry	99.9	99.1	99.4
机械工业	Mechine Building Industry	100.0	97.3	96.8
建筑材料工业	Building Materials Industry	99.7	99.7	99.7
森林工业	Timber Industry	100.2	100.5	100.4
食品工业	Food Industry	100.3	97.5	96.6
纺织工业	Textile Industry	99.5	101.2	102.1
缝纫工业	Tailoring Industry	99.5	99.6	100.9
皮革工业	Leather Industry	100.4	104.2	103.9
造纸工业	Paper Industry	99.7	98.8	98.7
文教艺术用品工业	Cultural, Educational & Handicrafts Articals	100.0	98.5	97.9
其它工业	Other Industry	100.2	104.5	102.7

3-24 工业生产者出厂价格月度指数
Monthly Producer Price Indices for Industrial Products
(2014年4月)

项　　目	Item	环比	同比	累计比
工业生产者出厂价格指数	**Producer Price Indices for Industrial Products**	**99.6**	**96.9**	**96.5**
#轻工业	Light Industry	100.1	100.1	99.3
以农产品为原料	Using Farm Products as Raw Materials	100.2	100.0	98.5
以非农产品为原料	Using Non-farm Products as Raw Materials	100.0	100.1	100.1
重工业	Heavy Industry	99.5	96.4	96.0
采　掘	Mining and Quarying Industry	100.0	100.6	99.7
原　料	Raw Materials Industry	99.8	96.0	95.7
加　工	Processing Industry	99.2	95.9	95.5
#生产资料	Means of Production	99.4	96.2	95.7
采　掘	Mining and Quarying Industry	100.0	100.6	99.7
原　料	Raw Materials Industry	99.8	96.0	95.7
加　工	Processing Industry	99.2	95.6	95.1
生活资料	Consumer Goods	100.0	99.9	99.4
食　品	Food	100.2	100.0	97.7
衣　着	Clothing	99.8	100.2	100.9
一般日用品	Articles for Daily Use	100.0	100.3	100.7
耐用消费品	Durable Consumer Goods	100.1	99.7	99.7
按工业部门分	**By Industrial Sector**			
冶金工业	Metallurgical Industry	100.1	92.9	92.3
电力工业	Power Industry	99.9	106.2	104.4
煤炭及炼焦工业	Coal Industry	97.7	83.6	84.1
石油工业	Petroleum Industry	99.8	99.8	99.2
化学工业	Chemical Industry	99.8	98.8	99.3
机械工业	Mechine Building Industry	98.9	97.2	96.9
建筑材料工业	Building Materials Industry	100.2	100.0	99.8
森林工业	Timber Industry	100.1	100.5	100.4
食品工业	Food Industry	100.3	99.9	97.4
纺织工业	Textile Industry	99.8	101.3	101.9
缝纫工业	Tailoring Industry	99.7	99.7	100.6
皮革工业	Leather Industry	100.4	104.6	104.1
造纸工业	Paper Industry	100.7	99.7	99.0
文教艺术用品工业	Cultural, Educational & Handicrafts Articals	100.0	95.8	97.3
其它工业	Other Industry	100.4	104.6	103.2

3-25 工业生产者出厂价格月度指数
Monthly Producer Price Indices for Industrial Products
（2014年5月）

项　　目	Item	环比	同比	累计比
工业生产者出厂价格指数	**Producer Price Indices for Industrial Products**	**99.7**	**97.5**	**96.7**
#轻工业	Light Industry	100.1	100.5	99.5
以农产品为原料	Using Farm Products as Raw Materials	99.5	100.1	98.8
以非农产品为原料	Using Non-farm Products as Raw Materials	100.7	100.8	100.2
重工业	Heavy Industry	99.6	96.9	96.2
采　掘	Mining and Quarying Industry	99.8	103.8	100.5
原　料	Raw Materials Industry	99.4	96.5	95.9
加　工	Processing Industry	99.7	96.2	95.7
#生产资料	Means of Production	99.7	96.8	95.9
采　掘	Mining and Quarying Industry	99.8	103.8	100.5
原　料	Raw Materials Industry	99.4	96.5	95.9
加　工	Processing Industry	99.8	95.9	95.3
生活资料	Consumer Goods	99.9	100.1	99.6
食　品	Food	99.3	100.1	98.2
衣　着	Clothing	99.9	100.0	100.8
一般日用品	Articles for Daily Use	100.2	100.5	100.7
耐用消费品	Durable Consumer Goods	100.2	99.9	99.7
按工业部门分	**By Industrial Sector**			
冶金工业	Metallurgical Industry	99.1	93.6	92.6
电力工业	Power Industry	100.0	106.2	104.7
煤炭及炼焦工业	Coal Industry	99.0	85.9	84.5
石油工业	Petroleum Industry	100.0	102.7	99.8
化学工业	Chemical Industry	100.2	99.3	99.3
机械工业	Mechine Building Industry	99.9	96.9	96.9
建筑材料工业	Building Materials Industry	99.9	99.0	99.6
森林工业	Timber Industry	99.5	100.0	100.3
食品工业	Food Industry	99.3	100.1	97.9
纺织工业	Textile Industry	100.3	102.0	102.0
缝纫工业	Tailoring Industry	99.9	99.5	100.4
皮革工业	Leather Industry	100.4	104.8	104.2
造纸工业	Paper Industry	99.2	98.8	98.9
文教艺术用品工业	Cultural, Educational & Handicrafts Articals	100.0	97.1	97.3
其它工业	Other Industry	100.0	104.4	103.4

3-26 工业生产者出厂价格月度指数
Monthly Producer Price Indices for Industrial Products
(2014年6月)

项 目	Item	环比	同比	累计比
工业生产者出厂价格指数	**Producer Price Indices for Industrial Products**	**99.7**	**98.1**	**96.9**
#轻工业	Light Industry	99.7	100.0	99.6
以农产品为原料	Using Farm Products as Raw Materials	99.5	99.2	98.9
以非农产品为原料	Using Non-farm Products as Raw Materials	99.8	100.8	100.3
重工业	Heavy Industry	99.7	97.7	96.4
采 掘	Mining and Quarying Industry	100.6	104.9	101.2
原 料	Raw Materials Industry	99.5	98.1	96.2
加 工	Processing Industry	99.6	96.6	95.8
#生产资料	Means of Production	99.7	97.6	96.2
采 掘	Mining and Quarying Industry	100.6	104.9	101.2
原 料	Raw Materials Industry	99.5	98.2	96.2
加 工	Processing Industry	99.6	96.3	95.4
生活资料	Consumer Goods	99.8	99.8	99.6
食 品	Food	99.4	99.1	98.4
衣 着	Clothing	99.8	100.1	100.6
一般日用品	Articles for Daily Use	100.0	100.5	100.7
耐用消费品	Durable Consumer Goods	100.0	99.9	99.7
按工业部门分	**By Industrial Sector**			
冶金工业	Metallurgical Industry	99.0	95.2	93.0
电力工业	Power Industry	100.1	106.2	105.0
煤炭及炼焦工业	Coal Industry	99.9	88.5	85.1
石油工业	Petroleum Industry	100.3	103.6	100.5
化学工业	Chemical Industry	99.9	100.2	99.4
机械工业	Mechine Building Industry	99.9	97.0	96.9
建筑材料工业	Building Materials Industry	98.7	98.9	99.5
森林工业	Timber Industry	100.3	100.3	100.3
食品工业	Food Industry	99.3	98.8	98.1
纺织工业	Textile Industry	99.6	102.3	102.0
缝纫工业	Tailoring Industry	99.5	99.2	100.2
皮革工业	Leather Industry	102.2	106.7	104.7
造纸工业	Paper Industry	100.1	98.6	98.9
文教艺术用品工业	Cultural, Educational & Handicrafts Articals	100.0	97.3	97.3
其它工业	Other Industry	99.6	103.5	103.4

3-27 工业生产者出厂价格月度指数
Monthly Producer Price Indices for Industrial Products
(2014年7月)

项目	Item	环比	同比	累计比
工业生产者出厂价格指数	**Producer Price Indices for Industrial Products**	**99.8**	**98.4**	**97.1**
#轻工业	Light Industry	99.7	99.9	99.6
以农产品为原料	Using Farm Products as Raw Materials	99.4	99.1	98.9
以非农产品为原料	Using Non-farm Products as Raw Materials	100.1	100.8	100.4
重工业	Heavy Industry	99.9	98.2	96.7
采　掘	Mining and Quarying Industry	101.7	106.5	101.9
原　料	Raw Materials Industry	99.8	98.4	96.5
加　工	Processing Industry	99.6	96.9	96.0
#生产资料	Means of Production	99.8	98.1	96.5
采　掘	Mining and Quarying Industry	101.7	106.5	101.9
原　料	Raw Materials Industry	99.9	98.4	96.5
加　工	Processing Industry	99.5	96.7	95.6
生活资料	Consumer Goods	99.8	99.7	99.6
食　品	Food	99.3	99.0	98.5
衣　着	Clothing	100.2	99.9	100.5
一般日用品	Articles for Daily Use	100.4	100.7	100.7
耐用消费品	Durable Consumer Goods	99.9	99.8	99.7
按工业部门分	**By Industrial Sector**			
冶金工业	Metallurgical Industry	99.2	94.9	93.3
电力工业	Power Industry	100.2	106.5	105.2
煤炭及炼焦工业	Coal Industry	99.5	91.8	86.0
石油工业	Petroleum Industry	101.4	105.0	101.1
化学工业	Chemical Industry	100.6	101.3	99.7
机械工业	Mechine Building Industry	99.6	97.2	97.0
建筑材料工业	Building Materials Industry	99.7	98.7	99.4
森林工业	Timber Industry	100.1	100.4	100.3
食品工业	Food Industry	99.1	98.7	98.1
纺织工业	Textile Industry	99.9	101.0	101.9
缝纫工业	Tailoring Industry	100.2	99.0	100.0
皮革工业	Leather Industry	100.4	106.7	105.0
造纸工业	Paper Industry	99.9	99.0	98.9
文教艺术用品工业	Cultural, Educational & Handicrafts Articals	100.0	97.3	97.3
其它工业	Other Industry	100.0	102.7	103.3

3-28 工业生产者出厂价格月度指数
Monthly Producer Price Indices for Industrial Products
(2014年8月)

项　　目	Item	环比	同比	累计比
工业生产者出厂价格指数	**Producer Price Indices for Industrial Products**	**99.5**	**97.3**	**97.2**
#轻工业	Light Industry	99.9	99.6	99.6
以农产品为原料	Using Farm Products as Raw Materials	99.6	98.4	98.8
以非农产品为原料	Using Non-farm Products as Raw Materials	100.2	100.8	100.4
重工业	Heavy Industry	99.4	96.9	96.7
采　掘	Mining and Quarying Industry	98.4	103.2	102.1
原　料	Raw Materials Industry	98.9	96.3	96.5
加　工	Processing Industry	99.8	96.3	96.0
#生产资料	Means of Production	99.4	96.8	96.5
采　掘	Mining and Quarying Industry	98.4	103.2	102.1
原　料	Raw Materials Industry	98.9	96.3	96.5
加　工	Processing Industry	99.8	96.0	95.7
生活资料	Consumer Goods	99.9	99.5	99.6
食　品	Food	99.4	98.1	98.4
衣　着	Clothing	100.3	100.1	100.5
一般日用品	Articles for Daily Use	100.1	100.7	100.7
耐用消费品	Durable Consumer Goods	100.1	99.8	99.8
按工业部门分	**By Industrial Sector**			
冶金工业	Metallurgical Industry	98.9	92.6	93.2
电力工业	Power Industry	99.9	106.4	105.3
煤炭及炼焦工业	Coal Industry	98.9	91.3	86.6
石油工业	Petroleum Industry	98.2	101.6	101.2
化学工业	Chemical Industry	100.3	101.0	99.9
机械工业	Mechine Building Industry	100.1	97.2	97.0
建筑材料工业	Building Materials Industry	99.5	97.6	99.2
森林工业	Timber Industry	100.4	100.6	100.4
食品工业	Food Industry	99.3	97.7	98.1
纺织工业	Textile Industry	99.6	100.1	101.6
缝纫工业	Tailoring Industry	100.0	99.0	99.9
皮革工业	Leather Industry	102.1	108.6	105.4
造纸工业	Paper Industry	100.0	99.2	98.9
文教艺术用品工业	Cultural, Educational & Handicrafts Articals	100.0	97.3	97.3
其它工业	Other Industry	99.8	101.8	103.1

3-29 工业生产者出厂价格月度指数
Monthly Producer Price Indices for Industrial Products
(2014年9月)

项　　目	Item	环比	同比	累计比
工业生产者出厂价格指数	**Producer Price Indices for Industrial Products**	**98.6**	**95.9**	**97.0**
#轻工业	Light Industry	99.4	98.7	99.5
以农产品为原料	Using Farm Products as Raw Materials	99.4	97.4	98.7
以非农产品为原料	Using Non-farm Products as Raw Materials	99.4	99.9	100.4
重工业	Heavy Industry	98.5	95.4	96.6
采　掘	Mining and Quarying Industry	93.4	94.4	101.2
原　料	Raw Materials Industry	99.0	95.5	96.4
加　工	Processing Industry	99.0	95.5	95.9
#生产资料	Means of Production	98.4	95.2	96.4
采　掘	Mining and Quarying Industry	93.4	94.4	101.2
原　料	Raw Materials Industry	99.0	95.5	96.4
加　工	Processing Industry	98.9	95.2	95.6
生活资料	Consumer Goods	99.5	98.8	99.5
食　品	Food	99.2	97.1	98.3
衣　着	Clothing	99.9	99.8	100.4
一般日用品	Articles for Daily Use	100.0	100.3	100.6
耐用消费品	Durable Consumer Goods	99.4	99.2	99.7
按工业部门分	**By Industrial Sector**			
冶金工业	Metallurgical Industry	98.0	91.1	93.0
电力工业	Power Industry	100.0	106.4	105.5
煤炭及炼焦工业	Coal Industry	99.7	92.3	87.2
石油工业	Petroleum Industry	95.4	95.1	100.5
化学工业	Chemical Industry	100.1	101.0	100.0
机械工业	Mechine Building Industry	99.3	96.8	97.0
建筑材料工业	Building Materials Industry	100.5	97.6	99.0
森林工业	Timber Industry	100.0	100.6	100.4
食品工业	Food Industry	99.1	96.2	97.9
纺织工业	Textile Industry	99.5	98.9	101.3
缝纫工业	Tailoring Industry	99.8	98.6	99.7
皮革工业	Leather Industry	100.9	109.2	105.8
造纸工业	Paper Industry	100.4	100.2	99.1
文教艺术用品工业	Cultural, Educational & Handicrafts Articals	96.8	94.1	96.9
其它工业	Other Industry	99.7	100.1	102.8

3-30 工业生产者出厂价格月度指数
Monthly Producer Price Indices for Industrial Products
(2014年10月)

项 目	Item	环比	同比	累计比
工业生产者出厂价格指数	**Producer Price Indices for Industrial Products**	**99.1**	**95.3**	**96.8**
#轻工业	Light Industry	100.3	99.0	99.5
以农产品为原料	Using Farm Products as Raw Materials	100.2	97.6	98.6
以非农产品为原料	Using Non-farm Products as Raw Materials	100.3	100.4	100.4
重工业	Heavy Industry	98.8	94.6	96.4
采 掘	Mining and Quarying Industry	94.4	86.9	99.8
原 料	Raw Materials Industry	98.6	94.5	96.2
加 工	Processing Industry	99.5	95.7	95.9
#生产资料	Means of Production	98.8	94.3	96.2
采 掘	Mining and Quarying Industry	94.4	86.9	99.8
原 料	Raw Materials Industry	98.6	94.5	96.2
加 工	Processing Industry	99.5	95.4	95.6
生活资料	Consumer Goods	100.2	99.1	99.5
食 品	Food	100.3	97.4	98.2
衣 着	Clothing	100.6	100.3	100.4
一般日用品	Articles for Daily Use	100.1	100.1	100.6
耐用消费品	Durable Consumer Goods	100.1	99.4	99.7
按工业部门分	**By Industrial Sector**			
冶金工业	Metallurgical Industry	98.6	90.8	92.7
电力工业	Power Industry	99.4	105.7	105.5
煤炭及炼焦工业	Coal Industry	97.0	92.1	87.6
石油工业	Petroleum Industry	95.8	89.6	99.4
化学工业	Chemical Industry	99.8	100.6	100.1
机械工业	Mechine Building Industry	99.9	97.2	97.0
建筑材料工业	Building Materials Industry	100.1	98.1	98.9
森林工业	Timber Industry	100.1	100.6	100.4
食品工业	Food Industry	100.2	96.5	97.7
纺织工业	Textile Industry	99.1	97.6	101.0
缝纫工业	Tailoring Industry	100.6	99.2	99.7
皮革工业	Leather Industry	100.8	109.6	106.2
造纸工业	Paper Industry	100.1	100.2	99.2
文教艺术用品工业	Cultural, Educational & Handicrafts Articals	100.0	93.9	96.6
其它工业	Other Industry	99.9	99.4	102.4

3-31 工业生产者出厂价格月度指数
Monthly Producer Price Indices for Industrial Products
(2014年11月)

项 目	Item	环比	同比	累计比
工业生产者出厂价格指数	**Producer Price Indices for Industrial Products**	**98.8**	**94.3**	**96.6**
#轻工业	Light Industry	99.8	98.6	99.4
以农产品为原料	Using Farm Products as Raw Materials	99.8	97.3	98.5
以非农产品为原料	Using Non-farm Products as Raw Materials	99.7	99.9	100.3
重工业	Heavy Industry	98.7	93.5	96.1
采 掘	Mining and Quarying Industry	92.4	81.4	98.1
原 料	Raw Materials Industry	98.0	92.8	95.9
加 工	Processing Industry	99.8	95.6	95.9
#生产资料	Means of Production	98.5	93.1	95.9
采 掘	Mining and Quarying Industry	92.4	81.4	98.1
原 料	Raw Materials Industry	97.9	92.8	95.9
加 工	Processing Industry	99.7	95.2	95.5
生活资料	Consumer Goods	100.0	98.9	99.4
食 品	Food	99.7	97.0	98.1
衣 着	Clothing	100.3	100.2	100.4
一般日用品	Articles for Daily Use	100.2	100.4	100.6
耐用消费品	Durable Consumer Goods	100.0	99.3	99.6
按工业部门分	**By Industrial Sector**			
冶金工业	Metallurgical Industry	99.2	90.2	92.5
电力工业	Power Industry	100.0	106.8	105.6
煤炭及炼焦工业	Coal Industry	98.1	90.6	87.9
石油工业	Petroleum Industry	93.4	84.5	98.0
化学工业	Chemical Industry	98.7	99.1	100.0
机械工业	Mechine Building Industry	100.0	97.2	97.0
建筑材料工业	Building Materials Industry	100.7	98.6	98.9
森林工业	Timber Industry	99.8	100.6	100.4
食品工业	Food Industry	99.7	96.2	97.6
纺织工业	Textile Industry	99.9	96.7	100.6
缝纫工业	Tailoring Industry	100.1	99.0	99.6
皮革工业	Leather Industry	101.3	110.5	106.6
造纸工业	Paper Industry	99.8	100.1	99.3
文教艺术用品工业	Cultural, Educational & Handicrafts Articals	98.1	92.1	96.2
其它工业	Other Industry	100.9	100.5	102.2

3-32 工业生产者出厂价格月度指数
Monthly Producer Price Indices for Industrial Products
(2014年12月)

项 目	Item	环比	同比	累计比
工业生产者出厂价格指数	**Producer Price Indices for Industrial Products**	**98.5**	**93.0**	**96.3**
#轻工业	Light Industry	99.5	98.4	99.3
以农产品为原料	Using Farm Products as Raw Materials	99.5	96.6	98.3
以非农产品为原料	Using Non-farm Products as Raw Materials	99.5	100.2	100.3
重工业	Heavy Industry	98.3	91.9	95.8
采 掘	Mining and Quarying Industry	91.0	74.5	96.1
原 料	Raw Materials Industry	96.8	89.5	95.4
加 工	Processing Industry	99.8	95.5	95.9
#生产资料	Means of Production	98.2	91.4	95.5
采 掘	Mining and Quarying Industry	91.0	74.5	96.1
原 料	Raw Materials Industry	96.7	89.4	95.4
加 工	Processing Industry	99.8	95.1	95.5
生活资料	Consumer Goods	99.6	98.8	99.4
食 品	Food	99.3	95.9	97.9
衣 着	Clothing	100.0	100.5	100.4
一般日用品	Articles for Daily Use	99.7	100.4	100.5
耐用消费品	Durable Consumer Goods	99.7	99.6	99.6
按工业部门分	**By Industrial Sector**			
冶金工业	Metallurgical Industry	99.1	89.2	92.2
电力工业	Power Industry	100.4	106.9	105.7
煤炭及炼焦工业	Coal Industry	97.0	88.4	87.9
石油工业	Petroleum Industry	91.1	76.9	96.2
化学工业	Chemical Industry	97.9	97.0	99.7
机械工业	Mechine Building Industry	100.1	97.7	97.1
建筑材料工业	Building Materials Industry	99.8	98.6	98.9
森林工业	Timber Industry	100.0	100.6	100.4
食品工业	Food Industry	99.2	95.0	97.4
纺织工业	Textile Industry	100.3	97.2	100.3
缝纫工业	Tailoring Industry	99.8	99.1	99.6
皮革工业	Leather Industry	101.4	111.6	107.0
造纸工业	Paper Industry	99.7	99.8	99.3
文教艺术用品工业	Cultural, Educational & Handicrafts Articals	95.9	90.4	95.7
其它工业	Other Industry	99.6	101.2	102.2

3-33 工业生产者购进价格指数
Purchasing Price Indices for Industrial Producers
(2010-2014)

(上年=100) (Preceding Year=100)

项 目	Item	2010	2011	2012	2013	2014
工业生产者购进价格指数	**Purchasing Price Indices for Industrial Producers**	**110.0**	**109.7**	**97.1**	**97.4**	**97.1**
燃料、动力类	Fuels and Power	111.5	113.3	101.3	95.9	97.0
黑色金属材料类	Ferrous Metals	110.2	110.6	91.7	95.7	93.8
#钢 材	Rolled-Steel	103.9	108.5	94.0	96.5	97.0
其 它	Others	119.9	113.9	88.3	94.3	88.9
有色金属材料和电线类	Nonferrous Metals	134.3	110.2	91.5	95.0	95.2
化工原料类	Raw Chemical Materials	112.6	112.6	98.4	97.9	99.0
木材及纸浆类	Timber and Paper Pulp	107.5	106.4	102.1	97.3	100.4
建筑材料及非金属矿类	Building Materials	103.8	104.4	97.8	97.7	96.9
其它工业原材料及半成品类	Other Industrical Raw Materials and Semi-products	103.9	104.4	98.8	97.9	97.4
农副产品类	Agricultural Products	120.2	125.1	93.2	97.8	97.9
纺织原料类	Textile Materials	109.1	110.7	96.3	101.4	99.6

3-34 工业生产者购进价格月度指数
Monthly Purchasing Price Indices for Industrial Producers
(2014年1月)

项 目	Item	环比	同比	累计比
工业生产者购进价格指数	**Purchasing Price Indices for Industrial Producers**	**99.8**	**97.3**	**97.3**
燃料、动力类	Fuels and Power	100.9	97.8	97.8
黑色金属材料类	Ferrous Metals	99.8	97.3	97.3
#钢 材	Rolled-Steel	99.7	97.8	97.8
其 它	Others	100.0	96.6	96.6
有色金属材料和电线类	Nonferrous Metals	100.6	93.5	93.5
化工原料类	Raw Chemical Materials	99.9	98.6	98.6
木材及纸浆类	Timber and Paper Pulp	100.2	98.1	98.1
建筑材料及非金属矿类	Building Materials	99.3	97.1	97.1
其它工业原材料及半成品类	Other Industrical Raw Materials and Semi-products	99.7	96.9	96.9
农副产品类	Agricultural Products	97.0	94.6	94.6
纺织原料类	Textile Materials	99.9	100.1	100.1

3-35 工业生产者购进价格月度指数
Monthly Purchasing Price Indices for Industrial Producers
(2014年2月)

项　目	Item	环比	同比	累计比
工业生产者购进价格指数	**Purchasing Price Indices for Industrial Producers**	**99.6**	**96.8**	**97.1**
燃料、动力类	Fuels and Power	99.1	96.2	97.0
黑色金属材料类	Ferrous Metals	99.4	95.5	96.4
#钢　材	Rolled-Steel	99.8	96.9	97.3
其　它	Others	98.6	93.4	95.0
有色金属材料和电线类	Nonferrous Metals	98.3	91.6	92.6
化工原料类	Raw Chemical Materials	99.9	98.3	98.5
木材及纸浆类	Timber and Paper Pulp	100.0	98.9	98.5
建筑材料及非金属矿类	Building Materials	99.7	97.6	97.3
其它工业原材料及半成品类	Other Industrial Raw Materials and Semi-products	99.7	96.8	96.9
农副产品类	Agricultural Products	100.7	98.3	96.4
纺织原料类	Textile Materials	99.7	99.8	99.9

3-36 工业生产者购进价格月度指数
Monthly Purchasing Price Indices for Industrial Producers
(2014年3月)

项　目	Item	环比	同比	累计比
工业生产者购进价格指数	**Purchasing Price Indices for Industrial Producers**	**99.4**	**96.6**	**96.9**
燃料、动力类	Fuels and Power	100.1	96.2	96.7
黑色金属材料类	Ferrous Metals	99.3	95.2	96.0
#钢　材	Rolled-Steel	99.8	96.6	97.1
其　它	Others	98.6	93.1	94.4
有色金属材料和电线类	Nonferrous Metals	97.8	90.8	92.0
化工原料类	Raw Chemical Materials	99.2	98.0	98.3
木材及纸浆类	Timber and Paper Pulp	100.0	98.9	98.6
建筑材料及非金属矿类	Building Materials	99.2	98.0	97.6
其它工业原材料及半成品类	Other Industrial Raw Materials and Semi-products	99.6	96.4	96.7
农副产品类	Agricultural Products	99.1	99.3	97.4
纺织原料类	Textile Materials	99.5	99.2	99.7

3-37 工业生产者购进价格月度指数
Monthly Purchasing Price Indices for Industrial Producers
(2014年4月)

项目	Item	环比	同比	累计比
工业生产者购进价格指数	**Purchasing Price Indices for Industrial Producers**	**99.8**	**97.0**	**96.9**
燃料、动力类	Fuels and Power	99.6	97.9	97.0
黑色金属材料类	Ferrous Metals	99.9	95.3	95.8
#钢　材	Rolled-Steel	100.0	97.2	97.1
其　它	Others	99.7	92.4	93.9
有色金属材料和电线类	Nonferrous Metals	99.1	91.9	92.0
化工原料类	Raw Chemical Materials	99.8	98.8	98.4
木材及纸浆类	Timber and Paper Pulp	100.0	99.2	98.8
建筑材料及非金属矿类	Building Materials	99.9	97.8	97.6
其它工业原材料及半成品类	Other Industrial Raw Materials and Semi-products	100.0	96.6	96.7
农副产品类	Agricultural Products	99.5	98.6	97.7
纺织原料类	Textile Materials	100.0	99.2	99.6

3-38 工业生产者购进价格月度指数
Monthly Purchasing Price Indices for Industrial Producers
(2014年5月)

项目	Item	环比	同比	累计比
工业生产者购进价格指数	**Purchasing Price Indices for Industrial Producers**	**99.6**	**97.5**	**97.0**
燃料、动力类	Fuels and Power	98.9	99.0	97.4
黑色金属材料类	Ferrous Metals	97.7	94.0	95.5
#钢　材	Rolled-Steel	99.9	97.6	97.2
其　它	Others	94.3	88.6	92.8
有色金属材料和电线类	Nonferrous Metals	102.0	95.7	92.7
化工原料类	Raw Chemical Materials	100.0	99.3	98.6
木材及纸浆类	Timber and Paper Pulp	100.3	99.9	99.0
建筑材料及非金属矿类	Building Materials	100.0	96.3	97.4
其它工业原材料及半成品类	Other Industrial Raw Materials and Semi-products	99.9	97.3	96.8
农副产品类	Agricultural Products	101.1	100.9	98.3
纺织原料类	Textile Materials	100.1	99.3	99.5

3-39 工业生产者购进价格月度指数
Monthly Purchasing Price Indices for Industrial Producers
(2014年6月)

项 目	Item	环比	同比	累计比
工业生产者购进价格指数	**Purchasing Price Indices for Industrial Producers**	**100.0**	**98.2**	**97.2**
燃料、动力类	Fuels and Power	100.6	100.3	97.9
黑色金属材料类	Ferrous Metals	99.4	96.0	95.5
#钢 材	Rolled-Steel	99.9	98.9	97.5
其 它	Others	98.4	91.4	92.6
有色金属材料和电线类	Nonferrous Metals	99.9	95.9	93.2
化工原料类	Raw Chemical Materials	100.2	100.0	98.8
木材及纸浆类	Timber and Paper Pulp	100.8	100.1	99.2
建筑材料及非金属矿类	Building Materials	99.5	96.6	97.2
其它工业原材料及半成品类	Other Industrical Raw Materials and Semi-products	99.8	97.7	96.9
农副产品类	Agricultural Products	100.5	99.4	98.5
纺织原料类	Textile Materials	99.8	99.2	99.5

3-40 工业生产者购进价格月度指数
Monthly Purchasing Price Indices for Industrial Producers
(2014年7月)

项 目	Item	环比	同比	累计比
工业生产者购进价格指数	**Purchasing Price Indices for Industrial Producers**	**99.9**	**98.7**	**97.4**
燃料、动力类	Fuels and Power	99.9	100.6	98.3
黑色金属材料类	Ferrous Metals	98.6	94.8	95.4
#钢 材	Rolled-Steel	98.8	98.2	97.6
其 它	Others	98.1	89.5	92.2
有色金属材料和电线类	Nonferrous Metals	101.3	98.7	94.0
化工原料类	Raw Chemical Materials	100.9	101.4	99.2
木材及纸浆类	Timber and Paper Pulp	100.0	101.5	99.5
建筑材料及非金属矿类	Building Materials	100.4	96.6	97.1
其它工业原材料及半成品类	Other Industrical Raw Materials and Semi-products	99.8	98.3	97.1
农副产品类	Agricultural Products	100.6	100.1	98.7
纺织原料类	Textile Materials	100.1	99.2	99.4

3-41 工业生产者购进价格月度指数
Monthly Purchasing Price Indices for Industrial Producers
(2014年8月)

项　目	Item	环比	同比	累计比
工业生产者购进价格指数	**Purchasing Price Indices for Industrial Producers**	**99.8**	**98.1**	**97.5**
燃料、动力类	Fuels and Power	99.7	99.6	98.4
黑色金属材料类	Ferrous Metals	99.3	93.5	95.2
#钢　材	Rolled-Steel	99.7	97.5	97.6
其　它	Others	98.6	87.4	91.6
有色金属材料和电线类	Nonferrous Metals	99.9	98.2	94.5
化工原料类	Raw Chemical Materials	100.2	101.1	99.4
木材及纸浆类	Timber and Paper Pulp	100.4	101.9	99.8
建筑材料及非金属矿类	Building Materials	100.1	97.1	97.1
其它工业原材料及半成品类	Other Industrical Raw Materials and Semi-products	99.7	98.0	97.2
农副产品类	Agricultural Products	100.2	99.0	98.8
纺织原料类	Textile Materials	100.4	99.7	99.5

3-42 工业生产者购进价格月度指数
Monthly Purchasing Price Indices for Industrial Producers
(2014年9月)

项　目	Item	环比	同比	累计比
工业生产者购进价格指数	**Purchasing Price Indices for Industrial Producers**	**99.4**	**97.3**	**97.5**
燃料、动力类	Fuels and Power	98.5	97.5	98.3
黑色金属材料类	Ferrous Metals	98.9	92.1	94.9
#钢　材	Rolled-Steel	99.5	96.6	97.5
其　它	Others	97.9	85.1	90.9
有色金属材料和电线类	Nonferrous Metals	100.3	97.6	94.8
化工原料类	Raw Chemical Materials	99.5	100.2	99.5
木材及纸浆类	Timber and Paper Pulp	100.1	101.8	100.0
建筑材料及非金属矿类	Building Materials	99.4	97.2	97.1
其它工业原材料及半成品类	Other Industrical Raw Materials and Semi-products	99.7	97.7	97.3
农副产品类	Agricultural Products	98.5	96.9	98.5
纺织原料类	Textile Materials	100.1	99.7	99.5

3-43 工业生产者购进价格月度指数
Monthly Purchasing Price Indices for Industrial Producers
(2014年10月)

项　目	Item	环比	同比	累计比
工业生产者购进价格指数	**Purchasing Price Indices for Industrial Producers**	**99.5**	**96.8**	**97.4**
燃料、动力类	Fuels and Power	98.4	96.4	98.1
黑色金属材料类	Ferrous Metals	98.8	91.1	94.5
#钢　材	Rolled-Steel	99.0	95.7	97.3
其　它	Others	98.4	83.9	90.2
有色金属材料和电线类	Nonferrous Metals	98.2	96.0	94.9
化工原料类	Raw Chemical Materials	99.3	98.8	99.4
木材及纸浆类	Timber and Paper Pulp	100.0	101.7	100.2
建筑材料及非金属矿类	Building Materials	99.7	96.6	97.1
其它工业原材料及半成品类	Other Industrical Raw Materials and Semi-products	100.0	97.8	97.3
农副产品类	Agricultural Products	101.6	98.0	98.5
纺织原料类	Textile Materials	100.2	99.9	99.5

3-44 工业生产者购进价格月度指数
Monthly Purchasing Price Indices for Industrial Producers
(2014年11月)

项　目	Itcm	环比	同比	累计比
工业生产者购进价格指数	**Purchasing Price Indices for Industrial Producers**	**99.0**	**95.8**	**97.3**
燃料、动力类	Fuels and Power	96.3	92.5	97.6
黑色金属材料类	Ferrous Metals	99.2	90.7	94.1
#钢　材	Rolled-Steel	99.4	95.5	97.1
其　它	Others	98.9	83.1	89.6
有色金属材料和电线类	Nonferrous Metals	99.5	96.5	95.1
化工原料类	Raw Chemical Materials	99.0	97.8	99.3
木材及纸浆类	Timber and Paper Pulp	99.4	101.6	100.3
建筑材料及非金属矿类	Building Materials	100.3	96.6	97.0
其它工业原材料及半成品类	Other Industrical Raw Materials and Semi-products	100.0	97.8	97.4
农副产品类	Agricultural Products	96.6	94.9	98.2
纺织原料类	Textile Materials	99.9	99.8	99.6

3-45　工业生产者购进价格月度指数
Monthly Purchasing Price Indices for Industrial Producers
(2014年12月)

项　　目	Item	环比	同比	累计比
工业生产者购进价格指数	**Purchasing Price Indices for Industrial Producers**	**98.9**	**94.9**	**97.1**
燃料、动力类	Fuels and Power	97.0	89.6	97.0
黑色金属材料类	Ferrous Metals	99.1	89.7	93.8
#钢　　材	Rolled-Steel	99.6	95.2	97.0
其　　它	Others	98.2	81.3	88.9
有色金属材料和电线类	Nonferrous Metals	99.6	96.4	95.2
化工原料类	Raw Chemical Materials	98.5	96.3	99.0
木材及纸浆类	Timber and Paper Pulp	99.9	101.1	100.4
建筑材料及非金属矿类	Building Materials	97.8	95.6	96.9
其它工业原材料及半成品类	Other Industrical Raw Materials and Semi-products	99.5	97.4	97.4
农副产品类	Agricultural Products	99.2	94.7	97.9
纺织原料类	Textile Materials	99.9	99.7	99.6

3-46　固定资产投资价格指数
Price Indices of Investment in Fixed Assets
(2010-2014)

(上年=100)　(Preceding Year=100)

项　　目	Item	2010	2011	2012	2013	2014
固定资产投资价格指数	**Price Indices of Investment in Fixed Assets**	**102.6**	**105.7**	**100.0**	**99.5**	**100.5**
建筑安装、装饰工程	Construction and Installation	104.2	109.0	100.1	99.3	100.5
#人工费	Labour Cost	105.8	109.7	111.3	107.9	106.7
材料费	Material Expenses	104.2	109.5	97.6	97.0	98.7
机械费	Machine	101.9	103.7	102.7	102.1	101.8
设备工器具购置	Pruchase of Equipment, Tools and Instruments	100.2	99.8	98.3	98.8	99.3
其它费用	Others	100.5	102.1	101.1	100.6	101.6

3-47 住宅销售价格指数
Housing Price Indices of Residential Buildings
(2014年1-12月)

(上年同月=100) (same month of preceding year=100)

项 目	Item	1月	2月	3月	4月	5月	6月
新建住宅	**Newly Construsted Residential Buildings**	**107.3**	**106.3**	**105.1**	**104.5**	**104.1**	**103.3**
新建商品住宅	Newly Construsted Commercial Residential Buildings	108.3	107.1	105.7	105.1	104.6	103.7
90平方米以下	90m^2 and below	109.0	107.4	106.0	105.0	104.2	103.4
90-144平方米	90-144m^2	107.7	106.7	105.7	105.2	104.9	104.1
144平方米以上	Above 144m^2	108.5	107.4	105.5	104.9	104.7	103.5
二手住宅	**Second-Hand Residential Buildings**	**105.4**	**104.6**	**104.5**	**104.5**	**104.1**	**103.9**
90平方米以下	90m^2 and below	105.7	104.9	104.9	105.0	104.7	104.5
90-144平方米	90-144m^2	105.1	104.7	104.3	104.5	103.9	103.6
144平方米以上	Above 144m^2	105.1	103.3	103.4	102.8	102.4	101.8

3-47 续表 continued

(上年同月=100) (same month of preceding year=100)

项 目	Item	7月	8月	9月	10月	11月	12月
新建住宅	**Newly Construsted Residential Buildings**	**102.1**	**100.6**	**99.3**	**98.4**	**97.7**	**97.0**
新建商品住宅	Newly Construsted Commercial Residential Buildings	102.3	100.7	99.2	98.2	97.4	96.6
90平方米以下	90m^2 and below	102.0	100.6	98.9	97.9	97.4	96.9
90-144平方米	90-144m^2	102.6	100.7	99.2	98.2	97.4	96.8
144平方米以上	Above 144m^2	102.1	100.8	99.5	98.3	97.3	96.0
二手住宅	**Second-Hand Residential Buildings**	**102.8**	**101.6**	**100.0**	**99.3**	**98.3**	**97.8**
90平方米以下	90m^2 and below	103.4	102.1	100.5	100.0	99.3	99.0
90-144平方米	90-144m^2	102.9	101.6	99.7	98.9	97.6	96.9
144平方米以上	Above 144m^2	100.2	99.5	98.2	97.4	96.1	95.4

3-48 各省(区、市)工业生产者出厂价格指数
Producer Price Indices for Industrial Products by Region (2010-2014)

(上年=100) (Preceding Year=100)

地 区	Region	2010	2011	2012	2013	2014
全 国	**National**	**105.6**	**106.0**	**98.3**	**98.1**	**98.1**
北 京	Beijing	102.2	102.3	98.4	97.4	99.1
天 津	Tianjin	105.1	103.8	97.0	97.0	96.3
河 北	Hebei	109.1	107.7	94.7	96.6	95.2
山 西	Shanxi	109.5	107.5	94.5	90.7	91.4
内蒙古	Inner Mongolia	106.7	107.8	100.2	97.0	97.3
辽 宁	Liaoning	107.4	106.5	99.9	99.0	98.2
吉 林	Jilin	105.2	105.4	99.1	98.7	99.1
黑龙江	Heilongjiang	115.0	112.0	100.0	98.0	97.1
上 海	Shanghai	102.3	102.9	98.4	98.2	98.9
江 苏	Jiangsu	107.4	106.2	97.1	98.0	98.3
浙 江	Zhejiang	106.2	105.0	97.3	98.2	98.8
安 徽	Anhui	109.0	108.3	98.3	98.2	97.4
福 建	Fujian	103.2	103.9	98.7	98.4	98.6
江 西	Jiangxi	115.3	111.3	96.5	98.5	97.8
山 东	Shandong	107.2	106.0	98.4	98.4	98.4
河 南	Henan	107.8	107.2	99.4	98.5	98.1
湖 北	Hubei	104.9	106.6	100.3	99.2	98.4
湖 南	Hunan	106.9	108.5	99.1	98.5	98.4
广 东	Guangdong	103.2	103.7	99.5	98.8	98.9
广 西	Guangxi	112.0	108.5	97.8	98.2	98.4
海 南	Hainan	107.7	108.8	100.8	99.5	97.6
四 川	Sichuan	105.0	107.3	98.6	98.7	98.7
贵 州	Guizhou	104.7	105.4	101.0	97.4	98.3
云 南	Yunnan	108.8	104.7	97.9	97.5	97.8
西 藏	Tibet	105.8	104.3	99.7	99.8	99.0
重 庆	Chongqing	103.1	103.8	99.9	98.0	98.3
陕 西	Shaanxi	108.7	107.2	100.7	97.3	97.1
甘 肃	Gansu	115.0	111.0	96.8	96.9	96.7
青 海	Qinghai	109.4	107.4	96.9	97.0	96.1
宁 夏	Ningxia	109.1	109.5	97.4	96.0	96.3
新 疆	Xinjiang	125.3	114.8	96.9	96.5	96.2

3-49 各省(区、市)工业生产者购进价格指数
Purchasing Price Indices for Industrial Producers by Region (2010-2014)

(上年=100) (Preceding Year=100)

地 区	Region	2010	2011	2012	2013	2014
全 国	**National**	**109.6**	**109.1**	**98.2**	**98.0**	**97.8**
北 京	Beijing	110.5	108.4	98.7	97.8	98.8
天 津	Tianjin	110.0	109.7	97.1	97.4	97.1
河 北	Hebei	110.9	110.9	96.2	97.6	95.6
山 西	Shanxi	109.0	108.1	98.1	95.5	96.2
内蒙古	Inner Mongolia	105.0	106.1	102.0	99.3	98.4
辽 宁	Liaoning	108.6	108.3	99.0	98.5	98.0
吉 林	Jilin	108.6	106.1	99.3	99.4	99.2
黑龙江	Heilongjiang	114.5	111.1	98.8	98.7	97.6
上 海	Shanghai	111.2	107.5	94.7	96.5	95.9
江 苏	Jiangsu	112.8	108.9	95.8	97.1	97.0
浙 江	Zhejiang	112.0	108.3	96.7	97.7	98.2
安 徽	Anhui	111.8	110.8	98.2	96.9	97.2
福 建	Fujian	107.7	108.0	97.7	98.4	98.3
江 西	Jiangxi	111.8	112.4	98.3	98.4	98.4
山 东	Shandong	109.3	109.2	99.2	98.4	98.2
河 南	Henan	110.2	110.1	99.2	99.3	98.4
湖 北	Hubei	110.4	111.5	98.9	98.2	97.8
湖 南	Hunan	110.0	110.8	100.1	98.4	97.9
广 东	Guangdong	107.3	107.3	99.5	98.2	98.8
广 西	Guangxi	111.2	110.0	99.2	98.9	98.2
海 南	Hainan	110.3	115.3	99.6	97.0	99.0
四 川	Sichuan	106.1	112.6	100.0	99.2	98.7
贵 州	Guizhou	109.8	115.0	102.3	96.4	98.6
云 南	Yunnan	109.0	108.0	99.3	98.8	99.0
西 藏	Tibet					
重 庆	Chongqing	106.9	105.7	99.5	97.6	98.1
陕 西	Shaanxi	109.7	109.6	100.0	99.3	98.5
甘 肃	Gansu	112.9	115.1	98.7	97.8	97.6
青 海	Qinghai	108.6	107.0	98.6	98.8	97.6
宁 夏	Ningxia	114.1	112.8	99.5	97.0	97.0
新 疆	Xinjiang	123.9	117.8	97.9	97.8	97.5

3-50 全国十九城市工业生产者出厂价格指数
Producer Price Indices for Industrial Products in 19 Cities (2010-2014)

(上年=100) (Preceding Year=100)

地 区	Region	2010	2011	2012	2013	2014
上 海	Shanghai	102.3	102.9	98.4	98.2	98.9
北 京	Beijing	102.2	102.3	98.4	97.4	99.1
天 津	Tianjin	105.1	103.8	97.0	97.0	96.3
重 庆	Chongqing	103.1	103.8	99.9	98.0	98.3
广 州	Guangzhou	102.4	103.1	99.7	98.0	98.2
武 汉	Wuhan		106.0	101.1		
南 京	Nanjing	105.6	104.3	97.3	97.0	97.3
沈 阳	Shenyang	104.8	104.7	100.1	99.3	98.8
西 安	Xi'an	102.3	102.5	100.5	99.5	99.5
哈尔滨	Harbin	104.1	105.8	102.7	98.5	98.8
杭 州	Hangzhou	104.9	104.7	97.2		
宁 波	Ningbo	108.9	105.9	97.0	96.7	97.8
青 岛	Tsingtao	103.8	104.9	98.6	98.8	99.2
大 连	Dalian	103.6	107.7	100.0	98.0	97.6
厦 门	Xiamen	99.2	100.2	95.8	95.1	96.8
成 都	Chengdu	103.7	105.9	99.3	98.8	99.3
济 南	Jinan	104.7	105.3	98.4	98.8	99.0
深 圳	Shenzhen	101.6	101.8	99.9	98.0	99.1
长 春	Changchun	100.3	102.7	101.8	100.4	100.1

3-51 全国十九城市工业生产者购进价格指数
Purchasing Price Indices for Industrial Producers in 19 Cities (2010-2014)

(上年=100) (Preceding Year=100)

地 区	Region	2010	2011	2012	2013	2014
上 海	Shanghai	111.2	107.5	94.7	96.5	95.9
北 京	Beijing	110.5	108.4	98.7	97.8	98.8
天 津	Tianjin	110.0	109.7	97.1	97.4	97.1
重 庆	Chongqing	106.9	105.7	99.5	97.6	98.1
广 州	Guangzhou	110.9	109.1	98.4	98.2	98.0
武 汉	Wuhan		109.2	100.0		98.4
南 京	Nanjing	109.6	107.8	99.2	96.5	97.6
沈 阳	Shenyang	111.5	109.6	99.3	97.2	96.9
西 安	Xi'an	106.3	108.8	97.2	97.2	99.5
哈尔滨	Harbin	114.3	107.1	100.4	100.5	98.3
杭 州	Hangzhou	112.1	110.8	94.6		
宁 波	Ningbo	113.1	108.6	97.0	96.3	97.5
青 岛	Tsingtao	112.2	109.4	97.0	96.5	97.4
大 连	Dalian	113.0	110.4	98.3	97.7	97.6
厦 门	Xiamen					
成 都	Chengdu	108.1	110.0	100.2	98.2	99.1
济 南	Jinan	109.9	108.2	99.4	97.8	98.0
深 圳	Shenzhen	104.7	105.9	100.0	98.3	99.6
长 春	Changchun	103.6	104.3	101.5	100.2	99.4

3-52 全国十九城市生产资料价格指数

Producer Price Indices for Means of Producttion in 19 Cities (2010-2014)

(上年=100) (Preceding Year=100)

地区	Region	2010	2011	2012	2013	2014
上海	Shanghai	102.7	102.8	98.1	97.9	98.7
北京	Beijing	102.7	102.5	97.8	96.7	98.7
天津	Tianjin	106.6	104.1	96.1	96.5	95.5
重庆	Chongqing	103.9	104.2	99.6	97.6	98.2
广州	Guangzhou	104.6	104.4	98.9	98.2	98.0
武汉	Wuhan		107.3	100.8		
南京	Nanjing	106.8	105.0	96.7	96.5	97.0
沈阳	Shenyang	105.4	104.9	99.9	99.8	98.9
西安	Xi'an	102.2	101.9	100.3	99.2	99.5
哈尔滨	Harbin	105.1	105.2	101.9	98.2	98.2
杭州	Hangzhou	106.2	105.1	95.5		
宁波	Ningbo	111.6	106.3	95.7	96.0	97.4
青岛	Tsingtao	106.4	105.5	97.6	98.6	98.9
大连	Dalian	104.2	107.9	100.1	97.4	97.4
厦门	Xiamen	98.9	100.0	94.8	93.6	95.6
成都	Chengdu	103.9	106.8	98.4	97.9	98.3
济南	Jinan	105.0	105.8	97.9	98.4	98.5
深圳	Shenzhen	100.7	101.3	100.3	98.0	99.5
长春	Changchun	100.2	102.1	102.1	100.8	100.2

3-53 全国十九城市生活资料价格指数

Producer Price Indices for Consumer Goods in 19 Cities (2010-2014)

(上年=100) (Preceding Year=100)

地区	Region	2010	2011	2012	2013	2014
上海	Shanghai	100.7	102.9	99.5	99.2	99.4
北京	Beijing	100.3	101.6	101.0	100.5	100.9
天津	Tianjin	99.3	102.4	100.6	98.9	99.4
重庆	Chongqing	100.5	102.5	100.7	99.1	98.6
广州	Guangzhou	100.2	101.6	100.7	97.8	98.4
武汉	Wuhan		102.1	101.9		
南京	Nanjing	100.6	100.9	100.5	99.6	98.9
沈阳	Shenyang	103.3	104.2	100.6	98.2	98.5
西安	Xi'an	102.5	104.5	100.8	100.4	99.7
哈尔滨	Harbin	102.1	107.0	104.3	98.9	99.8
杭州	Hangzhou	101.0	103.7	102.6		
宁波	Ningbo	101.8	104.7	100.6	98.3	98.9
青岛	Tsingtao	99.6	103.8	100.4	99.2	99.8
大连	Dalian	101.0	107.0	99.7	100.0	98.5
厦门	Xiamen	99.9	100.6	98.2	98.7	99.8
成都	Chengdu	103.7	104.3	101.0	100.4	101.3
济南	Jinan	103.2	102.9	101.1	100.8	101.2
深圳	Shenzhen	104.5	103.5	98.7	98.1	97.7
长春	Changchun	100.4	103.1	101.5	100.1	100.0

3-54 70个大中城市新建住宅销售价格指数
Housing Price Indices of Newly Constructed Residential Buildings in 70 Large and Medium-Sized Cities
(2014年1-12月)

(上年同月=100) (same month of preceding year=100)

地区	City	1月	2月	3月	4月	5月	6月	7月	8月	9月	10月	11月	12月
北京	Beijing	114.7	112.2	110.3	108.9	107.7	106.4	104.0	102.1	100.4	98.7	97.9	97.3
天津	Tianjin	107.3	106.3	105.1	104.5	104.1	103.3	102.1	100.6	99.3	98.4	97.7	97.0
石家庄	Shijiazhuang	109.7	108.9	108.0	107.4	106.1	104.9	103.6	101.5	99.6	97.9	97.2	96.8
太原	Taiyuan	112.2	111.4	110.9	109.6	107.5	105.9	103.4	101.3	99.1	97.6	97.0	96.3
呼和浩特	Hohhot	109.5	108.6	108.5	108.6	107.2	106.4	104.1	101.7	100.0	98.0	96.3	94.9
沈阳	Shenyang	111.8	110.7	109.9	107.8	105.6	103.6	100.8	98.4	96.2	94.7	93.3	92.2
大连	Dalian	109.7	108.9	108.3	106.8	105.5	104.4	102.3	100.3	98.8	97.0	95.3	93.6
长春	Changchun	109.2	108.4	108.0	107.2	106.1	104.5	103.1	101.3	99.3	98.3	97.1	96.3
哈尔滨	Harbin	108.8	107.9	107.1	106.1	105.4	104.2	103.1	101.5	100.0	98.0	96.8	95.8
上海	Shanghai	117.5	115.7	113.1	111.5	109.6	107.0	104.1	101.5	99.2	98.0	97.1	96.3
南京	Nanjing	111.2	109.8	108.7	107.5	106.6	105.1	103.5	101.7	100.2	99.1	98.5	97.9
杭州	Hangzhou	110.0	109.1	107.8	105.6	103.4	100.6	97.6	94.6	92.4	91.3	90.5	90.1
宁波	Ningbo	107.1	106.1	105.9	105.1	103.8	101.3	100.0	98.7	97.3	96.5	95.6	94.7
合肥	Hefei	109.8	109.1	108.5	107.8	106.9	105.7	104.0	102.7	101.1	100.5	99.4	98.3
福州	Fuzhou	113.1	111.6	110.6	108.8	108.4	105.2	102.9	101.2	98.4	97.0	95.3	94.7
厦门	Xiamen	116.0	115.0	113.4	112.0	110.8	109.2	107.1	106.3	104.8	103.7	102.9	102.1
南昌	Nanchang	109.9	108.6	107.0	106.2	105.0	103.4	102.0	100.0	98.0	96.3	95.6	94.9
济南	Jinan	109.0	108.6	108.1	107.0	105.9	104.6	102.3	100.0	98.7	97.8	96.8	96.0
青岛	Tsingtao	109.9	108.8	107.8	107.1	106.1	104.6	102.6	100.3	98.5	96.6	95.2	93.8
郑州	Zhengzhou	110.9	109.6	108.1	106.6	105.9	104.8	103.1	101.8	100.7	100.6	100.4	100.2
武汉	Wuhan	109.7	108.8	108.2	107.2	106.3	105.0	102.3	99.7	98.5	97.2	96.4	96.0
长沙	Changsha	111.7	110.8	109.3	108.2	106.7	104.8	102.3	99.7	98.1	95.8	94.3	93.2
广州	Guangzhou	118.6	115.7	113.3	111.1	109.5	107.7	105.2	102.1	99.4	97.3	96.2	95.3
深圳	Shenzhen	117.8	115.6	112.8	111.0	108.7	106.6	105.1	102.5	100.3	99.0	98.1	98.7
南宁	Nanning	110.9	109.9	108.4	107.8	106.4	104.8	102.3	100.4	98.5	97.2	96.7	95.7
海口	Haikou	103.1	103.0	102.6	102.4	101.9	101.2	100.3	99.8	98.8	97.2	96.3	95.4
重庆	Chongqing	108.7	107.9	107.2	106.1	105.4	103.9	102.4	100.3	97.7	96.4	95.2	94.8
成都	Chengdu	109.2	108.9	108.3	106.5	105.1	103.6	102.2	100.1	98.5	96.9	95.8	95.4
贵阳	Guiyang	106.6	106.2	105.5	104.6	104.0	104.3	103.2	101.9	100.5	98.7	98.0	97.3
昆明	Kunming	106.1	106.3	105.5	105.1	104.4	103.4	102.3	100.5	99.2	98.3	97.2	96.2
西安	Xi'an	109.6	109.1	108.3	107.7	106.2	105.3	103.6	101.4	99.8	98.6	97.6	96.6
兰州	Lanzhou	107.6	106.9	105.8	105.2	104.3	102.4	101.3	99.8	99.0	98.1	97.4	97.0
西宁	Xining	110.7	109.5	109.2	108.6	107.4	106.3	105.4	102.9	101.5	99.7	98.7	97.9
银川	Yinchuan	108.6	108.3	108.2	107.3	106.6	105.8	104.3	101.5	100.4	99.4	97.7	97.0
乌鲁木齐	Urumqi	109.6	108.5	108.0	106.7	105.8	105.5	104.2	101.7	99.8	98.5	97.3	96.0

3-54 续表 continued

(上年同月=100) (same month of preceding year=100)

地区	City	1月	2月	3月	4月	5月	6月	7月	8月	9月	10月	11月	12月
唐山	Tangshan	102.0	101.7	101.1	101.2	100.8	100.7	100.5	99.4	98.8	97.3	97.2	96.9
秦皇岛	Qinghuangdao	107.1	106.2	105.4	104.7	103.8	102.9	101.4	99.6	97.9	96.5	95.9	95.4
包头	Baotou	107.3	105.5	104.7	104.2	102.7	102.0	100.4	99.0	98.0	96.7	95.5	94.4
丹东	Dandong	109.2	108.3	107.2	106.4	105.7	104.2	102.6	101.1	98.7	96.7	95.1	94.0
锦州	Jinzhou	110.7	109.9	109.8	108.8	107.2	105.1	104.0	101.3	99.1	96.9	95.0	94.1
吉林	Jilin	108.0	107.3	106.6	106.1	104.5	102.9	101.9	100.5	98.3	97.4	96.5	96.0
牡丹江	Mudanjiang	106.2	105.3	104.4	103.4	102.7	102.0	101.7	100.4	99.5	98.9	98.3	97.3
无锡	Wuxi	105.5	105.0	103.7	103.0	101.8	100.9	100.1	99.2	98.2	97.3	96.3	96.0
扬州	Yangzhou	107.9	107.6	107.5	106.5	105.4	104.2	102.4	100.4	99.2	97.0	95.8	95.2
徐州	Xuzhou	109.6	108.7	107.5	106.5	104.7	103.4	102.4	100.1	98.7	97.4	96.4	95.8
温州	Wenzhou	96.0	96.1	96.1	95.9	95.6	95.0	95.4	95.5	95.2	94.5	94.5	95.6
金华	Jinhua	106.8	107.0	106.2	105.3	103.8	102.8	100.8	98.1	96.6	95.9	95.7	95.1
蚌埠	Bengbu	104.8	104.5	104.2	104.0	103.0	102.0	101.4	100.0	97.4	95.6	94.7	94.4
安庆	Anqing	106.1	105.3	104.3	103.8	102.9	102.1	101.4	99.7	97.8	96.4	95.0	94.4
泉州	Quanzhou	108.0	107.9	108.0	106.5	105.7	104.2	102.0	100.5	98.0	96.8	95.3	94.3
九江	Jiujiang	106.6	105.7	105.3	104.9	103.4	102.0	101.3	99.9	98.8	97.6	96.5	95.7
赣州	Ganzhou	108.8	107.9	106.3	105.4	104.8	104.2	102.0	100.1	97.7	96.1	94.8	94.5
烟台	Yantai	109.1	108.5	107.3	106.7	106.4	105.5	103.9	101.2	99.4	97.9	96.4	95.1
济宁	Jining	109.3	108.1	106.8	106.0	105.8	104.1	103.0	100.9	99.9	98.2	97.5	96.5
洛阳	Luoyang	109.1	108.2	107.9	107.0	106.4	104.5	102.5	100.9	99.0	98.0	96.9	96.0
平顶山	Pingdingshan	110.0	109.2	107.9	107.3	106.5	105.0	103.1	101.1	99.1	98.2	97.0	96.3
宜昌	Yichang	109.4	108.8	107.4	106.2	104.9	103.5	102.0	99.8	98.4	97.4	96.1	95.0
襄樊	Xiangfan	108.5	108.1	107.0	105.7	104.0	102.3	101.1	99.2	98.1	97.1	95.7	95.1
岳阳	Yueyang	106.9	106.7	105.8	105.0	104.1	102.9	102.2	100.9	99.4	98.8	98.2	97.9
常德	Changde	107.0	106.7	105.8	105.3	105.0	103.9	102.4	100.3	99.2	98.3	97.5	96.9
惠州	Huizhou	109.1	108.9	108.5	107.4	106.4	105.2	103.7	101.1	99.2	97.4	96.0	94.8
湛江	Zhanjiang	109.2	108.5	108.3	107.7	106.7	106.0	104.5	101.9	99.4	97.6	95.9	95.0
韶关	Shaoguan	105.6	104.5	104.0	103.3	101.4	100.8	98.4	96.6	95.3	93.4	92.7	92.4
桂林	Guilin	112.6	112.9	112.3	111.7	108.7	106.0	102.7	100.4	98.6	96.5	94.0	92.9
北海	Beihai	110.7	109.9	109.2	108.2	107.4	105.6	104.2	101.8	99.6	98.2	96.5	96.0
三亚	Sanya	105.4	105.2	105.0	104.6	104.7	104.4	101.6	100.5	99.8	98.4	96.8	96.0
泸州	Luzhou	109.0	108.5	107.6	107.0	107.0	106.3	103.4	100.9	97.3	96.2	95.4	93.4
南充	Nanchong	109.8	109.0	107.9	106.9	105.9	103.6	101.6	99.6	98.2	96.8	96.1	95.0
遵义	Zunyi	105.9	105.2	104.8	104.3	104.3	103.8	102.7	100.7	99.8	98.7	97.4	97.0
大理	Dali	105.8	105.7	105.0	104.8	104.2	103.6	103.3	101.2	100.3	99.0	97.6	96.9

3-55 70个大中城市二手住宅销售价格指数
Housing Price Indices of Second-Hand Residential Buildings in 70 Large and Medium-Sized Cities
(2014年1-12月)

(上年同月=100) (same month of preceding year=100)

地　区	City	1月	2月	3月	4月	5月	6月	7月	8月	9月	10月	11月	12月
北　京	Beijing	118.4	115.9	112.6	110.2	107.4	104.7	102.4	100.4	97.6	96.8	96.3	95.9
天　津	Tianjin	105.4	104.6	104.5	104.5	104.1	103.9	102.8	101.6	100.0	99.3	98.3	97.8
石家庄	Shijiazhuang	103.1	102.7	102.9	102.5	102.3	102.4	102.3	101.9	100.4	98.8	98.3	98.0
太　原	Taiyuan	103.8	103.4	103.1	103.4	103.2	102.7	101.2	100.5	99.0	97.6	97.1	96.5
呼和浩特	Hohhot	103.4	103.0	102.4	102.0	101.6	101.2	100.1	99.4	98.2	96.8	95.8	95.4
沈　阳	Shenyang	105.4	105.3	105.3	105.0	104.8	104.2	102.1	100.8	99.2	98.4	98.0	97.4
大　连	Dalian	101.8	101.7	101.4	101.1	100.9	100.4	99.1	98.4	97.3	96.2	95.7	95.2
长　春	Changchun	103.9	103.6	103.4	102.9	102.7	102.2	101.7	100.3	98.6	97.3	96.4	95.7
哈尔滨	Harbin	104.8	104.4	104.0	103.8	103.8	103.9	103.6	102.4	100.6	99.1	97.3	96.3
上　海	Shanghai	113.2	112.1	109.5	108.1	106.8	105.0	103.2	101.7	99.9	99.0	98.3	98.2
南　京	Nanjing	108.1	107.5	106.8	106.2	105.7	104.4	103.0	101.7	100.1	99.3	99.1	98.7
杭　州	Hangzhou	103.5	101.7	101.2	100.3	99.7	98.5	97.5	96.7	95.4	95.7	95.3	94.9
宁　波	Ningbo	104.7	103.5	103.2	102.7	101.7	100.5	99.5	98.4	97.5	96.1	95.0	94.1
合　肥	Hefei	106.9	107.1	106.6	106.7	106.3	105.9	104.3	104.1	102.3	100.7	99.5	98.5
福　州	Fuzhou	109.8	109.1	108.0	106.9	105.7	104.1	102.2	100.8	99.1	97.6	96.7	95.7
厦　门	Xiamen	106.8	107.3	106.8	106.8	106.9	106.2	105.7	105.2	104.3	103.0	102.7	101.6
南　昌	Nanchang	105.8	105.1	104.4	104.1	103.8	103.3	102.2	100.9	98.9	97.6	96.7	96.6
济　南	Jinan	104.3	103.9	103.8	103.4	102.8	102.1	100.5	99.5	98.2	97.2	96.3	95.2
青　岛	Tsingtao	103.8	103.5	103.2	102.6	101.8	101.0	99.8	98.6	97.4	96.4	95.6	94.8
郑　州	Zhengzhou	107.8	108.0	108.3	107.8	107.6	106.8	106.4	105.2	103.5	102.1	101.4	101.0
武　汉	Wuhan	108.6	107.6	107.7	106.7	105.6	104.6	102.4	100.7	98.9	97.5	96.5	96.0
长　沙	Changsha	106.8	106.8	106.5	106.0	105.0	104.2	102.6	101.7	100.3	98.9	98.2	97.6
广　州	Guangzhou	112.9	111.4	109.9	109.8	108.7	107.4	105.2	102.7	101.0	100.0	98.7	98.3
深　圳	Shenzhen	115.2	114.5	113.2	112.0	111.1	109.1	107.4	105.2	103.1	102.2	101.8	101.8
南　宁	Nanning	103.6	103.6	103.5	103.5	101.9	101.6	100.6	99.5	97.0	96.0	97.1	95.7
海　口	Haikou	100.3	100.4	100.2	100.0	99.9	99.5	99.0	98.3	97.4	96.5	95.9	95.0
重　庆	Chongqing	104.8	104.6	104.0	103.6	102.9	102.2	101.1	100.1	98.7	97.3	96.2	95.7
成　都	Chengdu	105.3	105.0	104.5	103.7	103.5	102.4	100.9	99.7	98.3	97.0	96.5	95.9
贵　阳	Guiyang	109.7	109.5	108.4	107.8	107.1	106.1	104.7	103.7	101.1	99.6	98.3	98.0
昆　明	Kunming	107.2	106.1	105.5	105.0	103.8	103.1	101.4	100.0	98.6	97.1	95.9	94.8
西　安	Xi'an	104.5	103.6	102.6	102.5	101.9	101.1	100.0	98.7	97.4	96.1	95.1	94.3
兰　州	Lanzhou	103.2	102.9	102.5	102.3	101.9	101.9	101.1	100.5	98.9	97.7	97.0	96.6
西　宁	Xining	104.3	104.1	103.6	103.2	102.6	102.1	102.1	101.2	99.8	99.0	98.6	97.7
银　川	Yinchuan	108.4	107.9	107.5	107.0	106.4	105.8	104.7	102.9	100.9	99.2	98.1	96.9
乌鲁木齐	Urumqi	105.3	105.2	105.0	104.9	104.6	104.2	103.3	102.8	101.4	99.8	99.4	98.9

3-55 续表 continued

(上年同月=100) (same month of preceding year=100)

地 区	City	1月	2月	3月	4月	5月	6月	7月	8月	9月	10月	11月	12月
唐 山	Tangshan	102.5	102.0	101.7	101.3	100.6	100.3	100.0	99.9	99.1	97.8	97.3	97.2
秦皇岛	Qinghuangdao	102.0	101.5	101.0	100.9	99.5	98.5	97.4	96.1	95.3	94.4	94.2	94.0
包 头	Baotou	103.3	102.9	102.7	102.5	102.1	101.5	100.0	99.1	97.7	96.3	95.6	95.2
丹 东	Dandong	104.1	103.7	103.3	102.9	102.2	101.9	100.9	99.5	98.1	96.3	95.1	93.8
锦 州	Jinzhou	103.3	103.0	102.6	102.4	101.9	101.1	99.9	98.7	97.6	96.1	95.2	94.1
吉 林	Jilin	101.9	101.3	101.3	100.9	100.3	99.7	98.8	98.0	97.4	96.1	95.2	94.8
牡丹江	Mudanjiang	101.5	101.0	99.9	99.1	98.3	96.6	95.4	94.3	92.3	90.8	89.0	87.5
无 锡	Wuxi	102.8	102.2	101.9	101.4	101.2	100.8	100.2	99.1	98.1	97.4	96.6	96.3
扬 州	Yangzhou	103.5	103.0	102.8	102.2	101.9	101.8	101.7	100.5	99.6	98.5	98.0	97.8
徐 州	Xuzhou	101.1	100.6	101.2	101.3	101.1	100.4	100.0	98.8	97.9	96.7	96.3	96.4
温 州	Wenzhou	91.4	91.2	91.6	91.7	91.3	90.4	89.8	89.5	89.6	89.3	89.3	90.5
金 华	Jinhua	104.9	104.4	103.0	102.6	101.9	100.9	99.5	98.1	96.2	94.9	93.9	93.3
蚌 埠	Bengbu	103.5	104.1	104.6	104.4	104.0	103.5	102.7	101.1	100.1	98.3	96.9	95.5
安 庆	Anqing	102.0	101.6	101.4	101.0	100.6	100.1	99.3	98.0	97.0	96.0	95.5	95.5
泉 州	Quanzhou	104.4	104.2	104.2	103.7	103.3	102.4	100.8	99.3	98.1	96.7	95.9	95.2
九 江	Jiujiang	103.8	102.8	101.9	101.6	101.1	100.9	100.5	99.3	98.8	97.5	96.5	96.0
赣 州	Ganzhou	102.1	101.5	100.6	100.4	100.2	99.9	98.4	97.0	95.8	94.3	94.2	94.3
烟 台	Yantai	106.6	106.0	105.3	104.7	104.0	103.2	101.3	99.9	98.5	96.9	95.6	94.6
济 宁	Jining	103.6	103.0	102.4	101.8	101.4	100.7	99.6	98.6	97.6	96.7	96.3	95.5
洛 阳	Luoyang	106.3	106.1	106.1	105.9	105.4	105.3	103.6	102.5	101.2	99.9	99.0	98.0
平顶山	Pingdingshan	105.6	105.7	105.6	105.0	104.2	103.8	102.3	100.9	99.7	98.6	98.0	97.0
宜 昌	Yichang	109.0	107.6	106.2	105.1	104.0	103.2	101.8	100.5	99.4	97.6	96.5	95.9
襄 樊	Xiangfan	109.1	108.3	107.3	105.9	104.4	103.2	101.6	99.8	98.5	97.1	96.1	95.4
岳 阳	Yueyang	104.7	104.7	104.3	103.8	103.3	102.9	101.9	100.5	99.0	97.9	97.2	96.9
常 德	Changde	108.6	108.3	105.8	104.0	103.2	102.3	101.7	100.3	99.0	98.0	97.6	97.4
惠 州	Huizhou	106.6	106.3	105.9	105.7	105.6	104.7	102.9	101.6	100.2	98.6	97.4	96.1
湛 江	Zhanjiang	104.1	103.8	103.7	103.4	103.1	102.8	101.8	100.7	99.2	98.0	97.1	96.1
韶 关	Shaoguan	104.2	103.2	102.6	102.2	102.1	101.4	100.2	98.1	96.1	94.7	94.2	93.5
桂 林	Guilin	104.5	104.0	103.6	103.0	102.1	101.6	100.4	99.2	97.7	96.3	95.7	94.7
北 海	Beihai	106.3	105.9	105.0	104.4	103.5	102.4	101.1	99.4	98.0	96.5	95.3	94.1
三 亚	Sanya	102.4	102.4	102.2	102.1	101.8	101.6	100.9	100.4	99.6	98.7	98.6	97.7
泸 州	Luzhou	104.2	104.8	104.8	104.7	104.5	104.1	102.9	101.8	100.3	98.4	97.4	96.7
南 充	Nanchong	105.4	104.9	104.6	104.2	103.6	103.2	102.3	100.9	99.0	97.3	96.1	95.5
遵 义	Zunyi	104.5	103.7	103.1	102.7	102.4	102.3	101.7	101.6	100.9	99.6	99.0	98.6
大 理	Dali	102.6	102.0	101.3	101.0	100.0	99.6	99.2	98.7	97.7	96.6	95.8	94.2

3-56 36个大中城市居民消费价格指数
Consumer Price Indices for 36 Major Large and Medium-sized Cities (2010-2014)

(上年=100) (preceding year=100)

城市	City	2010	2011	2012	2013	2014
平均指数	**Average Index**	**103.1**	**105.3**	**102.8**	**102.7**	**102.1**
北京	Beijing	102.4	105.6	103.3	103.3	101.6
天津	Tianjin	103.5	104.9	102.7	103.1	101.9
石家庄	Shijiazhuang	103.0	105.7	102.8	102.9	102.0
太原	Taiyuan	103.0	105.4	102.1	103.1	102.2
呼和浩特	Hohhot	102.6	105.5	103.1	103.8	101.2
沈阳	Shenyang	102.9	105.4	103.0	102.5	102.2
大连	Dalian	102.7	105.4	103.4	102.5	102.0
长春	Changchun	103.6	105.5	102.3	103.0	102.2
哈尔滨	Harbin	103.7	105.6	103.2	102.1	102.0
上海	Shanghai	103.1	105.2	102.8	102.3	102.7
南京	Nanjing	104.2	105.4	102.7	102.7	102.6
杭州	Hangzhou	103.9	104.8	102.5	102.5	102.0
宁波	Ningbo	103.7	105.3	101.7	102.2	101.9
合肥	Hefei	102.7	105.7	102.2	102.7	102.0
福州	Fuzhou	103.5	104.9	102.0	102.6	101.7
厦门	Xiamen	103.0	105.2	102.1	102.3	102.2
南昌	Nanchang	103.3	105.0	102.9	102.3	102.5
济南	Jinan	102.1	105.4	102.4	102.8	102.2
青岛	Tsingtao	102.2	105.0	102.7	102.5	102.6
郑州	Zhengzhou	103.0	104.9	102.7	102.8	102.0
武汉	Wuhan	103.0	105.2	102.8	102.4	101.9
长沙	Changsha	102.9	105.5	102.3	102.8	102.7
广州	Guangzhou	103.2	105.5	103.0	102.6	102.3
深圳	Shenzhen	103.5	105.4	102.8	102.7	102.0
南宁	Nanning	102.5	105.7	102.9	102.1	101.6
海口	Haikou	104.2	105.4	103.3	102.9	102.2
重庆	Chongqing	103.2	105.3	102.6	102.7	101.8
成都	Chengdu	103.0	105.4	103.0	103.1	101.3
贵阳	Guiyang	102.9	105.5	102.6	103.2	102.7
昆明	Kunming	104.2	104.9	103.1	103.9	103.1
拉萨	Lhasa	102.2	105.0	103.2	103.4	103.0
西安	Xi'an	103.5	105.6	102.8	102.7	101.4
兰州	Lanzhou	103.8	105.4	102.4	103.5	102.2
西宁	Xining	104.5	105.7	102.7	103.8	102.8
银川	Yinchuan	103.8	105.5	102.6	103.5	102.1
乌鲁木齐	Urumqi	102.7	104.5	103.4	103.5	102.8

3-57 36个大中城市商品零售价格指数
Retail Price Indices for 36 Major Large and Medium-sized Cities (2010-2014)

(上年=100) (preceding year=100)

城 市	City	2010	2011	2012	2013	2014
平均指数	**Average Index**	**102.5**	**104.5**	**101.8**	**101.0**	**100.8**
北 京	Beijing	100.4	103.2	100.6	99.8	99.1
天 津	Tianjin	103.4	104.7	103.0	101.7	100.9
石家庄	Shijiazhuang	103.4	104.9	101.9	102.1	101.2
太 原	Taiyuan	102.6	104.8	101.2	101.3	100.7
呼和浩特	Hohhot	102.6	104.7	101.5	101.9	98.6
沈 阳	Shenyang	102.6	105.2	102.4	101.6	101.3
大 连	Dalian	104.0	104.4	102.5	101.0	101.0
长 春	Changchun	104.6	104.8	101.8	101.3	101.2
哈尔滨	Harbin	101.9	104.4	102.5	101.2	101.5
上 海	Shanghai	101.7	104.1	101.2	100.2	100.9
南 京	Nanjing	103.5	104.2	101.4	101.2	102.0
杭 州	Hangzhou	103.7	104.4	101.9	101.5	100.8
宁 波	Ningbo	103.9	105.7	101.8	101.0	100.3
合 肥	Hefei	102.1	105.1	101.9	101.2	100.3
福 州	Fuzhou	102.9	104.0	101.1	101.0	100.6
厦 门	Xiamen	102.8	104.7	101.6	100.4	100.7
南 昌	Nanchang	103.0	105.2	102.4	101.3	101.1
济 南	Jinan	101.3	104.6	101.8	101.3	101.2
青 岛	Tsingtao	101.4	104.5	101.7	101.4	102.3
郑 州	Zhengzhou	102.7	104.9	102.4	101.4	101.1
武 汉	Wuhan	103.1	104.7	102.3	100.9	100.5
长 沙	Changsha	103.8	105.4	101.5	101.2	101.7
广 州	Guangzhou	103.2	105.1	101.9	100.5	101.5
深 圳	Shenzhen	103.2	105.3	102.4	100.7	101.0
南 宁	Nanning	102.3	104.9	101.7	100.8	100.7
海 口	Haikou	103.7	105.0	102.8	101.6	101.2
重 庆	Chongqing	101.7	104.7	101.6	101.8	100.9
成 都	Chengdu	102.4	104.3	101.4	101.7	100.4
贵 阳	Guiyang	103.2	105.0	102.0	101.9	101.2
昆 明	Kunming	103.6	104.9	102.0	102.5	101.8
拉 萨	Lhasa	101.2	103.9	102.9	103.5	102.3
西 安	Xi'an	102.7	104.4	102.3	101.7	100.7
兰 州	Lanzhou	103.9	105.4	102.4	102.7	101.8
西 宁	Xining	104.6	106.0	102.3	102.5	101.2
银 川	Yinchuan	102.5	104.2	100.6	102.3	100.8
乌鲁木齐	Urumqi	103.4	104.1	102.9	103.5	102.4

3-58 36个大中城市居民消费价格分类指数(环比)
Consumer Price Indices by Category for 36 Major Large and Medium-sized Cities (2014年1月)

(上月=100) (preceding month=100)

地区	City	居民消费价格指数 Consumer Price Index	食品 Food	粮食 Grain	肉禽及其制品 Meat,Poultry and Processed Products	蛋 Eggs	水产品 Aquatic Products	鲜菜 Fresh Vegetables	鲜果 Fresh Fruits
平均指数	**Average Index**	**101.0**	**102.6**	**100.0**	**100.0**	**101.0**	**105.5**	**112.3**	**112.7**
北京	Beijing	101.2	102.7	100.6	99.4	102.1	102.3	118.6	116.0
天津	Tianjin	101.4	103.3	99.9	100.1	105.2	107.0	123.4	111.9
石家庄	Shijiazhuang	101.4	104.6	99.5	100.2	100.1	99.8	124.2	125.8
太原	Taiyuan	101.1	103.8	99.4	98.4	101.2	103.7	126.7	114.8
呼和浩特	Hohhot	101.5	104.1	99.5	100.8	101.5	101.6	118.8	111.2
沈阳	Shenyang	101.7	104.2	100.2	100.3	99.5	108.6	124.0	118.3
大连	Dalian	101.5	103.4	100.1	98.9	99.0	107.5	117.2	112.2
长春	Changchun	101.4	103.7	100.2	98.9	98.7	101.0	127.1	112.5
哈尔滨	Harbin	101.0	102.9	100.2	99.8	98.6	102.5	115.1	109.3
上海	Shanghai	101.1	102.6	99.2	99.8	100.3	106.3	110.5	115.9
南京	Nanjing	100.2	101.4	99.3	99.5	103.2	102.0	105.5	111.5
杭州	Hangzhou	100.7	102.1	99.2	99.8	99.0	106.7	107.1	106.2
宁波	Ningbo	101.2	103.0	101.2	101.1	101.2	107.9	103.6	107.5
合肥	Hefei	100.9	102.8	99.9	99.2	105.8	105.8	123.6	108.3
福州	Fuzhou	101.0	102.7	100.3	96.5	102.2	111.5	105.8	112.6
厦门	Xiamen	101.2	102.8	99.6	100.5	101.0	108.3	107.3	109.8
南昌	Nanchang	100.4	101.1	100.0	100.8	101.2	101.8	102.6	107.7
济南	Jinan	101.4	104.2	100.6	97.9	105.2	100.9	121.1	136.4
青岛	Tsingtao	101.3	104.7	100.3	100.6	104.3	107.8	119.8	124.0
郑州	Zhengzhou	100.9	102.7	100.1	100.7	103.5	105.8	113.7	107.7
武汉	Wuhan	100.9	101.7	100.6	101.4	101.6	101.1	110.0	106.0
长沙	Changsha	101.2	103.7	100.0	100.4	100.2	102.7	123.2	111.9
广州	Guangzhou	100.8	101.4	100.1	100.9	100.8	106.3	99.7	109.2
深圳	Shenzhen	100.8	101.1	99.3	100.7	98.6	106.1	100.2	104.9
南宁	Nanning	100.3	101.4	99.8	101.0	100.5	103.8	98.1	112.6
海口	Haikou	100.7	101.6	101.9	102.2	100.0	101.8	100.0	107.6
重庆	Chongqing	100.8	102.2	100.3	99.3	100.0	101.4	112.0	113.5
成都	Chengdu	100.6	101.2	100.1	100.2	100.1	101.7	111.0	100.7
贵阳	Guiyang	102.0	104.6	100.0	103.1	100.2	109.5	110.5	116.0
昆明	Kunming	101.5	103.2	100.2	100.3	100.4	102.1	120.2	111.0
拉萨	Lasa	100.7	101.8	100.0	101.8	100.0	100.0	109.8	98.3
西安	Xi'an	101.3	103.1	100.3	99.4	99.6	101.6	118.0	113.5
兰州	Lanzhou	101.3	103.2	100.4	98.8	99.6	99.6	120.9	118.6
西宁	Xining	102.1	103.7	100.7	100.8	101.1	102.6	119.5	114.9
银川	Yingchuan	100.5	102.4	100.3	100.3	100.1	100.8	113.4	117.8
乌鲁木齐	Urumqi	102.2	105.4	100.6	100.7	99.4	103.5	123.8	121.2

3-58 续表 continued

(上月=100) (preceding month=100)

地 区	City	烟 酒 Tobacco and Liquor	衣 着 Clothing	家庭设备用品及维修服务 Household Facilities,Articles and Services	医疗保健和个人用品 Health Care and Personal Articles	交通和通信 Transportation and Communication	娱乐教育文化用品及服务 Recreation, Education and Culture Articles	居 住 Residence
平均指数	**Average Index**	**99.6**	**98.7**	**100.3**	**100.3**	**100.7**	**101.6**	**100.1**
北 京	Beijing	98.5	98.4	100.5	99.9	99.4	104.4	99.9
天 津	Tianjin	99.2	99.0	100.1	99.9	101.6	102.4	99.9
石家庄	Shijiazhuang	99.7	98.6	100.4	100.0	100.0	100.2	100.1
太 原	Taiyuan	100.5	97.5	100.3	100.0	100.3	100.0	100.4
呼和浩特	Hohhot	100.0	100.1	99.8	100.2	101.1	100.5	100.0
沈 阳	Shenyang	100.0	100.0	100.5	100.8	100.5	101.1	100.1
大 连	Dalian	99.0	99.1	99.9	100.1	103.2	101.9	99.2
长 春	Changchun	100.3	99.7	100.3	100.1	100.5	101.3	100.2
哈尔滨	Harbin	100.0	99.5	100.0	100.6	100.2	100.1	100.0
上 海	Shanghai	99.6	96.8	99.7	100.3	101.4	101.8	100.7
南 京	Nanjing	99.4	96.5	100.1	100.2	99.9	100.3	100.1
杭 州	Hangzhou	99.8	97.9	101.4	100.0	100.3	100.9	99.9
宁 波	Ningbo	100.1	99.7	100.3	100.7	100.9	100.5	100.3
合 肥	Hefei	99.3	98.3	100.4	100.1	100.3	100.4	100.0
福 州	Fuzhou	99.3	100.4	100.6	100.5	100.1	100.7	99.8
厦 门	Xiamen	99.2	100.7	101.5	99.7	100.5	98.7	101.1
南 昌	Nanchang	100.0	99.6	100.4	99.9	100.9	100.1	100.1
济 南	Jinan	99.4	99.1	100.7	100.7	100.9	99.7	100.3
青 岛	Tsingtao	99.7	96.8	100.6	100.3	100.3	101.0	100.0
郑 州	Zhengzhou	98.2	100.0	100.0	100.1	100.0	100.2	100.0
武 汉	Wuhan	100.0	100.3	101.8	99.8	100.2	100.8	100.4
长 沙	Changsha	100.0	100.0	100.1	100.4	99.3	100.9	99.6
广 州	Guangzhou	99.7	98.3	101.0	100.9	100.0	102.3	100.0
深 圳	Shenzhen	99.8	99.0	100.7	100.5	101.8	102.3	99.9
南 宁	Nanning	100.0	98.2	99.6	100.4	100.4	99.9	99.6
海 口	Haikou	98.0	100.0	100.7	101.2	99.2	100.5	100.5
重 庆	Chongqing	100.1	99.7	99.7	100.0	100.6	101.0	100.0
成 都	Chengdu	99.4	99.2	100.6	100.0	100.5	100.9	100.1
贵 阳	Guiyang	97.7	99.7	100.6	99.9	100.8	103.1	100.0
昆 明	Kunming	100.2	100.0	100.0	99.9	100.2	100.0	102.0
拉 萨	Lasa	100.0	100.0	100.0	100.0	99.9	100.2	100.0
西 安	Xi'an	99.4	97.1	100.8	100.9	101.5	102.1	99.8
兰 州	Lanzhou	100.1	100.0	100.0	100.1	100.8	100.0	100.0
西 宁	Xining	100.1	102.0	100.7	101.0	101.6	100.5	101.2
银 川	Yingchuan	99.7	97.6	99.9	100.1	98.9	100.6	99.9
乌鲁木齐	Urumqi	100.0	101.3	99.1	100.1	101.5	101.2	98.1

3-59 36个大中城市居民消费价格分类指数(环比)

Consumer Price Indices by Category for 36 Major Large and Medium-sized Cities (2014年2月)

(上月=100) (preceding month=100)

地区	City	居民消费价格指数 Consumer Price Index	食品 Food	粮食 Grain	肉禽及其制品 Meat,Poultry and Processed Products	蛋 Eggs	水产品 Aquatic Products	鲜菜 Fresh Vegetables	鲜果 Fresh Fruits
平均指数	**Average Index**	**100.6**	**101.9**	**100.2**	**99.1**	**97.0**	**104.9**	**109.1**	**108.8**
北京	Beijing	100.1	101.4	100.4	99.2	96.8	101.9	114.8	105.5
天津	Tianjin	100.9	103.4	100.8	100.3	96.0	106.0	118.5	112.0
石家庄	Shijiazhuang	101.6	103.7	99.4	99.9	97.9	102.6	119.4	109.1
太原	Taiyuan	101.3	103.5	100.3	99.5	95.5	103.0	117.9	111.5
呼和浩特	Hohhot	101.6	105.0	100.0	99.5	97.9	102.7	128.6	112.8
沈阳	Shenyang	100.2	101.7	100.4	96.8	94.5	106.0	112.0	106.6
大连	Dalian	101.1	103.9	100.4	97.9	94.0	109.2	113.4	111.4
长春	Changchun	100.7	101.9	100.3	97.7	95.2	101.9	108.7	111.3
哈尔滨	Harbin	100.9	102.5	100.0	98.1	94.8	108.8	109.9	110.5
上海	Shanghai	100.4	101.4	100.7	99.7	100.0	101.7	106.3	108.1
南京	Nanjing	100.7	102.5	100.7	100.0	98.3	104.7	114.6	113.4
杭州	Hangzhou	101.2	103.3	99.9	99.5	96.8	110.0	111.8	108.3
宁波	Ningbo	100.9	102.0	99.4	98.5	96.9	103.4	107.6	113.5
合肥	Hefei	100.5	99.8	100.2	96.9	93.8	102.8	100.2	106.5
福州	Fuzhou	100.3	101.8	98.9	97.4	96.1	110.0	101.0	101.6
厦门	Xiamen	100.4	101.2	100.6	100.1	98.4	103.0	99.6	107.2
南昌	Nanchang	101.0	102.5	100.1	101.6	100.1	102.1	112.1	109.0
济南	Jinan	100.9	102.5	99.3	98.8	95.9	103.4	114.6	112.2
青岛	Tsingtao	100.4	102.4	100.5	98.5	93.7	107.2	105.8	112.2
郑州	Zhengzhou	100.7	101.7	100.6	100.3	92.8	102.7	109.6	104.5
武汉	Wuhan	100.6	101.8	100.4	100.4	100.9	103.1	109.5	110.0
长沙	Changsha	100.0	100.2	100.4	99.5	99.8	100.4	97.8	105.8
广州	Guangzhou	100.9	103.5	99.0	101.1	96.6	108.8	105.7	114.1
深圳	Shenzhen	100.5	101.6	100.5	99.4	100.1	108.0	105.1	101.2
南宁	Nanning	100.0	101.4	99.4	99.5	99.9	103.6	104.4	110.0
海口	Haikou	100.6	101.4	100.0	100.6	99.5	107.6	97.9	107.6
重庆	Chongqing	100.5	101.0	100.0	96.5	98.2	103.0	107.4	113.0
成都	Chengdu	100.0	100.3	100.2	97.2	94.2	102.2	107.3	105.7
贵阳	Guiyang	100.2	101.2	100.1	98.3	98.6	101.1	102.1	102.9
昆明	Kunming	100.2	100.4	100.2	99.2	99.1	101.9	100.7	105.7
拉萨	Lasa	100.8	102.3	100.0	101.2	100.0	101.9	110.0	102.9
西安	Xi'an	100.6	102.3	100.5	99.4	94.1	103.9	108.4	114.0
兰州	Lanzhou	100.7	101.6	100.4	98.8	98.5	101.1	110.3	102.0
西宁	Xining	100.7	101.3	101.2	99.4	97.7	103.2	104.6	107.9
银川	Yingchuan	101.1	102.5	100.2	101.5	98.5	101.8	115.7	109.1
乌鲁木齐	Urumqi	100.8	102.3	100.1	100.6	97.4	103.2	109.2	106.5

3-59 续表 continued

(上月=100) (preceding month=100)

地 区	City	烟 酒 Tobacco and Liquor	衣 着 Clothing	家庭设备用品及维修服务 Household Facilities,Articles and Services	医疗保健和个人用品 Health Care and Personal Articles	交通和通信 Transportation and Communication	娱乐教育文化用品及服务 Recreation, Education and Culture Articles	居 住 Residence
平均指数	**Average Index**	**100.1**	**99.9**	**100.0**	**100.3**	**99.7**	**98.7**	**100.5**
北 京	Beijing	100.9	100.9	100.1	100.1	99.9	95.7	100.9
天 津	Tianjin	100.3	100.0	101.3	100.4	99.1	97.7	100.5
石家庄	Shijiazhuang	100.2	101.8	100.1	100.4	99.9	99.6	100.6
太 原	Taiyuan	100.2	99.4	99.4	100.1	99.7	101.9	100.2
呼和浩特	Hohhot	100.0	100.0	99.8	100.2	99.8	99.5	100.0
沈 阳	Shenyang	100.4	97.9	99.9	100.2	99.8	97.4	100.3
大 连	Dalian	100.2	101.1	99.6	100.8	97.3	98.9	100.2
长 春	Changchun	100.0	99.6	100.0	100.2	100.0	98.9	101.2
哈尔滨	Harbin	100.0	98.4	99.7	102.1	99.7	99.9	100.0
上 海	Shanghai	100.3	100.2	100.1	100.6	98.9	99.2	100.6
南 京	Nanjing	99.4	100.3	100.4	100.0	99.6	99.8	100.0
杭 州	Hangzhou	100.5	100.2	100.1	100.1	99.3	99.5	101.1
宁 波	Ningbo	99.9	101.3	100.1	99.7	99.6	100.9	100.6
合 肥	Hefei	99.8	100.2	99.4	100.3	99.7	103.1	100.8
福 州	Fuzhou	100.1	97.4	99.1	100.6	100.3	98.5	100.4
厦 门	Xiamen	100.0	97.4	99.7	99.9	100.4	99.3	101.0
南 昌	Nanchang	100.8	100.0	99.7	100.1	99.8	101.3	100.3
济 南	Jinan	99.1	100.6	99.8	100.7	99.0	100.7	100.4
青 岛	Tsingtao	99.7	98.4	100.5	100.2	100.6	98.2	99.5
郑 州	Zhengzhou	100.4	100.0	100.0	100.0	99.9	100.1	100.5
武 汉	Wuhan	99.9	100.0	100.0	99.8	100.2	99.8	100.3
长 沙	Changsha	99.9	100.2	100.1	100.1	100.0	98.9	100.1
广 州	Guangzhou	99.6	99.0	99.5	99.6	99.6	97.9	100.6
深 圳	Shenzhen	100.1	100.0	99.4	100.1	99.7	99.1	100.5
南 宁	Nanning	100.0	96.3	99.4	99.7	100.3	99.3	100.0
海 口	Haikou	99.1	100.0	99.0	100.2	102.3	99.2	100.0
重 庆	Chongqing	99.7	99.5	100.4	100.4	101.3	100.2	100.3
成 都	Chengdu	100.1	99.9	100.3	100.1	100.1	98.8	100.2
贵 阳	Guiyang	100.0	101.8	99.3	100.8	100.4	96.0	100.0
昆 明	Kunming	100.1	100.7	100.6	100.1	99.8	99.8	100.0
拉 萨	Lasa	100.0	100.0	100.0	100.1	99.9	100.0	100.0
西 安	Xi'an	99.8	100.9	99.5	100.2	99.4	97.6	100.3
兰 州	Lanzhou	100.0	99.9	100.2	100.0	99.7	100.2	100.5
西 宁	Xining	99.9	100.3	99.9	100.2	99.7	99.8	101.0
银 川	Yingchuan	100.0	100.9	100.4	100.0	101.8	99.0	100.0
乌鲁木齐	Urumqi	100.1	99.5	99.9	100.0	99.3	100.2	100.1

3-60 36个大中城市居民消费价格分类指数(环比)
Consumer Price Indices by Category for 36 Major Large and Medium-sized Cities (2014年3月)

(上月=100) (preceding month=100)

地区	City	居民消费价格指数 Consumer Price Index	食品 Food	粮食 Grain	肉禽及其制品 Meat,Poultry and Processed Products	蛋 Eggs	水产品 Aquatic Products	鲜菜 Fresh Vegetables	鲜果 Fresh Fruits
平均指数	**Average Index**	**99.6**	**98.6**	**100.3**	**97.0**	**100.2**	**98.6**	**94.6**	**96.9**
北京	Beijing	99.8	98.7	99.3	97.4	99.4	100.0	89.1	95.4
天津	Tianjin	99.2	98.5	100.2	98.4	98.3	100.9	89.6	98.7
石家庄	Shijiazhuang	99.4	97.7	101.4	98.0	99.4	99.9	91.1	93.9
太原	Taiyuan	99.4	96.5	100.4	96.1	96.9	96.6	86.3	88.7
呼和浩特	Hohhot	98.5	95.7	100.0	97.1	99.3	95.9	81.0	94.9
沈阳	Shenyang	99.4	98.0	100.7	96.9	106.9	99.9	86.7	96.4
大连	Dalian	99.4	98.0	100.5	95.7	102.4	95.6	89.2	101.2
长春	Changchun	99.3	98.4	100.2	97.2	106.3	99.4	90.3	98.6
哈尔滨	Harbin	99.0	97.6	100.1	95.9	107.0	105.0	88.5	96.7
上海	Shanghai	99.8	99.1	100.9	98.8	99.6	99.1	97.3	90.4
南京	Nanjing	99.5	98.0	100.5	97.3	99.0	97.3	88.3	99.3
杭州	Hangzhou	99.5	98.5	100.5	97.7	101.4	97.4	95.1	98.3
宁波	Ningbo	99.2	98.3	100.2	96.2	100.7	95.2	96.9	95.0
合肥	Hefei	99.4	98.2	100.4	95.9	100.6	99.2	90.2	99.4
福州	Fuzhou	99.8	99.7	100.7	95.5	98.9	99.1	110.8	99.1
厦门	Xiamen	100.1	100.0	101.2	98.7	99.2	96.1	107.9	103.0
南昌	Nanchang	99.6	99.4	100.1	96.8	98.9	97.9	100.6	101.4
济南	Jinan	100.0	98.9	100.0	96.3	99.0	99.6	90.2	104.8
青岛	Tsingtao	100.0	97.9	100.0	95.1	102.9	99.3	92.3	92.0
郑州	Zhengzhou	99.7	98.9	100.9	97.6	102.4	97.6	94.7	100.1
武汉	Wuhan	99.1	97.9	100.2	95.4	98.5	96.5	93.9	96.6
长沙	Changsha	99.7	98.6	100.6	97.8	100.7	99.1	92.5	99.8
广州	Guangzhou	99.8	99.1	100.8	98.7	98.1	100.1	105.9	91.9
深圳	Shenzhen	99.4	99.3	99.5	97.2	98.4	97.3	101.5	101.4
南宁	Nanning	99.7	99.8	100.2	96.7	99.4	99.9	107.8	100.5
海口	Haikou	99.5	99.0	100.7	97.4	99.4	98.7	101.3	95.2
重庆	Chongqing	99.4	98.6	100.4	94.0	98.8	99.4	99.9	99.7
成都	Chengdu	99.5	98.7	100.7	96.0	99.1	98.1	97.5	99.3
贵阳	Guiyang	99.9	98.7	100.0	95.2	98.8	96.8	98.8	97.2
昆明	Kunming	100.2	99.9	100.1	97.8	99.5	98.1	98.7	99.3
拉萨	Lasa	100.2	99.9	102.4	99.6	100.0	96.1	96.5	103.9
西安	Xi'an	99.4	97.6	98.3	96.7	99.2	98.0	84.5	100.9
兰州	Lanzhou	99.3	97.5	100.0	96.1	97.1	99.9	87.2	102.2
西宁	Xining	99.6	98.6	100.9	97.3	99.0	100.7	92.9	96.0
银川	Yingchuan	99.3	98.6	100.5	98.2	100.4	98.3	90.0	99.1
乌鲁木齐	Urumqi	99.0	97.8	100.3	97.3	102.2	97.8	89.4	99.6

3-60 续表 continued

(上月=100) (preceding month=100)

地区	City	烟酒 Tobacco and Liquor	衣着 Clothing	家庭设备用品及维修服务 Household Facilities,Articles and Services	医疗保健和个人用品 Health Care and Personal Articles	交通和通信 Transportation and Communication	娱乐教育文化用品及服务 Recreation, Education and Culture Articles	居住 Residence
平均指数	**Average Index**	**100.2**	**100.9**	**99.9**	**100.2**	**99.7**	**99.2**	**100.2**
北京	Beijing	100.7	101.4	99.8	100.3	100.4	99.2	100.5
天津	Tianjin	99.7	99.5	100.0	100.5	99.1	98.5	99.7
石家庄	Shijiazhuang	100.6	102.1	100.0	100.5	99.3	99.7	100.3
太原	Taiyuan	99.9	104.7	100.1	100.2	100.0	100.4	100.2
呼和浩特	Hohhot	100.0	100.1	99.9	100.4	99.7	99.7	100.0
沈阳	Shenyang	100.8	101.4	99.6	100.4	100.1	98.9	100.3
大连	Dalian	100.5	101.4	100.4	100.2	100.2	98.7	100.3
长春	Changchun	100.2	100.1	100.1	100.3	99.5	99.5	99.4
哈尔滨	Harbin	100.0	100.2	99.4	99.9	99.8	99.8	99.3
上海	Shanghai	100.2	102.0	100.1	100.2	99.7	98.8	100.1
南京	Nanjing	100.2	101.0	100.0	100.2	99.9	99.4	100.3
杭州	Hangzhou	99.9	99.9	99.8	100.5	99.2	99.3	100.7
宁波	Ningbo	99.9	99.3	98.8	100.1	99.9	98.9	100.1
合肥	Hefei	100.5	101.3	99.6	100.1	99.4	99.2	100.6
福州	Fuzhou	101.3	99.2	100.1	100.7	99.6	98.1	100.6
厦门	Xiamen	100.2	100.7	99.7	100.1	100.2	100.0	100.0
南昌	Nanchang	99.6	99.9	99.4	100.3	99.2	99.9	99.4
济南	Jinan	100.9	100.6	100.0	100.5	100.6	100.4	100.4
青岛	Tsingtao	100.2	103.0	99.5	100.4	100.5	100.8	100.9
郑州	Zhengzhou	100.2	100.1	100.0	100.2	100.0	99.9	100.6
武汉	Wuhan	99.7	99.7	99.1	99.2	99.7	99.7	99.8
长沙	Changsha	100.0	100.7	100.4	100.2	99.8	100.4	100.4
广州	Guangzhou	100.9	101.8	100.8	100.3	99.8	99.1	100.6
深圳	Shenzhen	100.2	100.6	99.6	100.2	98.7	97.7	100.0
南宁	Nanning	100.0	97.1	99.5	100.1	99.6	100.0	100.4
海口	Haikou	102.0	100.0	99.5	100.0	98.9	99.4	100.0
重庆	Chongqing	99.8	100.9	99.3	100.1	99.5	99.3	99.7
成都	Chengdu	100.0	100.5	100.0	100.1	99.7	99.3	100.0
贵阳	Guiyang	100.5	101.7	100.3	100.5	99.6	98.8	102.0
昆明	Kunming	100.1	100.8	100.0	100.2	100.2	99.9	100.8
拉萨	Lasa	100.0	100.0	100.7	100.7	100.2	100.2	100.8
西安	Xi'an	100.3	102.5	100.4	100.4	98.9	100.3	100.2
兰州	Lanzhou	99.9	100.9	100.2	100.3	100.0	100.2	100.8
西宁	Xining	100.0	101.1	99.7	99.9	99.6	100.2	100.3
银川	Yingchuan	99.9	100.3	100.3	100.2	97.5	100.7	99.8
乌鲁木齐	Urumqi	100.6	99.9	100.0	100.3	99.4	98.3	100.2

3-61 36个大中城市居民消费价格分类指数(环比) Consumer Price Indices by Category for 36 Major Large and Medium-sized Cities (2014年4月)

(上月=100) (preceding month=100)

地区	City	居民消费价格指数 Consumer Price Index	食品 Food	粮食 Grain	肉禽及其制品 Meat,Poultry and Processed Products	蛋 Eggs	水产品 Aquatic Products	鲜菜 Fresh Vegetables	鲜果 Fresh Fruits
平均指数	**Average Index**	**99.7**	**98.6**	**100.1**	**97.7**	**103.1**	**99.2**	**89.3**	**101.0**
北京	Beijing	99.6	98.0	100.0	97.5	104.9	99.7	81.2	98.9
天津	Tianjin	99.2	97.4	100.2	97.2	106.0	98.3	78.6	99.9
石家庄	Shijiazhuang	99.1	97.0	98.6	96.1	105.3	98.6	83.4	101.9
太原	Taiyuan	99.0	97.8	100.2	96.0	110.1	100.7	79.2	106.3
呼和浩特	Hohhot	98.7	95.9	100.0	95.4	101.4	98.8	81.2	95.7
沈阳	Shenyang	99.9	98.6	100.6	99.0	105.8	99.2	81.3	101.9
大连	Dalian	99.3	98.1	100.5	98.2	103.8	96.9	84.0	100.5
长春	Changchun	99.7	98.7	99.9	98.4	104.4	99.8	83.5	103.0
哈尔滨	Harbin	99.4	97.2	100.7	97.9	105.7	98.9	83.7	97.6
上海	Shanghai	100.0	99.0	100.0	98.6	100.7	100.5	93.6	96.8
南京	Nanjing	99.9	98.7	100.9	97.4	101.1	99.1	91.3	99.6
杭州	Hangzhou	99.6	98.4	100.3	97.4	101.1	98.5	93.1	97.2
宁波	Ningbo	99.8	99.0	100.4	98.1	100.9	99.9	93.4	97.8
合肥	Hefei	99.9	99.6	99.7	99.2	105.0	99.4	90.9	105.5
福州	Fuzhou	99.4	97.5	101.1	97.1	98.1	96.4	86.3	104.0
厦门	Xiamen	99.9	97.9	100.5	96.6	101.0	97.4	86.7	105.2
南昌	Nanchang	99.7	98.1	100.9	96.1	98.8	99.7	91.4	102.1
济南	Jinan	99.6	98.2	100.9	97.7	109.8	99.1	80.8	99.3
青岛	Tsingtao	100.0	98.7	100.6	97.6	111.6	102.6	83.2	98.5
郑州	Zhengzhou	99.4	98.0	100.7	97.6	108.8	99.8	86.1	101.4
武汉	Wuhan	99.7	98.9	99.9	97.2	99.6	99.3	95.7	101.1
长沙	Changsha	99.8	99.2	100.2	97.6	100.2	99.9	97.0	102.3
广州	Guangzhou	100.2	99.1	100.1	98.4	103.3	98.0	92.8	102.8
深圳	Shenzhen	100.0	100.2	100.2	98.6	101.9	98.1	100.4	106.8
南宁	Nanning	100.1	100.0	101.5	99.3	99.6	100.9	98.9	102.4
海口	Haikou	99.4	98.4	99.7	99.2	100.0	97.8	89.9	103.7
重庆	Chongqing	99.6	98.5	98.3	96.7	99.3	99.4	94.8	101.5
成都	Chengdu	99.5	98.5	100.5	96.2	102.8	99.5	89.5	106.1
贵阳	Guiyang	99.8	100.1	100.0	97.8	100.6	99.2	97.3	106.6
昆明	Kunming	99.3	97.9	100.3	97.5	101.2	98.9	86.6	101.1
拉萨	Lasa	99.7	98.9	101.2	98.1	100.0	102.7	92.7	101.5
西安	Xi'an	99.6	98.6	99.7	96.8	106.2	101.1	87.5	102.2
兰州	Lanzhou	100.2	100.2	99.9	97.0	101.0	100.5	93.1	124.3
西宁	Xining	100.0	99.5	100.7	96.9	102.6	100.9	88.5	120.9
银川	Yingchuan	99.7	98.2	100.0	97.2	101.7	100.5	86.0	99.2
乌鲁木齐	Urumqi	98.5	96.5	99.9	98.0	102.2	98.5	79.9	96.6

3-61 续表 continued

(上月=100) (preceding month=100)

地 区	City	烟 酒 Tobacco and Liquor	衣 着 Clothing	家庭设备用品及维修服务 Household Facilities,Articles and Services	医疗保健和个人用品 Health Care and Personal Articles	交通和通信 Transportation and Communication	娱乐教育文化用品及服务 Recreation, Education and Culture Articles	居 住 Residence
平均指数	**Average Index**	**99.9**	**101.1**	**100.0**	**100.0**	**100.1**	**100.5**	**100.1**
北 京	Beijing	99.3	99.2	99.7	99.9	100.0	101.7	99.9
天 津	Tianjin	99.4	100.5	100.0	99.9	99.9	99.7	100.3
石家庄	Shijiazhuang	100.1	100.1	100.1	100.4	99.8	101.2	99.7
太 原	Taiyuan	100.0	97.0	100.4	98.5	100.9	100.3	100.2
呼和浩特	Hohhot	100.0	100.4	99.9	99.9	99.9	100.0	100.0
沈 阳	Shenyang	100.3	103.6	99.8	100.7	99.9	100.1	99.9
大 连	Dalian	100.0	97.2	100.6	100.3	101.4	99.7	100.4
长 春	Changchun	99.9	100.7	99.7	99.9	100.2	100.4	100.0
哈尔滨	Harbin	100.1	104.4	99.8	100.0	99.9	99.9	99.3
上 海	Shanghai	100.2	103.7	100.0	100.3	100.5	99.9	100.1
南 京	Nanjing	100.5	102.1	100.4	99.9	100.3	100.2	100.4
杭 州	Hangzhou	100.0	101.0	100.0	97.8	99.8	100.8	100.3
宁 波	Ningbo	99.7	99.9	100.0	100.3	99.8	100.3	100.2
合 肥	Hefei	100.4	100.2	100.1	100.1	99.4	100.3	100.0
福 州	Fuzhou	99.6	100.6	100.3	99.9	100.4	100.1	100.5
厦 门	Xiamen	100.4	103.6	100.1	100.6	100.0	102.8	99.8
南 昌	Nanchang	100.1	100.4	100.3	100.1	99.5	100.2	101.3
济 南	Jinan	99.6	101.2	100.1	100.8	99.8	99.6	100.1
青 岛	Tsingtao	100.6	101.3	100.3	99.9	99.4	101.5	100.7
郑 州	Zhengzhou	100.2	100.2	100.0	100.3	99.9	100.2	100.3
武 汉	Wuhan	100.1	100.1	100.2	100.7	100.1	99.9	99.9
长 沙	Changsha	99.9	100.1	100.0	100.3	99.7	100.3	99.9
广 州	Guangzhou	99.8	105.5	100.0	100.1	100.0	101.9	100.0
深 圳	Shenzhen	100.1	98.7	99.9	99.7	100.0	100.6	100.0
南 宁	Nanning	100.0	102.2	99.9	99.9	98.8	99.9	100.0
海 口	Haikou	99.4	100.0	101.0	100.5	99.7	99.8	100.1
重 庆	Chongqing	99.0	101.1	100.2	99.8	99.7	100.1	100.1
成 都	Chengdu	99.7	100.5	100.0	100.1	99.9	99.6	100.0
贵 阳	Guiyang	99.8	100.3	100.2	99.9	100.2	97.9	99.9
昆 明	Kunming	100.0	100.2	100.0	100.0	99.9	100.0	100.2
拉 萨	Lasa	100.0	99.3	100.0	100.1	100.1	100.0	102.4
西 安	Xi'an	100.3	99.6	99.2	100.0	101.2	100.3	100.2
兰 州	Lanzhou	100.0	100.5	100.2	100.0	100.1	100.0	100.6
西 宁	Xining	100.0	102.2	99.7	99.4	100.3	100.0	100.1
银 川	Yingchuan	99.9	98.7	99.1	100.3	102.2	102.1	100.8
乌鲁木齐	Urumqi	100.3	99.1	100.1	99.7	100.2	99.4	100.7

3-62 36个大中城市居民消费价格分类指数(环比)
Consumer Price Indices by Category for 36 Major Large and Medium-sized Cities (2014年5月)

(上月=100) (preceding month=100)

地区	City	居民消费价格指数 Consumer Price Index	食品 Food	粮食 Grain	肉禽及其制品 Meat,Poultry and Processed Products	蛋 Eggs	水产品 Aquatic Products	鲜菜 Fresh Vegetables	鲜果 Fresh Fruits
平均指数	**Average Index**	**100.1**	**100.1**	**100.6**	**102.5**	**109.5**	**99.9**	**91.0**	**101.7**
北京	Beijing	99.7	99.3	100.3	103.2	107.6	101.1	85.4	95.3
天津	Tianjin	99.8	99.7	100.1	101.3	109.0	102.9	82.8	102.8
石家庄	Shijiazhuang	99.6	98.7	100.0	103.1	116.4	102.1	78.4	101.0
太原	Taiyuan	100.0	100.3	100.4	105.1	112.9	103.4	83.5	108.3
呼和浩特	Hohhot	100.0	99.8	100.2	101.2	107.2	106.8	85.5	109.1
沈阳	Shenyang	100.6	101.8	100.7	104.5	116.6	101.4	87.0	112.1
大连	Dalian	100.4	101.3	101.8	106.6	118.7	103.3	86.4	105.2
长春	Changchun	100.4	101.0	100.1	105.0	115.8	102.7	78.7	105.5
哈尔滨	Harbin	99.8	99.3	100.2	102.5	118.1	97.5	89.5	96.1
上海	Shanghai	100.3	100.6	100.3	100.8	103.2	101.9	94.7	105.0
南京	Nanjing	100.5	101.5	99.7	101.4	107.4	100.9	109.0	99.5
杭州	Hangzhou	99.9	98.9	100.7	101.7	110.1	93.9	96.1	98.8
宁波	Ningbo	99.7	98.8	100.1	101.8	110.4	96.9	93.1	96.6
合肥	Hefei	100.4	100.8	100.6	101.5	113.4	98.7	91.5	112.9
福州	Fuzhou	100.6	101.9	101.4	108.5	108.8	99.2	99.2	104.1
厦门	Xiamen	100.0	100.6	100.4	103.7	106.3	96.3	106.9	104.7
南昌	Nanchang	100.3	100.8	100.5	100.0	109.8	100.7	98.3	110.5
济南	Jinan	99.5	97.5	101.8	102.5	110.6	100.4	82.7	81.6
青岛	Tsingtao	100.0	100.0	100.2	105.7	108.1	97.3	90.7	95.7
郑州	Zhengzhou	99.9	99.4	100.9	101.8	111.5	100.6	86.8	103.1
武汉	Wuhan	100.1	100.4	100.1	101.8	102.7	100.7	95.1	106.3
长沙	Changsha	100.0	100.1	100.2	101.5	104.2	100.5	91.5	106.6
广州	Guangzhou	99.9	99.9	101.2	103.1	116.5	97.9	88.2	102.1
深圳	Shenzhen	100.2	99.8	101.1	101.4	106.6	100.6	94.0	98.2
南宁	Nanning	99.9	99.2	100.5	101.1	102.8	100.1	90.2	97.0
海口	Haikou	99.5	99.3	100.1	98.7	100.7	100.0	94.0	107.4
重庆	Chongqing	100.2	100.3	100.3	104.0	104.1	101.4	90.5	104.9
成都	Chengdu	100.5	101.3	101.0	103.6	119.4	99.7	93.8	108.0
贵阳	Guiyang	100.0	100.8	100.0	101.9	105.6	98.5	97.2	106.0
昆明	Kunming	100.1	100.0	100.7	100.4	103.9	100.1	91.4	104.5
拉萨	Lasa	99.9	99.5	100.0	101.2	101.8	99.2	90.2	104.4
西安	Xi'an	100.0	100.4	101.8	102.4	112.7	100.9	86.4	108.1
兰州	Lanzhou	100.1	100.1	101.3	104.0	115.5	100.5	92.5	99.2
西宁	Xining	100.1	99.7	99.7	103.0	111.0	101.5	90.7	95.5
银川	Yingchuan	99.5	99.2	100.0	101.9	107.0	101.4	86.0	94.4
乌鲁木齐	Urumqi	99.9	99.4	99.2	99.9	112.9	100.5	86.1	105.8

3-62 续表 continued

(上月=100) (preceding month=100)

地区	City	烟酒 Tobacco and Liquor	衣着 Clothing	家庭设备用品及维修服务 Household Facilities,Articles and Services	医疗保健和个人用品 Health Care and Personal Articles	交通和通信 Transportation and Communication	娱乐教育文化用品及服务 Recreation, Education and Culture Articles	居住 Residence
平均指数	**Average Index**	**100.0**	**100.3**	**100.1**	**100.2**	**100.2**	**99.8**	**100.1**
北京	Beijing	100.2	98.9	100.1	100.2	100.5	98.9	100.4
天津	Tianjin	100.0	99.9	99.7	100.0	100.0	99.7	99.9
石家庄	Shijiazhuang	99.2	99.7	99.8	100.5	100.8	100.3	99.9
太原	Taiyuan	99.9	101.8	99.6	100.0	100.2	97.9	99.9
呼和浩特	Hohhot	100.0	100.6	100.4	100.5	99.0	99.9	99.9
沈阳	Shenyang	100.0	99.3	99.5	100.5	100.2	100.3	99.7
大连	Dalian	99.6	98.6	100.1	100.1	100.7	100.2	99.8
长春	Changchun	100.5	100.2	100.4	100.0	100.1	99.9	100.0
哈尔滨	Harbin	100.0	100.7	100.9	100.0	100.1	99.9	99.3
上海	Shanghai	100.6	101.7	100.3	100.0	99.8	100.0	100.1
南京	Nanjing	99.7	100.0	100.3	100.0	100.1	100.2	100.1
杭州	Hangzhou	100.1	99.9	99.9	100.6	101.0	100.5	100.0
宁波	Ningbo	99.4	99.7	100.6	100.3	100.0	100.1	100.2
合肥	Hefei	99.6	102.5	100.5	100.0	99.7	100.0	99.9
福州	Fuzhou	98.5	100.5	100.4	100.1	100.0	99.6	100.0
厦门	Xiamen	99.5	100.2	100.8	100.0	99.9	98.6	99.4
南昌	Nanchang	99.9	100.1	100.0	100.1	100.0	99.8	100.3
济南	Jinan	100.3	100.5	100.2	100.0	100.6	101.2	100.1
青岛	Tsingtao	99.9	100.2	100.0	99.9	99.6	99.8	100.3
郑州	Zhengzhou	100.1	100.1	100.2	100.1	100.0	100.2	100.2
武汉	Wuhan	100.1	100.6	99.8	99.5	99.9	100.1	100.0
长沙	Changsha	100.0	100.2	100.8	100.1	100.2	99.5	99.9
广州	Guangzhou	100.1	100.8	99.3	100.3	100.3	99.1	99.8
深圳	Shenzhen	100.6	100.3	99.7	100.6	100.2	101.0	100.2
南宁	Nanning	100.0	100.6	99.8	100.4	100.2	100.1	100.4
海口	Haikou	99.1	100.0	99.5	100.1	99.5	99.1	100.0
重庆	Chongqing	99.8	100.4	100.6	100.2	100.2	99.8	100.1
成都	Chengdu	99.9	99.7	100.2	100.1	100.3	99.9	100.0
贵阳	Guiyang	100.3	100.1	100.0	100.4	99.5	97.6	100.0
昆明	Kunming	100.0	101.0	101.0	100.0	100.6	100.0	99.4
拉萨	Lasa	100.0	99.2	100.6	100.0	101.5	99.9	100.3
西安	Xi'an	99.9	99.5	100.7	100.6	100.4	99.0	99.7
兰州	Lanzhou	100.0	100.4	100.2	100.0	99.8	100.1	100.6
西宁	Xining	100.0	102.1	100.2	99.5	100.1	99.9	100.0
银川	Yingchuan	100.0	99.6	99.9	100.1	99.6	98.4	100.1
乌鲁木齐	Urumqi	99.3	101.4	100.4	100.2	99.6	99.1	100.5

3-63 36个大中城市居民消费价格分类指数(环比)
Consumer Price Indices by Category for 36 Major Large and Medium-sized Cities (2014年6月)

(上月=100) (preceding month=100)

地区	City	居民消费价格指数 Consumer Price Index	食品 Food	粮食 Grain	肉禽及其制品 Meat,Poultry and Processed Products	蛋 Eggs	水产品 Aquatic Products	鲜菜 Fresh Vegetables	鲜果 Fresh Fruits
平均指数	**Average Index**	**99.8**	**99.5**	**100.3**	**101.0**	**96.0**	**98.5**	**96.0**	**96.5**
北京	Beijing	99.8	99.2	100.1	100.8	96.5	100.3	91.9	92.7
天津	Tianjin	99.6	98.7	100.8	101.0	93.9	100.8	92.0	88.6
石家庄	Shijiazhuang	99.8	99.3	99.1	100.6	93.3	101.5	89.6	107.7
太原	Taiyuan	99.3	98.7	101.3	100.7	93.5	99.8	89.9	94.8
呼和浩特	Hohhot	99.9	99.5	100.0	102.5	94.5	105.2	84.3	102.8
沈阳	Shenyang	99.2	98.0	100.9	100.8	89.6	100.0	86.1	87.3
大连	Dalian	99.0	96.9	101.5	100.7	89.1	100.9	82.3	81.7
长春	Changchun	99.3	97.9	100.1	101.3	89.8	101.2	84.9	95.5
哈尔滨	Harbin	98.5	97.4	100.2	100.9	87.2	97.1	82.6	97.9
上海	Shanghai	99.9	99.2	99.1	100.5	100.1	97.1	96.5	95.5
南京	Nanjing	100.0	99.1	99.6	100.8	99.2	98.7	94.4	91.1
杭州	Hangzhou	99.9	99.2	100.3	101.0	99.6	96.4	93.2	104.0
宁波	Ningbo	100.0	99.6	100.2	100.6	98.5	99.9	95.5	97.3
合肥	Hefei	99.6	98.2	100.3	99.3	94.6	96.2	94.5	89.8
福州	Fuzhou	100.3	100.9	100.4	104.0	96.6	96.7	99.4	107.3
厦门	Xiamen	100.0	100.0	100.4	98.5	98.8	98.0	107.3	101.8
南昌	Nanchang	99.3	99.2	100.3	100.5	98.9	98.6	92.4	100.2
济南	Jinan	99.9	99.5	100.9	101.3	93.9	100.6	96.3	95.1
青岛	Tsingtao	100.6	100.1	100.7	100.6	93.2	101.2	98.8	100.0
郑州	Zhengzhou	99.9	99.6	100.7	100.2	93.9	100.2	91.2	107.4
武汉	Wuhan	100.0	99.9	100.1	101.3	101.3	100.1	93.3	104.7
长沙	Changsha	100.1	100.3	100.6	101.1	100.7	100.2	97.1	100.5
广州	Guangzhou	99.7	99.8	99.2	101.0	96.2	95.1	99.7	101.9
深圳	Shenzhen	100.0	100.5	101.5	101.4	101.1	99.0	100.5	103.0
南宁	Nanning	99.9	99.9	100.2	102.9	101.9	96.6	99.1	92.4
海口	Haikou	100.3	100.9	100.1	100.4	100.4	101.2	104.5	100.3
重庆	Chongqing	100.2	100.1	100.6	101.5	97.1	100.4	98.2	96.0
成都	Chengdu	100.7	101.5	100.6	101.4	93.9	99.5	112.3	103.6
贵阳	Guiyang	100.2	100.9	100.0	101.1	102.2	99.5	106.1	101.4
昆明	Kunming	101.0	102.3	100.2	101.5	103.2	100.5	116.1	98.9
拉萨	Lasa	100.3	100.4	100.1	102.2	100.1	100.3	93.7	104.2
西安	Xi'an	99.4	98.7	101.4	102.5	93.7	101.2	94.3	86.5
兰州	Lanzhou	100.0	99.2	99.7	101.6	100.2	99.5	90.7	98.8
西宁	Xining	99.8	99.2	102.0	101.4	94.9	100.9	91.6	94.4
银川	Yingchuan	99.8	99.4	100.2	100.1	99.6	99.4	86.8	102.1
乌鲁木齐	Urumqi	99.6	99.2	101.3	100.7	96.7	100.4	84.7	103.4

3-63 续表 continued

(上月=100) (preceding month=100)

地区	City	烟酒 Tobacco and Liquor	衣着 Clothing	家庭设备用品及维修服务 Household Facilities,Articles and Services	医疗保健和个人用品 Health Care and Personal Articles	交通和通信 Transportation and Communication	娱乐教育文化用品及服务 Recreation, Education and Culture Articles	居住 Residence
平均指数	**Average Index**	**99.9**	**99.7**	**100.2**	**100.1**	**100.0**	**99.9**	**100.2**
北京	Beijing	99.7	99.3	100.1	100.0	100.1	100.1	100.4
天津	Tianjin	99.8	99.4	100.3	100.2	99.6	99.7	100.3
石家庄	Shijiazhuang	99.9	100.1	100.1	100.4	100.0	100.1	100.0
太原	Taiyuan	100.1	100.1	99.5	100.2	99.4	98.2	100.0
呼和浩特	Hohhot	100.0	100.2	100.1	100.1	100.2	100.4	99.9
沈阳	Shenyang	99.7	99.4	99.8	100.0	100.1	100.2	99.9
大连	Dalian	100.3	99.8	99.9	100.0	99.2	100.7	100.6
长春	Changchun	99.7	100.1	100.2	100.2	99.9	99.4	100.0
哈尔滨	Harbin	100.0	94.6	100.7	100.1	100.0	100.1	99.7
上海	Shanghai	99.9	100.2	100.7	99.8	100.1	100.3	100.2
南京	Nanjing	99.1	100.2	100.6	100.6	100.4	100.2	100.2
杭州	Hangzhou	99.9	99.8	100.2	100.3	100.3	100.1	100.3
宁波	Ningbo	99.7	100.0	100.3	100.4	100.6	99.8	100.0
合肥	Hefei	100.0	99.8	100.5	100.0	99.9	100.2	100.5
福州	Fuzhou	100.3	99.2	99.3	100.0	100.7	99.6	100.4
厦门	Xiamen	100.4	100.6	100.3	99.9	100.3	99.4	99.8
南昌	Nanchang	100.0	97.8	100.1	100.0	100.0	99.7	99.0
济南	Jinan	100.0	99.4	100.1	100.2	100.2	99.9	100.5
青岛	Tsingtao	100.0	102.3	100.0	100.4	100.7	99.9	100.9
郑州	Zhengzhou	99.9	100.0	100.1	100.0	100.2	100.1	100.2
武汉	Wuhan	100.3	100.5	100.1	99.5	100.0	99.9	100.1
长沙	Changsha	100.0	100.1	100.3	100.1	100.2	99.8	99.9
广州	Guangzhou	99.7	98.7	99.8	100.0	100.0	99.0	99.9
深圳	Shenzhen	99.8	99.9	99.8	100.1	99.7	99.1	100.1
南宁	Nanning	100.0	98.5	99.9	102.0	100.1	100.0	99.7
海口	Haikou	100.4	100.0	100.0	100.0	99.7	99.7	100.1
重庆	Chongqing	100.0	100.2	99.7	100.1	100.4	100.5	100.2
成都	Chengdu	99.7	99.7	99.8	100.1	100.4	100.8	100.0
贵阳	Guiyang	100.9	100.2	100.0	99.9	100.1	97.9	100.0
昆明	Kunming	100.0	101.8	99.9	100.0	100.1	99.9	100.0
拉萨	Lasa	100.0	100.0	100.0	100.4	100.1	101.5	100.0
西安	Xi'an	100.0	99.1	101.0	100.3	98.8	100.0	100.0
兰州	Lanzhou	99.8	101.4	100.8	100.4	99.9	101.1	100.0
西宁	Xining	100.0	100.8	100.5	100.1	99.8	100.7	100.0
银川	Yingchuan	99.9	98.9	101.2	100.0	99.7	100.0	100.9
乌鲁木齐	Urumqi	100.1	99.0	100.1	100.1	100.4	99.9	100.0

3-64 36个大中城市居民消费价格分类指数(环比)

Consumer Price Indices by Category for 36 Major Large and Medium-sized Cities (2014年7月)

(上月=100) (preceding month=100)

地区	City	居民消费价格指数 Consumer Price Index	食品 Food	粮食 Grain	肉禽及其制品 Meat,Poultry and Processed Products	蛋 Eggs	水产品 Aquatic Products	鲜菜 Fresh Vegetables	鲜果 Fresh Fruits
平均指数	**Average Index**	**100.1**	**99.8**	**100.2**	**100.3**	**104.2**	**99.0**	**103.0**	**93.8**
北京	Beijing	100.0	99.1	99.9	100.3	103.8	99.6	100.3	89.7
天津	Tianjin	100.1	99.8	99.8	99.5	105.6	102.7	98.6	95.6
石家庄	Shijiazhuang	99.7	98.7	102.5	101.2	109.4	100.5	103.5	75.8
太原	Taiyuan	99.6	99.9	100.3	100.8	111.0	99.3	97.6	94.0
呼和浩特	Hohhot	99.6	98.6	100.3	100.1	102.7	98.5	95.2	91.2
沈阳	Shenyang	99.5	98.9	100.3	100.3	109.0	100.9	93.2	87.4
大连	Dalian	100.1	99.4	100.2	99.8	105.4	100.4	98.5	91.5
长春	Changchun	99.9	99.1	100.2	100.8	110.3	100.3	84.1	96.2
哈尔滨	Harbin	99.7	99.9	100.1	101.2	112.9	99.1	93.9	98.1
上海	Shanghai	100.0	99.4	99.9	100.3	101.4	96.8	105.3	92.6
南京	Nanjing	100.5	100.6	99.9	100.5	102.6	101.9	105.1	95.4
杭州	Hangzhou	100.4	100.4	99.9	100.0	102.1	100.1	110.2	95.4
宁波	Ningbo	100.5	100.6	99.5	100.1	103.8	100.6	109.6	96.3
合肥	Hefei	99.7	99.5	99.9	101.7	107.6	97.5	100.9	85.1
福州	Fuzhou	100.2	99.8	100.5	100.2	103.5	97.1	108.0	95.1
厦门	Xiamen	99.9	99.5	100.2	99.8	102.1	98.0	100.2	97.8
南昌	Nanchang	99.2	98.5	100.2	99.1	96.4	97.8	98.7	89.6
济南	Jinan	99.6	99.4	100.6	99.7	104.6	100.0	104.8	88.2
青岛	Tsingtao	100.6	99.7	101.0	100.4	106.9	97.6	103.4	94.1
郑州	Zhengzhou	100.2	100.2	100.2	100.2	107.6	100.0	103.1	94.4
武汉	Wuhan	100.4	100.9	100.0	101.4	101.2	100.9	104.3	103.5
长沙	Changsha	100.1	99.8	100.1	100.5	101.1	98.3	102.3	94.1
广州	Guangzhou	100.2	100.2	101.8	100.1	104.7	99.5	103.0	98.0
深圳	Shenzhen	99.9	99.5	98.7	100.1	102.4	97.7	99.8	94.9
南宁	Nanning	100.1	100.7	100.0	100.3	101.5	98.6	109.0	98.4
海口	Haikou	100.7	101.5	100.0	101.6	101.3	100.1	112.0	95.5
重庆	Chongqing	100.5	100.6	100.6	100.7	102.4	98.9	108.1	93.6
成都	Chengdu	100.3	100.7	100.8	100.0	104.3	100.2	105.6	100.6
贵阳	Guiyang	100.2	99.5	100.0	100.3	98.5	99.3	99.4	94.7
昆明	Kunming	100.5	101.0	100.3	100.7	100.3	99.8	106.5	98.5
拉萨	Lasa	100.9	101.7	103.7	102.4	99.6	100.6	104.5	96.6
西安	Xi'an	100.1	99.7	100.3	100.5	104.6	98.8	104.7	93.0
兰州	Lanzhou	100.0	99.8	101.0	101.9	101.9	100.2	99.3	91.3
西宁	Xining	100.0	99.9	102.5	101.1	105.6	98.5	98.7	90.1
银川	Yingchuan	100.6	100.5	100.3	100.9	101.1	99.5	108.2	96.2
乌鲁木齐	Urumqi	99.4	98.6	100.6	99.7	99.4	98.5	95.3	89.4

3-64 续表 continued

(上月=100) (preceding month=100)

地区	City	烟酒 Tobacco and Liquor	衣着 Clothing	家庭设备用品及维修服务 Household Facilities,Articles and Services	医疗保健和个人用品 Health Care and Personal Articles	交通和通信 Transportation and Communication	娱乐教育文化用品及服务 Recreation, Education and Culture Articles	居住 Residence
平均指数	**Average Index**	**100.0**	**99.2**	**100.0**	**100.1**	**100.5**	**101.2**	**100.1**
北京	Beijing	100.1	99.4	100.1	99.9	100.1	102.1	100.2
天津	Tianjin	99.8	99.7	99.7	100.1	100.0	101.5	100.0
石家庄	Shijiazhuang	99.8	99.1	100.7	100.2	100.9	100.2	100.3
太原	Taiyuan	100.1	96.8	99.6	99.9	100.5	99.2	100.0
呼和浩特	Hohhot	100.0	100.1	99.9	100.2	100.2	100.0	99.9
沈阳	Shenyang	99.7	99.5	99.9	100.0	100.1	100.2	99.7
大连	Dalian	100.1	98.4	100.1	100.0	101.6	102.5	100.0
长春	Changchun	100.2	100.0	100.1	100.2	100.6	100.1	100.4
哈尔滨	Harbin	100.0	95.8	100.0	100.3	100.4	101.2	100.3
上海	Shanghai	100.2	99.4	100.5	100.0	100.7	101.1	100.1
南京	Nanjing	100.4	99.3	100.2	99.9	100.8	101.6	100.2
杭州	Hangzhou	99.9	99.3	100.1	100.3	100.3	102.1	100.1
宁波	Ningbo	100.3	100.2	99.8	100.0	100.2	101.1	100.5
合肥	Hefei	100.1	98.3	100.1	99.9	100.3	99.9	100.3
福州	Fuzhou	100.2	99.4	99.7	100.1	100.2	101.2	100.8
厦门	Xiamen	99.6	99.0	99.3	100.2	100.7	101.2	99.9
南昌	Nanchang	100.0	98.7	99.5	100.0	100.1	99.7	99.4
济南	Jinan	99.8	98.6	99.7	100.3	99.4	99.9	99.9
青岛	Tsingtao	100.0	99.2	100.2	100.1	100.1	105.9	100.5
郑州	Zhengzhou	100.1	100.1	100.2	100.1	100.2	100.1	100.2
武汉	Wuhan	100.6	100.3	100.0	100.2	100.2	100.2	100.2
长沙	Changsha	100.4	100.1	100.3	100.7	100.2	100.9	99.6
广州	Guangzhou	100.1	99.0	99.7	100.3	101.2	101.3	99.8
深圳	Shenzhen	99.7	98.7	99.6	100.1	100.9	100.7	100.0
南宁	Nanning	100.0	98.5	100.1	100.1	100.3	99.2	100.0
海口	Haikou	98.7	100.0	100.7	100.0	100.2	101.7	99.6
重庆	Chongqing	100.1	99.8	100.0	100.8	100.5	101.1	100.3
成都	Chengdu	99.8	99.4	99.8	100.2	100.1	100.8	100.0
贵阳	Guiyang	100.0	98.8	100.0	100.2	101.2	102.9	100.0
昆明	Kunming	100.0	101.5	101.0	100.2	100.0	99.9	100.0
拉萨	Lasa	100.0	100.0	100.5	99.6	100.1	102.7	100.5
西安	Xi'an	100.1	98.6	99.4	100.1	101.1	102.0	99.9
兰州	Lanzhou	99.3	100.3	100.0	99.8	100.2	99.9	100.9
西宁	Xining	100.0	97.2	100.1	100.1	100.0	103.1	100.1
银川	Yingchuan	99.9	99.8	100.5	100.1	100.5	103.8	100.0
乌鲁木齐	Urumqi	99.7	98.3	100.1	100.9	100.3	100.0	100.0

3-65 36个大中城市居民消费价格分类指数(环比)
Consumer Price Indices by Category for 36 Major Large and Medium-sized Cities (2014年8月)

(上月=100) (preceding month=100)

地区	City	居民消费价格指数 Consumer Price Index	食品 Food	粮食 Grain	肉禽及其制品 Meat,Poultry and Processed Products	蛋 Eggs	水产品 Aquatic Products	鲜菜 Fresh Vegetables	鲜果 Fresh Fruits
平均指数	**Average Index**	**100.1**	**100.4**	**100.2**	**102.0**	**106.1**	**98.9**	**101.4**	**97.3**
北京	Beijing	99.7	99.6	100.2	101.8	105.2	99.8	100.0	90.9
天津	Tianjin	100.3	100.8	100.7	101.5	105.2	98.4	100.8	106.6
石家庄	Shijiazhuang	99.9	99.1	99.3	100.5	107.5	98.8	94.8	89.8
太原	Taiyuan	99.2	98.6	99.8	100.8	107.4	99.4	102.9	82.2
呼和浩特	Hohhot	99.9	99.8	100.4	101.2	110.2	100.3	98.8	95.0
沈阳	Shenyang	100.2	100.2	100.1	102.7	111.8	95.6	99.3	97.0
大连	Dalian	100.1	100.1	100.2	103.1	113.2	92.4	103.8	99.2
长春	Changchun	99.9	99.7	100.0	102.0	107.8	99.7	94.1	92.3
哈尔滨	Harbin	100.4	100.2	100.6	102.3	106.8	95.3	96.3	100.5
上海	Shanghai	100.1	100.5	100.1	102.2	102.4	97.8	106.3	99.8
南京	Nanjing	100.4	101.6	100.7	101.6	105.8	102.7	111.6	98.5
杭州	Hangzhou	100.0	101.5	100.4	102.6	106.6	102.2	105.2	98.7
宁波	Ningbo	100.0	100.2	100.4	103.2	104.2	98.5	100.9	98.2
合肥	Hefei	100.4	102.4	100.1	105.0	108.3	103.8	105.1	107.4
福州	Fuzhou	99.9	100.0	100.3	101.1	111.5	97.7	100.6	99.3
厦门	Xiamen	99.8	100.1	100.2	101.6	104.8	99.7	101.3	98.6
南昌	Nanchang	100.2	101.2	100.0	101.3	106.7	99.6	111.6	94.5
济南	Jinan	100.1	99.7	100.1	102.4	109.3	100.2	102.7	89.2
青岛	Tsingtao	99.5	99.3	99.4	101.6	110.5	92.5	103.7	94.0
郑州	Zhengzhou	100.3	100.8	100.0	100.9	110.2	100.5	100.0	102.1
武汉	Wuhan	100.3	100.3	99.8	101.9	102.0	100.5	101.1	94.9
长沙	Changsha	100.3	101.1	100.0	101.8	104.4	100.9	103.6	99.6
广州	Guangzhou	100.0	100.2	98.8	100.4	107.9	99.2	102.3	98.3
深圳	Shenzhen	99.9	100.2	100.9	100.4	101.8	100.4	101.3	99.0
南宁	Nanning	100.2	101.1	100.7	101.7	104.9	101.9	103.0	102.4
海口	Haikou	100.0	100.0	101.2	101.4	102.0	98.7	98.8	99.1
重庆	Chongqing	100.3	100.8	99.9	105.2	104.1	101.7	95.3	100.0
成都	Chengdu	100.3	100.7	100.9	102.6	106.9	100.7	97.7	96.6
贵阳	Guiyang	99.7	99.3	100.0	100.4	101.3	100.2	93.1	97.6
昆明	Kunming	100.0	99.6	100.2	100.3	100.9	101.7	96.0	98.3
拉萨	Lasa	100.5	100.8	101.9	100.3	103.8	104.6	100.7	98.1
西安	Xi'an	100.1	100.8	100.8	103.0	108.5	99.5	103.1	93.6
兰州	Lanzhou	99.8	99.6	100.3	102.2	106.3	99.9	96.6	90.8
西宁	Xining	100.1	99.9	99.5	101.2	106.9	100.3	100.9	90.2
银川	Yingchuan	100.1	99.9	100.0	101.4	102.7	100.3	102.4	91.4
乌鲁木齐	Urumqi	100.2	99.6	100.6	101.4	104.7	98.9	98.8	91.7

3-65 续表 continued

(上月=100) (preceding month=100)

地 区	City	烟 酒 Tobacco and Liquor	衣 着 Clothing	家庭设备用品及维修服务 Household Facilities,Articles and Services	医疗保健和个人用品 Health Care and Personal Articles	交通和通信 Transportation and Communication	娱乐教育文化用品及服务 Recreation, Education and Culture Articles	居 住 Residence
平均指数	**Average Index**	**99.8**	**100.2**	**100.0**	**100.1**	**99.5**	**99.6**	**100.1**
北 京	Beijing	99.8	102.5	99.5	100.0	99.3	98.6	99.8
天 津	Tianjin	98.8	101.0	100.0	99.9	99.8	99.5	100.2
石家庄	Shijiazhuang	99.7	101.3	99.9	100.2	99.8	100.0	100.2
太 原	Taiyuan	99.9	97.4	99.9	100.0	100.0	99.2	100.0
呼和浩特	Hohhot	100.0	100.0	100.0	99.8	99.7	100.0	100.0
沈 阳	Shenyang	100.1	99.8	100.0	100.3	99.8	100.3	100.8
大 连	Dalian	100.3	101.8	100.0	100.2	99.2	99.3	100.0
长 春	Changchun	100.0	99.9	100.1	100.0	99.6	100.2	100.0
哈尔滨	Harbin	100.0	103.4	99.6	100.0	99.7	99.5	100.1
上 海	Shanghai	100.1	100.3	100.1	99.8	99.1	99.7	100.1
南 京	Nanjing	100.4	100.4	100.0	99.9	99.7	99.8	100.0
杭 州	Hangzhou	99.8	96.0	100.0	100.5	99.4	99.9	99.7
宁 波	Ningbo	99.8	101.6	99.9	99.4	99.4	100.0	99.9
合 肥	Hefei	100.0	96.2	99.7	99.8	99.4	100.4	100.0
福 州	Fuzhou	99.9	99.0	100.0	100.1	99.7	99.8	100.1
厦 门	Xiamen	99.7	99.4	100.1	99.7	99.3	99.6	99.7
南 昌	Nanchang	100.0	100.0	100.0	100.0	99.8	99.2	99.7
济 南	Jinan	99.8	100.7	100.2	99.7	101.5	99.0	100.7
青 岛	Tsingtao	100.0	100.2	99.9	99.8	99.2	97.4	100.6
郑 州	Zhengzhou	100.1	100.0	100.0	100.0	100.2	100.1	100.1
武 汉	Wuhan	99.9	99.6	100.0	100.7	99.7	100.2	100.9
长 沙	Changsha	100.2	100.0	100.0	100.0	99.4	100.5	99.9
广 州	Guangzhou	99.8	99.6	99.7	100.1	100.0	100.2	99.8
深 圳	Shenzhen	99.9	99.2	100.3	100.0	99.4	99.7	99.9
南 宁	Nanning	100.2	98.1	100.0	100.0	100.0	99.9	100.0
海 口	Haikou	100.0	100.1	100.3	99.7	100.1	99.3	100.3
重 庆	Chongqing	99.6	100.0	100.3	101.1	99.2	99.6	100.2
成 都	Chengdu	99.9	100.0	99.9	100.2	99.8	99.5	100.6
贵 阳	Guiyang	98.7	99.8	100.9	100.1	99.8	99.8	100.0
昆 明	Kunming	100.0	101.3	100.2	99.9	99.9	100.0	100.1
拉 萨	Lasa	100.0	100.0	100.1	99.8	99.7	102.4	100.0
西 安	Xi'an	99.7	99.9	99.8	99.9	98.9	99.4	100.0
兰 州	Lanzhou	98.7	99.3	100.4	99.9	100.5	100.0	100.0
西 宁	Xining	99.9	100.6	100.0	100.1	101.0	99.8	100.0
银 川	Yingchuan	100.0	101.1	100.3	100.0	100.8	99.3	99.9
乌鲁木齐	Urumqi	100.3	101.1	99.7	100.1	100.7	101.6	100.0

3-66 36个大中城市居民消费价格分类指数(环比)
Consumer Price Indices by Category for 36 Major Large and Medium-sized Cities
(2014年9月)

(上月=100) (preceding month=100)

地区	City	居民消费价格指数 Consumer Price Index	食品 Food	粮食 Grain	肉禽及其制品 Meat,Poultry and Processed Products	蛋 Eggs	水产品 Aquatic Products	鲜菜 Fresh Vegetables	鲜果 Fresh Fruits
平均指数	**Average Index**	**100.6**	**100.7**	**100.4**	**101.2**	**102.3**	**98.7**	**103.8**	**102.5**
北京	Beijing	101.0	101.6	99.8	100.6	100.9	100.2	109.6	113.3
天津	Tianjin	100.8	100.0	100.6	100.6	101.3	94.5	105.9	99.7
石家庄	Shijiazhuang	101.1	101.7	100.6	100.8	102.1	101.8	108.9	117.9
太原	Taiyuan	101.1	99.7	99.2	99.1	100.5	102.3	102.4	95.5
呼和浩特	Hohhot	100.3	101.2	99.9	101.0	104.3	100.4	107.5	103.1
沈阳	Shenyang	100.0	100.0	100.8	100.8	98.4	97.9	103.8	95.7
大连	Dalian	99.9	98.9	101.2	100.2	102.2	87.5	102.1	103.5
长春	Changchun	100.2	100.5	100.0	100.8	102.4	100.1	106.7	99.4
哈尔滨	Harbin	100.8	101.5	100.9	101.0	106.4	98.4	109.3	102.2
上海	Shanghai	100.6	100.3	101.1	101.5	101.2	98.0	99.4	102.5
南京	Nanjing	100.6	101.3	100.7	101.1	101.8	99.6	106.0	105.4
杭州	Hangzhou	100.0	101.1	100.3	101.2	103.8	100.1	109.9	99.8
宁波	Ningbo	99.8	100.3	100.4	100.0	105.0	96.1	109.9	102.8
合肥	Hefei	100.9	101.2	100.4	100.4	99.2	99.2	111.0	106.0
福州	Fuzhou	99.9	99.6	100.5	100.3	101.4	98.6	100.6	94.2
厦门	Xiamen	99.9	100.0	100.9	100.7	103.8	100.2	96.3	99.7
南昌	Nanchang	101.2	101.9	100.0	103.0	105.4	100.8	106.4	103.2
济南	Jinan	100.2	100.3	100.5	100.9	100.3	100.5	103.9	96.9
青岛	Tsingtao	100.1	99.2	101.8	100.9	94.6	97.5	96.1	98.6
郑州	Zhengzhou	100.4	100.5	99.8	100.5	98.5	98.7	106.1	97.1
武汉	Wuhan	100.7	101.1	101.1	102.6	104.3	100.0	103.8	99.8
长沙	Changsha	100.5	101.4	100.0	101.8	103.4	100.2	104.3	103.2
广州	Guangzhou	100.6	101.2	99.7	101.0	103.4	101.2	104.2	107.5
深圳	Shenzhen	100.5	100.8	100.5	101.1	102.1	100.8	103.7	101.2
南宁	Nanning	100.6	101.6	100.0	102.4	102.5	100.3	102.4	108.5
海口	Haikou	100.7	101.3	99.8	102.7	100.1	98.4	107.9	99.3
重庆	Chongqing	100.7	101.2	100.3	102.6	104.8	100.7	101.8	101.6
成都	Chengdu	100.5	101.0	100.6	101.4	105.6	100.4	100.1	101.7
贵阳	Guiyang	100.6	99.6	100.0	100.9	101.3	100.2	96.7	93.5
昆明	Kunming	100.7	101.0	99.7	100.4	101.1	102.5	99.7	100.2
拉萨	Lasa	99.4	99.1	100.5	97.9	100.8	98.2	97.5	95.1
西安	Xi'an	100.8	100.2	100.1	100.8	104.2	99.4	109.0	94.2
兰州	Lanzhou	100.7	101.0	100.1	101.1	104.2	100.4	105.2	103.4
西宁	Xining	99.9	99.7	99.6	98.2	102.8	100.8	99.6	102.6
银川	Yingchuan	100.6	99.9	100.0	100.6	102.3	99.7	92.4	102.1
乌鲁木齐	Urumqi	100.2	100.3	100.0	100.9	103.2	100.0	105.0	93.5

3-66 续表 continued

(上月=100) (preceding month=100)

地 区	City	烟 酒 Tobacco and Liquor	衣 着 Clothing	家庭设备用品及维修服务 Household Facilities,Articles and Services	医疗保健和个人用品 Health Care and Personal Articles	交通和通信 Transportation and Communication	娱乐教育文化用品及服务 Recreation, Education and Culture Articles	居 住 Residence
平均指数	**Average Index**	**99.9**	**101.6**	**100.0**	**100.0**	**99.7**	**101.5**	**100.2**
北 京	Beijing	100.0	101.3	99.9	99.7	99.6	104.2	99.7
天 津	Tianjin	99.9	100.4	99.9	99.7	99.8	106.2	100.6
石家庄	Shijiazhuang	98.2	103.4	100.1	101.5	98.9	101.2	100.0
太 原	Taiyuan	100.2	108.7	100.3	100.1	100.1	102.6	100.1
呼和浩特	Hohhot	100.0	100.0	100.0	99.9	99.8	100.1	100.0
沈 阳	Shenyang	100.2	100.0	99.8	100.0	99.5	100.2	100.0
大 连	Dalian	99.7	100.2	100.1	100.0	98.5	103.7	100.2
长 春	Changchun	99.9	100.1	99.8	99.8	99.7	99.8	100.6
哈尔滨	Harbin	100.1	102.5	99.8	100.0	99.9	100.3	100.1
上 海	Shanghai	99.8	103.8	100.6	99.9	99.7	100.7	100.8
南 京	Nanjing	100.4	102.1	100.7	99.9	99.6	100.9	100.0
杭 州	Hangzhou	99.7	102.6	100.2	100.2	99.5	98.3	99.1
宁 波	Ningbo	99.7	100.0	100.2	100.0	99.3	99.1	99.6
合 肥	Hefei	99.3	101.7	100.0	100.0	99.7	103.7	99.9
福 州	Fuzhou	99.7	102.9	99.8	100.1	99.6	98.6	100.0
厦 门	Xiamen	100.3	101.6	99.9	100.0	99.4	97.5	100.4
南 昌	Nanchang	100.0	102.5	100.3	100.0	99.9	100.8	101.4
济 南	Jinan	99.6	101.6	98.0	99.6	99.2	102.3	99.7
青 岛	Tsingtao	100.0	100.4	99.7	99.8	99.5	102.9	100.1
郑 州	Zhengzhou	99.6	100.3	100.1	99.8	100.0	101.9	100.1
武 汉	Wuhan	100.2	99.9	99.5	100.0	100.0	102.5	100.1
长 沙	Changsha	100.0	100.0	100.1	99.8	100.0	100.5	99.9
广 州	Guangzhou	99.9	100.4	100.1	99.9	101.5	99.5	100.1
深 圳	Shenzhen	99.7	103.1	100.1	100.3	99.5	100.0	100.2
南 宁	Nanning	99.9	98.2	99.7	100.2	99.3	101.7	100.1
海 口	Haikou	99.7	101.6	100.4	100.0	98.7	102.8	100.0
重 庆	Chongqing	99.7	100.6	99.8	100.2	99.7	101.8	100.2
成 都	Chengdu	99.9	100.2	100.0	99.9	99.6	101.4	100.2
贵 阳	Guiyang	98.5	100.3	99.9	100.0	99.5	107.2	100.0
昆 明	Kunming	100.1	101.0	100.5	101.3	99.9	101.2	100.0
拉 萨	Lasa	100.0	100.0	100.0	101.1	99.7	96.0	100.0
西 安	Xi'an	99.9	106.8	99.7	99.9	100.3	100.9	100.3
兰 州	Lanzhou	100.0	102.1	100.3	99.8	99.6	100.4	100.7
西 宁	Xining	100.1	99.6	99.6	100.0	99.0	101.4	100.0
银 川	Yingchuan	100.0	103.2	100.1	100.0	100.0	104.6	98.8
乌鲁木齐	Urumqi	100.0	100.8	100.0	100.4	99.6	100.4	100.0

3-67 36个大中城市居民消费价格分类指数(环比)
Consumer Price Indices by Category for 36 Major Large and Medium-sized Cities
(2014年10月)

(上月=100) (preceding month=100)

地区	City	居民消费价格指数 Consumer Price Index	食品 Food	粮食 Grain	肉禽及其制品 Meat,Poultry and Processed Products	蛋 Eggs	水产品 Aquatic Products	鲜菜 Fresh Vegetables	鲜果 Fresh Fruits
平均指数	**Average Index**	**100.0**	**99.8**	**100.5**	**100.0**	**97.3**	**98.7**	**99.2**	**98.5**
北京	Beijing	99.8	100.4	100.0	99.5	98.0	98.7	103.6	102.0
天津	Tianjin	99.8	99.9	100.1	100.0	94.8	94.4	103.0	100.7
石家庄	Shijiazhuang	99.5	99.0	100.2	99.3	94.1	99.4	107.4	83.7
太原	Taiyuan	100.2	100.6	100.4	100.9	98.1	98.2	103.4	107.1
呼和浩特	Hohhot	100.2	100.4	100.1	99.7	95.7	96.1	109.6	100.1
沈阳	Shenyang	100.0	100.2	100.4	98.9	95.5	99.4	111.4	98.5
大连	Dalian	100.0	99.4	100.1	99.1	93.9	95.4	105.0	102.0
长春	Changchun	100.1	99.7	100.1	99.8	95.8	98.8	128.1	91.1
哈尔滨	Harbin	100.9	101.5	100.1	100.1	96.1	104.9	112.9	101.1
上海	Shanghai	100.0	99.3	101.5	100.3	98.5	98.6	92.2	97.1
南京	Nanjing	99.6	98.3	100.1	100.1	97.3	96.4	90.0	93.5
杭州	Hangzhou	99.9	98.9	100.3	99.5	98.1	98.0	93.5	98.0
宁波	Ningbo	100.0	99.4	101.0	99.8	98.7	99.8	96.1	94.5
合肥	Hefei	100.0	99.1	101.9	98.5	94.4	95.2	98.9	96.6
福州	Fuzhou	100.0	98.9	99.8	100.0	98.7	96.3	98.9	96.8
厦门	Xiamen	100.1	100.7	100.1	100.0	98.4	100.7	100.8	100.1
南昌	Nanchang	100.2	100.2	100.0	100.3	97.8	100.0	101.1	100.2
济南	Jinan	100.1	99.8	101.6	99.1	94.6	98.8	100.3	100.5
青岛	Tsingtao	99.6	98.7	99.6	99.5	95.2	96.7	93.3	94.1
郑州	Zhengzhou	100.2	100.2	100.9	99.9	94.7	99.6	104.3	98.1
武汉	Wuhan	99.9	99.5	100.1	100.1	99.3	99.1	97.7	96.2
长沙	Changsha	100.0	100.3	100.0	100.8	97.8	100.0	101.0	96.9
广州	Guangzhou	100.1	99.5	100.3	100.5	95.9	100.3	96.7	94.4
深圳	Shenzhen	100.1	99.6	100.4	100.3	98.5	99.2	97.3	99.1
南宁	Nanning	99.8	99.5	100.1	100.3	100.8	99.6	97.6	95.4
海口	Haikou	100.0	100.0	100.4	101.0	100.5	101.6	93.1	95.6
重庆	Chongqing	100.1	100.2	100.9	100.1	98.4	101.0	100.7	101.3
成都	Chengdu	100.1	100.3	100.0	100.0	98.9	99.7	105.9	98.1
贵阳	Guiyang	99.8	100.2	100.3	100.8	100.5	100.0	104.1	94.0
昆明	Kunming	100.2	100.6	99.7	101.6	101.6	99.6	101.4	94.3
拉萨	Lasa	100.2	100.7	100.0	99.7	100.0	99.1	107.4	98.7
西安	Xi'an	99.8	99.7	100.9	99.3	97.9	99.0	91.7	108.1
兰州	Lanzhou	100.1	100.2	100.0	99.3	97.5	99.5	98.5	107.9
西宁	Xining	100.5	101.0	99.8	99.0	93.9	98.7	103.8	119.2
银川	Yingchuan	100.4	100.2	99.9	99.4	98.2	99.4	101.5	105.1
乌鲁木齐	Urumqi	100.1	100.1	100.4	99.4	99.6	99.2	104.5	97.3

3-67 续表 continued

(上月=100) (preceding month=100)

地区	City	烟酒 Tobacco and Liquor	衣着 Clothing	家庭设备用品及维修服务 Household Facilities,Articles and Services	医疗保健和个人用品 Health Care and Personal Articles	交通和通信 Transportation and Communication	娱乐教育文化用品及服务 Recreation, Education and Culture Articles	居住 Residence
平均指数	**Average Index**	**100.1**	**101.2**	**100.2**	**100.0**	**99.5**	**99.7**	**100.1**
北京	Beijing	100.1	101.3	100.4	100.1	99.2	98.1	99.8
天津	Tianjin	100.2	100.2	100.3	99.8	99.5	98.9	100.0
石家庄	Shijiazhuang	100.8	98.8	100.4	100.1	100.0	99.8	100.0
太原	Taiyuan	99.7	99.7	99.8	99.9	99.6	100.4	100.0
呼和浩特	Hohhot	100.0	100.5	100.3	99.9	100.6	99.9	100.0
沈阳	Shenyang	100.2	100.3	99.9	100.2	99.3	99.7	100.0
大连	Dalian	100.3	102.3	99.9	100.1	99.7	98.7	100.7
长春	Changchun	99.8	101.3	100.6	100.2	99.6	99.1	101.0
哈尔滨	Harbin	100.1	101.3	100.5	100.2	99.8	100.6	100.6
上海	Shanghai	100.4	103.6	100.2	100.1	99.2	99.4	100.2
南京	Nanjing	100.1	99.9	100.1	100.2	99.6	100.4	100.3
杭州	Hangzhou	100.3	103.1	100.1	99.6	98.5	101.2	100.2
宁波	Ningbo	100.3	100.2	100.1	101.2	99.3	101.2	100.1
合肥	Hefei	100.1	104.1	99.9	100.0	99.5	100.0	100.0
福州	Fuzhou	99.6	102.3	101.0	100.1	99.6	100.5	100.4
厦门	Xiamen	100.2	100.1	100.1	100.2	99.3	99.2	100.0
南昌	Nanchang	100.0	100.5	100.3	99.9	99.9	99.6	100.4
济南	Jinan	100.2	99.7	102.7	100.0	99.7	99.7	100.6
青岛	Tsingtao	100.0	100.1	99.9	100.3	99.5	100.0	100.0
郑州	Zhengzhou	100.0	100.4	100.0	100.3	99.9	100.0	100.3
武汉	Wuhan	100.2	100.4	100.0	99.9	99.8	100.0	100.1
长沙	Changsha	99.9	100.5	100.1	100.1	99.4	99.6	99.7
广州	Guangzhou	100.0	101.2	99.8	100.0	99.5	101.9	100.0
深圳	Shenzhen	100.3	100.5	100.0	99.7	99.9	101.2	100.2
南宁	Nanning	100.3	100.3	100.1	99.8	100.4	98.9	100.2
海口	Haikou	100.6	104.9	100.5	99.7	98.3	99.9	99.9
重庆	Chongqing	99.7	101.2	100.2	100.0	99.5	99.1	100.1
成都	Chengdu	99.8	100.5	99.7	99.8	99.8	100.0	100.0
贵阳	Guiyang	100.5	101.3	100.2	100.0	99.1	96.8	100.0
昆明	Kunming	100.0	100.1	100.0	99.9	99.7	100.0	100.1
拉萨	Lasa	100.0	100.0	100.0	99.8	99.8	99.7	100.0
西安	Xi'an	100.0	100.2	100.2	100.0	100.0	98.8	99.9
兰州	Lanzhou	99.5	100.6	100.0	99.9	99.6	100.0	100.0
西宁	Xining	100.0	102.6	100.1	100.4	99.1	99.7	99.3
银川	Yingchuan	99.7	102.4	100.6	100.0	98.8	99.8	101.4
乌鲁木齐	Urumqi	100.0	101.3	99.8	99.9	99.5	98.7	100.8

3-68 36个大中城市居民消费价格分类指数(环比)
Consumer Price Indices by Category for 36 Major Large and Medium-sized Cities (2014年11月)

(上月=100) (preceding month=100)

地区	City	居民消费价格指数 Consumer Price Index	食品 Food	粮食 Grain	肉禽及其制品 Meat,Poultry and Processed Products	蛋 Eggs	水产品 Aquatic Products	鲜菜 Fresh Vegetables	鲜果 Fresh Fruits
平均指数	**Average Index**	**99.9**	**99.8**	**100.3**	**99.7**	**98.7**	**99.1**	**98.9**	**99.7**
北京	Beijing	99.9	100.6	99.9	99.7	98.9	99.2	102.7	102.6
天津	Tianjin	100.1	100.8	100.4	99.7	100.2	98.0	108.6	102.1
石家庄	Shijiazhuang	100.1	101.6	100.9	99.6	98.7	99.5	107.9	110.6
太原	Taiyuan	100.4	100.1	99.5	101.3	96.7	100.1	105.2	94.6
呼和浩特	Hohhot	100.0	99.8	100.1	98.6	100.2	97.0	106.1	98.6
沈阳	Shenyang	100.1	100.5	100.1	99.4	97.5	98.9	107.3	106.9
大连	Dalian	100.2	100.8	100.0	99.4	99.7	99.9	107.8	104.2
长春	Changchun	100.6	101.3	100.4	99.4	97.7	99.1	118.3	104.8
哈尔滨	Harbin	100.8	101.4	100.0	99.5	95.2	100.1	114.3	100.8
上海	Shanghai	99.9	99.8	100.2	99.8	99.9	98.8	98.3	99.2
南京	Nanjing	99.8	99.0	100.5	100.5	99.7	98.0	86.6	103.3
杭州	Hangzhou	99.5	98.5	100.1	99.3	99.2	98.9	85.9	100.8
宁波	Ningbo	99.5	99.1	100.2	99.8	98.4	100.0	88.4	100.3
合肥	Hefei	99.5	98.8	100.3	99.1	98.1	100.1	93.9	93.4
福州	Fuzhou	99.8	99.4	100.2	100.0	99.8	100.1	93.8	99.7
厦门	Xiamen	100.0	99.0	100.3	99.9	99.6	99.8	94.0	92.9
南昌	Nanchang	99.5	99.1	100.0	100.0	97.4	99.6	94.7	97.9
济南	Jinan	100.2	100.2	99.9	98.5	100.0	98.8	99.6	108.7
青岛	Tsingtao	99.6	100.9	100.1	99.5	99.8	99.6	105.9	106.9
郑州	Zhengzhou	99.9	99.4	100.3	99.8	99.0	100.2	96.0	96.6
武汉	Wuhan	99.9	99.4	99.9	99.5	99.7	98.9	98.7	97.1
长沙	Changsha	99.6	99.5	100.3	99.9	98.9	100.4	100.9	91.7
广州	Guangzhou	99.6	99.8	101.6	99.9	95.2	99.6	100.6	95.5
深圳	Shenzhen	99.7	99.8	100.8	99.9	100.6	99.1	97.0	99.8
南宁	Nanning	100.1	99.1	100.1	99.2	100.3	98.4	97.6	96.7
海口	Haikou	99.7	99.5	99.7	100.3	100.5	100.3	95.9	97.2
重庆	Chongqing	99.6	98.8	100.1	99.3	99.1	99.6	94.5	94.5
成都	Chengdu	99.5	98.8	100.0	99.7	96.0	98.4	94.8	95.5
贵阳	Guiyang	100.4	100.7	101.5	99.5	100.0	96.3	99.0	103.3
昆明	Kunming	100.1	100.0	100.2	100.8	101.2	99.4	96.4	101.8
拉萨	Lasa	99.9	100.5	100.0	100.7	100.0	98.5	102.9	102.6
西安	Xi'an	99.4	99.3	100.5	99.7	98.0	96.9	98.7	98.6
兰州	Lanzhou	100.1	99.6	100.1	98.5	95.6	98.1	106.8	89.7
西宁	Xining	100.1	100.3	99.3	100.4	95.3	98.3	109.0	96.8
银川	Yingchuan	100.1	100.7	100.5	99.4	98.7	99.5	114.1	98.0
乌鲁木齐	Urumqi	100.7	101.0	99.8	98.0	95.8	100.0	111.2	105.6

3-68 续表 continued

(上月=100) (preceding month=100)

地 区	City	烟 酒 Tobacco and Liquor	衣 着 Clothing	家庭设备用品及维修服务 Household Facilities,Articles and Services	医疗保健和个人用品 Health Care and Personal Articles	交通和通信 Transportation and Communication	娱乐教育文化用品及服务 Recreation, Education and Culture Articles	居 住 Residence
平均指数	**Average Index**	**100.1**	**101.1**	**100.1**	**100.1**	**99.2**	**99.2**	**100.0**
北 京	Beijing	100.2	100.1	99.8	99.9	99.0	99.0	99.8
天 津	Tianjin	100.4	100.9	100.4	99.7	99.2	99.2	99.9
石家庄	Shijiazhuang	99.8	98.2	100.0	99.6	99.6	99.2	99.6
太 原	Taiyuan	99.8	101.9	99.9	101.9	99.1	100.4	100.1
呼和浩特	Hohhot	100.0	100.6	100.1	100.1	99.6	99.8	100.0
沈 阳	Shenyang	100.1	101.6	99.8	100.0	99.1	98.9	100.0
大 连	Dalian	100.7	100.9	100.2	100.0	98.6	98.9	100.6
长 春	Changchun	100.3	101.9	98.4	100.3	100.0	100.2	100.0
哈尔滨	Harbin	100.1	102.1	101.1	100.6	99.8	99.8	100.4
上 海	Shanghai	100.2	101.2	100.3	99.5	99.6	99.6	100.1
南 京	Nanjing	99.5	102.4	100.6	100.3	99.1	99.5	100.0
杭 州	Hangzhou	100.3	101.1	99.6	102.2	99.0	98.0	100.5
宁 波	Ningbo	100.1	102.0	99.8	100.2	98.8	98.6	99.8
合 肥	Hefei	100.5	100.3	99.7	100.7	99.5	99.0	100.0
福 州	Fuzhou	100.0	102.1	99.7	100.0	99.1	99.6	100.1
厦 门	Xiamen	99.5	102.4	101.6	100.3	99.2	100.4	100.4
南 昌	Nanchang	100.0	103.4	99.9	99.8	99.4	97.7	99.0
济 南	Jinan	100.2	101.7	100.0	100.4	100.0	99.5	99.9
青 岛	Tsingtao	100.4	100.6	100.3	99.9	99.7	96.1	98.9
郑 州	Zhengzhou	100.0	100.8	99.9	100.0	99.8	100.0	100.0
武 汉	Wuhan	100.3	100.5	100.0	100.6	99.7	100.1	100.0
长 沙	Changsha	100.1	100.4	100.1	100.0	99.4	99.0	99.4
广 州	Guangzhou	99.8	100.3	100.7	99.7	99.3	98.2	99.9
深 圳	Shenzhen	100.3	101.8	100.1	100.6	98.4	98.7	99.7
南 宁	Nanning	100.0	106.5	100.0	100.0	99.7	99.9	100.0
海 口	Haikou	99.8	100.5	99.6	100.0	100.3	99.2	99.7
重 庆	Chongqing	99.5	101.1	99.9	99.9	99.4	99.4	100.1
成 都	Chengdu	99.7	100.5	100.2	100.2	99.2	99.6	100.0
贵 阳	Guiyang	102.1	100.5	100.4	100.0	99.2	99.6	101.1
昆 明	Kunming	99.9	100.1	99.9	99.9	100.0	101.2	100.0
拉 萨	Lasa	100.0	100.0	100.0	99.8	99.4	97.2	100.0
西 安	Xi'an	99.9	100.0	99.9	100.1	96.9	99.7	99.7
兰 州	Lanzhou	99.5	99.6	100.0	100.1	99.5	100.0	102.7
西 宁	Xining	99.6	99.8	99.8	100.4	100.2	99.9	100.0
银 川	Yingchuan	100.3	100.5	100.1	100.0	98.4	99.0	100.0
乌鲁木齐	Urumqi	100.2	101.5	101.2	100.0	99.9	99.9	100.8

3-69 36个大中城市居民消费价格分类指数(环比)
Consumer Price Indices by Category for 36 Major Large and Medium-sized Cities (2014年12月)

(上月=100) (preceding month=100)

地 区	City	居民消费价格指数 Consumer Price Index	食 品 Food	粮 食 Grain	肉禽及其制品 Meat,Poultry and Processed Products	蛋 Eggs	水产品 Aquatic Products	鲜 菜 Fresh Vegetables	鲜 果 Fresh Fruits
平均指数	**Average Index**	**100.3**	**101.2**	**100.2**	**99.8**	**98.4**	**101.4**	**110.9**	**102.1**
北 京	Beijing	100.1	101.6	101.5	99.4	98.6	100.7	119.0	104.2
天 津	Tianjin	100.6	101.6	100.1	100.3	98.2	100.5	118.9	101.9
石家庄	Shijiazhuang	100.7	102.2	99.8	99.5	98.8	100.9	117.9	108.5
太 原	Taiyuan	100.8	103.3	101.3	98.3	95.5	99.8	130.6	115.1
呼和浩特	Hohhot	101.5	103.4	100.2	99.7	101.3	100.7	125.3	106.1
沈 阳	Shenyang	101.0	102.9	100.2	99.6	96.2	101.1	136.2	107.0
大 连	Dalian	101.1	103.3	100.3	100.0	93.3	109.2	132.6	100.0
长 春	Changchun	100.5	101.8	100.1	100.1	96.7	100.4	120.2	104.1
哈尔滨	Harbin	101.0	102.2	100.8	99.7	96.8	99.1	118.9	103.8
上 海	Shanghai	100.5	101.8	99.8	100.4	99.5	103.1	107.0	103.8
南 京	Nanjing	100.2	100.2	98.8	99.5	98.4	100.2	103.6	100.1
杭 州	Hangzhou	100.1	100.9	99.2	100.6	99.5	101.4	103.9	104.2
宁 波	Ningbo	100.2	101.5	100.0	100.9	98.2	104.5	104.9	102.7
合 肥	Hefei	100.2	101.1	100.5	100.3	98.1	101.9	116.0	98.5
福 州	Fuzhou	100.5	101.0	100.1	97.6	99.6	102.2	115.1	98.8
厦 门	Xiamen	100.6	100.6	100.1	100.2	99.7	100.6	105.4	103.8
南 昌	Nanchang	100.5	100.9	100.0	100.2	100.8	101.1	107.2	98.9
济 南	Jinan	100.6	101.4	99.9	99.5	98.3	99.2	122.2	103.5
青 岛	Tsingtao	100.7	102.6	100.9	100.3	96.2	102.8	123.2	103.9
郑 州	Zhengzhou	100.4	101.1	100.0	98.8	96.7	100.8	114.1	98.3
武 汉	Wuhan	100.1	100.1	100.4	99.1	99.9	100.3	104.1	99.6
长 沙	Changsha	100.2	100.7	100.4	99.7	99.7	99.8	106.7	98.8
广 州	Guangzhou	99.7	100.1	100.1	99.8	99.8	98.7	102.5	99.2
深 圳	Shenzhen	100.1	100.5	100.5	100.1	100.2	100.5	102.7	101.1
南 宁	Nanning	100.1	99.8	100.1	99.5	99.9	100.3	101.4	97.6
海 口	Haikou	100.2	100.8	99.3	100.3	100.0	102.7	103.4	101.3
重 庆	Chongqing	100.0	100.2	100.8	99.0	99.2	98.9	107.3	98.5
成 都	Chengdu	100.1	100.4	99.7	100.3	97.5	100.2	105.4	99.3
贵 阳	Guiyang	100.4	100.1	100.1	99.5	99.7	100.6	104.5	96.2
昆 明	Kunming	100.2	100.5	100.0	99.6	100.2	99.4	101.5	101.0
拉 萨	Lasa	100.4	101.3	100.0	102.9	100.5	101.3	104.3	100.3
西 安	Xi'an	100.0	101.1	100.2	99.6	98.6	98.9	118.5	104.1
兰 州	Lanzhou	100.7	102.0	100.8	100.0	97.2	100.3	116.5	100.0
西 宁	Xining	100.7	102.1	99.2	101.0	98.2	99.5	118.9	106.1
银 川	Yingchuan	100.5	101.4	100.2	99.4	98.9	99.8	119.9	100.1
乌鲁木齐	Urumqi	101.1	102.5	99.2	98.3	97.9	100.9	124.1	107.5

3-69 续表 continued

(上月=100) (preceding month=100)

地区	City	烟酒 Tobacco and Liquor	衣着 Clothing	家庭设备用品及维修服务 Household Facilities,Articles and Services	医疗保健和个人用品 Health Care and Personal Articles	交通和通信 Transportation and Communication	娱乐教育文化用品及服务 Recreation, Education and Culture Articles	居住 Residence
平均指数	**Average Index**	**100.1**	**100.0**	**100.1**	**100.2**	**99.6**	**99.7**	**100.0**
北京	Beijing	100.2	98.9	100.4	100.1	99.7	98.6	99.9
天津	Tianjin	100.5	100.4	100.3	100.1	99.6	100.2	100.5
石家庄	Shijiazhuang	99.7	99.5	100.2	99.8	100.5	99.9	100.0
太原	Taiyuan	100.5	97.6	99.9	99.8	100.4	99.9	100.0
呼和浩特	Hohhot	100.0	101.1	100.1	100.0	101.8	100.3	100.2
沈阳	Shenyang	100.4	101.0	100.2	100.0	99.3	99.9	100.0
大连	Dalian	100.0	101.4	100.4	100.0	99.0	99.9	100.1
长春	Changchun	100.3	99.8	100.1	100.0	99.8	99.4	100.0
哈尔滨	Harbin	100.1	100.1	100.0	100.6	100.1	100.1	101.1
上海	Shanghai	99.9	99.3	100.2	100.1	99.7	99.8	100.1
南京	Nanjing	100.4	100.5	100.0	99.8	99.7	100.1	100.4
杭州	Hangzhou	99.9	98.5	100.2	100.3	100.2	99.1	99.9
宁波	Ningbo	99.8	99.3	100.0	101.7	98.3	99.4	99.7
合肥	Hefei	100.7	98.1	100.5	100.8	99.6	99.5	100.0
福州	Fuzhou	100.6	101.2	101.3	100.1	99.4	100.6	100.0
厦门	Xiamen	99.8	102.5	99.9	100.5	99.9	101.7	100.0
南昌	Nanchang	100.0	101.6	99.4	100.5	99.9	100.6	99.9
济南	Jinan	100.6	101.3	100.3	100.3	99.5	99.6	100.3
青岛	Tsingtao	100.0	100.9	99.9	101.7	99.1	98.9	99.4
郑州	Zhengzhou	99.9	100.8	99.7	100.0	99.7	100.0	100.0
武汉	Wuhan	100.0	100.7	100.1	100.3	99.8	99.8	99.9
长沙	Changsha	100.1	100.3	99.9	100.1	99.8	100.6	99.6
广州	Guangzhou	100.4	99.3	99.6	100.1	99.5	99.4	99.5
深圳	Shenzhen	99.9	100.7	100.2	100.0	99.5	99.7	99.9
南宁	Nanning	100.0	102.6	99.8	100.1	102.0	100.0	99.0
海口	Haikou	100.4	100.5	100.5	100.4	98.7	99.8	100.0
重庆	Chongqing	99.5	99.7	99.9	101.0	99.2	99.9	100.1
成都	Chengdu	100.0	100.0	100.0	100.1	99.5	100.3	99.9
贵阳	Guiyang	100.3	99.5	99.8	100.0	102.2	101.7	100.0
昆明	Kunming	100.0	100.0	99.8	100.0	99.6	100.0	100.6
拉萨	Lasa	100.0	100.0	100.0	100.0	99.9	98.8	100.0
西安	Xi'an	100.0	99.0	100.0	100.0	99.6	98.6	99.9
兰州	Lanzhou	100.0	100.2	100.0	100.0	99.7	100.0	100.0
西宁	Xining	99.6	100.8	98.9	100.0	99.6	100.0	99.8
银川	Yingchuan	100.0	100.2	100.4	100.1	100.4	98.9	100.0
乌鲁木齐	Urumqi	99.2	100.8	100.3	100.1	99.8	99.9	100.5

3-70 36个大中城市居民消费价格分类指数(同比)
Consumer Price Indices by Category for 36 Major Large and Medium-sized Cities (2014年1月)

(上年同月=100) (same month of preceding year=100)

地区	City	居民消费价格指数 Consumer Price Index	食品 Food	粮食 Grain	肉禽及其制品 Meat,Poultry and Processed Products	蛋 Eggs	水产品 Aquatic Products	鲜菜 Fresh Vegetables	鲜果 Fresh Fruits
平均指数	**Average Index**	**102.7**	**104.2**	**102.9**	**100.6**	**96.5**	**106.2**	**102.9**	**125.4**
北京	Beijing	103.3	105.0	103.5	100.7	98.0	106.3	101.2	130.3
天津	Tianjin	103.4	104.0	102.9	100.4	98.1	105.3	99.5	127.1
石家庄	Shijiazhuang	100.9	101.8	103.8	96.1	90.0	97.8	90.5	138.8
太原	Taiyuan	102.4	102.8	108.0	95.3	90.7	106.2	90.0	128.8
呼和浩特	Hohhot	101.5	103.3	101.2	104.0	105.2	100.9	95.4	105.1
沈阳	Shenyang	101.8	103.8	106.3	100.8	88.1	107.5	97.2	132.9
大连	Dalian	101.9	101.5	104.9	97.1	91.9	100.4	89.9	119.6
长春	Changchun	102.8	104.3	102.5	101.3	89.5	106.5	109.8	115.3
哈尔滨	Harbin	102.2	102.4	102.5	98.9	87.0	110.5	106.0	108.7
上海	Shanghai	103.0	104.6	102.0	101.0	99.6	106.8	105.9	133.0
南京	Nanjing	103.4	103.6	101.3	100.4	100.2	106.0	93.0	128.9
杭州	Hangzhou	102.8	103.7	100.9	102.1	97.6	106.3	98.7	121.1
宁波	Ningbo	102.7	103.4	101.0	100.7	100.0	102.4	100.6	125.9
合肥	Hefei	102.5	104.3	103.8	97.7	96.7	105.9	111.1	124.1
福州	Fuzhou	102.6	103.1	99.9	99.0	100.9	104.3	97.9	136.0
厦门	Xiamen	103.2	104.8	101.1	101.9	99.7	108.1	105.1	121.6
南昌	Nanchang	102.6	105.5	102.3	106.5	100.2	108.3	99.7	118.8
济南	Jinan	101.1	103.2	106.0	95.3	94.2	112.1	87.2	149.5
青岛	Tsingtao	102.2	104.6	109.4	98.2	95.2	104.5	99.8	136.2
郑州	Zhengzhou	102.3	103.2	103.7	99.5	94.1	107.0	98.9	128.2
武汉	Wuhan	102.4	102.2	103.4	100.1	101.7	104.3	95.9	110.0
长沙	Changsha	104.6	107.8	104.0	102.6	98.3	105.2	123.1	132.7
广州	Guangzhou	102.4	105.2	102.5	101.8	93.3	109.0	114.6	112.2
深圳	Shenzhen	103.5	104.1	102.4	102.5	96.8	106.4	107.4	119.7
南宁	Nanning	102.8	103.3	101.0	100.8	100.5	111.6	92.3	132.1
海口	Haikou	103.5	105.1	102.3	103.8	99.5	106.2	113.1	120.8
重庆	Chongqing	101.9	104.1	102.7	100.4	99.5	105.2	108.8	125.3
成都	Chengdu	101.7	102.4	101.4	98.6	92.7	104.1	100.6	122.7
贵阳	Guiyang	102.2	103.7	102.8	99.4	100.5	114.0	108.5	128.1
昆明	Kunming	103.2	105.7	102.8	100.8	97.5	106.1	108.2	126.1
拉萨	Lasa	103.8	109.3	114.5	110.6	105.8	106.7	111.4	110.0
西安	Xi'an	102.9	105.2	103.1	98.1	100.2	104.6	106.2	125.3
兰州	Lanzhou	102.7	107.0	104.1	100.9	95.4	103.4	112.1	130.3
西宁	Xining	103.2	104.3	102.4	102.2	97.0	107.4	100.8	122.4
银川	Yingchuan	102.7	104.5	105.0	101.4	97.6	105.3	89.8	124.8
乌鲁木齐	Urumqi	103.7	107.1	104.9	107.3	94.2	111.2	100.1	125.5

3-70 续表 continued

(上年同月=100) (same month of preceding year=100)

地区	City	烟 酒 Tobacco and Liquor	衣 着 Clothing	家庭设备用品及维修服务 Household Facilities,Articles and Services	医疗保健和个人用品 Health Care and Personal Articles	交通和通信 Transportation and Communication	娱乐教育文化用品及服务 Recreation, Education and Culture Articles	居 住 Residence
平均指数	**Average Index**	**99.2**	**101.3**	**101.4**	**100.3**	**100.2**	**104.2**	**103.3**
北 京	Beijing	98.8	100.2	101.0	98.8	99.1	110.2	102.8
天 津	Tianjin	100.2	104.3	104.2	99.8	101.8	105.2	103.9
石家庄	Shijiazhuang	100.3	98.5	99.2	102.0	100.2	100.7	101.2
太 原	Taiyuan	100.2	101.7	106.9	101.2	100.9	104.1	101.3
呼和浩特	Hohhot	100.9	104.6	100.1	100.1	99.6	98.5	99.8
沈 阳	Shenyang	99.2	98.7	100.1	101.3	100.4	101.3	101.8
大 连	Dalian	100.3	101.2	101.0	100.2	103.5	102.8	102.9
长 春	Changchun	99.5	100.4	102.3	100.0	100.0	106.2	103.6
哈尔滨	Harbin	100.2	107.8	101.4	99.6	99.2	100.9	102.5
上 海	Shanghai	99.9	98.5	100.2	99.1	100.4	103.8	105.6
南 京	Nanjing	95.8	104.5	104.7	99.5	101.7	106.0	104.0
杭 州	Hangzhou	99.0	102.9	103.5	101.7	100.0	103.9	102.7
宁 波	Ningbo	100.6	101.1	101.1	103.6	100.5	103.9	103.2
合 肥	Hefei	96.5	98.4	101.9	101.6	99.7	103.3	103.8
福 州	Fuzhou	98.1	105.1	100.7	99.2	99.3	107.8	102.5
厦 门	Xiamen	98.9	102.1	99.4	100.3	100.1	105.8	104.4
南 昌	Nanchang	100.0	100.2	98.7	99.7	99.8	106.0	101.2
济 南	Jinan	98.7	99.5	100.5	100.4	97.6	106.3	98.5
青 岛	Tsingtao	100.5	100.9	102.2	102.0	100.0	102.5	100.4
郑 州	Zhengzhou	97.3	102.9	101.1	100.2	99.4	106.1	102.3
武 汉	Wuhan	100.1	99.9	102.7	100.2	100.0	99.7	108.1
长 沙	Changsha	98.7	101.8	101.9	102.1	100.3	109.8	102.9
广 州	Guangzhou	99.4	102.6	99.9	100.6	98.7	102.0	101.9
深 圳	Shenzhen	97.4	104.2	100.9	100.5	101.1	105.3	105.1
南 宁	Nanning	98.2	105.4	100.4	99.8	100.9	105.6	102.6
海 口	Haikou	99.1	100.6	101.5	102.4	100.9	104.0	104.3
重 庆	Chongqing	99.4	101.4	101.3	100.4	99.3	99.3	102.1
成 都	Chengdu	99.4	100.9	102.7	100.7	100.8	101.1	102.0
贵 阳	Guiyang	96.7	98.9	101.0	99.5	100.3	107.6	101.2
昆 明	Kunming	100.7	94.3	100.5	101.7	100.6	99.9	107.9
拉 萨	Lasa	99.3	106.5	100.4	98.8	100.8	97.6	101.0
西 安	Xi'an	97.6	100.8	103.6	102.2	101.6	103.4	100.6
兰 州	Lanzhou	100.8	102.1	100.4	100.7	100.8	101.5	97.3
西 宁	Xining	98.3	107.6	97.4	101.7	99.9	100.2	105.2
银 川	Yingchuan	98.8	103.1	101.1	103.3	98.6	100.7	102.6
乌鲁木齐	Urumqi	101.4	100.7	101.4	101.9	103.1	101.6	100.8

3-71 36个大中城市居民消费价格分类指数(同比)
Consumer Price Indices by Category for 36 Major Large and Medium-sized Cities (2014年2月)

(上年同月=100) (same month of preceding year=100)

地区	City	居民消费价格指数 Consumer Price Index	食品 Food	粮食 Grain	肉禽及其制品 Meat,Poultry and Processed Products	蛋 Eggs	水产品 Aquatic Products	鲜菜 Fresh Vegetables	鲜果 Fresh Fruits
平均指数	**Average Index**	**102.1**	**103.2**	**102.8**	**97.5**	**94.7**	**104.9**	**102.9**	**121.3**
北京	Beijing	101.8	102.9	102.8	98.5	95.4	105.7	99.9	115.8
天津	Tianjin	102.4	102.7	102.1	98.2	95.6	109.8	95.4	124.5
石家庄	Shijiazhuang	101.0	101.1	102.0	95.1	88.4	95.8	94.3	124.7
太原	Taiyuan	102.1	102.3	105.3	96.3	89.5	106.3	92.4	115.2
呼和浩特	Hohhot	101.7	104.0	100.7	100.5	101.9	100.0	103.2	114.3
沈阳	Shenyang	100.7	101.9	105.3	96.0	86.5	109.2	90.1	128.9
大连	Dalian	101.6	100.9	104.7	94.2	89.2	99.8	85.7	119.6
长春	Changchun	102.2	102.1	102.8	98.7	88.6	106.0	90.3	120.1
哈尔滨	Harbin	100.6	98.2	101.9	95.8	82.4	110.8	87.0	108.0
上海	Shanghai	102.7	103.5	103.3	99.2	100.1	103.3	102.8	126.1
南京	Nanjing	103.2	102.5	101.5	98.4	99.6	104.0	95.1	126.1
杭州	Hangzhou	102.5	104.0	100.6	97.8	95.9	107.6	105.1	119.9
宁波	Ningbo	102.0	102.2	99.9	96.5	98.5	100.3	102.7	125.7
合肥	Hefei	102.3	102.4	103.3	93.8	94.6	101.5	105.0	127.3
福州	Fuzhou	101.4	102.3	98.8	93.1	98.5	105.2	112.6	119.8
厦门	Xiamen	102.5	104.1	101.8	98.7	100.4	105.4	112.2	123.4
南昌	Nanchang	103.4	107.1	102.3	103.8	100.5	107.5	117.0	123.1
济南	Jinan	101.4	103.0	106.7	95.0	92.4	109.9	86.6	146.0
青岛	Tsingtao	100.9	102.4	108.4	97.0	94.9	105.5	91.3	120.3
郑州	Zhengzhou	101.3	101.3	104.5	95.1	90.0	101.9	95.5	129.0
武汉	Wuhan	102.2	102.8	103.2	98.2	102.3	101.9	104.0	118.0
长沙	Changsha	103.8	106.1	101.9	99.2	97.8	101.1	122.6	131.3
广州	Guangzhou	102.6	106.7	102.3	101.4	90.8	109.6	129.3	120.0
深圳	Shenzhen	103.0	103.1	103.2	97.2	95.4	105.4	111.8	111.8
南宁	Nanning	101.9	102.9	99.5	96.4	100.1	108.4	108.7	125.7
海口	Haikou	103.2	105.1	102.1	101.6	99.0	106.8	121.8	117.3
重庆	Chongqing	101.5	102.9	102.8	94.0	96.7	101.8	113.7	128.1
成都	Chengdu	101.0	101.2	101.1	95.3	89.6	99.2	108.0	111.3
贵阳	Guiyang	100.9	102.8	103.1	93.2	98.8	99.8	110.8	116.0
昆明	Kunming	102.6	104.8	102.7	96.7	97.1	102.6	113.9	119.4
拉萨	Lasa	103.0	107.0	111.9	108.4	104.0	98.0	107.8	106.0
西安	Xi'an	102.0	103.8	102.5	95.6	94.0	104.4	97.3	128.1
兰州	Lanzhou	102.2	105.5	103.3	99.4	96.1	102.9	111.6	125.9
西宁	Xining	102.5	102.5	103.1	98.7	96.2	103.3	97.4	112.0
银川	Yingchuan	102.4	104.4	104.2	101.0	96.6	102.2	98.5	113.7
乌鲁木齐	Urumqi	102.8	105.5	105.6	102.2	94.8	114.1	99.3	117.3

3-71 续表 continued

(上年同月=100) (same month of preceding year=100)

地区	City	烟 酒 Tobacco and Liquor	衣 着 Clothing	家庭设备用品及维修服务 Household Facilities,Articles and Services	医疗保健和个人用品 Health Care and Personal Articles	交通和通信 Transportation and Communication	娱乐教育文化用品及服务 Recreation, Education and Culture Articles	居 住 Residence
平均指数	**Average Index**	**99.4**	**102.0**	**101.3**	**100.4**	**99.4**	**102.0**	**103.3**
北京	Beijing	99.7	100.5	101.0	99.0	98.9	104.1	102.3
天津	Tianjin	100.4	105.9	105.2	100.1	99.2	101.0	103.7
石家庄	Shijiazhuang	100.8	101.3	99.6	101.6	100.3	100.5	101.5
太原	Taiyuan	100.5	103.5	106.2	101.1	98.9	102.6	101.5
呼和浩特	Hohhot	100.9	104.2	99.8	99.9	99.4	98.9	100.0
沈阳	Shenyang	99.4	96.7	99.9	101.6	100.1	98.7	102.1
大连	Dalian	100.6	106.0	100.7	101.1	99.3	101.8	102.8
长春	Changchun	99.4	100.7	102.2	100.2	99.8	105.5	104.5
哈尔滨	Harbin	100.0	106.1	101.0	102.0	98.5	100.2	102.4
上海	Shanghai	100.2	99.5	100.9	99.6	100.1	103.1	105.7
南京	Nanjing	96.2	107.0	105.3	99.7	101.2	106.0	104.0
杭州	Hangzhou	100.0	105.1	103.0	102.1	98.8	100.7	103.2
宁波	Ningbo	100.6	103.3	99.9	102.3	99.8	102.1	103.0
合肥	Hefei	97.0	99.6	100.4	102.0	99.1	106.1	104.0
福州	Fuzhou	98.5	102.2	99.1	99.8	98.2	102.1	102.8
厦门	Xiamen	99.6	100.4	98.6	100.3	99.8	102.2	104.8
南昌	Nanchang	100.8	100.2	96.7	99.9	98.9	107.9	102.3
济南	Jinan	98.0	101.7	100.2	101.0	96.7	106.7	98.9
青岛	Tsingtao	100.5	99.7	103.2	102.2	99.5	98.1	99.9
郑州	Zhengzhou	97.5	102.9	100.7	100.0	98.2	103.4	102.4
武汉	Wuhan	99.9	99.5	102.5	100.0	99.7	99.2	107.0
长沙	Changsha	99.4	101.8	101.7	102.1	100.0	107.4	102.7
广州	Guangzhou	99.6	105.4	99.6	98.9	97.8	98.8	102.2
深圳	Shenzhen	98.8	106.6	99.3	100.5	99.8	104.3	105.3
南宁	Nanning	97.9	101.7	99.4	99.1	99.2	104.5	102.6
海口	Haikou	97.3	100.6	100.2	102.2	101.8	101.4	104.5
重庆	Chongqing	99.0	100.9	102.1	100.8	99.3	98.6	102.2
成都	Chengdu	99.3	101.2	103.0	100.3	99.9	100.0	101.7
贵阳	Guiyang	96.0	100.2	100.4	99.1	99.3	100.3	101.0
昆明	Kunming	100.7	94.7	101.1	100.1	100.4	99.8	107.0
拉萨	Lasa	99.3	106.5	100.4	98.9	100.2	97.6	101.0
西安	Xi'an	97.5	101.6	102.6	102.8	99.4	101.6	100.5
兰州	Lanzhou	100.7	102.1	100.6	100.8	99.2	101.6	97.8
西宁	Xining	98.2	106.3	97.3	101.5	100.0	100.2	106.2
银川	Yingchuan	98.8	104.6	100.9	102.9	98.7	98.3	101.9
乌鲁木齐	Urumqi	101.6	99.4	101.2	101.6	101.9	101.6	101.0

3-72　36个大中城市居民消费价格分类指数(同比)
Consumer Price Indices by Category for 36 Major Large and Medium-sized Cities (2014年3月)

(上年同月=100)　　(same month of preceding year=100)

地　区	City	居民消费价格指数 Consumer Price Index	食　品 Food	粮　食 Grain	肉禽及其制品 Meat,Poultry and Processed Products	蛋 Eggs	水产品 Aquatic Products	鲜　菜 Fresh Vegetables	鲜　果 Fresh Fruits
平均指数	**Average Index**	**102.5**	**104.7**	**102.6**	**99.1**	**100.7**	**108.8**	**113.7**	**117.7**
北　京	Beijing	102.1	104.2	101.4	99.4	100.4	107.2	110.8	112.5
天　津	Tianjin	102.9	104.9	101.8	99.7	101.1	114.7	109.4	124.8
石家庄	Shijiazhuang	101.8	103.0	103.2	97.6	99.9	98.0	103.1	115.9
太　原	Taiyuan	104.0	106.3	106.3	98.4	100.0	105.8	113.4	123.1
呼和浩特	Hohhot	101.7	104.2	100.4	102.4	107.1	98.6	103.2	111.7
沈　阳	Shenyang	101.8	104.6	106.3	100.4	103.2	111.1	99.1	126.8
大　连	Dalian	102.3	103.4	105.2	95.0	99.0	100.5	99.4	121.5
长　春	Changchun	102.2	103.8	102.5	100.1	98.9	105.3	101.0	115.3
哈尔滨	Harbin	102.6	103.8	102.1	100.7	98.3	125.1	100.5	114.6
上　海	Shanghai	102.5	104.3	103.5	100.2	101.2	107.5	112.3	110.7
南　京	Nanjing	102.6	103.2	100.7	99.6	103.7	105.0	104.4	121.3
杭　州	Hangzhou	103.1	105.9	100.7	100.0	104.4	112.7	113.9	117.8
宁　波	Ningbo	102.4	104.1	100.2	96.7	103.3	105.0	111.1	122.5
合　肥	Hefei	102.3	103.3	102.7	96.4	104.1	106.3	107.9	124.3
福　州	Fuzhou	102.6	105.5	99.0	95.2	102.8	110.4	136.1	119.5
厦　门	Xiamen	103.9	107.1	102.5	101.7	105.2	109.5	130.8	121.5
南　昌	Nanchang	103.8	107.8	102.0	103.3	104.0	105.7	125.0	123.3
济　南	Jinan	102.5	105.9	104.7	97.0	105.5	112.5	106.4	146.7
青　岛	Tsingtao	102.4	104.2	104.6	98.9	106.8	109.0	104.9	109.8
郑　州	Zhengzhou	102.1	103.9	104.4	99.0	100.7	103.9	107.5	126.1
武　汉	Wuhan	102.1	102.7	103.2	99.1	102.7	99.6	108.6	111.5
长　沙	Changsha	103.2	104.5	101.9	98.8	104.5	102.7	123.3	118.1
广　州	Guangzhou	102.8	106.4	103.2	100.5	95.5	117.0	128.0	112.0
深　圳	Shenzhen	102.9	105.1	103.1	99.4	96.2	111.2	120.7	111.0
南　宁	Nanning	102.8	105.5	99.7	99.6	102.8	114.0	125.2	122.4
海　口	Haikou	102.9	104.7	102.9	99.7	99.9	107.8	125.7	110.6
重　庆	Chongqing	101.8	104.8	103.1	96.9	100.3	104.0	123.4	127.7
成　都	Chengdu	101.2	103.0	101.6	97.3	98.2	101.1	120.8	108.9
贵　阳	Guiyang	102.4	104.3	100.2	95.9	99.9	106.1	117.1	119.7
昆　明	Kunming	102.8	106.9	102.4	98.8	101.8	103.4	125.8	113.9
拉　萨	Lasa	103.3	107.8	109.4	108.0	103.6	98.6	114.4	114.1
西　安	Xi'an	102.3	105.1	100.7	97.3	96.4	103.5	107.1	133.1
兰　州	Lanzhou	102.4	105.7	102.3	100.7	100.9	105.8	118.1	132.0
西　宁	Xining	102.2	104.0	104.1	96.9	99.9	105.2	111.8	110.9
银　川	Yingchuan	102.3	104.1	104.0	101.1	99.6	102.0	99.7	112.9
乌鲁木齐	Urumqi	103.9	108.9	105.7	102.6	97.3	114.0	119.8	119.3

3-72 续表 continued

(上年同月=100) (same month of preceding year=100)

地 区	City	烟 酒 Tobacco and Liquor	衣 着 Clothing	家庭设备用品及维修服务 Household Facilities,Articles and Services	医疗保健和个人用品 Health Care and Personal Articles	交通和通信 Transportation and Communication	娱乐教育文化用品及服务 Recreation, Education and Culture Articles	居 住 Residence
平均指数	**Average Index**	**99.5**	**101.3**	**101.2**	**100.7**	**99.4**	**101.9**	**102.8**
北 京	Beijing	100.1	100.6	100.6	99.7	98.8	104.8	101.6
天 津	Tianjin	100.2	103.9	104.7	100.9	100.3	100.5	102.8
石家庄	Shijiazhuang	100.2	101.8	100.2	101.9	100.4	100.4	101.6
太 原	Taiyuan	100.4	104.0	107.3	100.9	99.8	106.1	101.8
呼和浩特	Hohhot	100.9	103.8	99.5	100.2	98.9	99.2	99.9
沈 阳	Shenyang	100.2	98.0	99.4	101.7	100.3	99.0	101.7
大 连	Dalian	100.7	103.9	100.9	101.0	100.9	101.5	102.3
长 春	Changchun	99.2	100.0	101.7	99.8	99.6	103.7	103.6
哈尔滨	Harbin	100.0	105.9	100.4	102.2	99.2	101.6	101.2
上 海	Shanghai	100.5	97.1	101.1	99.7	99.4	101.7	105.6
南 京	Nanjing	96.6	101.5	103.6	100.1	101.3	104.2	103.3
杭 州	Hangzhou	100.1	102.6	102.8	102.5	98.9	101.7	103.1
宁 波	Ningbo	100.6	102.8	99.1	101.5	99.3	103.3	102.4
合 肥	Hefei	97.5	99.8	100.0	101.4	98.8	103.9	104.2
福 州	Fuzhou	99.2	100.1	99.4	100.1	99.5	101.7	103.3
厦 门	Xiamen	99.6	101.7	100.0	101.2	100.1	104.4	104.0
南 昌	Nanchang	100.4	101.1	97.0	100.3	99.1	108.2	102.3
济 南	Jinan	99.9	102.1	100.1	101.4	97.2	106.5	99.4
青 岛	Tsingtao	100.9	102.5	102.4	102.5	100.5	101.2	100.9
郑 州	Zhengzhou	97.6	102.1	100.6	100.1	98.5	103.4	102.7
武 汉	Wuhan	99.6	100.1	101.4	99.5	99.8	99.8	106.5
长 沙	Changsha	99.5	102.1	101.8	102.0	100.0	108.1	101.9
广 州	Guangzhou	99.3	104.0	101.0	100.3	98.1	100.1	102.5
深 圳	Shenzhen	99.1	106.9	100.5	100.7	98.7	101.1	103.5
南 宁	Nanning	97.9	100.9	98.6	99.9	100.0	104.4	102.6
海 口	Haikou	98.2	100.6	99.9	102.5	100.9	100.9	104.0
重 庆	Chongqing	98.7	99.9	100.4	100.7	99.3	98.7	101.6
成 都	Chengdu	99.3	100.0	102.0	100.3	99.7	98.9	101.1
贵 阳	Guiyang	96.2	102.5	100.9	101.0	98.8	103.0	103.1
昆 明	Kunming	100.5	95.0	100.6	100.4	100.0	99.7	104.6
拉 萨	Lasa	99.3	105.7	101.1	99.7	99.9	97.8	100.9
西 安	Xi'an	97.7	101.5	102.9	103.0	99.5	100.7	100.1
兰 州	Lanzhou	100.6	102.5	100.7	101.1	99.8	101.4	97.8
西 宁	Xining	98.2	100.9	96.6	100.9	99.1	100.7	104.9
银 川	Yingchuan	99.2	102.6	100.6	101.5	98.4	103.2	101.5
乌鲁木齐	Urumqi	102.0	100.3	101.1	101.7	102.0	99.6	100.4

3-73 36个大中城市居民消费价格分类指数(同比)
Consumer Price Indices by Category for 36 Major Large and Medium-sized Cities
(2014年4月)

(上年同月=100) (same month of preceding year=100)

地区	City	居民消费价格指数 Consumer Price Index	食品 Food	粮食 Grain	肉禽及其制品 Meat,Poultry and Processed Products	蛋 Eggs	水产品 Aquatic Products	鲜菜 Fresh Vegetables	鲜果 Fresh Fruits
平均指数	Average Index	101.8	102.8	102.5	99.5	106.3	106.6	91.9	119.6
北京	Beijing	101.5	102.6	102.3	98.7	107.5	107.4	87.7	114.3
天津	Tianjin	101.9	102.3	102.0	98.4	108.8	110.9	85.5	124.5
石家庄	Shijiazhuang	101.2	101.2	101.8	97.5	109.0	99.2	85.9	124.2
太原	Taiyuan	103.2	104.0	107.5	97.3	110.7	107.9	83.9	134.6
呼和浩特	Hohhot	100.5	100.7	100.1	102.2	113.6	97.5	82.6	108.1
沈阳	Shenyang	101.9	103.7	106.6	102.4	110.8	111.4	83.3	124.9
大连	Dalian	102.6	103.4	106.1	99.0	102.7	97.6	90.5	124.6
长春	Changchun	102.3	104.2	102.5	102.7	110.8	106.1	86.3	120.8
哈尔滨	Harbin	102.9	103.6	102.8	102.5	111.6	125.3	93.0	113.0
上海	Shanghai	102.3	102.5	103.1	100.2	104.0	104.1	96.4	111.3
南京	Nanjing	101.8	100.9	102.6	99.0	106.2	100.0	86.5	118.1
杭州	Hangzhou	102.2	103.5	100.7	100.5	112.9	108.3	97.2	117.5
宁波	Ningbo	102.1	102.8	100.0	98.5	106.6	103.1	95.3	123.9
合肥	Hefei	101.9	101.8	102.3	100.8	111.5	101.0	84.8	127.1
福州	Fuzhou	101.2	100.7	99.9	94.8	100.7	103.4	92.5	118.7
厦门	Xiamen	103.2	104.6	102.8	100.4	107.8	109.2	90.3	127.2
南昌	Nanchang	103.0	104.2	102.9	102.0	103.8	103.3	96.7	122.5
济南	Jinan	101.9	104.5	102.8	99.8	117.0	108.5	87.3	142.8
青岛	Tsingtao	102.6	104.4	105.7	101.1	119.8	115.5	85.3	115.5
郑州	Zhengzhou	101.6	102.2	105.4	99.4	113.5	104.1	91.4	124.9
武汉	Wuhan	101.6	101.2	103.3	97.2	104.7	98.5	98.3	112.2
长沙	Changsha	101.9	100.8	102.0	99.8	108.4	103.0	90.4	114.7
广州	Guangzhou	101.5	103.1	101.4	100.2	102.0	113.8	87.9	116.5
深圳	Shenzhen	102.1	103.3	102.7	100.7	99.7	108.5	91.9	123.1
南宁	Nanning	102.5	105.6	101.3	104.5	104.4	115.7	105.1	122.1
海口	Haikou	101.8	102.1	103.4	100.5	99.4	106.3	96.1	112.8
重庆	Chongqing	101.2	102.8	100.6	97.5	101.2	104.0	102.9	130.4
成都	Chengdu	100.3	100.6	102.7	96.6	104.7	102.3	90.8	114.7
贵阳	Guiyang	102.5	104.5	100.2	99.1	101.0	108.4	98.5	126.2
昆明	Kunming	101.3	102.4	102.4	98.6	103.1	102.6	93.4	117.5
拉萨	Lasa	103.2	106.7	109.0	108.7	102.5	106.4	102.2	120.3
西安	Xi'an	101.0	102.2	100.4	97.0	105.2	104.3	87.2	118.1
兰州	Lanzhou	101.7	103.9	102.4	99.1	104.8	105.3	99.7	143.5
西宁	Xining	102.1	102.0	104.9	96.3	103.1	105.7	91.5	113.1
银川	Yingchuan	101.4	101.5	103.7	99.9	101.9	102.6	79.0	115.8
乌鲁木齐	Urumqi	102.8	105.4	104.2	101.3	100.2	112.7	95.9	116.8

3-73 续表 continued

(上年同月=100) (same month of preceding year=100)

地 区	City	烟 酒 Tobacco and Liquor	衣 着 Clothing	家庭设备用品及维修服务 Household Facilities,Articles and Services	医疗保健和个人用品 Health Care and Personal Articles	交通和通信 Transportation and Communication	娱乐教育文化用品及服务 Recreation, Education and Culture Articles	居 住 Residence
平均指数	**Average Index**	**99.4**	**101.5**	**101.1**	**100.8**	**100.0**	**101.6**	**102.6**
北 京	Beijing	99.9	99.7	100.2	99.8	99.5	103.7	101.5
天 津	Tianjin	99.0	103.6	104.3	100.7	100.7	100.2	102.4
石家庄	Shijiazhuang	100.4	102.5	100.7	101.9	100.7	100.4	101.3
太 原	Taiyuan	100.4	101.1	107.3	100.8	101.4	106.3	101.9
呼和浩特	Hohhot	100.9	103.8	99.1	100.4	98.5	98.7	99.7
沈 阳	Shenyang	100.2	102.9	99.3	102.3	101.0	99.0	101.0
大 连	Dalian	100.6	104.6	101.4	101.5	102.5	101.8	101.7
长 春	Changchun	99.1	101.3	102.2	99.6	100.6	104.3	101.3
哈尔滨	Harbin	100.1	110.5	100.5	102.1	99.9	102.1	100.2
上 海	Shanghai	101.1	98.8	101.1	100.4	100.5	101.8	105.3
南 京	Nanjing	96.5	101.3	103.5	100.1	101.1	103.4	103.6
杭 州	Hangzhou	100.1	102.1	102.6	100.2	99.5	101.1	103.4
宁 波	Ningbo	100.1	102.0	99.0	102.3	99.8	103.5	102.6
合 肥	Hefei	97.9	101.0	100.2	101.5	98.5	103.4	104.1
福 州	Fuzhou	98.8	100.6	99.6	100.3	100.5	101.5	103.6
厦 门	Xiamen	99.8	100.7	99.9	101.3	100.9	106.0	103.9
南 昌	Nanchang	100.5	101.1	97.6	100.5	98.6	108.3	103.8
济 南	Jinan	99.7	102.3	100.2	102.6	97.7	103.2	99.2
青 岛	Tsingtao	100.8	102.6	102.4	102.3	100.9	101.4	101.6
郑 州	Zhengzhou	97.8	102.1	100.7	100.2	98.5	103.4	103.0
武 汉	Wuhan	99.7	100.4	101.4	100.1	100.0	99.7	105.8
长 沙	Changsha	100.3	101.8	101.1	102.2	100.3	108.8	101.1
广 州	Guangzhou	99.8	103.0	100.9	99.9	98.4	98.4	102.6
深 圳	Shenzhen	98.9	106.0	100.6	100.7	99.1	100.8	102.5
南 宁	Nanning	97.9	98.2	98.1	100.3	99.2	104.2	102.6
海 口	Haikou	97.7	100.6	101.1	102.8	100.8	100.6	103.6
重 庆	Chongqing	97.6	100.3	100.5	100.4	99.7	99.7	101.4
成 都	Chengdu	99.0	99.9	101.7	100.4	99.5	99.2	101.1
贵 阳	Guiyang	96.0	102.8	101.1	101.0	99.6	102.0	102.9
昆 明	Kunming	100.5	94.9	100.5	100.6	100.2	99.6	104.4
拉 萨	Lasa	99.3	105.2	101.1	100.3	99.8	97.7	103.2
西 安	Xi'an	98.1	98.3	101.8	103.1	101.5	100.2	99.7
兰 州	Lanzhou	100.7	102.4	100.8	101.3	100.0	101.1	98.4
西 宁	Xining	98.2	106.4	96.0	100.9	100.3	100.8	104.8
银 川	Yingchuan	98.5	100.5	99.7	101.7	100.0	104.0	101.6
乌鲁木齐	Urumqi	102.8	100.2	102.5	101.7	102.8	99.4	101.3

3-74 36个大中城市居民消费价格分类指数(同比)
Consumer Price Indices by Category for 36 Major Large and Medium-sized Cities (2014年5月)

(上年同月=100) (same month of preceding year=100)

地区	City	居民消费价格指数 Consumer Price Index	食品 Food	粮食 Grain	肉禽及其制品 Meat,Poultry and Processed Products	蛋 Eggs	水产品 Aquatic Products	鲜菜 Fresh Vegetables	鲜果 Fresh Fruits
平均指数	**Average Index**	**102.5**	**104.4**	**103.0**	**102.6**	**116.6**	**105.5**	**99.0**	**121.8**
北京	Beijing	102.1	104.3	102.6	101.9	115.9	109.0	97.0	118.1
天津	Tianjin	102.4	104.5	102.2	101.2	118.7	111.7	96.0	127.4
石家庄	Shijiazhuang	102.9	105.5	102.1	101.7	128.1	102.4	97.1	135.1
太原	Taiyuan	103.3	105.4	106.0	103.2	125.2	113.6	89.5	126.7
呼和浩特	Hohhot	101.2	103.2	100.0	104.2	121.2	105.5	86.7	116.9
沈阳	Shenyang	103.0	106.4	106.5	106.2	126.9	110.8	91.5	126.7
大连	Dalian	103.1	105.4	107.8	103.4	120.8	104.5	101.4	110.2
长春	Changchun	102.5	105.5	102.4	105.0	124.0	108.7	93.9	111.7
哈尔滨	Harbin	103.7	105.9	103.1	104.5	122.4	122.6	103.5	114.2
上海	Shanghai	102.9	104.4	103.3	101.2	109.0	103.5	107.3	127.5
南京	Nanjing	102.8	103.4	101.1	101.0	115.9	102.6	108.9	108.1
杭州	Hangzhou	102.5	103.5	101.2	102.2	124.6	103.3	102.3	118.2
宁波	Ningbo	102.4	103.1	100.5	101.6	120.7	97.1	103.5	128.0
合肥	Hefei	102.6	103.4	102.9	103.7	128.0	101.1	92.5	115.9
福州	Fuzhou	102.0	103.0	102.2	103.9	112.1	102.1	97.0	123.3
厦门	Xiamen	103.6	105.7	103.3	105.4	113.5	105.9	104.8	129.4
南昌	Nanchang	103.8	106.5	102.9	104.1	115.8	102.3	102.7	134.3
济南	Jinan	102.5	104.1	105.4	102.3	131.1	105.0	96.3	115.4
青岛	Tsingtao	103.4	106.9	105.9	106.3	131.7	113.8	96.9	113.8
郑州	Zhengzhou	102.3	104.3	107.0	101.8	129.9	105.4	96.3	126.2
武汉	Wuhan	101.9	102.3	103.2	99.7	108.3	97.9	100.8	114.5
长沙	Changsha	102.6	103.3	101.9	102.4	111.7	101.3	99.8	122.4
广州	Guangzhou	102.5	105.2	102.7	104.0	120.9	109.5	98.3	120.0
深圳	Shenzhen	102.8	104.7	103.7	103.8	107.7	107.3	99.8	123.2
南宁	Nanning	102.0	105.5	101.8	106.8	107.7	116.0	102.0	119.5
海口	Haikou	101.8	102.1	103.2	100.5	100.1	106.9	94.5	116.2
重庆	Chongqing	101.8	103.9	100.5	102.5	105.5	104.3	101.1	130.8
成都	Chengdu	101.3	102.7	103.9	101.6	124.5	101.8	88.2	125.9
贵阳	Guiyang	103.6	107.8	100.0	103.7	107.3	103.6	101.5	134.3
昆明	Kunming	101.7	103.4	102.6	100.6	107.2	100.8	92.1	117.3
拉萨	Lasa	102.6	104.7	107.1	107.7	102.2	101.7	97.0	117.5
西安	Xi'an	101.8	104.1	102.5	100.4	121.6	106.0	87.4	124.8
兰州	Lanzhou	101.9	104.6	104.3	102.6	115.4	105.2	100.1	138.4
西宁	Xining	102.5	103.2	104.8	98.0	112.0	105.5	96.7	117.4
银川	Yingchuan	101.0	101.1	103.6	100.3	108.1	104.2	77.1	114.6
乌鲁木齐	Urumqi	103.4	106.7	102.6	101.1	108.4	109.0	105.1	118.7

3-74 续表 continued

(上年同月=100) (same month of preceding year=100)

地 区 City	烟 酒 Tobacco and Liquor	衣 着 Clothing	家庭设备用品及维修服务 Household Facilities,Articles and Services	医疗保健和个人用品 Health Care and Personal Articles	交通和通信 Transportation and Communication	娱乐教育文化用品及服务 Recreation, Education and Culture Articles	居 住 Residence
平均指数 Average Index	**99.5**	**101.7**	**101.1**	**101.0**	**100.6**	**101.9**	**102.5**
北 京 Beijing	100.4	99.6	100.9	100.5	100.8	103.2	101.5
天 津 Tianjin	98.4	102.0	103.8	100.8	101.0	100.8	102.0
石家庄 Shijiazhuang	100.2	103.0	100.1	102.5	101.8	100.7	101.3
太 原 Taiyuan	100.6	101.4	106.5	100.8	101.0	104.6	101.9
呼和浩特 Hohhot	99.9	104.1	99.5	101.0	97.7	98.8	99.8
沈 阳 Shenyang	100.4	103.0	98.8	102.8	101.7	100.6	100.7
大 连 Dalian	100.2	105.9	101.4	100.9	101.7	102.8	100.3
长 春 Changchun	99.9	101.5	101.7	99.9	101.1	101.5	101.2
哈尔滨 Harbin	100.1	110.8	101.3	102.2	100.1	102.4	99.6
上 海 Shanghai	101.3	99.9	100.4	100.8	100.9	101.7	105.1
南 京 Nanjing	97.8	102.6	103.9	100.2	101.9	103.3	103.6
杭 州 Hangzhou	100.1	101.5	102.4	100.5	100.5	102.6	103.4
宁 波 Ningbo	99.7	101.5	99.5	102.8	100.3	104.0	102.9
合 肥 Hefei	97.5	103.1	100.6	101.7	99.1	103.9	103.7
福 州 Fuzhou	97.2	100.9	100.1	100.5	101.0	101.1	103.6
厦 门 Xiamen	99.7	102.0	100.8	100.8	101.3	105.8	103.5
南 昌 Nanchang	100.4	100.2	98.5	100.7	98.8	108.2	104.3
济 南 Jinan	100.6	101.8	101.3	102.6	99.6	103.9	101.7
青 岛 Tsingtao	100.4	103.0	102.4	102.2	101.0	101.1	101.9
郑 州 Zhengzhou	97.9	101.8	100.5	100.3	98.4	103.3	103.0
武 汉 Wuhan	99.8	100.9	101.0	99.7	100.3	100.0	105.3
长 沙 Changsha	99.7	101.8	102.1	102.1	100.8	107.8	101.0
广 州 Guangzhou	100.3	104.3	100.3	100.4	99.1	100.2	102.4
深 圳 Shenzhen	99.9	105.4	99.8	101.0	100.1	102.3	102.4
南 宁 Nanning	97.9	96.6	97.9	100.7	99.7	104.3	100.6
海 口 Haikou	97.1	100.6	100.3	102.9	100.1	100.3	104.2
重 庆 Chongqing	97.4	100.8	100.9	100.7	101.6	99.4	101.5
成 都 Chengdu	99.0	100.1	101.8	100.2	100.8	99.9	101.0
贵 阳 Guiyang	96.3	102.8	100.7	101.5	99.9	101.3	103.1
昆 明 Kunming	100.6	95.3	100.9	100.6	101.1	99.6	104.0
拉 萨 Lasa	99.3	104.5	101.5	100.0	101.6	97.6	103.5
西 安 Xi'an	98.0	99.2	102.6	103.7	101.9	99.5	99.6
兰 州 Lanzhou	100.8	102.8	101.0	101.1	100.1	100.8	97.7
西 宁 Xining	98.2	105.3	96.9	101.2	100.6	100.6	104.6
银 川 Yingchuan	98.6	100.4	99.9	101.8	98.7	103.5	101.2
乌鲁木齐 Urumqi	101.3	102.3	103.4	100.6	101.0	101.2	101.1

3-75 36个大中城市居民消费价格分类指数(同比)
Consumer Price Indices by Category for 36 Major Large and Medium-sized Cities (2014年6月)

(上年同月=100) (same month of preceding year=100)

地区	City	居民消费价格指数 Consumer Price Index	食品 Food	粮食 Grain	肉禽及其制品 Meat,Poultry and Processed Products	蛋 Eggs	水产品 Aquatic Products	鲜菜 Fresh Vegetables	鲜果 Fresh Fruits
平均指数	**Average Index**	**102.4**	**103.9**	**103.1**	**101.7**	**112.1**	**103.6**	**98.7**	**121.4**
北京	Beijing	102.2	104.2	103.2	100.5	111.5	108.2	89.9	126.7
天津	Tianjin	101.9	103.3	103.3	100.3	111.7	105.7	100.6	117.0
石家庄	Shijiazhuang	103.0	105.5	101.2	99.7	121.4	103.8	96.6	147.5
太原	Taiyuan	103.3	105.4	107.4	100.7	113.7	113.5	87.8	136.9
呼和浩特	Hohhot	101.5	103.9	100.0	101.5	107.7	108.9	89.3	127.0
沈阳	Shenyang	103.0	106.0	107.7	102.9	115.9	108.4	99.9	126.2
大连	Dalian	102.4	103.6	109.7	100.5	110.6	97.2	99.0	113.0
长春	Changchun	102.5	105.6	102.2	102.7	116.2	109.3	97.3	121.3
哈尔滨	Harbin	102.4	104.9	103.3	102.7	115.1	119.4	99.1	117.0
上海	Shanghai	102.6	102.3	102.1	100.7	108.7	100.0	95.8	114.2
南京	Nanjing	102.3	101.9	99.3	99.5	113.6	101.5	96.1	109.1
杭州	Hangzhou	102.5	102.9	101.5	101.4	118.7	102.2	92.8	126.2
宁波	Ningbo	102.2	102.5	99.8	100.4	119.3	98.5	96.9	127.5
合肥	Hefei	102.2	101.4	103.7	98.3	120.4	101.1	85.2	113.9
福州	Fuzhou	101.9	102.9	102.5	106.4	106.8	99.3	92.0	129.0
厦门	Xiamen	102.9	104.2	103.2	101.2	111.4	103.6	107.2	127.0
南昌	Nanchang	103.7	106.4	103.1	104.3	113.1	101.7	101.7	132.5
济南	Jinan	103.2	104.4	104.6	99.6	121.8	106.6	101.0	115.2
青岛	Tsingtao	103.9	106.2	105.9	102.7	123.2	111.3	98.9	116.1
郑州	Zhengzhou	102.4	104.1	107.3	99.5	121.9	105.3	94.6	135.4
武汉	Wuhan	101.7	102.0	103.2	98.9	109.6	97.7	97.6	120.1
长沙	Changsha	102.9	104.6	102.2	102.9	112.1	100.2	107.6	125.9
广州	Guangzhou	102.6	105.3	102.1	104.0	116.4	107.5	101.4	119.1
深圳	Shenzhen	102.5	104.3	104.2	104.0	110.0	106.7	100.4	117.7
南宁	Nanning	101.9	104.3	102.5	106.8	108.4	111.3	99.4	114.1
海口	Haikou	101.9	102.9	104.3	100.9	100.4	106.6	98.6	118.8
重庆	Chongqing	102.0	104.4	100.7	102.0	103.1	104.7	106.4	129.1
成都	Chengdu	102.1	104.7	104.0	101.9	116.1	102.0	107.7	127.4
贵阳	Guiyang	104.0	109.2	100.0	104.1	110.3	103.1	119.2	135.7
昆明	Kunming	102.8	106.2	102.4	101.9	109.1	101.6	116.9	111.0
拉萨	Lasa	102.7	104.6	103.8	103.4	101.9	96.0	109.2	119.8
西安	Xi'an	101.4	102.6	103.6	100.5	111.7	107.8	82.8	118.1
兰州	Lanzhou	101.6	103.2	105.3	100.2	114.2	102.5	106.7	106.2
西宁	Xining	102.0	102.0	107.1	95.4	106.2	106.4	93.5	125.6
银川	Yingchuan	101.5	101.5	103.6	99.1	107.3	102.5	76.1	121.3
乌鲁木齐	Urumqi	103.5	107.1	103.1	100.3	105.9	107.8	99.7	135.4

3-75 续表 continued

(上年同月=100) (same month of preceding year=100)

地 区	City	烟 酒 Tobacco and Liquor	衣 着 Clothing	家庭设备用品及维修服务 Household Facilities,Articles and Services	医疗保健和个人用品 Health Care and Personal Articles	交通和通信 Transportation and Communication	娱乐教育文化用品及服务 Recreation, Education and Culture Articles	居 住 Residence
平均指数	**Average Index**	**99.5**	**102.3**	**101.3**	**101.2**	**100.7**	**101.8**	**102.5**
北 京	Beijing	100.2	99.4	100.4	100.4	100.8	103.8	101.6
天 津	Tianjin	98.3	101.0	103.6	101.0	100.3	100.8	102.1
石家庄	Shijiazhuang	100.9	104.2	100.6	102.9	101.6	100.8	100.9
太 原	Taiyuan	100.4	104.3	105.3	101.2	100.9	102.6	101.9
呼和浩特	Hohhot	99.5	104.0	99.5	101.2	97.9	99.4	99.7
沈 阳	Shenyang	100.1	102.7	98.8	102.9	101.8	101.6	100.6
大 连	Dalian	100.7	107.1	101.6	101.2	100.5	102.2	100.4
长 春	Changchun	100.1	101.9	101.8	100.2	101.3	100.8	101.1
哈尔滨	Harbin	100.0	104.8	102.0	102.4	99.7	99.9	99.4
上 海	Shanghai	101.4	102.5	102.3	100.9	100.9	102.0	104.8
南 京	Nanjing	97.9	104.0	103.7	101.0	100.7	103.6	102.9
杭 州	Hangzhou	99.8	102.5	102.8	100.9	101.2	102.8	103.2
宁 波	Ningbo	99.4	101.4	100.0	102.5	101.1	103.7	102.5
合 肥	Hefei	97.7	104.3	101.1	101.8	98.7	104.1	104.0
福 州	Fuzhou	97.4	101.0	99.5	100.5	101.2	101.2	103.4
厦 门	Xiamen	99.8	100.0	100.8	100.7	101.6	105.0	103.4
南 昌	Nanchang	100.4	101.4	98.9	100.9	98.7	108.0	103.4
济 南	Jinan	101.0	101.6	101.3	103.3	100.1	103.9	104.0
青 岛	Tsingtao	99.6	106.1	102.7	102.6	101.9	101.3	103.1
郑 州	Zhengzhou	99.0	101.8	100.6	100.4	99.4	103.5	103.0
武 汉	Wuhan	100.1	101.4	101.1	99.2	100.2	99.9	104.8
长 沙	Changsha	99.4	101.5	102.0	102.1	100.6	107.1	100.9
广 州	Guangzhou	99.8	105.5	100.3	100.4	100.0	99.4	102.5
深 圳	Shenzhen	99.8	106.1	99.3	101.0	100.1	101.8	102.0
南 宁	Nanning	97.8	96.4	97.9	102.8	100.0	104.3	100.8
海 口	Haikou	99.4	100.4	99.7	102.7	99.9	100.2	103.6
重 庆	Chongqing	97.3	101.1	100.6	100.9	101.6	99.5	101.7
成 都	Chengdu	98.8	101.1	101.6	100.4	101.2	99.9	100.9
贵 阳	Guiyang	98.5	103.2	100.5	101.3	100.4	100.0	103.1
昆 明	Kunming	100.6	96.7	100.6	100.7	101.2	99.7	104.1
拉 萨	Lasa	99.3	104.5	101.5	100.5	101.8	98.8	103.5
西 安	Xi'an	97.9	100.8	103.2	103.7	100.8	99.7	99.8
兰 州	Lanzhou	100.6	103.5	101.3	100.7	100.0	101.9	97.7
西 宁	Xining	98.2	108.5	97.0	101.0	98.6	100.6	103.6
银 川	Yingchuan	98.6	101.5	101.3	101.7	99.3	102.9	102.2
乌鲁木齐	Urumqi	100.9	101.7	102.2	100.8	100.8	101.4	101.5

3-76 36个大中城市居民消费价格分类指数(同比)

Consumer Price Indices by Category for 36 Major Large and Medium-sized Cities

(2014年7月)

(上年同月=100) (same month of preceding year=100)

地区	City	居民消费价格指数 Consumer Price Index	食品 Food	粮食 Grain	肉禽及其制品 Meat,Poultry and Processed Products	蛋 Eggs	水产品 Aquatic Products	鲜菜 Fresh Vegetables	鲜果 Fresh Fruits
平均指数	**Average Index**	**102.4**	**103.8**	**103.1**	**101.0**	**118.4**	**104.2**	**98.6**	**121.1**
北京	Beijing	101.8	103.4	102.8	100.2	117.6	107.8	86.6	120.6
天津	Tianjin	101.3	102.4	103.7	98.7	119.5	106.5	89.4	114.9
石家庄	Shijiazhuang	102.6	104.1	103.6	100.9	134.2	103.2	94.6	124.3
太原	Taiyuan	102.5	104.3	107.4	99.2	128.4	110.8	78.5	135.6
呼和浩特	Hohhot	101.4	103.5	100.4	99.6	112.1	107.7	92.9	126.2
沈阳	Shenyang	103.1	106.4	107.2	101.7	133.7	112.5	97.1	132.5
大连	Dalian	102.1	103.0	109.8	99.5	126.0	99.4	82.3	114.6
长春	Changchun	102.2	105.0	102.3	101.1	133.7	108.6	81.5	123.2
哈尔滨	Harbin	101.9	104.3	103.5	99.8	139.5	118.9	92.3	119.3
上海	Shanghai	103.0	103.1	101.3	100.8	110.2	102.3	100.5	115.5
南京	Nanjing	102.7	102.6	99.8	100.1	118.6	101.1	94.4	114.6
杭州	Hangzhou	102.6	102.8	101.4	101.0	120.6	102.8	97.2	120.9
宁波	Ningbo	102.3	103.0	100.0	100.6	124.7	99.7	100.8	119.7
合肥	Hefei	102.1	101.7	103.0	99.0	132.6	97.5	85.7	118.5
福州	Fuzhou	102.3	103.1	103.6	104.2	112.0	99.0	100.0	128.9
厦门	Xiamen	102.3	102.8	103.2	100.2	114.7	101.9	99.3	126.2
南昌	Nanchang	102.3	103.0	102.8	102.7	108.7	98.8	87.5	122.2
济南	Jinan	102.8	103.7	106.6	99.0	130.0	105.6	88.5	119.3
青岛	Tsingtao	104.1	106.4	107.2	103.4	133.5	112.7	86.4	131.3
郑州	Zhengzhou	102.4	104.2	107.5	99.5	132.5	107.5	94.4	132.6
武汉	Wuhan	102.0	103.2	102.8	100.7	110.9	98.1	102.0	131.5
长沙	Changsha	103.0	104.7	102.3	102.8	113.7	98.2	109.5	127.1
广州	Guangzhou	102.9	105.4	103.6	104.0	118.0	108.7	108.4	117.6
深圳	Shenzhen	102.0	103.9	101.4	103.3	111.9	106.5	99.8	116.8
南宁	Nanning	102.0	105.3	102.9	105.4	110.8	109.5	112.2	119.7
海口	Haikou	102.6	105.1	103.6	103.2	101.5	106.7	113.8	120.1
重庆	Chongqing	101.9	104.0	101.1	99.1	106.2	103.2	112.9	122.1
成都	Chengdu	101.7	103.7	104.7	100.4	121.0	101.3	103.0	125.2
贵阳	Guiyang	103.8	108.0	100.0	102.7	108.7	105.0	116.8	132.2
昆明	Kunming	103.1	106.6	102.6	100.9	110.3	100.7	121.5	113.0
拉萨	Lasa	103.7	106.4	107.7	106.3	101.5	96.5	113.2	117.1
西安	Xi'an	101.9	102.9	104.0	100.4	120.4	105.7	85.1	124.5
兰州	Lanzhou	101.8	103.5	104.2	101.7	122.5	99.6	100.1	117.4
西宁	Xining	102.0	102.0	108.5	96.1	113.9	103.9	86.5	137.6
银川	Yingchuan	102.1	102.3	103.6	100.0	111.3	101.7	80.4	124.2
乌鲁木齐	Urumqi	103.4	107.2	104.6	99.3	105.6	105.4	102.5	142.7

3-76 续表 continued

(上年同月=100) (same month of preceding year=100)

地 区	City	烟 酒 Tobacco and Liquor	衣 着 Clothing	家庭设备用品及维修服务 Household Facilities,Articles and Services	医疗保健和个人用品 Health Care and Personal Articles	交通和通信 Transportation and Communication	娱乐教育文化用品及服务 Recreation, Education and Culture Articles	居 住 Residence
平均指数	**Average Index**	**99.6**	**102.6**	**101.2**	**101.4**	**100.7**	**101.8**	**102.2**
北 京	Beijing	100.2	99.8	100.3	100.4	100.5	103.1	101.5
天 津	Tianjin	98.7	100.4	103.2	100.8	99.7	101.2	100.9
石家庄	Shijiazhuang	99.4	105.0	100.7	102.9	101.3	100.9	101.0
太 原	Taiyuan	100.5	103.2	104.9	100.7	101.3	100.7	101.5
呼和浩特	Hohhot	98.7	104.1	99.4	101.3	98.0	99.5	99.7
沈 阳	Shenyang	100.5	103.0	99.0	103.2	101.5	101.7	100.3
大 连	Dalian	100.6	105.2	101.8	101.3	101.3	102.4	100.2
长 春	Changchun	100.3	101.9	101.9	100.1	101.1	100.2	101.3
哈尔滨	Harbin	100.0	100.6	101.8	102.6	100.1	100.1	99.8
上 海	Shanghai	101.5	103.9	102.4	101.3	101.3	103.0	104.5
南 京	Nanjing	99.2	104.6	104.3	101.1	101.0	104.6	102.7
杭 州	Hangzhou	99.8	104.7	103.1	101.3	101.1	102.7	102.9
宁 波	Ningbo	99.7	103.1	99.9	102.1	101.2	102.1	102.9
合 肥	Hefei	97.9	103.1	101.3	101.8	98.3	103.5	104.2
福 州	Fuzhou	98.5	100.9	99.6	101.5	101.4	101.9	103.5
厦 门	Xiamen	99.6	100.8	100.2	100.8	102.2	104.6	102.3
南 昌	Nanchang	100.4	100.9	99.0	100.8	99.2	106.1	102.7
济 南	Jinan	101.4	101.7	100.9	103.9	98.9	104.3	103.1
青 岛	Tsingtao	99.5	104.8	102.0	102.6	101.5	103.8	103.7
郑 州	Zhengzhou	99.0	101.9	100.4	100.8	99.6	102.9	103.0
武 汉	Wuhan	100.6	102.1	101.0	99.0	100.1	99.6	104.4
长 沙	Changsha	99.8	101.6	102.5	102.7	100.6	107.5	100.5
广 州	Guangzhou	99.6	109.4	100.3	100.8	100.7	98.4	102.4
深 圳	Shenzhen	99.3	105.0	98.6	101.7	99.9	100.7	101.2
南 宁	Nanning	97.7	96.3	97.6	102.5	100.1	102.6	100.8
海 口	Haikou	97.0	100.3	100.0	102.5	99.9	101.0	102.9
重 庆	Chongqing	97.7	101.0	100.1	101.8	101.6	99.1	101.7
成 都	Chengdu	98.5	100.3	101.6	100.4	101.0	100.1	100.7
贵 阳	Guiyang	98.7	103.9	100.4	101.7	100.9	100.8	102.7
昆 明	Kunming	100.5	98.1	101.1	101.1	101.2	99.7	103.9
拉 萨	Lasa	99.3	104.5	102.0	100.3	101.8	101.5	104.0
西 安	Xi'an	98.5	102.3	102.4	103.4	101.5	101.6	99.5
兰 州	Lanzhou	99.8	104.2	101.4	100.5	100.0	102.0	98.4
西 宁	Xining	98.2	108.2	97.5	101.4	99.2	101.2	102.7
银 川	Yingchuan	98.6	104.3	101.9	101.7	99.2	102.3	102.7
乌鲁木齐	Urumqi	100.6	101.2	101.7	101.3	101.8	100.1	101.3

3-77 36个大中城市居民消费价格分类指数(同比)
Consumer Price Indices by Category for 36 Major Large and Medium-sized Cities
(2014年8月)

(上年同月=100) (same month of preceding year=100)

地区	City	居民消费价格指数 Consumer Price Index	食品 Food	粮食 Grain	肉禽及其制品 Meat,Poultry and Processed Products	蛋 Eggs	水产品 Aquatic Products	鲜菜 Fresh Vegetables	鲜果 Fresh Fruits
平均指数	**Average Index**	**102.1**	**103.5**	**103.1**	**101.3**	**117.7**	**104.5**	**94.5**	**121.9**
北京	Beijing	101.5	103.5	102.3	101.0	118.1	106.5	90.0	121.8
天津	Tianjin	101.3	102.6	105.0	99.6	120.4	104.2	86.4	123.9
石家庄	Shijiazhuang	102.8	104.7	103.1	101.7	132.0	101.9	91.6	144.9
太原	Taiyuan	102.1	103.8	107.2	99.3	128.7	110.8	85.6	128.2
呼和浩特	Hohhot	101.2	103.1	100.6	98.3	115.9	104.5	92.5	130.4
沈阳	Shenyang	103.2	106.4	106.8	103.0	128.3	114.1	93.2	136.3
大连	Dalian	102.0	103.6	109.2	100.2	126.3	103.1	76.8	119.9
长春	Changchun	102.0	104.5	101.4	101.7	125.8	107.3	81.0	120.7
哈尔滨	Harbin	102.0	104.6	104.1	100.8	126.9	114.6	95.0	121.7
上海	Shanghai	102.6	102.9	100.7	102.0	110.1	102.3	96.6	118.2
南京	Nanjing	102.7	103.2	100.3	100.9	116.4	101.5	95.7	122.6
杭州	Hangzhou	102.3	103.3	102.3	101.8	121.3	105.0	94.3	121.4
宁波	Ningbo	102.4	103.5	99.4	101.8	123.1	104.6	95.1	119.0
合肥	Hefei	102.2	102.3	102.5	100.8	127.6	101.7	85.3	121.4
福州	Fuzhou	101.9	103.0	103.7	101.9	115.2	103.3	94.6	127.0
厦门	Xiamen	101.4	101.7	103.5	98.9	113.9	100.7	98.4	121.4
南昌	Nanchang	102.1	102.7	102.6	101.9	115.1	98.6	90.4	116.0
济南	Jinan	102.5	102.3	106.3	97.9	130.2	105.1	89.8	113.8
青岛	Tsingtao	103.0	104.5	105.9	103.2	127.5	109.1	84.5	117.5
郑州	Zhengzhou	102.4	104.1	106.8	99.7	130.0	108.4	91.1	137.6
武汉	Wuhan	101.6	102.3	102.2	100.5	110.5	98.6	97.8	124.5
长沙	Changsha	102.8	104.3	102.4	102.4	110.9	99.3	103.1	130.5
广州	Guangzhou	102.4	103.9	102.8	104.1	117.8	106.6	91.0	119.6
深圳	Shenzhen	101.2	102.9	103.4	101.3	111.6	106.6	92.6	119.7
南宁	Nanning	101.3	103.8	103.5	103.8	114.0	109.3	100.0	123.6
海口	Haikou	101.8	103.3	105.0	103.5	103.6	104.8	97.6	120.3
重庆	Chongqing	101.7	102.8	101.2	100.0	106.4	104.7	102.6	115.0
成都	Chengdu	101.5	103.4	105.9	100.4	120.1	102.0	100.5	123.5
贵阳	Guiyang	103.0	105.6	100.1	99.3	108.2	103.3	99.0	131.5
昆明	Kunming	103.7	106.7	102.8	100.6	109.1	104.1	121.1	116.9
拉萨	Lasa	103.6	105.6	109.7	105.3	105.4	102.7	102.9	111.2
西安	Xi'an	101.7	103.5	104.1	101.4	120.5	105.0	88.2	124.1
兰州	Lanzhou	101.9	104.0	104.9	102.2	126.3	98.9	101.1	121.3
西宁	Xining	103.3	103.7	107.9	98.6	115.5	101.1	98.6	138.4
银川	Yingchuan	102.9	104.1	103.1	102.4	111.7	101.4	91.5	127.3
乌鲁木齐	Urumqi	103.2	106.9	105.1	100.3	108.5	104.5	103.6	141.7

3-77 续表 continued

(上年同月=100) (same month of preceding year=100)

地区	City	烟酒 Tobacco and Liquor	衣着 Clothing	家庭设备用品及维修服务 Household Facilities,Articles and Services	医疗保健和个人用品 Health Care and Personal Articles	交通和通信 Transportation and Communication	娱乐教育文化用品及服务 Recreation, Education and Culture Articles	居住 Residence
平均指数	**Average Index**	**99.4**	**102.8**	**100.9**	**101.3**	**100.1**	**101.4**	**102.0**
北京	Beijing	99.6	100.8	99.7	100.4	99.8	101.9	100.9
天津	Tianjin	97.4	100.6	102.8	100.6	99.3	101.2	100.9
石家庄	Shijiazhuang	99.2	105.8	100.8	103.2	100.9	100.9	100.7
太原	Taiyuan	100.4	102.6	104.2	100.4	101.1	100.5	101.1
呼和浩特	Hohhot	97.9	103.9	99.3	100.9	97.9	99.3	99.7
沈阳	Shenyang	100.8	103.5	99.4	103.7	100.8	101.3	100.9
大连	Dalian	100.5	104.1	101.3	101.7	101.0	102.1	99.4
长春	Changchun	100.0	102.1	101.4	100.1	100.6	100.2	101.3
哈尔滨	Harbin	100.0	101.9	101.4	102.5	99.6	100.0	99.9
上海	Shanghai	101.2	104.0	102.2	100.6	100.1	101.8	104.4
南京	Nanjing	98.4	106.0	103.7	100.9	100.6	103.7	102.6
杭州	Hangzhou	99.8	99.7	102.8	101.6	100.1	102.7	102.9
宁波	Ningbo	99.7	105.1	99.8	101.4	100.0	101.7	102.7
合肥	Hefei	98.2	102.8	100.9	101.6	97.7	104.5	103.8
福州	Fuzhou	98.4	99.6	99.2	101.7	100.6	101.3	103.2
厦门	Xiamen	98.9	100.3	99.8	101.6	101.5	103.0	101.4
南昌	Nanchang	100.4	100.9	100.6	100.8	99.2	105.6	102.1
济南	Jinan	100.5	103.0	101.4	103.3	100.1	103.4	103.3
青岛	Tsingtao	99.4	105.4	102.0	101.9	100.6	99.4	103.8
郑州	Zhengzhou	99.2	101.9	100.6	100.5	99.9	102.8	102.9
武汉	Wuhan	100.5	101.7	100.4	99.8	99.8	100.2	103.6
长沙	Changsha	100.8	101.5	102.6	102.5	99.4	107.9	100.4
广州	Guangzhou	99.7	109.5	99.9	100.7	100.9	99.3	102.1
深圳	Shenzhen	99.7	102.3	98.5	101.3	99.4	100.2	100.8
南宁	Nanning	97.8	95.3	97.1	102.5	99.3	102.6	100.8
海口	Haikou	97.2	100.4	100.2	102.0	99.9	100.2	102.4
重庆	Chongqing	98.0	102.7	100.2	102.9	100.9	99.4	101.3
成都	Chengdu	98.2	100.1	101.2	100.2	100.5	100.2	100.9
贵阳	Guiyang	98.6	103.5	101.2	101.7	100.2	100.7	102.6
昆明	Kunming	100.3	103.2	102.4	100.9	100.9	99.3	104.5
拉萨	Lasa	99.3	104.5	102.1	99.9	101.5	103.9	104.0
西安	Xi'an	98.3	102.6	101.4	102.6	99.8	101.5	99.1
兰州	Lanzhou	98.7	104.0	101.9	100.2	99.9	101.9	98.4
西宁	Xining	98.1	116.8	98.2	101.2	99.4	101.1	102.8
银川	Yingchuan	98.6	104.8	102.7	102.0	99.1	103.1	102.6
乌鲁木齐	Urumqi	100.7	101.4	100.6	101.2	101.7	99.6	101.4

3-78 36个大中城市居民消费价格分类指数(同比)
Consumer Price Indices by Category for 36 Major Large and Medium-sized Cities (2014年9月)

(上年同月=100) (same month of preceding year=100)

地区	City	居民消费价格指数 Consumer Price Index	食品 Food	粮食 Grain	肉禽及其制品 Meat,Poultry and Processed Products	蛋 Eggs	水产品 Aquatic Products	鲜菜 Fresh Vegetables	鲜果 Fresh Fruits
平均指数	**Average Index**	**101.7**	**102.7**	**103.4**	**101.4**	**112.5**	**103.6**	**91.6**	**118.1**
北京	Beijing	101.1	102.6	101.8	100.6	110.2	105.3	84.5	120.6
天津	Tianjin	101.0	101.2	105.3	99.7	115.1	101.2	81.4	118.6
石家庄	Shijiazhuang	102.3	102.5	103.6	100.8	120.6	104.5	88.3	129.6
太原	Taiyuan	101.7	102.0	104.4	96.2	117.0	109.2	83.5	125.3
呼和浩特	Hohhot	100.5	101.5	100.5	97.3	110.2	103.4	85.1	126.9
沈阳	Shenyang	102.3	104.7	107.4	102.3	116.7	112.5	84.9	122.9
大连	Dalian	101.0	100.9	109.4	99.7	116.5	91.7	78.1	106.9
长春	Changchun	101.5	103.1	101.1	102.0	115.3	106.2	78.6	114.3
哈尔滨	Harbin	101.2	102.2	104.8	99.9	116.4	110.6	86.5	115.4
上海	Shanghai	102.7	103.3	101.4	102.7	107.0	102.4	99.4	116.6
南京	Nanjing	102.8	104.2	103.1	100.7	112.2	102.1	104.8	122.3
杭州	Hangzhou	101.4	102.7	101.9	101.3	117.8	104.8	100.9	114.0
宁波	Ningbo	101.5	103.3	98.9	100.5	117.3	104.6	101.8	111.5
合肥	Hefei	102.0	101.9	102.6	100.0	115.8	103.3	92.7	111.3
福州	Fuzhou	101.0	100.7	104.7	100.5	112.0	102.3	86.7	111.5
厦门	Xiamen	100.3	100.2	104.3	99.2	113.3	100.0	89.6	108.8
南昌	Nanchang	102.2	102.7	101.8	101.9	113.5	99.4	92.5	118.6
济南	Jinan	102.4	101.6	106.6	98.0	114.9	105.6	88.7	106.5
青岛	Tsingtao	102.8	103.7	107.9	103.4	115.6	105.2	83.1	121.2
郑州	Zhengzhou	102.1	103.3	106.3	100.0	118.0	106.4	91.6	125.0
武汉	Wuhan	102.0	102.9	103.0	102.1	112.4	99.4	101.5	122.8
长沙	Changsha	102.2	103.4	102.4	101.9	111.8	99.4	97.1	130.3
广州	Guangzhou	102.0	103.2	103.1	105.0	115.0	105.2	85.3	121.8
深圳	Shenzhen	100.7	101.7	103.8	100.9	112.3	107.3	85.4	116.4
南宁	Nanning	100.5	102.9	102.9	104.9	113.5	106.4	89.5	127.7
海口	Haikou	102.2	103.7	104.5	106.5	103.5	103.3	96.8	118.2
重庆	Chongqing	101.6	102.1	101.5	100.6	106.0	105.3	95.0	114.9
成都	Chengdu	101.1	102.1	106.7	100.8	114.6	101.9	87.0	120.4
贵阳	Guiyang	102.5	104.3	100.1	98.8	107.3	101.1	92.8	118.5
昆明	Kunming	104.2	106.5	102.3	99.7	108.9	105.7	112.9	117.0
拉萨	Lasa	102.6	105.6	110.2	103.9	106.2	100.5	106.6	105.5
西安	Xi'an	100.8	101.9	103.3	101.5	110.8	102.6	89.4	107.5
兰州	Lanzhou	102.0	104.3	104.8	101.2	117.0	100.2	102.9	128.6
西宁	Xining	103.9	105.9	107.3	100.3	114.5	102.2	108.2	141.8
银川	Yingchuan	102.7	103.1	102.8	101.9	109.4	100.3	90.5	123.6
乌鲁木齐	Urumqi	102.3	105.3	103.8	100.3	109.1	102.6	100.6	132.3

3-78 续表 continued

(上年同月=100) (same month of preceding year=100)

地区	City	烟酒 Tobacco and Liquor	衣着 Clothing	家庭设备用品及维修服务 Household Facilities,Articles and Services	医疗保健和个人用品 Health Care and Personal Articles	交通和通信 Transportation and Communication	娱乐教育文化用品及服务 Recreation, Education and Culture Articles	居住 Residence
平均指数	**Average Index**	**99.4**	**102.8**	**101.0**	**101.1**	**99.7**	**101.4**	**101.8**
北京	Beijing	99.2	100.7	99.7	100.1	99.0	101.9	100.7
天津	Tianjin	98.3	100.1	102.2	100.3	99.0	103.2	101.3
石家庄	Shijiazhuang	98.0	105.8	101.0	104.9	100.1	101.5	100.8
太原	Taiyuan	100.7	103.1	104.6	100.4	100.5	101.7	101.1
呼和浩特	Hohhot	97.6	103.8	99.3	100.6	97.1	98.6	99.7
沈阳	Shenyang	100.9	103.4	99.2	103.6	99.8	99.7	100.6
大连	Dalian	100.4	101.3	101.1	101.4	99.7	102.7	100.7
长春	Changchun	98.8	102.4	101.5	100.0	99.8	99.3	101.9
哈尔滨	Harbin	100.1	101.1	101.0	102.7	99.5	100.0	99.8
上海	Shanghai	101.2	106.8	102.7	100.3	99.9	101.6	103.8
南京	Nanjing	98.8	103.1	104.5	100.7	100.4	104.3	102.1
杭州	Hangzhou	99.5	99.4	103.0	100.7	99.0	101.7	101.7
宁波	Ningbo	99.4	101.8	100.3	100.7	98.8	99.7	102.0
合肥	Hefei	98.6	101.0	101.0	101.2	97.1	106.7	102.8
福州	Fuzhou	99.0	102.4	99.4	101.9	99.8	98.6	103.1
厦门	Xiamen	99.5	101.4	100.6	101.2	100.5	95.6	101.9
南昌	Nanchang	100.4	103.5	100.8	100.5	99.2	103.7	102.8
济南	Jinan	100.9	104.0	99.1	102.4	100.2	105.7	103.1
青岛	Tsingtao	99.4	105.6	101.6	101.2	100.4	100.8	103.8
郑州	Zhengzhou	98.9	101.5	100.3	100.5	100.1	104.0	102.2
武汉	Wuhan	100.9	101.4	100.0	99.5	99.8	102.1	103.4
长沙	Changsha	100.6	101.5	102.7	102.3	99.1	105.8	99.9
广州	Guangzhou	99.7	108.4	100.1	100.4	101.8	98.4	102.0
深圳	Shenzhen	99.8	102.6	98.7	100.8	98.6	99.9	100.9
南宁	Nanning	99.1	93.5	97.1	102.6	98.1	100.9	100.7
海口	Haikou	97.4	102.0	100.8	101.8	98.2	103.2	102.6
重庆	Chongqing	97.5	102.8	100.0	102.9	100.3	102.0	101.3
成都	Chengdu	98.1	99.4	101.6	100.5	100.0	101.2	101.2
贵阳	Guiyang	97.2	102.8	101.2	101.7	100.3	102.2	101.9
昆明	Kunming	100.4	108.7	103.1	101.6	100.5	100.3	104.1
拉萨	Lasa	99.3	98.9	102.0	101.0	101.1	100.6	104.0
西安	Xi'an	99.3	102.0	100.9	102.4	100.1	97.9	99.9
兰州	Lanzhou	97.8	105.1	102.3	100.0	99.4	101.5	99.1
西宁	Xining	98.2	109.9	99.3	101.3	98.8	104.8	102.5
银川	Yingchuan	99.0	104.5	102.1	101.4	98.7	108.7	100.7
乌鲁木齐	Urumqi	101.0	100.1	100.6	101.5	100.7	99.7	100.7

3-79 36个大中城市居民消费价格分类指数(同比)
Consumer Price Indices by Category for 36 Major Large and Medium-sized Cities (2014年10月)

(上年同月=100) (same month of preceding year=100)

地区	City	居民消费价格指数 Consumer Price Index	食品 Food	粮食 Grain	肉禽及其制品 Meat,Poultry and Processed Products	蛋 Eggs	水产品 Aquatic Products	鲜菜 Fresh Vegetables	鲜果 Fresh Fruits
平均指数	**Average Index**	**101.6**	**102.6**	**103.6**	**101.4**	**115.6**	**103.1**	**92.2**	**116.7**
北京	Beijing	100.5	101.8	101.1	99.9	113.5	103.2	84.6	114.2
天津	Tianjin	100.7	101.6	104.9	99.9	116.1	103.6	80.5	121.7
石家庄	Shijiazhuang	101.7	101.2	103.4	100.0	127.7	104.2	88.2	120.3
太原	Taiyuan	100.2	100.2	104.6	97.9	128.9	106.0	78.6	106.9
呼和浩特	Hohhot	100.8	101.5	100.5	97.1	110.8	100.4	88.3	130.4
沈阳	Shenyang	102.1	104.7	107.3	101.2	126.2	111.4	96.3	112.0
大连	Dalian	101.3	100.7	109.0	99.0	126.1	89.5	83.7	104.2
长春	Changchun	102.1	103.9	101.4	101.5	120.3	104.3	99.5	112.5
哈尔滨	Harbin	101.5	103.2	104.3	99.6	125.9	111.1	96.4	113.3
上海	Shanghai	102.4	102.5	102.3	103.2	107.4	101.8	89.4	116.3
南京	Nanjing	102.4	103.3	102.9	101.0	115.1	101.0	100.0	115.2
杭州	Hangzhou	101.0	101.0	102.5	100.9	117.1	103.2	90.2	109.8
宁波	Ningbo	101.0	101.1	100.3	99.5	118.9	101.2	88.5	108.6
合肥	Hefei	101.7	101.7	104.4	99.2	124.2	100.3	92.0	112.0
福州	Fuzhou	100.8	100.2	104.3	100.4	112.9	100.6	87.9	109.3
厦门	Xiamen	100.5	101.3	104.1	99.2	113.9	100.3	92.3	116.9
南昌	Nanchang	101.5	101.7	101.8	100.0	111.5	99.6	91.6	119.1
济南	Jinan	102.0	101.7	107.7	97.6	125.7	105.5	88.4	107.7
青岛	Tsingtao	102.3	102.5	106.6	102.4	126.0	101.7	81.2	108.4
郑州	Zhengzhou	102.1	102.8	106.4	99.9	127.1	106.5	91.8	120.3
武汉	Wuhan	101.9	102.6	103.4	102.4	111.5	99.6	101.3	121.0
长沙	Changsha	101.9	103.8	102.2	102.6	110.9	101.0	99.6	124.4
广州	Guangzhou	102.1	104.9	102.9	105.3	118.3	106.6	99.2	121.3
深圳	Shenzhen	101.2	103.0	104.3	101.6	109.3	107.0	95.6	119.9
南宁	Nanning	100.4	103.4	102.8	105.3	113.8	105.3	96.8	121.3
海口	Haikou	101.8	103.5	104.4	106.8	103.9	105.8	91.2	111.7
重庆	Chongqing	102.2	103.2	102.6	101.3	106.2	106.9	97.3	126.8
成都	Chengdu	101.0	101.9	105.8	100.2	120.9	101.2	95.5	116.2
贵阳	Guiyang	101.8	103.9	100.4	99.4	107.2	99.9	91.6	110.8
昆明	Kunming	104.0	106.1	101.9	100.2	110.5	104.5	106.9	113.1
拉萨	Lasa	102.8	106.3	110.2	106.0	106.2	100.2	110.5	101.5
西安	Xi'an	100.5	101.1	104.4	100.9	117.7	101.3	79.5	112.9
兰州	Lanzhou	102.0	103.8	104.4	100.9	117.6	100.2	95.9	139.9
西宁	Xining	103.6	105.7	107.2	100.6	114.7	104.7	99.1	176.1
银川	Yingchuan	102.1	102.3	102.4	101.0	110.3	100.5	82.3	129.7
乌鲁木齐	Urumqi	101.6	103.5	104.7	99.5	111.4	101.6	92.7	117.2

3-79 续表 continued

(上年同月=100) (same month of preceding year=100)

地区	City	烟酒 Tobacco and Liquor	衣着 Clothing	家庭设备用品及维修服务 Household Facilities,Articles and Services	医疗保健和个人用品 Health Care and Personal Articles	交通和通信 Transportation and Communication	娱乐教育文化用品及服务 Recreation, Education and Culture Articles	居住 Residence
平均指数	**Average Index**	**99.5**	**102.6**	**100.9**	**101.1**	**99.6**	**100.5**	**101.8**
北京	Beijing	98.9	100.2	99.5	100.1	98.4	100.5	100.5
天津	Tianjin	98.0	99.2	102.1	100.0	99.2	100.9	101.1
石家庄	Shijiazhuang	97.7	104.8	100.9	104.4	100.4	101.5	100.9
太原	Taiyuan	100.3	101.8	101.0	100.0	100.6	97.6	101.0
呼和浩特	Hohhot	98.2	104.1	99.6	100.6	99.7	98.9	99.6
沈阳	Shenyang	101.1	103.5	99.2	103.4	99.5	98.5	100.6
大连	Dalian	100.5	102.8	100.8	101.4	100.6	102.7	101.7
长春	Changchun	100.1	103.6	101.5	100.6	99.6	98.8	102.9
哈尔滨	Harbin	100.3	100.7	101.4	103.0	99.5	100.3	99.6
上海	Shanghai	101.6	108.6	102.0	100.5	99.7	100.6	103.7
南京	Nanjing	98.8	103.0	105.1	101.0	100.4	102.7	102.1
杭州	Hangzhou	100.0	100.8	102.6	100.3	98.9	101.8	101.7
宁波	Ningbo	99.9	102.8	100.3	101.9	98.7	99.9	101.9
合肥	Hefei	99.1	102.3	100.7	101.2	97.3	104.8	102.2
福州	Fuzhou	98.5	102.9	100.5	101.9	100.0	97.1	103.4
厦门	Xiamen	99.1	102.0	101.3	100.3	100.0	95.0	101.6
南昌	Nanchang	100.4	103.6	100.9	100.2	99.1	99.9	103.0
济南	Jinan	99.7	102.7	101.7	102.4	100.7	101.0	103.2
青岛	Tsingtao	99.9	102.1	101.3	101.3	99.9	103.5	103.5
郑州	Zhengzhou	98.8	101.5	100.5	100.7	100.5	104.1	102.4
武汉	Wuhan	100.9	101.8	100.4	99.4	99.7	102.5	102.9
长沙	Changsha	100.6	101.9	102.2	101.9	98.6	103.0	99.8
广州	Guangzhou	99.5	101.6	99.8	100.3	101.6	98.0	101.7
深圳	Shenzhen	100.0	101.4	98.6	101.0	98.5	100.7	101.0
南宁	Nanning	100.3	91.4	97.0	102.5	99.2	99.3	100.4
海口	Haikou	97.1	106.9	102.5	101.2	96.8	100.2	101.8
重庆	Chongqing	97.3	104.1	99.9	102.8	100.4	101.9	101.5
成都	Chengdu	97.8	99.5	100.5	100.5	100.1	101.2	101.1
贵阳	Guiyang	97.2	103.9	101.4	101.8	99.8	97.2	102.0
昆明	Kunming	100.5	108.8	103.2	101.6	100.3	100.5	103.9
拉萨	Lasa	99.3	98.9	101.9	100.8	100.8	100.3	104.0
西安	Xi'an	99.1	100.8	101.1	102.2	100.9	97.7	99.9
兰州	Lanzhou	96.6	105.2	102.4	100.0	99.4	101.2	100.2
西宁	Xining	100.0	108.0	100.3	100.9	98.9	104.2	101.8
银川	Yingchuan	99.0	103.6	101.8	100.9	98.6	106.3	101.3
乌鲁木齐	Urumqi	100.7	101.7	99.2	101.5	100.3	98.2	100.7

3-80 36个大中城市居民消费价格分类指数(同比)

Consumer Price Indices by Category for 36 Major Large and Medium-sized Cities (2014年11月)

(上年同月=100) (same month of preceding year=100)

地区	City	居民消费价格指数 Consumer Price Index	食品 Food	粮食 Grain	肉禽及其制品 Meat,Poultry and Processed Products	蛋 Eggs	水产品 Aquatic Products	鲜菜 Fresh Vegetables	鲜果 Fresh Fruits
平均指数	**Average Index**	**101.6**	**102.5**	**103.5**	**100.9**	**115.7**	**102.5**	**94.4**	**115.1**
北京	Beijing	100.7	102.0	100.9	99.3	114.4	103.4	88.4	113.1
天津	Tianjin	101.2	102.4	104.3	99.5	116.9	104.5	88.4	124.4
石家庄	Shijiazhuang	101.8	102.6	103.3	99.3	128.8	104.5	97.3	123.7
太原	Taiyuan	100.3	99.9	102.4	100.1	125.2	107.3	78.1	109.3
呼和浩特	Hohhot	100.6	100.6	100.6	96.5	114.8	101.9	88.4	121.7
沈阳	Shenyang	101.6	103.4	106.0	101.2	123.4	110.3	87.5	112.8
大连	Dalian	101.4	101.0	107.5	99.0	122.7	90.5	84.1	112.9
长春	Changchun	101.8	102.7	101.5	100.8	122.1	104.6	90.2	115.0
哈尔滨	Harbin	101.2	101.5	103.7	99.1	120.0	107.0	88.8	115.7
上海	Shanghai	102.6	102.2	102.6	102.7	108.0	99.2	96.3	108.4
南京	Nanjing	102.2	102.9	103.3	100.9	117.1	101.8	94.3	115.1
杭州	Hangzhou	100.7	100.4	102.2	100.4	121.1	101.7	85.2	112.2
宁波	Ningbo	101.0	101.2	100.3	99.8	119.2	101.2	88.5	106.6
合肥	Hefei	101.3	100.8	104.1	97.6	123.4	99.3	91.1	107.8
福州	Fuzhou	101.3	101.8	104.5	100.6	114.8	102.9	92.5	115.1
厦门	Xiamen	101.1	101.8	104.3	99.2	115.1	100.9	96.3	123.5
南昌	Nanchang	100.9	101.8	102.0	99.1	109.9	99.5	97.5	120.4
济南	Jinan	102.2	101.7	106.6	95.7	126.7	105.5	89.7	113.9
青岛	Tsingtao	101.9	102.9	105.6	100.6	122.4	102.6	89.3	110.7
郑州	Zhengzhou	101.6	101.5	105.1	99.6	127.2	107.6	86.3	115.8
武汉	Wuhan	101.9	102.3	103.0	102.2	111.4	100.0	105.2	118.4
长沙	Changsha	101.5	103.3	102.5	102.5	109.7	101.4	100.5	114.1
广州	Guangzhou	102.2	104.9	103.7	105.3	119.2	106.7	106.0	115.6
深圳	Shenzhen	101.4	103.6	105.5	101.4	111.8	107.0	102.4	117.8
南宁	Nanning	100.7	103.5	102.5	104.5	113.6	104.7	103.8	119.5
海口	Haikou	101.4	102.8	103.9	105.8	104.4	105.9	89.9	109.2
重庆	Chongqing	101.9	102.4	102.1	100.8	106.0	106.6	95.9	120.6
成都	Chengdu	101.1	102.3	105.8	99.8	118.7	100.2	102.1	114.1
贵阳	Guiyang	102.6	105.7	101.9	99.1	107.9	98.6	100.4	114.1
昆明	Kunming	104.1	105.9	102.1	100.8	112.5	104.6	106.5	114.3
拉萨	Lasa	102.4	106.0	110.2	107.1	106.2	100.0	105.8	104.0
西安	Xi'an	100.2	100.9	105.0	100.4	118.3	99.5	82.2	113.3
兰州	Lanzhou	102.7	103.0	104.2	99.6	116.6	98.9	98.0	130.0
西宁	Xining	103.2	104.0	106.2	99.8	112.0	106.3	97.5	144.1
银川	Yingchuan	102.4	102.2	103.0	101.0	109.9	100.1	87.2	123.0
乌鲁木齐	Urumqi	101.0	101.3	102.9	96.3	111.8	101.6	84.3	118.8

3-80 续表 continued

(上年同月=100) (same month of preceding year=100)

地区	City	烟酒 Tobacco and Liquor	衣着 Clothing	家庭设备用品及维修服务 Household Facilities,Articles and Services	医疗保健和个人用品 Health Care and Personal Articles	交通和通信 Transportation and Communication	娱乐教育文化用品及服务 Recreation, Education and Culture Articles	居住 Residence
平均指数	**Average Index**	**99.5**	**103.8**	**101.0**	**101.2**	**99.1**	**100.7**	**101.7**
北京	Beijing	99.6	101.0	99.8	99.8	97.6	101.4	100.8
天津	Tianjin	97.6	100.5	102.0	99.8	98.7	102.5	101.3
石家庄	Shijiazhuang	97.7	102.2	101.0	103.9	99.7	101.6	100.6
太原	Taiyuan	100.0	101.5	100.6	100.4	99.6	99.4	101.0
呼和浩特	Hohhot	99.4	103.7	100.0	100.7	99.7	99.5	99.7
沈阳	Shenyang	101.4	103.7	98.9	103.4	98.6	97.9	100.7
大连	Dalian	100.8	102.6	100.6	101.6	98.9	102.6	102.4
长春	Changchun	100.6	103.4	99.4	101.1	99.6	99.2	102.9
哈尔滨	Harbin	100.3	102.3	101.9	103.7	99.4	100.7	99.4
上海	Shanghai	101.3	112.8	103.2	100.4	99.3	100.7	103.5
南京	Nanjing	98.7	105.1	103.6	101.1	99.5	102.1	102.0
杭州	Hangzhou	100.2	100.6	102.3	102.4	98.0	100.1	102.3
宁波	Ningbo	99.4	103.8	99.8	102.1	97.9	100.5	101.7
合肥	Hefei	99.6	102.0	100.4	101.1	97.1	104.8	102.1
福州	Fuzhou	98.5	103.6	100.2	101.5	99.2	96.6	104.0
厦门	Xiamen	98.4	105.3	103.0	100.7	99.6	95.7	101.8
南昌	Nanchang	100.4	103.5	100.2	100.1	98.6	97.9	101.6
济南	Jinan	99.5	103.7	101.8	102.9	101.9	101.0	103.0
青岛	Tsingtao	100.3	103.1	100.8	100.8	99.1	101.6	102.4
郑州	Zhengzhou	98.6	102.2	100.4	100.4	101.2	103.0	102.4
武汉	Wuhan	101.2	102.4	100.5	99.9	99.5	103.1	102.6
长沙	Changsha	100.7	102.4	102.3	101.9	98.1	101.9	99.2
广州	Guangzhou	99.4	102.7	100.3	100.5	101.5	99.9	100.9
深圳	Shenzhen	100.4	103.3	98.8	101.5	98.1	99.5	100.8
南宁	Nanning	100.3	94.6	98.0	102.5	99.1	98.7	100.4
海口	Haikou	96.7	107.4	101.6	101.0	97.2	100.7	100.6
重庆	Chongqing	96.8	104.5	99.7	102.8	100.0	101.9	101.6
成都	Chengdu	97.6	99.9	100.6	100.6	99.6	101.1	101.2
贵阳	Guiyang	98.9	104.3	101.8	101.8	98.9	97.3	103.1
昆明	Kunming	100.3	108.8	103.0	101.5	100.4	101.8	104.0
拉萨	Lasa	99.3	98.7	101.9	101.0	100.5	97.9	104.0
西安	Xi'an	99.1	100.7	100.3	102.3	98.6	98.5	99.8
兰州	Lanzhou	96.8	105.0	102.4	100.1	99.8	101.8	106.9
西宁	Xining	99.7	108.9	101.0	101.2	99.9	104.5	102.0
银川	Yingchuan	99.3	104.6	102.2	100.8	98.8	107.4	101.6
乌鲁木齐	Urumqi	100.7	102.9	100.1	101.4	99.9	98.7	101.2

3-81 36个大中城市居民消费价格分类指数(同比)
Consumer Price Indices by Category for 36 Major Large and Medium-sized Cities
(2014年12月)

(上年同月=100) (same month of preceding year=100)

地区	City	居民消费价格指数 Consumer Price Index	食品 Food	粮食 Grain	肉禽及其制品 Meat,Poultry and Processed Products	蛋 Eggs	水产品 Aquatic Products	鲜菜 Fresh Vegetables	鲜果 Fresh Fruits
平均指数	**Average Index**	**101.7**	**102.9**	**103.3**	**100.2**	**113.6**	**102.2**	**106.7**	**110.5**
北京	Beijing	100.8	102.1	101.9	98.7	112.5	103.4	107.6	102.9
天津	Tianjin	101.8	103.8	103.7	100.0	113.1	103.6	109.8	119.8
石家庄	Shijiazhuang	101.9	103.1	101.3	98.7	122.8	105.5	115.6	115.0
太原	Taiyuan	101.2	102.5	102.4	96.8	118.2	106.2	112.2	106.6
呼和浩特	Hohhot	101.7	102.8	100.7	96.6	116.1	103.4	106.6	119.2
沈阳	Shenyang	101.9	104.7	105.6	99.9	119.3	108.6	114.6	110.8
大连	Dalian	102.1	103.3	106.9	99.4	111.4	95.8	111.0	109.1
长春	Changchun	102.0	103.6	101.5	101.2	119.6	104.5	107.2	112.3
哈尔滨	Harbin	102.1	103.3	104.2	98.6	123.6	106.1	105.2	114.3
上海	Shanghai	102.6	102.9	102.7	102.8	106.9	99.4	105.6	104.1
南京	Nanjing	101.8	102.0	101.4	99.6	114.0	101.1	100.8	108.7
杭州	Hangzhou	100.6	101.5	101.2	100.2	117.9	102.6	100.9	109.2
宁波	Ningbo	100.8	101.8	103.1	99.9	117.2	101.9	97.1	101.0
合肥	Hefei	101.5	101.4	104.1	96.8	118.2	99.3	111.3	105.5
福州	Fuzhou	101.8	103.2	104.4	97.7	115.0	103.7	117.7	111.8
厦门	Xiamen	101.8	102.3	104.5	100.2	113.6	97.6	111.7	126.1
南昌	Nanchang	101.1	102.9	102.1	99.4	111.8	99.8	115.6	114.1
济南	Jinan	102.3	101.6	106.1	94.6	121.5	101.3	109.9	106.5
青岛	Tsingtao	102.3	104.0	105.1	100.1	115.4	100.9	109.4	110.0
郑州	Zhengzhou	101.8	102.4	105.2	98.3	118.7	106.6	100.6	110.4
武汉	Wuhan	101.6	101.8	102.6	101.7	111.4	100.3	105.6	115.3
长沙	Changsha	101.6	104.8	102.9	102.2	111.4	102.3	115.6	109.9
广州	Guangzhou	101.6	103.7	102.7	104.9	117.5	104.2	99.7	113.4
深圳	Shenzhen	101.0	102.8	103.8	100.4	112.7	106.3	103.1	110.5
南宁	Nanning	100.8	103.2	102.7	103.8	114.6	103.7	108.4	112.4
海口	Haikou	101.5	103.7	102.8	105.7	104.5	108.8	96.6	108.8
重庆	Chongqing	101.8	102.4	102.5	98.2	105.3	105.8	108.3	117.2
成都	Chengdu	101.5	103.4	105.1	98.2	117.3	100.3	119.7	115.5
贵阳	Guiyang	103.1	106.0	102.0	98.5	107.5	100.6	107.8	107.3
昆明	Kunming	104.1	106.4	101.8	99.9	113.1	104.2	111.1	114.3
拉萨	Lasa	102.9	106.9	110.2	108.3	106.8	102.2	108.1	106.3
西安	Xi'an	100.5	101.5	104.9	99.9	116.8	99.2	97.2	113.6
兰州	Lanzhou	103.0	104.0	104.0	99.0	114.0	99.5	112.2	125.0
西宁	Xining	103.5	104.9	105.1	99.5	107.7	105.9	114.1	132.4
银川	Yingchuan	102.3	103.0	102.2	100.5	109.2	100.1	107.7	112.9
乌鲁木齐	Urumqi	101.6	102.4	102.1	94.8	110.8	101.3	100.3	115.2

3-81 续表 continued

(上年同月=100) (same month of preceding year=100)

地区	City	烟酒 Tobacco and Liquor	衣着 Clothing	家庭设备用品及维修服务 Household Facilities,Articles and Services	医疗保健和个人用品 Health Care and Personal Articles	交通和通信 Transportation and Communication	娱乐教育文化用品及服务 Recreation, Education and Culture Articles	居住 Residence
平均指数	**Average Index**	**99.6**	**104.0**	**101.0**	**101.5**	**98.4**	**100.6**	**101.6**
北京	Beijing	99.6	101.6	100.6	100.1	97.2	100.2	101.3
天津	Tianjin	98.0	100.9	101.8	100.2	97.1	103.0	101.9
石家庄	Shijiazhuang	97.5	102.7	101.7	103.7	99.3	101.4	100.6
太原	Taiyuan	100.6	102.1	98.6	100.4	100.3	100.3	101.1
呼和浩特	Hohhot	100.0	103.7	100.4	101.0	101.4	100.1	99.9
沈阳	Shenyang	101.8	103.8	99.0	103.2	97.7	97.2	100.6
大连	Dalian	100.8	102.2	101.1	101.7	98.5	102.9	102.2
长春	Changchun	101.2	103.4	99.9	101.2	99.4	98.1	102.9
哈尔滨	Harbin	100.4	102.5	101.5	104.3	99.6	101.3	100.1
上海	Shanghai	101.4	112.7	102.8	100.7	98.4	100.3	103.3
南京	Nanjing	99.7	104.8	103.3	100.9	98.7	102.3	102.1
杭州	Hangzhou	100.1	99.0	101.4	102.3	96.8	99.7	101.9
宁波	Ningbo	98.8	103.3	100.1	104.0	96.0	99.9	101.0
合肥	Hefei	100.3	100.8	100.5	101.8	96.4	105.5	102.0
福州	Fuzhou	99.2	104.1	101.2	102.1	98.6	97.0	103.2
厦门	Xiamen	98.7	108.4	103.1	101.1	99.2	98.3	101.6
南昌	Nanchang	100.4	104.3	99.4	100.6	98.4	98.4	100.0
济南	Jinan	99.4	105.1	101.8	103.1	100.4	101.5	103.2
青岛	Tsingtao	100.4	103.2	100.7	102.7	98.1	102.0	102.0
郑州	Zhengzhou	98.7	103.0	100.1	100.7	99.7	102.7	102.4
武汉	Wuhan	101.3	102.8	100.7	100.3	99.2	102.9	101.8
长沙	Changsha	100.5	102.6	102.1	101.7	97.6	100.8	98.0
广州	Guangzhou	99.7	103.7	100.0	101.2	100.6	99.7	100.1
深圳	Shenzhen	100.5	102.5	99.4	101.7	97.7	99.7	100.6
南宁	Nanning	100.3	96.6	97.9	102.7	101.0	98.7	99.4
海口	Haikou	97.1	107.9	101.5	101.6	95.6	100.3	100.2
重庆	Chongqing	96.5	104.2	100.2	103.8	99.3	101.8	101.3
成都	Chengdu	97.9	100.1	100.4	100.7	98.9	101.1	101.1
贵阳	Guiyang	99.2	104.0	101.7	101.7	101.6	98.7	103.1
昆明	Kunming	100.4	108.8	102.8	101.5	99.8	102.0	103.3
拉萨	Lasa	100.0	98.5	101.9	101.4	100.2	98.3	104.0
西安	Xi'an	99.3	103.0	100.4	102.4	97.1	98.5	99.9
兰州	Lanzhou	96.8	105.1	102.4	100.2	99.5	101.8	106.9
西宁	Xining	99.3	109.3	99.2	101.2	99.9	105.0	101.9
银川	Yingchuan	99.3	103.2	102.8	100.9	98.4	106.0	101.6
乌鲁木齐	Urumqi	99.9	103.9	100.4	101.6	100.2	98.4	101.7

3-82 36个大中城市居民消费价格分类指数(累计比)
Consumer Price Indices by Category for 36 Major Large and Medium-sized Cities
(2014年1月)

(上年同期=100) (same period of preceding year=100)

地区	City	居民消费价格指数 Consumer Price Index	食品 Food	粮食 Grain	肉禽及其制品 Meat,Poultry and Processed Products	蛋 Eggs	水产品 Aquatic Products	鲜菜 Fresh Vegetables	鲜果 Fresh Fruits
平均指数	**Average Index**	**102.7**	**104.2**	**102.9**	**100.6**	**96.5**	**106.2**	**102.9**	**125.4**
北京	Beijing	103.3	105.0	103.5	100.7	98.0	106.3	101.2	130.3
天津	Tianjin	103.4	104.0	102.9	100.4	98.1	105.3	99.5	127.1
石家庄	Shijiazhuang	100.9	101.8	103.8	96.1	90.0	97.8	90.5	138.8
太原	Taiyuan	102.4	102.8	108.0	95.3	90.7	106.2	90.0	128.8
呼和浩特	Hohhot	101.5	103.3	101.2	104.0	105.2	100.9	95.4	105.1
沈阳	Shenyang	101.8	103.8	106.3	100.8	88.1	107.5	97.2	132.9
大连	Dalian	101.9	101.5	104.9	97.1	91.9	100.4	89.9	119.6
长春	Changchun	102.8	104.3	102.5	101.3	89.5	106.5	109.8	115.3
哈尔滨	Harbin	102.2	102.4	102.5	98.9	87.0	110.5	106.0	108.7
上海	Shanghai	103.0	104.6	102.0	101.0	99.6	106.8	105.9	133.0
南京	Nanjing	103.4	103.6	101.3	100.4	100.2	106.0	93.0	128.9
杭州	Hangzhou	102.8	103.7	100.9	102.1	97.6	106.3	98.7	121.1
宁波	Ningbo	102.7	103.4	101.0	100.7	100.0	102.4	100.6	125.9
合肥	Hefei	102.5	104.3	103.8	97.7	96.7	105.9	111.1	124.1
福州	Fuzhou	102.6	103.1	99.9	99.0	100.9	104.3	97.9	136.0
厦门	Xiamen	103.2	104.8	101.1	101.9	99.7	108.1	105.1	121.6
南昌	Nanchang	102.6	105.5	102.3	106.5	100.2	108.3	99.7	118.8
济南	Jinan	101.1	103.2	106.0	95.3	94.2	112.1	87.2	149.5
青岛	Tsingtao	102.2	104.6	109.4	98.2	95.2	104.5	99.8	136.2
郑州	Zhengzhou	102.3	103.2	103.7	99.5	94.1	107.0	98.9	128.2
武汉	Wuhan	102.4	102.2	103.4	100.1	101.7	104.3	95.9	110.0
长沙	Changsha	104.6	107.8	104.0	102.6	98.3	105.2	123.1	132.7
广州	Guangzhou	102.4	105.2	102.5	101.8	93.3	109.0	114.6	112.2
深圳	Shenzhen	103.5	104.1	102.4	102.5	96.8	106.4	107.4	119.7
南宁	Nanning	102.8	103.3	101.0	100.8	100.5	111.6	92.3	132.1
海口	Haikou	103.5	105.1	102.3	103.8	99.5	106.2	113.1	120.8
重庆	Chongqing	101.9	104.1	102.7	100.4	99.5	105.2	108.8	125.3
成都	Chengdu	101.7	102.4	101.4	98.6	92.7	104.1	100.6	122.7
贵阳	Guiyang	102.2	103.7	102.8	99.4	100.5	114.0	108.5	128.1
昆明	Kunming	103.2	105.7	102.8	100.8	97.5	106.1	108.2	126.1
拉萨	Lasa	103.8	109.3	114.5	110.6	105.8	106.7	111.4	110.0
西安	Xi'an	102.9	105.2	103.1	98.1	100.2	104.6	106.2	125.3
兰州	Lanzhou	102.7	107.0	104.1	100.9	95.4	103.4	112.1	130.3
西宁	Xining	103.2	104.3	102.4	102.2	97.0	107.4	100.8	122.4
银川	Yingchuan	102.7	104.5	105.0	101.4	97.6	105.3	89.8	124.8
乌鲁木齐	Urumqi	103.7	107.1	104.9	107.3	94.2	111.2	100.1	125.5

3-82 续表 continued

(上年同期=100) (same period of preceding year=100)

地 区	City	烟 酒 Tobacco and Liquor	衣 着 Clothing	家庭设备用品及维修服务 Household Facilities,Articles and Services	医疗保健和个人用品 Health Care and Personal Articles	交通和通信 Transportation and Communication	娱乐教育文化用品及服务 Recreation, Education and Culture Articles	居 住 Residence
平均指数	**Average Index**	**99.2**	**101.3**	**101.4**	**100.3**	**100.2**	**104.2**	**103.3**
北 京	Beijing	98.8	100.2	101.0	98.8	99.1	110.2	102.8
天 津	Tianjin	100.2	104.3	104.2	99.8	101.8	105.2	103.9
石家庄	Shijiazhuang	100.3	98.5	99.2	102.0	100.2	100.7	101.2
太 原	Taiyuan	100.2	101.7	106.9	101.2	100.9	104.1	101.3
呼和浩特	Hohhot	100.9	104.6	100.1	100.1	99.6	98.5	99.8
沈 阳	Shenyang	99.2	98.7	100.1	101.3	100.4	101.3	101.8
大 连	Dalian	100.3	101.2	101.0	100.2	103.5	102.8	102.9
长 春	Changchun	99.5	100.4	102.3	100.0	100.0	106.2	103.6
哈尔滨	Harbin	100.2	107.8	101.4	99.6	99.2	100.9	102.5
上 海	Shanghai	99.9	98.5	100.2	99.1	100.4	103.8	105.6
南 京	Nanjing	95.8	104.5	104.7	99.5	101.7	106.0	104.0
杭 州	Hangzhou	99.0	102.9	103.5	101.7	100.0	103.9	102.7
宁 波	Ningbo	100.6	101.1	101.1	103.6	100.5	103.9	103.2
合 肥	Hefei	96.5	98.4	101.9	101.6	99.7	103.3	103.8
福 州	Fuzhou	98.1	105.1	100.7	99.2	99.3	107.8	102.5
厦 门	Xiamen	98.9	102.1	99.4	100.3	100.1	105.8	104.4
南 昌	Nanchang	100.0	100.2	98.7	99.7	99.8	106.0	101.2
济 南	Jinan	98.7	99.5	100.5	100.4	97.6	106.3	98.5
青 岛	Tsingtao	100.5	100.9	102.2	102.0	100.0	102.5	100.4
郑 州	Zhengzhou	97.3	102.9	101.1	100.2	99.4	106.1	102.3
武 汉	Wuhan	100.1	99.9	102.7	100.2	100.0	99.7	108.1
长 沙	Changsha	98.7	101.8	101.9	102.1	100.3	109.8	102.9
广 州	Guangzhou	99.4	102.6	99.9	100.6	98.7	102.0	101.9
深 圳	Shenzhen	97.4	104.2	100.9	100.5	101.1	105.3	105.1
南 宁	Nanning	98.2	105.4	100.4	99.8	100.9	105.6	102.6
海 口	Haikou	99.1	100.6	101.5	102.4	100.9	104.0	104.3
重 庆	Chongqing	99.4	101.4	101.3	100.4	99.3	99.3	102.1
成 都	Chengdu	99.4	100.9	102.7	100.7	100.8	101.1	102.0
贵 阳	Guiyang	96.7	98.9	101.0	99.5	100.3	107.6	101.2
昆 明	Kunming	100.7	94.3	100.5	101.7	100.6	99.9	107.9
拉 萨	Lasa	99.3	106.5	100.4	98.8	100.8	97.6	101.0
西 安	Xi'an	97.6	100.8	103.6	102.2	101.6	103.4	100.6
兰 州	Lanzhou	100.8	102.1	100.4	100.7	100.8	101.5	97.3
西 宁	Xining	98.3	107.6	97.4	101.7	99.9	100.2	105.2
银 川	Yingchuan	98.8	103.1	101.1	103.3	98.6	100.7	102.6
乌鲁木齐	Urumqi	101.4	100.7	101.4	101.9	103.1	101.6	100.8

3-83 36个大中城市居民消费价格分类指数(累计比)
Consumer Price Indices by Category for 36 Major Large and Medium-sized Cities (2014年1-2月)

(上年同期=100) (same period of preceding year=100)

地区	City	居民消费价格指数 Consumer Price Index	食品 Food	粮食 Grain	肉禽及其制品 Meat,Poultry and Processed Products	蛋 Eggs	水产品 Aquatic Products	鲜菜 Fresh Vegetables	鲜果 Fresh Fruits
平均指数	**Average Index**	**102.4**	**103.7**	**102.9**	**99.0**	**95.6**	**105.6**	**102.9**	**123.2**
北京	Beijing	102.5	103.9	103.2	99.6	96.7	106.0	100.5	122.4
天津	Tianjin	102.9	103.4	102.5	99.3	96.9	107.6	97.2	125.7
石家庄	Shijiazhuang	101.0	101.5	102.9	95.6	89.2	96.8	92.5	131.1
太原	Taiyuan	102.3	102.5	106.6	95.8	90.1	106.3	91.2	121.2
呼和浩特	Hohhot	101.6	103.7	101.0	102.3	103.5	100.5	99.6	109.8
沈阳	Shenyang	101.3	102.8	105.8	98.4	87.3	108.4	93.3	130.8
大连	Dalian	101.7	101.2	104.8	95.6	90.5	100.1	87.6	119.6
长春	Changchun	102.5	103.2	102.6	100.0	89.1	106.2	98.7	117.8
哈尔滨	Harbin	101.4	100.2	102.2	97.3	84.7	110.6	95.1	108.3
上海	Shanghai	102.8	104.0	102.7	100.1	99.9	105.0	104.3	129.3
南京	Nanjing	103.3	103.0	101.4	99.4	99.9	105.0	94.1	127.4
杭州	Hangzhou	102.6	103.9	100.8	99.9	96.8	107.0	102.0	120.5
宁波	Ningbo	102.3	102.8	100.4	98.6	99.3	101.3	101.7	125.8
合肥	Hefei	102.4	103.4	103.5	95.7	95.7	103.6	108.0	125.7
福州	Fuzhou	102.0	102.7	99.4	96.0	99.7	104.8	104.8	127.3
厦门	Xiamen	102.9	104.4	101.4	100.3	100.0	106.7	108.5	122.5
南昌	Nanchang	103.0	106.3	102.3	105.1	100.4	107.9	108.1	121.0
济南	Jinan	101.2	103.1	106.4	95.2	93.3	111.0	86.9	147.7
青岛	Tsingtao	101.5	103.4	108.9	97.6	95.1	105.0	95.2	127.3
郑州	Zhengzhou	101.8	102.2	104.1	97.3	92.1	104.3	97.1	128.6
武汉	Wuhan	102.3	102.5	103.3	99.1	102.0	103.1	100.0	114.1
长沙	Changsha	104.2	106.9	103.0	100.9	98.0	103.1	122.8	132.0
广州	Guangzhou	102.5	106.0	102.4	101.6	92.0	109.3	121.7	116.2
深圳	Shenzhen	103.3	103.6	102.8	99.8	96.1	105.9	109.6	115.6
南宁	Nanning	102.3	103.1	100.2	98.6	100.3	110.0	100.0	128.6
海口	Haikou	103.4	105.1	102.2	102.7	99.2	106.5	117.3	119.0
重庆	Chongqing	101.7	103.5	102.8	97.1	98.1	103.4	111.3	126.8
成都	Chengdu	101.3	101.8	101.2	96.9	91.2	101.6	104.3	116.6
贵阳	Guiyang	101.6	103.2	103.0	96.2	99.7	106.4	109.6	121.7
昆明	Kunming	102.9	105.2	102.7	98.7	97.3	104.3	110.9	122.5
拉萨	Lasa	103.4	108.1	113.1	109.5	104.9	102.1	109.5	108.0
西安	Xi'an	102.5	104.5	102.8	96.9	97.1	104.5	101.4	126.8
兰州	Lanzhou	102.5	106.2	103.7	100.1	95.7	103.2	111.8	128.1
西宁	Xining	102.8	103.4	102.8	100.4	96.6	105.3	99.0	116.8
银川	Yingchuan	102.5	104.4	104.6	101.2	97.1	103.8	94.3	118.7
乌鲁木齐	Urumqi	103.2	106.3	105.3	104.7	94.5	112.7	99.7	121.2

3-83 续表 continued

(上年同期=100) (same period of preceding year=100)

地 区	City	烟 酒 Tobacco and Liquor	衣 着 Clothing	家庭设备用品及维修服务 Household Facilities,Articles and Services	医疗保健和个人用品 Health Care and Personal Articles	交通和通信 Transportation and Communication	娱乐教育文化用品及服务 Recreation, Education and Culture Articles	居 住 Residence
平均指数	**Average Index**	**99.3**	**101.7**	**101.4**	**100.3**	**99.8**	**103.1**	**103.3**
北 京	Beijing	99.3	100.3	101.0	98.9	99.0	107.1	102.6
天 津	Tianjin	100.3	105.1	104.7	100.0	100.5	103.1	103.8
石家庄	Shijiazhuang	100.6	99.9	99.4	101.8	100.2	100.6	101.3
太 原	Taiyuan	100.4	102.6	106.5	101.2	99.9	103.4	101.4
呼和浩特	Hohhot	100.9	104.4	99.9	100.0	99.5	98.7	99.9
沈 阳	Shenyang	99.3	97.7	100.0	101.5	100.3	100.0	102.0
大 连	Dalian	100.4	103.5	100.9	100.7	101.4	102.3	102.9
长 春	Changchun	99.5	100.6	102.2	100.1	99.9	105.8	104.1
哈尔滨	Harbin	100.1	106.9	101.2	100.8	98.9	100.6	102.4
上 海	Shanghai	100.0	99.0	100.5	99.4	100.2	103.5	105.6
南 京	Nanjing	96.0	105.8	105.0	99.6	101.5	106.0	104.0
杭 州	Hangzhou	99.5	104.0	103.3	101.9	99.4	102.3	103.0
宁 波	Ningbo	100.6	102.2	100.5	102.9	100.1	103.0	103.1
合 肥	Hefei	96.8	99.0	101.1	101.8	99.4	104.7	103.9
福 州	Fuzhou	98.3	103.7	99.9	99.5	98.7	104.9	102.7
厦 门	Xiamen	99.2	101.3	99.0	100.3	99.9	104.0	104.6
南 昌	Nanchang	100.4	100.2	97.7	99.8	99.3	107.0	101.8
济 南	Jinan	98.3	100.6	100.3	100.7	97.2	106.5	98.7
青 岛	Tsingtao	100.5	100.3	102.7	102.1	99.7	100.2	100.2
郑 州	Zhengzhou	97.4	102.9	100.9	100.1	98.8	104.7	102.3
武 汉	Wuhan	100.0	99.7	102.6	100.1	99.9	99.4	107.6
长 沙	Changsha	99.0	101.8	101.8	102.1	100.2	108.6	102.8
广 州	Guangzhou	99.5	104.0	99.7	99.7	98.3	100.4	102.1
深 圳	Shenzhen	98.1	105.4	100.1	100.5	100.5	104.8	105.2
南 宁	Nanning	98.1	103.5	99.9	99.5	100.1	105.0	102.6
海 口	Haikou	98.2	100.6	100.8	102.3	101.3	102.7	104.4
重 庆	Chongqing	99.2	101.1	101.7	100.6	99.3	98.9	102.1
成 都	Chengdu	99.4	101.0	102.8	100.5	100.4	100.6	101.9
贵 阳	Guiyang	96.4	99.5	100.7	99.3	99.8	103.9	101.1
昆 明	Kunming	100.7	94.5	100.8	100.9	100.5	99.9	107.4
拉 萨	Lasa	99.3	106.5	100.4	98.9	100.5	97.6	101.0
西 安	Xi'an	97.5	101.2	103.1	102.5	100.5	102.5	100.5
兰 州	Lanzhou	100.7	102.1	100.5	100.7	100.0	101.5	97.5
西 宁	Xining	98.2	106.9	97.3	101.6	100.0	100.2	105.7
银 川	Yingchuan	98.8	103.8	101.0	103.1	98.6	99.5	102.3
乌鲁木齐	Urumqi	101.5	100.1	101.3	101.7	102.5	101.6	100.9

3-84 36个大中城市居民消费价格分类指数(累计比)
Consumer Price Indices by Category for 36 Major Large and Medium-sized Cities
(2014年1-3月)

(上年同期=100) (same period of preceding year=100)

地区	City	居民消费价格指数 Consumer Price Index	食品 Food	粮食 Grain	肉禽及其制品 Meat,Poultry and Processed Products	蛋 Eggs	水产品 Aquatic Products	鲜菜 Fresh Vegetables	鲜果 Fresh Fruits
平均指数	**Average Index**	**102.4**	**104.0**	**102.8**	**99.1**	**97.3**	**106.6**	**106.2**	**121.3**
北京	Beijing	102.4	104.0	102.6	99.5	97.9	106.4	103.6	119.0
天津	Tianjin	102.9	103.9	102.3	99.4	98.2	109.9	100.9	125.4
石家庄	Shijiazhuang	101.2	102.0	103.0	96.3	92.5	97.2	95.8	125.7
太原	Taiyuan	102.8	103.7	106.5	96.6	93.0	106.1	97.3	121.8
呼和浩特	Hohhot	101.7	103.8	100.8	102.3	104.7	99.8	100.7	110.4
沈阳	Shenyang	101.4	103.4	106.0	99.1	92.2	109.3	95.0	129.4
大连	Dalian	101.9	101.9	104.9	95.4	93.2	100.2	91.1	120.3
长春	Changchun	102.4	103.4	102.6	100.0	92.2	105.9	99.4	116.9
哈尔滨	Harbin	101.8	101.4	102.2	98.4	88.9	115.4	96.7	110.4
上海	Shanghai	102.7	104.1	102.9	100.1	100.3	105.8	106.8	122.7
南京	Nanjing	103.1	103.1	101.2	99.5	101.2	105.0	97.2	125.2
杭州	Hangzhou	102.8	104.5	100.7	99.9	99.2	108.8	105.7	119.5
宁波	Ningbo	102.4	103.2	100.4	98.0	100.6	102.5	104.6	124.7
合肥	Hefei	102.4	103.3	103.3	95.9	98.3	104.5	108.0	125.3
福州	Fuzhou	102.2	103.6	99.2	95.7	100.7	106.6	114.2	124.6
厦门	Xiamen	103.2	105.3	101.8	100.8	101.7	107.6	115.4	122.1
南昌	Nanchang	103.3	106.8	102.2	104.5	101.5	107.2	113.5	121.8
济南	Jinan	101.7	104.0	105.8	95.8	96.9	111.5	92.4	147.3
青岛	Tsingtao	101.8	103.7	107.4	98.0	98.7	106.3	98.1	121.0
郑州	Zhengzhou	101.9	102.8	104.2	97.8	94.8	104.2	100.3	127.7
武汉	Wuhan	102.2	102.6	103.3	99.1	102.2	101.9	102.7	113.2
长沙	Changsha	103.9	106.1	102.6	100.2	100.1	103.0	123.0	126.9
广州	Guangzhou	102.6	106.1	102.7	101.2	93.1	111.8	123.9	114.8
深圳	Shenzhen	103.1	104.1	102.9	99.6	96.1	107.6	113.1	114.0
南宁	Nanning	102.5	103.9	100.0	98.9	101.1	111.3	107.7	126.4
海口	Haikou	103.2	105.0	102.4	101.7	99.5	106.9	120.0	116.0
重庆	Chongqing	101.7	103.9	102.9	97.1	98.8	103.6	115.1	127.1
成都	Chengdu	101.3	102.2	101.3	97.0	93.3	101.4	109.3	113.9
贵阳	Guiyang	101.8	103.6	102.0	96.1	99.7	106.3	112.0	121.0
昆明	Kunming	102.9	105.8	102.6	98.7	98.8	104.0	115.5	119.5
拉萨	Lasa	103.4	108.0	111.9	109.0	104.5	100.9	111.1	110.0
西安	Xi'an	102.4	104.7	102.1	97.0	96.9	104.2	103.1	128.9
兰州	Lanzhou	102.4	106.1	103.2	100.3	97.3	104.0	113.7	129.4
西宁	Xining	102.6	103.6	103.2	99.2	97.7	105.2	102.8	114.8
银川	Yingchuan	102.5	104.3	104.4	101.2	97.9	103.2	96.0	116.7
乌鲁木齐	Urumqi	103.4	107.1	105.4	104.0	95.4	113.1	105.3	120.5

3-84 续表 continued

(上年同期=100) (same period of preceding year=100)

地 区	City	烟 酒 Tobacco and Liquor	衣 着 Clothing	家庭设备用品及维修服务 Household Facilities,Articles and Services	医疗保健和个人用品 Health Care and Personal Articles	交通和通信 Transportation and Communication	娱乐教育文化用品及服务 Recreation, Education and Culture Articles	居 住 Residence
平均指数	**Average Index**	**99.3**	**101.5**	**101.3**	**100.4**	**99.7**	**102.7**	**103.1**
北 京	Beijing	99.6	100.4	100.9	99.2	98.9	106.3	102.2
天 津	Tianjin	100.2	104.7	104.7	100.3	100.4	102.2	103.5
石家庄	Shijiazhuang	100.5	100.5	99.6	101.9	100.3	100.5	101.4
太 原	Taiyuan	100.4	103.1	106.8	101.1	99.8	104.3	101.5
呼和浩特	Hohhot	100.9	104.2	99.8	100.1	99.3	98.9	99.9
沈 阳	Shenyang	99.6	97.8	99.8	101.5	100.3	99.7	101.9
大 连	Dalian	100.5	103.7	100.9	100.8	101.2	102.0	102.7
长 春	Changchun	99.4	100.4	102.1	100.0	99.8	105.1	103.9
哈尔滨	Harbin	100.1	106.6	100.9	101.3	99.0	100.9	102.0
上 海	Shanghai	100.2	98.3	100.7	99.5	100.0	102.9	105.6
南 京	Nanjing	96.2	104.3	104.6	99.7	101.4	105.4	103.8
杭 州	Hangzhou	99.7	103.5	103.1	102.1	99.2	102.1	103.0
宁 波	Ningbo	100.6	102.4	100.0	102.5	99.9	103.1	102.9
合 肥	Hefei	97.0	99.3	100.8	101.7	99.2	104.4	104.0
福 州	Fuzhou	98.6	102.5	99.7	99.7	99.0	103.8	102.9
厦 门	Xiamen	99.3	101.4	99.3	100.6	100.0	104.1	104.4
南 昌	Nanchang	100.4	100.5	97.5	100.0	99.2	107.4	102.0
济 南	Jinan	98.8	101.1	100.3	101.0	97.2	106.5	98.9
青 岛	Tsingtao	100.6	101.0	102.6	102.3	100.0	100.6	100.4
郑 州	Zhengzhou	97.5	102.6	100.8	100.1	98.7	104.3	102.4
武 汉	Wuhan	99.9	99.8	102.2	99.9	99.8	99.6	107.2
长 沙	Changsha	99.2	101.9	101.8	102.1	100.1	108.4	102.5
广 州	Guangzhou	99.4	104.0	100.2	99.9	98.2	100.3	102.2
深 圳	Shenzhen	98.4	105.9	100.2	100.6	99.9	103.6	104.6
南 宁	Nanning	98.0	102.7	99.4	99.6	100.1	104.8	102.6
海 口	Haikou	98.2	100.6	100.5	102.4	101.2	102.1	104.3
重 庆	Chongqing	99.0	100.7	101.3	100.6	99.3	98.9	102.0
成 都	Chengdu	99.4	100.7	102.5	100.4	100.2	100.0	101.6
贵 阳	Guiyang	96.3	100.5	100.8	99.9	99.4	103.6	101.8
昆 明	Kunming	100.6	94.6	100.7	100.7	100.3	99.8	106.4
拉 萨	Lasa	99.3	106.2	100.6	99.1	100.3	97.7	101.0
西 安	Xi'an	97.6	101.3	103.0	102.7	100.2	101.9	100.4
兰 州	Lanzhou	100.7	102.2	100.5	100.9	100.0	101.5	97.6
西 宁	Xining	98.2	104.8	97.1	101.4	99.7	100.4	105.4
银 川	Yingchuan	98.9	103.4	100.9	102.6	98.6	100.7	102.0
乌鲁木齐	Urumqi	101.6	100.1	101.2	101.7	102.3	100.9	100.7

3-85 36个大中城市居民消费价格分类指数(累计比)
Consumer Price Indices by Category for 36 Major Large and Medium-sized Cities (2014年1-4月)

(上年同期=100) (same period of preceding year=100)

地区	City	居民消费价格指数 Consumer Price Index	食品 Food	粮食 Grain	肉禽及其制品 Meat,Poultry and Processed Products	蛋 Eggs	水产品 Aquatic Products	鲜菜 Fresh Vegetables	鲜果 Fresh Fruits
平均指数	**Average Index**	**102.3**	**103.7**	**102.7**	**99.2**	**99.4**	**106.6**	**102.6**	**120.9**
北京	Beijing	102.2	103.7	102.5	99.3	100.2	106.6	99.8	117.8
天津	Tianjin	102.6	103.5	102.2	99.2	100.7	110.2	97.3	125.2
石家庄	Shijiazhuang	101.2	101.8	102.7	96.6	96.2	97.7	93.4	125.3
太原	Taiyuan	102.9	103.8	106.8	96.8	97.1	106.5	94.3	124.8
呼和浩特	Hohhot	101.4	103.1	100.6	102.3	106.8	99.3	96.4	109.9
沈阳	Shenyang	101.5	103.5	106.1	99.8	96.5	109.8	92.4	128.3
大连	Dalian	102.1	102.3	105.2	96.3	95.4	99.6	91.0	121.3
长春	Changchun	102.4	103.6	102.6	100.7	96.4	106.0	96.3	117.9
哈尔滨	Harbin	102.0	101.9	102.3	99.3	94.0	117.8	95.9	111.0
上海	Shanghai	102.6	103.7	103.0	100.1	101.2	105.4	104.1	119.8
南京	Nanjing	102.8	102.5	101.5	99.4	102.4	103.7	94.5	123.3
杭州	Hangzhou	102.7	104.3	100.7	100.1	102.3	108.7	103.5	119.0
宁波	Ningbo	102.3	103.1	100.3	98.1	102.0	102.7	102.3	124.5
合肥	Hefei	102.2	103.0	103.0	97.1	101.3	103.6	101.8	125.7
福州	Fuzhou	101.9	102.9	99.4	95.5	100.7	105.8	108.2	123.0
厦门	Xiamen	103.2	105.2	102.0	100.7	103.1	108.0	108.4	123.4
南昌	Nanchang	103.2	106.2	102.4	103.9	102.1	106.2	108.9	122.0
济南	Jinan	101.7	104.2	105.0	96.7	101.5	110.7	91.3	146.1
青岛	Tsingtao	102.0	103.9	107.0	98.7	103.6	108.5	95.1	119.6
郑州	Zhengzhou	101.8	102.6	104.5	98.2	99.1	104.2	98.2	127.0
武汉	Wuhan	102.1	102.2	103.3	98.7	102.8	101.0	101.6	112.9
长沙	Changsha	103.4	104.8	102.4	100.1	102.1	103.0	113.4	123.6
广州	Guangzhou	102.3	105.4	102.3	101.0	95.2	112.3	112.5	115.2
深圳	Shenzhen	102.9	103.9	102.8	99.9	97.0	107.8	106.8	116.3
南宁	Nanning	102.5	104.3	100.4	100.2	101.9	112.4	107.0	125.3
海口	Haikou	102.9	104.2	102.7	101.4	99.4	106.8	113.5	115.2
重庆	Chongqing	101.6	103.7	102.3	97.2	99.4	103.7	111.9	127.9
成都	Chengdu	101.0	101.8	101.7	96.9	96.0	101.6	104.4	114.1
贵阳	Guiyang	102.0	103.8	101.5	96.8	100.0	106.8	108.4	122.3
昆明	Kunming	102.5	104.9	102.6	98.7	99.8	103.7	109.7	119.0
拉萨	Lasa	103.3	107.6	111.1	108.9	104.0	102.3	108.8	112.5
西安	Xi'an	102.1	104.1	101.7	97.0	98.9	104.2	99.3	125.9
兰州	Lanzhou	102.3	105.5	103.0	100.0	99.1	104.3	110.2	133.3
西宁	Xining	102.5	103.2	103.6	98.5	99.0	105.3	100.1	114.3
银川	Yingchuan	102.2	103.6	104.2	100.9	98.9	103.0	91.7	116.5
乌鲁木齐	Urumqi	103.3	106.7	105.1	103.3	96.6	113.0	103.2	119.6

3-85 续表 continued

(上年同期=100) (same period of preceding year=100)

地 区	City	烟 酒 Tobacco and Liquor	衣 着 Clothing	家庭设备用品及维修服务 Household Facilities,Articles and Services	医疗保健和个人用品 Health Care and Personal Articles	交通和通信 Transportation and Communication	娱乐教育文化用品及服务 Recreation, Education and Culture Articles	居 住 Residence
平均指数	**Average Index**	**99.4**	**101.5**	**101.2**	**100.5**	**99.7**	**102.4**	**103.0**
北 京	Beijing	99.6	100.3	100.7	99.3	99.1	105.7	102.1
天 津	Tianjin	99.9	104.4	104.6	100.4	100.5	101.7	103.2
石家庄	Shijiazhuang	100.5	101.0	99.9	101.9	100.4	100.5	101.4
太 原	Taiyuan	100.4	102.6	106.9	101.0	100.2	104.8	101.6
呼和浩特	Hohhot	100.9	104.1	99.6	100.1	99.1	98.9	99.9
沈 阳	Shenyang	99.8	99.1	99.7	101.7	100.5	99.5	101.7
大 连	Dalian	100.5	103.9	101.0	101.0	101.5	102.0	102.4
长 春	Changchun	99.3	100.6	102.1	99.9	100.0	104.9	103.2
哈尔滨	Harbin	100.1	107.5	100.8	101.5	99.2	101.2	101.6
上 海	Shanghai	100.4	98.5	100.8	99.7	100.1	102.6	105.5
南 京	Nanjing	96.3	103.5	104.3	99.8	101.3	104.9	103.7
杭 州	Hangzhou	99.8	103.2	103.0	101.6	99.3	101.9	103.1
宁 波	Ningbo	100.5	102.3	99.8	102.4	99.8	103.2	102.8
合 肥	Hefei	97.2	99.7	100.6	101.6	99.0	104.2	104.0
福 州	Fuzhou	98.6	102.0	99.7	99.8	99.3	103.2	103.1
厦 门	Xiamen	99.5	101.2	99.5	100.8	100.2	104.6	104.3
南 昌	Nanchang	100.4	100.7	97.5	100.1	99.1	107.6	102.4
济 南	Jinan	99.1	101.4	100.3	101.4	97.3	105.7	99.0
青 岛	Tsingtao	100.7	101.4	102.5	102.3	100.2	100.8	100.7
郑 州	Zhengzhou	97.5	102.5	100.7	100.1	98.6	104.0	102.6
武 汉	Wuhan	99.8	100.0	102.0	100.0	99.9	99.6	106.9
长 沙	Changsha	99.5	101.9	101.6	102.1	100.2	108.5	102.2
广 州	Guangzhou	99.5	103.7	100.4	99.9	98.3	99.8	102.3
深 圳	Shenzhen	98.5	105.9	100.3	100.6	99.7	102.9	104.1
南 宁	Nanning	98.0	101.5	99.1	99.8	99.9	104.7	102.6
海 口	Haikou	98.1	100.6	100.7	102.5	101.1	101.7	104.1
重 庆	Chongqing	98.7	100.6	101.1	100.5	99.4	99.1	101.8
成 都	Chengdu	99.3	100.5	102.3	100.4	100.0	99.8	101.5
贵 阳	Guiyang	96.2	101.1	100.9	100.2	99.5	103.2	102.0
昆 明	Kunming	100.6	94.7	100.7	100.7	100.3	99.8	105.9
拉 萨	Lasa	99.3	105.9	100.8	99.4	100.2	97.7	101.5
西 安	Xi'an	97.7	100.5	102.7	102.8	100.5	101.5	100.2
兰 州	Lanzhou	100.7	102.3	100.6	101.0	100.0	101.4	97.8
西 宁	Xining	98.2	105.2	96.8	101.2	99.8	100.5	105.3
银 川	Yingchuan	98.8	102.7	100.6	102.3	98.9	101.5	101.9
乌鲁木齐	Urumqi	101.9	100.1	101.6	101.7	102.5	100.5	100.9

3-86 36个大中城市居民消费价格分类指数(累计比)
Consumer Price Indices by Category for 36 Major Large and Medium-sized Cities
(2014年1-5月)

(上年同期=100) (same period of preceding year=100)

地 区	City	居民消费价格指数 Consumer Price Index	食 品 Food	粮 食 Grain	肉禽及其制品 Meat,Poultry and Processed Products	蛋 Eggs	水产品 Aquatic Products	鲜 菜 Fresh Vegetables	鲜 果 Fresh Fruits
平均指数	**Average Index**	**102.3**	**103.8**	**102.8**	**99.8**	**102.7**	**106.4**	**101.9**	**121.1**
北 京	Beijing	102.2	103.8	102.5	99.8	103.2	107.1	99.4	117.8
天 津	Tianjin	102.6	103.7	102.2	99.6	104.2	110.5	97.1	125.6
石家庄	Shijiazhuang	101.6	102.5	102.6	97.5	102.1	98.6	94.0	127.2
太 原	Taiyuan	103.0	104.1	106.6	98.0	102.3	107.9	93.5	125.2
呼和浩特	Hohhot	101.3	103.1	100.5	102.6	109.5	100.5	94.9	111.3
沈 阳	Shenyang	101.8	104.1	106.2	101.1	102.3	110.0	92.3	127.9
大 连	Dalian	102.3	102.9	105.7	97.7	100.3	100.5	92.5	118.8
长 春	Changchun	102.4	103.9	102.5	101.5	101.7	106.5	96.0	116.5
哈尔滨	Harbin	102.4	102.7	102.5	100.3	99.5	118.7	97.1	111.6
上 海	Shanghai	102.7	103.9	103.1	100.3	102.7	105.0	104.7	121.3
南 京	Nanjing	102.8	102.7	101.4	99.7	105.0	103.5	97.1	119.9
杭 州	Hangzhou	102.6	104.1	100.8	100.5	106.5	107.6	103.3	118.9
宁 波	Ningbo	102.3	103.1	100.3	98.8	105.6	101.6	102.5	125.1
合 肥	Hefei	102.3	103.0	103.0	98.3	106.3	103.1	100.1	123.3
福 州	Fuzhou	102.0	102.9	100.0	97.1	102.9	105.1	105.9	123.1
厦 门	Xiamen	103.3	105.3	102.3	101.6	105.2	107.6	107.7	124.7
南 昌	Nanchang	103.3	106.2	102.5	103.9	104.7	105.4	107.7	124.5
济 南	Jinan	101.9	104.1	105.1	97.8	107.0	109.5	92.0	139.6
青 岛	Tsingtao	102.3	104.5	106.8	100.1	108.9	109.6	95.4	118.5
郑 州	Zhengzhou	101.9	102.9	105.0	98.9	104.7	104.4	97.9	126.8
武 汉	Wuhan	102.0	102.3	103.3	98.9	103.9	100.4	101.5	113.3
长 沙	Changsha	103.2	104.5	102.3	100.5	103.9	102.6	110.8	123.3
广 州	Guangzhou	102.4	105.3	102.4	101.6	100.0	111.8	109.7	116.2
深 圳	Shenzhen	102.9	104.1	103.0	100.6	99.1	107.7	105.4	117.6
南 宁	Nanning	102.4	104.6	100.6	101.5	103.0	113.1	106.0	124.0
海 口	Haikou	102.6	103.8	102.8	101.2	99.6	106.8	109.5	115.4
重 庆	Chongqing	101.6	103.7	101.9	98.2	100.6	103.8	109.8	128.5
成 都	Chengdu	101.1	102.0	102.1	97.8	101.3	101.7	101.1	116.5
贵 阳	Guiyang	102.3	104.6	101.2	98.1	101.5	106.1	107.0	124.7
昆 明	Kunming	102.3	104.6	102.6	99.1	101.3	103.1	106.2	118.6
拉 萨	Lasa	103.2	107.1	110.3	108.7	103.6	102.2	106.5	113.5
西 安	Xi'an	102.0	104.1	101.8	97.7	103.2	104.6	97.2	125.6
兰 州	Lanzhou	102.2	105.3	103.3	100.5	102.3	104.5	108.3	134.4
西 宁	Xining	102.5	103.2	103.9	98.4	101.6	105.4	99.5	114.9
银 川	Yingchuan	101.9	103.1	104.1	100.8	100.7	103.3	89.0	116.1
乌鲁木齐	Urumqi	103.3	106.7	104.6	102.9	99.0	112.2	103.5	119.4

3-86 续表 continued

(上年同期=100) (same period of preceding year=100)

地 区	City	烟 酒 Tobacco and Liquor	衣 着 Clothing	家庭设备用品及维修服务 Household Facilities,Articles and Services	医疗保健和个人用品 Health Care and Personal Articles	交通和通信 Transportation and Communication	娱乐教育文化用品及服务 Recreation, Education and Culture Articles	居 住 Residence
平均指数	**Average Index**	**99.4**	**101.6**	**101.2**	**100.6**	**99.9**	**102.3**	**102.9**
北 京	Beijing	99.8	100.1	100.8	99.6	99.4	105.2	101.9
天 津	Tianjin	99.6	103.9	104.5	100.5	100.6	101.5	103.0
石 家 庄	Shijiazhuang	100.4	101.4	99.9	102.0	100.7	100.5	101.4
太 原	Taiyuan	100.4	102.3	106.8	101.0	100.4	104.8	101.7
呼和浩特	Hohhot	100.7	104.1	99.6	100.3	98.8	98.8	99.8
沈 阳	Shenyang	99.9	99.9	99.5	102.0	100.7	99.7	101.5
大 连	Dalian	100.5	104.3	101.1	101.0	101.6	102.1	102.0
长 春	Changchun	99.4	100.8	102.0	99.9	100.2	104.2	102.8
哈 尔 滨	Harbin	100.1	108.2	100.9	101.6	99.4	101.5	101.2
上 海	Shanghai	100.6	98.8	100.7	99.9	100.3	102.4	105.4
南 京	Nanjing	96.6	103.3	104.2	99.9	101.4	104.6	103.7
杭 州	Hangzhou	99.8	102.8	102.9	101.4	99.5	102.0	103.2
宁 波	Ningbo	100.3	102.1	99.7	102.5	99.9	103.3	102.8
合 肥	Hefei	97.3	100.4	100.6	101.6	99.1	104.1	104.0
福 州	Fuzhou	98.3	101.8	99.8	100.0	99.7	102.8	103.2
厦 门	Xiamen	99.5	101.4	99.7	100.8	100.4	104.8	104.1
南 昌	Nanchang	100.4	100.6	97.7	100.2	99.0	107.7	102.8
济 南	Jinan	99.4	101.5	100.5	101.6	97.8	105.3	99.5
青 岛	Tsingtao	100.6	101.7	102.5	102.2	100.4	100.8	101.0
郑 州	Zhengzhou	97.6	102.4	100.7	100.2	98.6	103.9	102.7
武 汉	Wuhan	99.8	100.1	101.8	99.9	100.0	99.7	106.5
长 沙	Changsha	99.5	101.9	101.7	102.1	100.3	108.4	101.9
广 州	Guangzhou	99.7	103.9	100.3	100.0	98.4	99.9	102.3
深 圳	Shenzhen	98.8	105.8	100.2	100.7	99.8	102.8	103.7
南 宁	Nanning	98.0	100.5	98.9	100.0	99.8	104.6	102.2
海 口	Haikou	97.9	100.6	100.6	102.6	100.9	101.4	104.1
重 庆	Chongqing	98.4	100.6	101.0	100.6	99.8	99.1	101.8
成 都	Chengdu	99.2	100.4	102.2	100.4	100.1	99.8	101.4
贵 阳	Guiyang	96.2	101.4	100.8	100.4	99.6	102.8	102.3
昆 明	Kunming	100.6	94.8	100.7	100.7	100.4	99.7	105.5
拉 萨	Lasa	99.3	105.7	100.9	99.6	100.5	97.6	101.9
西 安	Xi'an	97.8	100.2	102.7	103.0	100.8	101.1	100.1
兰 州	Lanzhou	100.7	102.4	100.7	101.0	100.0	101.3	97.8
西 宁	Xining	98.2	105.2	96.8	101.2	100.0	100.5	105.2
银 川	Yingchuan	98.8	102.2	100.4	102.2	98.9	101.9	101.8
乌鲁木齐	Urumqi	101.8	100.6	101.9	101.5	102.2	100.7	100.9

3-87 36个大中城市居民消费价格分类指数(累计比)
Consumer Price Indices by Category for 36 Major Large and Medium-sized Cities
(2014年1-6月)

(上年同期=100) (same period of preceding year=100)

地区	City	居民消费价格指数 Consumer Price Index	食品 Food	粮食 Grain	肉禽及其制品 Meat,Poultry and Processed Products	蛋 Eggs	水产品 Aquatic Products	鲜菜 Fresh Vegetables	鲜果 Fresh Fruits
平均指数	**Average Index**	**102.3**	**103.9**	**102.8**	**100.1**	**104.2**	**105.9**	**101.5**	**121.1**
北京	Beijing	102.2	103.8	102.6	99.9	104.6	107.3	98.2	119.1
天津	Tianjin	102.5	103.6	102.4	99.7	105.4	109.6	97.5	124.2
石家庄	Shijiazhuang	101.8	102.9	102.4	97.9	105.1	99.5	94.2	130.4
太原	Taiyuan	103.1	104.3	106.7	98.5	104.1	108.8	92.9	127.0
呼和浩特	Hohhot	101.4	103.2	100.4	102.4	109.2	101.9	94.2	113.8
沈阳	Shenyang	102.0	104.4	106.5	101.4	104.4	109.7	93.1	127.6
大连	Dalian	102.3	103.0	106.4	98.1	102.0	99.9	93.2	117.9
长春	Changchun	102.4	104.2	102.5	101.7	104.0	107.0	96.1	117.3
哈尔滨	Harbin	102.4	103.0	102.6	100.7	101.9	118.8	97.3	112.4
上海	Shanghai	102.6	103.6	102.9	100.4	103.7	104.1	103.3	120.1
南京	Nanjing	102.7	102.6	101.1	99.6	106.4	103.2	96.9	118.1
杭州	Hangzhou	102.6	103.9	100.9	100.6	108.5	106.8	101.6	120.1
宁波	Ningbo	102.3	103.0	100.2	99.0	107.7	101.1	101.6	125.5
合肥	Hefei	102.3	102.8	103.1	98.3	108.5	102.8	97.8	121.6
福州	Fuzhou	102.0	102.9	100.4	98.6	103.5	104.1	103.4	124.1
厦门	Xiamen	103.2	105.1	102.5	101.5	106.2	107.0	107.6	125.1
南昌	Nanchang	103.4	106.3	102.6	104.0	106.1	104.7	106.7	125.9
济南	Jinan	102.1	104.2	105.0	98.1	109.3	109.0	93.0	135.5
青岛	Tsingtao	102.5	104.7	106.6	100.6	111.1	109.9	95.9	118.1
郑州	Zhengzhou	102.0	103.1	105.4	99.0	107.4	104.6	97.4	128.3
武汉	Wuhan	102.0	102.2	103.3	98.9	104.8	99.9	100.9	114.5
长沙	Changsha	103.2	104.5	102.3	100.9	105.3	102.2	110.3	123.8
广州	Guangzhou	102.4	105.3	102.4	102.0	102.6	111.1	108.3	116.7
深圳	Shenzhen	102.8	104.1	103.2	101.2	100.8	107.5	104.6	117.7
南宁	Nanning	102.3	104.5	101.0	102.3	103.9	112.8	104.9	122.4
海口	Haikou	102.5	103.7	103.0	101.2	99.7	106.8	107.7	116.0
重庆	Chongqing	101.7	103.8	101.7	98.8	101.0	104.0	109.2	128.6
成都	Chengdu	101.3	102.4	102.4	98.5	103.6	101.7	102.1	118.4
贵阳	Guiyang	102.6	105.3	101.0	99.0	102.9	105.6	108.9	126.5
昆明	Kunming	102.4	104.9	102.6	99.5	102.6	102.8	107.8	117.2
拉萨	Lasa	103.1	106.6	109.1	107.7	103.3	101.1	106.9	114.6
西安	Xi'an	101.9	103.8	102.1	98.1	104.6	105.1	95.1	124.4
兰州	Lanzhou	102.1	105.0	103.6	100.5	104.3	104.2	108.1	128.2
西宁	Xining	102.4	103.0	104.4	97.9	102.3	105.6	98.6	116.6
银川	Yingchuan	101.9	102.8	104.0	100.5	101.8	103.1	87.2	116.9
乌鲁木齐	Urumqi	103.3	106.8	104.4	102.5	100.1	111.4	103.1	122.0

3-87 续表 continued

(上年同期=100) (same period of preceding year=100)

地 区	City	烟 酒 Tobacco and Liquor	衣 着 Clothing	家庭设备用品及维修服务 Household Facilities,Articles and Services	医疗保健和个人用品 Health Care and Personal Articles	交通和通信 Transportation and Communication	娱乐教育文化用品及服务 Recreation, Education and Culture Articles	居 住 Residence
平均指数	**Average Index**	**99.4**	**101.7**	**101.2**	**100.7**	**100.0**	**102.2**	**102.8**
北 京	Beijing	99.9	100.0	100.7	99.7	99.6	104.9	101.9
天 津	Tianjin	99.4	103.4	104.3	100.6	100.5	101.4	102.8
石家庄	Shijiazhuang	100.5	101.9	100.0	102.1	100.8	100.6	101.3
太 原	Taiyuan	100.4	102.7	106.6	101.0	100.5	104.4	101.7
呼和浩特	Hohhot	100.5	104.1	99.6	100.5	98.7	98.9	99.8
沈 阳	Shenyang	99.9	100.3	99.4	102.1	100.9	100.0	101.3
大 连	Dalian	100.5	104.7	101.2	101.0	101.4	102.2	101.7
长 春	Changchun	99.5	101.0	102.0	99.9	100.4	103.6	102.5
哈尔滨	Harbin	100.1	107.6	101.1	101.8	99.4	101.2	100.9
上 海	Shanghai	100.7	99.4	101.0	100.1	100.4	102.3	105.3
南 京	Nanjing	96.8	103.4	104.1	100.1	101.3	104.4	103.6
杭 州	Hangzhou	99.8	102.8	102.9	101.3	99.8	102.1	103.2
宁 波	Ningbo	100.2	102.0	99.8	102.5	100.1	103.4	102.8
合 肥	Hefei	97.3	101.0	100.7	101.7	99.0	104.1	104.0
福 州	Fuzhou	98.2	101.6	99.7	100.1	99.9	102.5	103.2
厦 门	Xiamen	99.6	101.2	99.9	100.8	100.6	104.9	104.0
南 昌	Nanchang	100.4	100.7	97.9	100.3	99.0	107.8	102.9
济 南	Jinan	99.6	101.5	100.6	101.9	98.2	105.1	100.3
青 岛	Tsingtao	100.4	102.5	102.6	102.3	100.6	100.9	101.3
郑 州	Zhengzhou	97.8	102.3	100.7	100.2	98.7	103.8	102.7
武 汉	Wuhan	99.9	100.4	101.7	99.8	100.0	99.7	106.3
长 沙	Changsha	99.5	101.8	101.8	102.1	100.3	108.2	101.8
广 州	Guangzhou	99.7	104.1	100.3	100.1	98.7	99.8	102.3
深 圳	Shenzhen	99.0	105.8	100.0	100.7	99.8	102.6	103.4
南 宁	Nanning	98.0	99.8	98.7	100.5	99.9	104.5	102.0
海 口	Haikou	98.1	100.5	100.5	102.6	100.7	101.2	104.0
重 庆	Chongqing	98.2	100.7	101.0	100.6	100.1	99.2	101.7
成 都	Chengdu	99.2	100.5	102.1	100.4	100.3	99.8	101.3
贵 阳	Guiyang	96.6	101.7	100.8	100.6	99.7	102.4	102.4
昆 明	Kunming	100.6	95.1	100.7	100.7	100.6	99.7	105.3
拉 萨	Lasa	99.3	105.5	101.0	99.7	100.7	97.8	102.2
西 安	Xi'an	97.8	100.3	102.8	103.1	100.8	100.9	100.0
兰 州	Lanzhou	100.7	102.6	100.8	101.0	100.0	101.4	97.8
西 宁	Xining	98.2	105.8	96.9	101.2	99.8	100.5	104.9
银 川	Yingchuan	98.7	102.1	100.6	102.1	99.0	102.1	101.8
乌鲁木齐	Urumqi	101.7	100.8	102.0	101.4	101.9	100.8	101.0

3-88 36个大中城市居民消费价格分类指数(累计比)
Consumer Price Indices by Category for 36 Major Large and Medium-sized Cities (2014年1-7月)

(上年同期=100) (same period of preceding year=100)

地区	City	居民消费价格指数 Consumer Price Index	食品 Food	粮食 Grain	肉禽及其制品 Meat,Poultry and Processed Products	蛋 Eggs	水产品 Aquatic Products	鲜菜 Fresh Vegetables	鲜果 Fresh Fruits
平均指数	**Average Index**	**102.3**	**103.9**	**102.9**	**100.3**	**106.2**	**105.7**	**101.1**	**121.1**
北京	Beijing	102.1	103.8	102.7	100.0	106.4	107.4	96.8	119.3
天津	Tianjin	102.3	103.4	102.6	99.6	107.3	109.1	96.6	122.9
石家庄	Shijiazhuang	101.9	103.1	102.5	98.3	108.9	100.0	94.3	129.6
太原	Taiyuan	103.0	104.3	106.8	98.6	107.5	109.1	91.2	128.1
呼和浩特	Hohhot	101.4	103.3	100.4	102.0	109.6	102.7	94.1	115.3
沈阳	Shenyang	102.2	104.7	106.6	101.4	108.2	110.1	93.4	128.2
大连	Dalian	102.3	103.0	106.9	98.3	105.0	99.9	91.9	117.5
长春	Changchun	102.4	104.3	102.4	101.6	107.8	107.2	94.7	118.1
哈尔滨	Harbin	102.3	103.2	102.8	100.6	106.6	118.8	96.8	113.3
上海	Shanghai	102.7	103.5	102.7	100.5	104.6	103.9	102.9	119.5
南京	Nanjing	102.7	102.6	100.9	99.7	108.0	102.9	96.6	117.6
杭州	Hangzhou	102.6	103.8	101.0	100.7	110.2	106.2	101.0	120.2
宁波	Ningbo	102.3	103.0	100.2	99.2	110.1	100.9	101.5	124.7
合肥	Hefei	102.3	102.6	103.1	98.4	111.8	102.0	96.2	121.2
福州	Fuzhou	102.0	102.9	100.9	99.4	104.7	103.4	102.9	124.8
厦门	Xiamen	103.1	104.8	102.6	101.3	107.4	106.3	106.3	125.3
南昌	Nanchang	103.2	105.8	102.6	103.8	106.5	103.9	103.8	125.4
济南	Jinan	102.2	104.1	105.2	98.2	112.1	108.5	92.5	133.4
青岛	Tsingtao	102.8	105.0	106.7	101.0	114.1	110.2	94.6	119.6
郑州	Zhengzhou	102.1	103.3	105.7	99.1	110.7	105.0	97.1	128.9
武汉	Wuhan	102.0	102.3	103.2	99.1	105.7	99.7	101.0	116.9
长沙	Changsha	103.1	104.5	102.3	101.2	106.4	101.6	110.2	124.2
广州	Guangzhou	102.5	105.3	102.5	102.3	104.8	110.8	108.4	116.8
深圳	Shenzhen	102.7	104.1	102.9	101.5	102.4	107.4	103.9	117.5
南宁	Nanning	102.3	104.6	101.2	102.8	104.9	112.3	105.9	122.0
海口	Haikou	102.5	103.9	103.1	101.5	100.0	106.8	108.5	116.6
重庆	Chongqing	101.7	103.8	101.6	98.8	101.7	103.9	109.7	127.7
成都	Chengdu	101.3	102.6	102.8	98.7	106.0	101.7	102.3	119.4
贵阳	Guiyang	102.8	105.7	100.9	99.5	103.7	105.6	109.9	127.3
昆明	Kunming	102.5	105.1	102.6	99.7	103.7	102.5	109.7	116.6
拉萨	Lasa	103.2	106.6	108.9	107.5	103.1	100.4	107.7	115.0
西安	Xi'an	101.9	103.7	102.4	98.4	106.7	105.2	93.8	124.4
兰州	Lanzhou	102.0	104.7	103.7	100.7	106.8	103.5	107.1	126.5
西宁	Xining	102.3	102.8	105.0	97.6	104.0	105.3	97.1	119.0
银川	Yingchuan	101.9	102.8	104.0	100.4	103.1	102.9	86.4	117.9
乌鲁木齐	Urumqi	103.4	106.8	104.4	102.0	100.9	110.5	103.0	124.4

3-88 续表 continued

(上年同期=100) (same period of preceding year=100)

地 区	City	烟 酒 Tobacco and Liquor	衣 着 Clothing	家庭设备用品及维修服务 Household Facilities,Articles and Services	医疗保健和个人用品 Health Care and Personal Articles	交通和通信 Transportation and Communication	娱乐教育文化用品及服务 Recreation, Education and Culture Articles	居 住 Residence
平均指数	**Average Index**	**99.4**	**101.8**	**101.2**	**100.8**	**100.1**	**102.2**	**102.8**
北 京	Beijing	99.9	100.0	100.6	99.8	99.8	104.7	101.8
天 津	Tianjin	99.3	103.0	104.1	100.6	100.4	101.4	102.5
石家庄	Shijiazhuang	100.3	102.3	100.1	102.3	100.9	100.6	101.2
太 原	Taiyuan	100.4	102.7	106.3	101.0	100.6	103.9	101.7
呼和浩特	Hohhot	100.2	104.1	99.5	100.6	98.6	99.0	99.8
沈 阳	Shenyang	100.0	100.7	99.3	102.3	101.0	100.3	101.2
大 连	Dalian	100.5	104.8	101.3	101.0	101.4	102.2	101.5
长 春	Changchun	99.6	101.1	102.0	100.0	100.5	103.1	102.4
哈尔滨	Harbin	100.1	106.6	101.2	101.9	99.5	101.0	100.7
上 海	Shanghai	100.8	100.0	101.2	100.3	100.5	102.4	105.2
南 京	Nanjing	97.1	103.6	104.2	100.2	101.3	104.4	103.4
杭 州	Hangzhou	99.8	103.0	102.9	101.3	100.0	102.2	103.1
宁 波	Ningbo	100.1	102.2	99.8	102.4	100.3	103.2	102.8
合 肥	Hefei	97.4	101.3	100.8	101.7	98.9	104.0	104.0
福 州	Fuzhou	98.2	101.5	99.7	100.3	100.1	102.4	103.2
厦 门	Xiamen	99.6	101.1	100.0	100.8	100.9	104.8	103.8
南 昌	Nanchang	100.4	100.7	98.1	100.4	99.0	107.5	102.9
济 南	Jinan	99.9	101.5	100.6	102.2	98.3	104.9	100.7
青 岛	Tsingtao	100.3	102.8	102.5	102.3	100.8	101.3	101.6
郑 州	Zhengzhou	98.0	102.2	100.6	100.3	98.8	103.7	102.8
武 汉	Wuhan	100.0	100.6	101.6	99.7	100.0	99.7	106.0
长 沙	Changsha	99.5	101.8	101.9	102.2	100.4	108.1	101.6
广 州	Guangzhou	99.7	104.9	100.3	100.2	99.0	99.6	102.4
深 圳	Shenzhen	99.0	105.7	99.8	100.9	99.8	102.3	103.1
南 宁	Nanning	97.9	99.3	98.6	100.7	99.9	104.3	101.8
海 口	Haikou	97.9	100.5	100.4	102.6	100.6	101.2	103.9
重 庆	Chongqing	98.2	100.8	100.9	100.8	100.3	99.2	101.7
成 都	Chengdu	99.1	100.5	102.0	100.4	100.4	99.9	101.2
贵 阳	Guiyang	96.9	102.0	100.7	100.7	99.9	102.1	102.4
昆 明	Kunming	100.6	95.6	100.8	100.7	100.7	99.7	105.1
拉 萨	Lasa	99.3	105.3	101.1	99.8	100.9	98.4	102.5
西 安	Xi'an	97.9	100.6	102.7	103.1	100.9	101.0	100.0
兰 州	Lanzhou	100.6	102.8	100.9	100.9	100.0	101.5	97.9
西 宁	Xining	98.2	106.1	96.9	101.2	99.7	100.6	104.6
银 川	Yingchuan	98.7	102.4	100.8	102.1	99.0	102.1	101.9
乌鲁木齐	Urumqi	101.5	100.8	101.9	101.4	101.9	100.7	101.1

3-89 36个大中城市居民消费价格分类指数(累计比)
Consumer Price Indices by Category for 36 Major Large and Medium-sized Cities
(2014年1-8月)

(上年同期=100) (same period of preceding year=100)

地区	City	居民消费价格指数 Consumer Price Index	食品 Food	粮食 Grain	肉禽及其制品 Meat,Poultry and Processed Products	蛋 Eggs	水产品 Aquatic Products	鲜菜 Fresh Vegetables	鲜果 Fresh Fruits
平均指数	**Average Index**	**102.3**	**103.8**	**102.9**	**100.4**	**107.6**	**105.5**	**100.3**	**121.2**
北京	Beijing	102.0	103.8	102.6	100.1	107.8	107.3	96.0	119.5
天津	Tianjin	102.2	103.3	102.9	99.6	108.9	108.5	95.5	123.0
石家庄	Shijiazhuang	102.0	103.3	102.6	98.7	111.8	100.2	94.0	131.0
太原	Taiyuan	102.9	104.3	106.9	98.7	110.2	109.3	90.6	128.2
呼和浩特	Hohhot	101.3	103.2	100.4	101.5	110.5	102.9	93.9	116.9
沈阳	Shenyang	102.3	104.9	106.6	101.6	110.8	110.6	93.4	129.0
大连	Dalian	102.2	103.1	107.2	98.6	107.7	100.2	90.3	117.7
长春	Changchun	102.3	104.3	102.3	101.6	110.1	107.2	93.6	118.4
哈尔滨	Harbin	102.3	103.4	102.9	100.6	109.1	118.3	96.6	114.2
上海	Shanghai	102.7	103.5	102.4	100.6	105.3	103.7	102.0	119.3
南京	Nanjing	102.7	102.7	100.8	99.9	109.1	102.7	96.4	118.2
杭州	Hangzhou	102.5	103.7	101.2	100.8	111.6	106.1	100.1	120.3
宁波	Ningbo	102.3	103.1	100.1	99.6	111.7	101.3	100.7	124.0
合肥	Hefei	102.3	102.6	103.0	98.7	113.8	102.0	94.8	121.2
福州	Fuzhou	102.0	102.9	101.2	99.7	106.0	103.4	101.7	125.1
厦门	Xiamen	102.9	104.4	102.7	101.0	108.2	105.6	105.1	124.8
南昌	Nanchang	103.1	105.4	102.6	103.6	107.5	103.2	101.9	124.2
济南	Jinan	102.2	103.9	105.4	98.2	114.4	108.1	92.2	131.4
青岛	Tsingtao	102.8	104.9	106.6	101.3	115.9	110.1	93.3	119.4
郑州	Zhengzhou	102.1	103.4	105.8	99.1	113.2	105.4	96.4	130.0
武汉	Wuhan	101.9	102.3	103.1	99.3	106.3	99.5	100.6	117.8
长沙	Changsha	103.1	104.5	102.3	101.3	107.0	101.3	109.3	125.0
广州	Guangzhou	102.5	105.2	102.6	102.5	106.5	110.2	105.9	117.1
深圳	Shenzhen	102.5	103.9	103.0	101.5	103.5	107.3	102.3	117.8
南宁	Nanning	102.1	104.5	101.5	102.9	106.0	111.9	105.1	122.2
海口	Haikou	102.4	103.8	103.3	101.7	100.4	106.5	107.0	117.0
重庆	Chongqing	101.7	103.7	101.6	99.0	102.3	104.0	108.8	126.0
成都	Chengdu	101.3	102.7	103.2	98.9	107.8	101.7	102.0	120.0
贵阳	Guiyang	102.8	105.7	100.8	99.5	104.3	105.3	108.5	127.8
昆明	Kunming	102.6	105.3	102.6	99.8	104.3	102.7	111.0	116.6
拉萨	Lasa	103.2	106.5	109.0	107.2	103.4	100.7	107.1	114.5
西安	Xi'an	101.9	103.7	102.6	98.8	108.5	105.2	93.2	124.4
兰州	Lanzhou	102.0	104.7	103.8	100.9	109.2	102.9	106.4	125.9
西宁	Xining	102.5	102.9	105.4	97.8	105.4	104.8	97.2	120.8
银川	Yingchuan	102.0	102.9	103.9	100.7	104.2	102.7	86.9	118.8
乌鲁木齐	Urumqi	103.3	106.8	104.5	101.8	101.9	109.8	103.1	126.1

3-89 续表 continued

(上年同期=100) (same period of preceding year=100)

地区	City	烟酒 Tobacco and Liquor	衣着 Clothing	家庭设备用品及维修服务 Household Facilities,Articles and Services	医疗保健和个人用品 Health Care and Personal Articles	交通和通信 Transportation and Communication	娱乐教育文化用品及服务 Recreation, Education and Culture Articles	居住 Residence
平均指数	**Average Index**	**99.4**	**101.9**	**101.2**	**100.9**	**100.1**	**102.1**	**102.7**
北京	Beijing	99.9	100.1	100.5	99.9	99.8	104.3	101.7
天津	Tianjin	99.1	102.7	104.0	100.6	100.3	101.4	102.3
石家庄	Shijiazhuang	100.2	102.7	100.2	102.4	100.9	100.7	101.2
太原	Taiyuan	100.4	102.7	106.1	100.9	100.7	103.5	101.6
呼和浩特	Hohhot	99.9	104.1	99.5	100.6	98.5	99.0	99.8
沈阳	Shenyang	100.1	101.0	99.3	102.4	101.0	100.4	101.2
大连	Dalian	100.5	104.7	101.3	101.1	101.3	102.2	101.2
长春	Changchun	99.7	101.2	101.9	100.0	100.5	102.8	102.2
哈尔滨	Harbin	100.0	106.0	101.2	102.0	99.5	100.9	100.6
上海	Shanghai	100.9	100.5	101.3	100.3	100.4	102.4	105.1
南京	Nanjing	97.3	103.9	104.1	100.3	101.2	104.3	103.3
杭州	Hangzhou	99.8	102.6	102.9	101.4	100.0	102.3	103.1
宁波	Ningbo	100.0	102.5	99.8	102.3	100.2	103.0	102.8
合肥	Hefei	97.5	101.5	100.8	101.7	98.7	104.1	104.0
福州	Fuzhou	98.3	101.3	99.6	100.5	100.2	102.3	103.2
厦门	Xiamen	99.5	101.0	99.9	100.9	100.9	104.6	103.5
南昌	Nanchang	100.4	100.8	98.4	100.4	99.0	107.3	102.8
济南	Jinan	99.9	101.7	100.7	102.3	98.5	104.7	101.0
青岛	Tsingtao	100.2	103.1	102.4	102.3	100.7	101.1	101.9
郑州	Zhengzhou	98.2	102.2	100.6	100.3	99.0	103.6	102.8
武汉	Wuhan	100.1	100.7	101.4	99.7	100.0	99.8	105.7
长沙	Changsha	99.7	101.8	102.0	102.2	100.2	108.1	101.4
广州	Guangzhou	99.7	105.4	100.3	100.2	99.2	99.6	102.3
深圳	Shenzhen	99.1	105.3	99.7	100.9	99.8	102.1	102.8
南宁	Nanning	97.9	98.8	98.4	101.0	99.8	104.1	101.7
海口	Haikou	97.9	100.5	100.4	102.5	100.5	101.1	103.7
重庆	Chongqing	98.1	101.0	100.8	101.1	100.4	99.2	101.7
成都	Chengdu	99.0	100.4	101.9	100.4	100.4	99.9	101.2
贵阳	Guiyang	97.1	102.2	100.8	100.9	99.9	102.0	102.5
昆明	Kunming	100.5	96.5	101.0	100.8	100.7	99.7	105.0
拉萨	Lasa	99.3	105.2	101.3	99.8	100.9	99.1	102.6
西安	Xi'an	97.9	100.8	102.6	103.1	100.7	101.0	99.8
兰州	Lanzhou	100.3	102.9	101.0	100.8	100.0	101.5	97.9
西宁	Xining	98.2	107.4	97.1	101.2	99.6	100.7	104.3
银川	Yingchuan	98.7	102.7	101.0	102.1	99.0	102.2	102.0
乌鲁木齐	Urumqi	101.4	100.9	101.8	101.4	101.9	100.6	101.1

3-90 36个大中城市居民消费价格分类指数(累计比)
Consumer Price Indices by Category for 36 Major Large and Medium-sized Cities
(2014年1-9月)

(上年同期=100) (same period of preceding year=100)

地区	City	居民消费价格指数 Consumer Price Index	食品 Food	粮食 Grain	肉禽及其制品 Meat,Poultry and Processed Products	蛋 Eggs	水产品 Aquatic Products	鲜菜 Fresh Vegetables	鲜果 Fresh Fruits
平均指数	**Average Index**	**102.2**	**103.7**	**102.9**	**100.5**	**108.2**	**105.3**	**99.3**	**120.9**
北京	Beijing	101.9	103.6	102.5	100.2	108.1	107.0	94.8	119.6
天津	Tianjin	102.1	103.1	103.1	99.6	109.7	107.7	94.0	122.5
石家庄	Shijiazhuang	102.0	103.2	102.7	99.0	112.9	100.7	93.5	130.8
太原	Taiyuan	102.8	104.0	106.6	98.4	111.0	109.3	90.0	127.9
呼和浩特	Hohhot	101.2	103.1	100.4	101.0	110.4	103.0	93.1	117.9
沈阳	Shenyang	102.3	104.9	106.7	101.7	111.6	110.8	92.6	128.4
大连	Dalian	102.1	102.8	107.4	98.7	108.8	99.4	89.0	116.5
长春	Changchun	102.3	104.2	102.2	101.7	110.8	107.1	92.3	118.0
哈尔滨	Harbin	102.1	103.2	103.1	100.5	110.1	117.5	95.7	114.4
上海	Shanghai	102.7	103.4	102.3	100.9	105.5	103.6	101.7	119.0
南京	Nanjing	102.7	102.8	101.1	100.0	109.5	102.6	97.4	118.6
杭州	Hangzhou	102.4	103.6	101.2	100.9	112.4	105.9	100.2	119.6
宁波	Ningbo	102.2	103.1	99.9	99.7	112.4	101.6	100.8	122.6
合肥	Hefei	102.2	102.5	103.0	98.9	114.1	102.1	94.6	120.0
福州	Fuzhou	101.9	102.7	101.6	99.8	106.8	103.2	99.8	123.5
厦门	Xiamen	102.6	103.9	102.9	100.8	108.8	105.0	103.1	122.7
南昌	Nanchang	103.0	105.1	102.5	103.4	108.2	102.8	100.7	123.6
济南	Jinan	102.2	103.6	105.5	98.1	114.4	107.8	91.8	128.9
青岛	Tsingtao	102.8	104.8	106.7	101.5	115.9	109.6	92.2	119.6
郑州	Zhengzhou	102.1	103.4	105.9	99.2	113.8	105.5	95.9	129.4
武汉	Wuhan	101.9	102.4	103.1	99.6	107.0	99.5	100.7	118.4
长沙	Changsha	103.0	104.4	102.3	101.4	107.6	101.1	107.8	125.6
广州	Guangzhou	102.4	104.9	102.6	102.8	107.5	109.7	103.1	117.7
深圳	Shenzhen	102.3	103.7	103.1	101.4	104.5	107.3	100.1	117.6
南宁	Nanning	102.0	104.3	101.7	103.1	106.9	111.3	103.0	122.8
海口	Haikou	102.4	103.8	103.5	102.2	100.8	106.1	105.6	117.2
重庆	Chongqing	101.7	103.5	101.6	99.2	102.7	104.1	107.2	124.7
成都	Chengdu	101.3	102.6	103.6	99.2	108.7	101.7	100.1	120.0
贵阳	Guiyang	102.8	105.6	100.7	99.4	104.6	104.8	106.7	126.8
昆明	Kunming	102.8	105.4	102.6	99.8	104.9	103.1	111.2	116.7
拉萨	Lasa	103.2	106.4	109.1	106.8	103.7	100.7	107.1	113.4
西安	Xi'an	101.8	103.5	102.7	99.1	108.8	104.9	92.8	122.6
兰州	Lanzhou	102.0	104.6	104.0	100.9	110.1	102.6	106.1	126.2
西宁	Xining	102.6	103.3	105.6	98.0	106.5	104.5	98.2	122.6
银川	Yingchuan	102.1	103.0	103.7	100.8	104.8	102.5	87.2	119.3
乌鲁木齐	Urumqi	103.2	106.7	104.4	101.6	102.7	108.9	102.9	126.7

3-90 续表 continued

(上年同期=100) (same period of preceding year=100)

地 区	City	烟 酒 Tobacco and Liquor	衣 着 Clothing	家庭设备用品及维修服务 Household Facilities,Articles and Services	医疗保健和个人用品 Health Care and Personal Articles	交通和通信 Transportation and Communication	娱乐教育文化用品及服务 Recreation, Education and Culture Articles	居 住 Residence
平均指数	**Average Index**	**99.4**	**102.0**	**101.2**	**100.9**	**100.1**	**102.0**	**102.6**
北 京	Beijing	99.8	100.2	100.4	99.9	99.7	104.0	101.6
天 津	Tianjin	99.0	102.4	103.8	100.6	100.1	101.6	102.2
石家庄	Shijiazhuang	99.9	103.1	100.3	102.7	100.8	100.8	101.1
太 原	Taiyuan	100.4	102.8	105.9	100.8	100.6	103.3	101.6
呼和浩特	Hohhot	99.7	104.0	99.5	100.6	98.3	99.0	99.8
沈 阳	Shenyang	100.2	101.3	99.3	102.6	100.8	100.3	101.1
大 连	Dalian	100.5	104.3	101.2	101.2	101.1	102.2	101.2
长 春	Changchun	99.6	101.4	101.9	100.0	100.4	102.4	102.2
哈尔滨	Harbin	100.1	105.4	101.2	102.0	99.5	100.8	100.5
上 海	Shanghai	100.9	101.2	101.5	100.3	100.4	102.3	105.0
南 京	Nanjing	97.5	103.8	104.1	100.3	101.1	104.3	103.2
杭 州	Hangzhou	99.8	102.3	102.9	101.3	99.9	102.2	102.9
宁 波	Ningbo	100.0	102.4	99.8	102.1	100.1	102.6	102.7
合 肥	Hefei	97.6	101.5	100.8	101.6	98.6	104.4	103.8
福 州	Fuzhou	98.3	101.4	99.6	100.6	100.2	101.9	103.2
厦 门	Xiamen	99.5	101.0	100.0	100.9	100.9	103.5	103.3
南 昌	Nanchang	100.4	101.1	98.6	100.4	99.0	106.9	102.8
济 南	Jinan	100.1	102.0	100.5	102.3	98.7	104.9	101.2
青 岛	Tsingtao	100.1	103.4	102.3	102.2	100.7	101.0	102.1
郑 州	Zhengzhou	98.2	102.1	100.6	100.4	99.1	103.6	102.7
武 汉	Wuhan	100.1	100.8	101.3	99.7	100.0	100.0	105.4
长 沙	Changsha	99.8	101.7	102.1	102.2	100.1	107.8	101.2
广 州	Guangzhou	99.7	105.7	100.3	100.2	99.5	99.4	102.3
深 圳	Shenzhen	99.2	105.0	99.6	100.9	99.6	101.8	102.6
南 宁	Nanning	98.0	98.2	98.2	101.1	99.6	103.7	101.5
海 口	Haikou	97.8	100.7	100.4	102.4	100.2	101.3	103.6
重 庆	Chongqing	98.1	101.2	100.7	101.3	100.4	99.5	101.6
成 都	Chengdu	98.9	100.3	101.9	100.4	100.4	100.0	101.2
贵 阳	Guiyang	97.1	102.3	100.8	100.9	100.0	102.0	102.4
昆 明	Kunming	100.5	97.8	101.2	100.9	100.7	99.7	104.9
拉 萨	Lasa	99.3	104.5	101.3	99.9	101.0	99.2	102.8
西 安	Xi'an	98.1	101.0	102.4	103.0	100.7	100.7	99.8
兰 州	Lanzhou	100.1	103.2	101.2	100.7	99.9	101.5	98.1
西 宁	Xining	98.2	107.6	97.3	101.2	99.6	101.1	104.1
银 川	Yingchuan	98.7	102.9	101.1	102.0	99.0	103.0	101.9
乌鲁木齐	Urumqi	101.4	100.8	101.6	101.4	101.8	100.5	101.0

3-91 36个大中城市居民消费价格分类指数(累计比)
Consumer Price Indices by Category for 36 Major Large and Medium-sized Cities
(2014年1-10月)

(上年同期=100) (same period of preceding year=100)

地区	City	居民消费价格指数 Consumer Price Index	食品 Food	粮食 Grain	肉禽及其制品 Meat,Poultry and Processed Products	蛋 Eggs	水产品 Aquatic Products	鲜菜 Fresh Vegetables	鲜果 Fresh Fruits
平均指数	**Average Index**	**102.2**	**103.6**	**103.0**	**100.6**	**109.0**	**105.1**	**98.6**	**120.5**
北京	Beijing	101.8	103.4	102.4	100.1	108.7	106.6	93.8	119.1
天津	Tianjin	101.9	102.9	103.3	99.6	110.3	107.3	92.7	122.5
石家庄	Shijiazhuang	102.0	103.0	102.8	99.1	114.4	101.0	93.0	129.9
太原	Taiyuan	102.5	103.6	106.4	98.3	112.8	109.0	88.9	125.8
呼和浩特	Hohhot	101.2	102.9	100.4	100.6	110.5	102.7	92.7	119.0
沈阳	Shenyang	102.3	104.8	106.8	101.6	113.0	110.9	92.9	126.9
大连	Dalian	102.0	102.6	107.6	98.7	110.5	98.5	88.6	115.3
长春	Changchun	102.2	104.2	102.1	101.7	111.8	106.8	92.9	117.5
哈尔滨	Harbin	102.1	103.2	103.2	100.4	111.7	116.8	95.7	114.3
上海	Shanghai	102.7	103.3	102.3	101.1	105.7	103.4	100.4	118.8
南京	Nanjing	102.7	102.9	101.2	100.1	110.1	102.5	97.7	118.3
杭州	Hangzhou	102.3	103.3	101.4	100.9	112.9	105.7	99.0	118.6
宁波	Ningbo	102.1	102.9	100.0	99.7	113.1	101.6	99.4	121.2
合肥	Hefei	102.2	102.4	103.1	98.9	115.1	102.0	94.3	119.2
福州	Fuzhou	101.8	102.4	101.9	99.9	107.4	103.0	98.4	122.0
厦门	Xiamen	102.4	103.6	103.0	100.7	109.3	104.5	101.9	122.1
南昌	Nanchang	102.8	104.7	102.4	103.0	108.6	102.5	99.6	123.1
济南	Jinan	102.2	103.5	105.7	98.1	115.5	107.6	91.5	127.1
青岛	Tsingtao	102.7	104.6	106.7	101.6	116.9	108.8	91.2	118.6
郑州	Zhengzhou	102.1	103.3	105.9	99.3	115.1	105.6	95.5	128.4
武汉	Wuhan	101.9	102.4	103.1	99.9	107.5	99.5	100.8	118.6
长沙	Changsha	102.9	104.3	102.3	101.5	107.9	101.1	106.9	125.4
广州	Guangzhou	102.4	104.9	102.7	103.0	108.6	109.4	102.7	118.0
深圳	Shenzhen	102.2	103.6	103.2	101.4	105.0	107.3	99.6	117.9
南宁	Nanning	101.8	104.2	101.8	103.4	107.6	110.7	102.3	122.7
海口	Haikou	102.3	103.8	103.6	102.7	101.1	106.1	104.0	116.6
重庆	Chongqing	101.7	103.5	101.7	99.4	103.1	104.4	106.1	124.9
成都	Chengdu	101.3	102.6	103.8	99.3	110.0	101.7	99.6	119.6
贵阳	Guiyang	102.7	105.4	100.7	99.4	104.9	104.3	105.0	125.2
昆明	Kunming	102.9	105.5	102.5	99.9	105.4	103.2	110.8	116.3
拉萨	Lasa	103.1	106.4	109.3	106.8	103.9	100.6	107.4	112.2
西安	Xi'an	101.6	103.2	102.9	99.3	109.7	104.5	91.4	121.6
兰州	Lanzhou	102.0	104.5	104.0	100.9	110.9	102.3	105.1	127.5
西宁	Xining	102.7	103.5	105.8	98.3	107.3	104.5	98.2	126.6
银川	Yingchuan	102.1	102.9	103.6	100.8	105.3	102.3	86.8	120.2
乌鲁木齐	Urumqi	103.1	106.4	104.4	101.4	103.6	108.2	102.0	125.8

3-91 续表 continued

(上年同期=100) (same period of preceding year=100)

地区	City	烟酒 Tobacco and Liquor	衣着 Clothing	家庭设备用品及维修服务 Household Facilities,Articles and Services	医疗保健和个人用品 Health Care and Personal Articles	交通和通信 Transportation and Communication	娱乐教育文化用品及服务 Recreation, Education and Culture Articles	居住 Residence
平均指数	**Average Index**	**99.4**	**102.1**	**101.1**	**100.9**	**100.0**	**101.8**	**102.5**
北京	Beijing	99.7	100.2	100.3	99.9	99.5	103.7	101.5
天津	Tianjin	98.9	102.1	103.6	100.5	100.0	101.5	102.1
石家庄	Shijiazhuang	99.7	103.3	100.4	102.8	100.8	100.8	101.1
太原	Taiyuan	100.4	102.7	105.4	100.8	100.6	102.7	101.5
呼和浩特	Hohhot	99.5	104.1	99.5	100.6	98.5	99.0	99.8
沈阳	Shenyang	100.3	101.5	99.3	102.7	100.7	100.1	101.0
大连	Dalian	100.5	104.2	101.2	101.2	101.1	102.3	101.2
长春	Changchun	99.6	101.6	101.8	100.0	100.4	102.0	102.3
哈尔滨	Harbin	100.1	104.9	101.2	102.1	99.5	100.8	100.4
上海	Shanghai	101.0	102.0	101.5	100.3	100.3	102.1	104.8
南京	Nanjing	97.6	103.7	104.2	100.4	101.0	104.2	103.1
杭州	Hangzhou	99.8	102.1	102.9	101.2	99.8	102.2	102.8
宁波	Ningbo	100.0	102.5	99.9	102.1	99.9	102.4	102.6
合肥	Hefei	97.8	101.5	100.8	101.6	98.4	104.4	103.7
福州	Fuzhou	98.4	101.6	99.7	100.7	100.1	101.4	103.2
厦门	Xiamen	99.4	101.1	100.1	100.9	100.8	102.6	103.1
南昌	Nanchang	100.4	101.3	98.9	100.4	99.1	106.1	102.8
济南	Jinan	100.0	102.0	100.7	102.4	98.9	104.5	101.4
青岛	Tsingtao	100.1	103.3	102.2	102.1	100.6	101.3	102.3
郑州	Zhengzhou	98.3	102.0	100.6	100.4	99.2	103.7	102.7
武汉	Wuhan	100.2	100.9	101.2	99.6	99.9	100.3	105.2
长沙	Changsha	99.9	101.7	102.1	102.2	100.0	107.3	101.1
广州	Guangzhou	99.7	105.3	100.2	100.3	99.7	99.3	102.2
深圳	Shenzhen	99.3	104.6	99.5	100.9	99.5	101.7	102.4
南宁	Nanning	98.3	97.5	98.1	101.3	99.6	103.2	101.4
海口	Haikou	97.7	101.3	100.6	102.3	99.9	101.2	103.4
重庆	Chongqing	98.0	101.5	100.6	101.4	100.4	99.8	101.6
成都	Chengdu	98.8	100.2	101.8	100.4	100.4	100.2	101.2
贵阳	Guiyang	97.1	102.4	100.9	101.0	99.9	101.5	102.4
昆明	Kunming	100.5	98.8	101.4	100.9	100.6	99.8	104.8
拉萨	Lasa	99.3	103.9	101.4	100.0	100.9	99.3	102.9
西安	Xi'an	98.2	100.9	102.2	102.9	100.7	100.4	99.8
兰州	Lanzhou	99.7	103.4	101.3	100.6	99.9	101.5	98.3
西宁	Xining	98.3	107.7	97.6	101.2	99.5	101.4	103.9
银川	Yingchuan	98.8	103.0	101.2	101.9	98.9	103.3	101.8
乌鲁木齐	Urumqi	101.3	100.9	101.4	101.4	101.6	100.2	101.0

3-92 36个大中城市居民消费价格分类指数(累计比)
Consumer Price Indices by Category for 36 Major Large and Medium-sized Cities (2014年1-11月)

(上年同期=100) (same period of preceding year=100)

地区	City	居民消费价格指数 Consumer Price Index	食品 Food	粮食 Grain	肉禽及其制品 Meat,Poultry and Processed Products	蛋 Eggs	水产品 Aquatic Products	鲜菜 Fresh Vegetables	鲜果 Fresh Fruits
平均指数	**Average Index**	**102.1**	**103.5**	**103.1**	**100.6**	**109.6**	**104.9**	**98.2**	**120.0**
北京	Beijing	101.7	103.3	102.2	100.1	109.2	106.3	93.3	118.6
天津	Tianjin	101.9	102.9	103.4	99.6	110.9	107.0	92.3	122.6
石家庄	Shijiazhuang	102.0	103.0	102.8	99.1	115.6	101.4	93.4	129.4
太原	Taiyuan	102.3	103.3	106.0	98.5	113.9	108.8	87.9	124.3
呼和浩特	Hohhot	101.1	102.7	100.5	100.3	110.9	102.7	92.3	119.2
沈阳	Shenyang	102.2	104.7	106.7	101.6	114.0	110.8	92.5	125.6
大连	Dalian	102.0	102.5	107.6	98.8	111.6	97.8	88.2	115.1
长春	Changchun	102.2	104.0	102.0	101.6	112.7	106.6	92.6	117.3
哈尔滨	Harbin	102.0	103.1	103.3	100.3	112.5	115.9	95.0	114.4
上海	Shanghai	102.7	103.2	102.3	101.3	105.9	103.0	100.1	117.8
南京	Nanjing	102.6	102.9	101.4	100.1	110.7	102.4	97.4	118.0
杭州	Hangzhou	102.1	103.1	101.4	100.8	113.6	105.3	97.7	118.0
宁波	Ningbo	102.0	102.8	100.0	99.7	113.6	101.5	98.4	119.8
合肥	Hefei	102.1	102.3	103.2	98.8	115.8	101.7	94.0	118.1
福州	Fuzhou	101.7	102.4	102.1	100.0	108.1	103.0	97.9	121.3
厦门	Xiamen	102.3	103.5	103.1	100.5	109.9	104.2	101.4	122.2
南昌	Nanchang	102.7	104.5	102.4	102.7	108.7	102.2	99.4	122.9
济南	Jinan	102.2	103.3	105.8	97.9	116.5	107.4	91.4	126.0
青岛	Tsingtao	102.7	104.4	106.6	101.5	117.4	108.3	91.0	117.9
郑州	Zhengzhou	102.1	103.1	105.9	99.3	116.2	105.8	94.7	127.2
武汉	Wuhan	101.9	102.4	103.1	100.1	107.8	99.6	101.1	118.6
长沙	Changsha	102.8	104.2	102.3	101.6	108.1	101.1	106.3	124.4
广州	Guangzhou	102.4	104.9	102.8	103.2	109.6	109.1	103.0	117.8
深圳	Shenzhen	102.1	103.6	103.4	101.4	105.6	107.3	99.8	117.9
南宁	Nanning	101.7	104.2	101.8	103.5	108.2	110.1	102.4	122.4
海口	Haikou	102.3	103.7	103.6	103.0	101.4	106.1	102.5	115.9
重庆	Chongqing	101.7	103.4	101.7	99.5	103.4	104.6	105.2	124.5
成都	Chengdu	101.3	102.5	104.0	99.3	110.8	101.5	99.8	119.1
贵阳	Guiyang	102.7	105.4	100.8	99.4	105.2	103.8	104.6	124.2
昆明	Kunming	103.0	105.6	102.5	99.9	106.1	103.3	110.4	116.2
拉萨	Lasa	103.1	106.3	109.3	106.8	104.2	100.6	107.2	111.4
西安	Xi'an	101.5	103.0	103.1	99.4	110.5	104.1	90.6	120.9
兰州	Lanzhou	102.1	104.4	104.0	100.8	111.4	102.0	104.5	127.7
西宁	Xining	102.8	103.5	105.8	98.4	107.7	104.6	98.2	128.1
银川	Yingchuan	102.1	102.8	103.5	100.8	105.8	102.1	86.8	120.5
乌鲁木齐	Urumqi	102.9	105.9	104.3	100.9	104.3	107.5	100.2	125.2

3-92 续表 continued

(上年同期=100) (same period of preceding year=100)

地 区	City	烟 酒 Tobacco and Liquor	衣 着 Clothing	家庭设备用品及维修服务 Household Facilities,Articles and Services	医疗保健和个人用品 Health Care and Personal Articles	交通和通信 Transportation and Communication	娱乐教育文化用品及服务 Recreation, Education and Culture Articles	居 住 Residence
平均指数	**Average Index**	**99.4**	**102.2**	**101.1**	**100.9**	**100.0**	**101.7**	**102.4**
北 京	Beijing	99.7	100.2	100.3	99.9	99.4	103.5	101.4
天 津	Tianjin	98.8	101.9	103.5	100.4	99.9	101.6	102.0
石家庄	Shijiazhuang	99.5	103.2	100.4	102.9	100.7	100.9	101.1
太 原	Taiyuan	100.4	102.5	104.9	100.7	100.5	102.4	101.5
呼和浩特	Hohhot	99.5	104.0	99.5	100.6	98.6	99.0	99.8
沈 阳	Shenyang	100.4	101.7	99.3	102.7	100.5	99.9	101.0
大 连	Dalian	100.5	104.0	101.1	101.2	100.9	102.3	101.3
长 春	Changchun	99.7	101.8	101.6	100.1	100.3	101.7	102.3
哈尔滨	Harbin	100.1	104.7	101.3	102.3	99.5	100.8	100.3
上 海	Shanghai	101.0	102.9	101.7	100.3	100.2	102.0	104.7
南 京	Nanjing	97.7	103.9	104.2	100.5	100.9	104.0	103.0
杭 州	Hangzhou	99.8	102.0	102.8	101.3	99.6	102.0	102.8
宁 波	Ningbo	99.9	102.6	99.9	102.1	99.8	102.2	102.5
合 肥	Hefei	97.9	101.6	100.8	101.5	98.3	104.5	103.5
福 州	Fuzhou	98.4	101.8	99.7	100.8	100.1	100.9	103.3
厦 门	Xiamen	99.3	101.5	100.4	100.8	100.7	102.0	103.0
南 昌	Nanchang	100.4	101.5	99.0	100.4	99.0	105.4	102.7
济 南	Jinan	100.0	102.2	100.8	102.4	99.1	104.1	101.6
青 岛	Tsingtao	100.1	103.3	102.1	102.0	100.5	101.3	102.3
郑 州	Zhengzhou	98.3	102.1	100.6	100.4	99.4	103.6	102.7
武 汉	Wuhan	100.3	101.0	101.1	99.7	99.9	100.5	104.9
长 沙	Changsha	100.0	101.8	102.1	102.2	99.8	106.8	100.9
广 州	Guangzhou	99.7	105.1	100.2	100.3	99.9	99.3	102.1
深 圳	Shenzhen	99.4	104.5	99.4	101.0	99.4	101.5	102.3
南 宁	Nanning	98.4	97.3	98.1	101.4	99.5	102.8	101.3
海 口	Haikou	97.6	101.8	100.7	102.2	99.7	101.2	103.1
重 庆	Chongqing	97.9	101.8	100.5	101.5	100.4	100.0	101.6
成 都	Chengdu	98.6	100.2	101.7	100.4	100.3	100.2	101.2
贵 阳	Guiyang	97.3	102.6	101.0	101.1	99.9	101.1	102.4
昆 明	Kunming	100.5	99.7	101.5	101.0	100.6	100.0	104.7
拉 萨	Lasa	99.3	103.4	101.5	100.1	100.9	99.2	103.0
西 安	Xi'an	98.3	100.9	102.1	102.9	100.5	100.2	99.8
兰 州	Lanzhou	99.4	103.5	101.4	100.6	99.9	101.5	99.0
西 宁	Xining	98.5	107.8	97.9	101.2	99.5	101.7	103.7
银 川	Yingchuan	98.8	103.1	101.3	101.8	98.9	103.7	101.8
乌鲁木齐	Urumqi	101.2	101.1	101.3	101.4	101.4	100.1	101.0

3-93 36个大中城市居民消费价格分类指数(累计比)
Consumer Price Indices by Category for 36 Major Large and Medium-sized Cities (2014年1-12月)

(上年同期=100) (same period of preceding year=100)

地区	City	居民消费价格指数 Consumer Price Index	食品 Food	粮食 Grain	肉禽及其制品 Meat,Poultry and Processed Products	蛋 Eggs	水产品 Aquatic Products	鲜菜 Fresh Vegetables	鲜果 Fresh Fruits
平均指数	**Average Index**	**102.1**	**103.4**	**103.1**	**100.6**	**109.9**	**104.7**	**98.9**	**119.2**
北京	Beijing	101.6	103.2	102.2	99.9	109.5	106.1	94.4	117.1
天津	Tianjin	101.9	103.0	103.4	99.6	111.1	106.8	93.7	122.4
石家庄	Shijiazhuang	102.0	103.0	102.7	99.1	116.2	101.7	95.1	128.1
太原	Taiyuan	102.2	103.2	105.7	98.3	114.3	108.6	89.8	122.7
呼和浩特	Hohhot	101.2	102.7	100.5	99.9	111.3	102.7	93.5	119.2
沈阳	Shenyang	102.2	104.7	106.6	101.5	114.4	110.6	94.3	124.2
大连	Dalian	102.0	102.5	107.5	98.8	111.6	97.7	90.0	114.6
长春	Changchun	102.2	104.0	102.0	101.6	113.3	106.4	93.9	116.9
哈尔滨	Harbin	102.0	103.1	103.4	100.2	113.4	115.0	96.0	114.4
上海	Shanghai	102.7	103.2	102.4	101.4	106.0	102.7	100.5	116.6
南京	Nanjing	102.6	102.8	101.4	100.1	111.0	102.3	97.7	117.2
杭州	Hangzhou	102.0	102.9	101.4	100.8	114.0	105.1	98.0	117.2
宁波	Ningbo	101.9	102.7	100.3	99.7	114.0	101.6	98.3	118.1
合肥	Hefei	102.0	102.2	103.3	98.6	116.0	101.5	95.3	117.1
福州	Fuzhou	101.7	102.5	102.3	99.8	108.7	103.0	99.4	120.5
厦门	Xiamen	102.2	103.4	103.2	100.5	110.2	103.6	102.2	122.5
南昌	Nanchang	102.5	104.3	102.4	102.4	109.0	102.0	100.7	122.1
济南	Jinan	102.2	103.2	105.9	97.6	116.9	106.9	92.8	124.3
青岛	Tsingtao	102.6	104.4	106.5	101.4	117.2	107.7	92.4	117.2
郑州	Zhengzhou	102.0	103.1	105.8	99.2	116.4	105.8	95.1	125.7
武汉	Wuhan	101.9	102.3	103.1	100.2	108.1	99.6	101.5	118.3
长沙	Changsha	102.7	104.3	102.4	101.7	108.4	101.2	107.1	123.2
广州	Guangzhou	102.3	104.8	102.7	103.4	110.2	108.7	102.7	117.5
深圳	Shenzhen	102.0	103.5	103.5	101.3	106.2	107.2	100.1	117.2
南宁	Nanning	101.6	104.1	101.9	103.5	108.7	109.6	102.9	121.5
海口	Haikou	102.2	103.7	103.5	103.2	101.6	106.3	102.0	115.3
重庆	Chongqing	101.8	103.3	101.8	99.4	103.5	104.7	105.4	123.9
成都	Chengdu	101.3	102.6	104.1	99.2	111.3	101.4	101.3	118.8
贵阳	Guiyang	102.7	105.5	100.9	99.3	105.4	103.5	104.8	122.7
昆明	Kunming	103.1	105.6	102.4	99.9	106.7	103.4	110.4	116.0
拉萨	Lasa	103.0	106.4	109.4	106.9	104.4	100.7	107.3	110.9
西安	Xi'an	101.4	102.9	103.2	99.5	111.1	103.6	91.2	120.3
兰州	Lanzhou	102.2	104.4	104.0	100.6	111.7	101.8	105.1	127.5
西宁	Xining	102.8	103.7	105.7	98.5	107.7	104.7	99.5	128.4
银川	Yingchuan	102.1	102.8	103.4	100.8	106.0	101.9	88.4	119.8
乌鲁木齐	Urumqi	102.8	105.6	104.1	100.4	104.9	107.0	100.2	124.4

3-93 续表 continued

(上年同期=100) (same period of preceding year=100)

地 区	City	烟 酒 Tobacco and Liquor	衣 着 Clothing	家庭设备用品及维修服务 Household Facilities,Articles and Services	医疗保健和个人用品 Health Care and Personal Articles	交通和通信 Transportation and Communication	娱乐教育文化用品及服务 Recreation, Education and Culture Articles	居 住 Residence
平均指数	**Average Index**	**99.4**	**102.4**	**101.1**	**101.0**	**99.8**	**101.6**	**102.4**
北 京	Beijing	99.7	100.4	100.3	99.9	99.2	103.2	101.4
天 津	Tianjin	98.7	101.8	103.3	100.4	99.7	101.7	102.0
石家庄	Shijiazhuang	99.4	103.1	100.5	103.0	100.6	100.9	101.0
太 原	Taiyuan	100.4	102.5	104.4	100.7	100.5	102.2	101.4
呼和浩特	Hohhot	99.6	104.0	99.6	100.7	98.8	99.1	99.8
沈 阳	Shenyang	100.5	101.9	99.2	102.8	100.3	99.7	101.0
大 连	Dalian	100.6	103.9	101.1	101.3	100.7	102.4	101.4
长 春	Changchun	99.8	101.9	101.5	100.2	100.2	101.4	102.4
哈尔滨	Harbin	100.1	104.5	101.3	102.4	99.5	100.8	100.3
上 海	Shanghai	101.0	103.7	101.8	100.4	100.1	101.8	104.6
南 京	Nanjing	97.9	103.9	104.1	100.5	100.7	103.8	102.9
杭 州	Hangzhou	99.9	101.7	102.7	101.4	99.4	101.8	102.7
宁 波	Ningbo	99.8	102.7	99.9	102.3	99.5	102.0	102.4
合 肥	Hefei	98.1	101.5	100.8	101.6	98.2	104.5	103.4
福 州	Fuzhou	98.4	102.0	99.9	100.9	99.9	100.6	103.3
厦 门	Xiamen	99.3	102.1	100.6	100.9	100.6	101.7	102.9
南 昌	Nanchang	100.4	101.8	99.0	100.4	99.0	104.7	102.5
济 南	Jinan	99.9	102.4	100.8	102.5	99.2	103.9	101.7
青 岛	Tsingtao	100.1	103.2	102.0	102.0	100.3	101.4	102.2
郑 州	Zhengzhou	98.4	102.1	100.5	100.4	99.4	103.5	102.6
武 汉	Wuhan	100.4	101.2	101.1	99.7	99.8	100.7	104.6
长 沙	Changsha	100.0	101.9	102.1	102.1	99.6	106.3	100.7
广 州	Guangzhou	99.7	104.9	100.2	100.4	99.9	99.4	101.9
深 圳	Shenzhen	99.5	104.3	99.4	101.0	99.3	101.3	102.1
南 宁	Nanning	98.6	97.2	98.1	101.5	99.7	102.5	101.2
海 口	Haikou	97.6	102.4	100.8	102.1	99.3	101.1	102.9
重 庆	Chongqing	97.8	102.0	100.5	101.7	100.3	100.1	101.6
成 都	Chengdu	98.6	100.2	101.5	100.4	100.2	100.3	101.2
贵 阳	Guiyang	97.4	102.7	101.0	101.1	100.0	100.9	102.5
昆 明	Kunming	100.5	100.4	101.6	101.0	100.6	100.2	104.6
拉 萨	Lasa	99.4	103.0	101.5	100.2	100.8	99.1	103.1
西 安	Xi'an	98.4	101.1	101.9	102.8	100.2	100.1	99.8
兰 州	Lanzhou	99.2	103.7	101.5	100.6	99.8	101.5	99.7
西 宁	Xining	98.5	107.9	98.0	101.2	99.6	102.0	103.6
银 川	Yingchuan	98.8	103.1	101.4	101.7	98.9	103.9	101.8
乌鲁木齐	Urumqi	101.1	101.3	101.2	101.4	101.3	99.9	101.1

主要统计指标解释

城市居民消费价格指数 是反映城市居民购买的消费品及服务价格水平的变动趋势和变动程度的相对数。它是宏观经济分析和决策、价格总水平监测和调控以及国民经济核算的重要指标。其按年度计算的变动率通常被用来作为反映通货膨胀（或紧缩）程度的指标。

城市居民消费价格的调查范围包括城市居民购买并用于日常生活消费的商品和服务项目价格。按用途划分为8 个大类，包括食品、烟酒及用品、衣着、家庭设备用品及维修服务费、医疗保健及个人用品、交通和通信、娱乐教育文化用品及服务、居住等。

城市商品零售价格指数 是工业、商业、餐饮业和其他零售企业向城市居民、机关团体出售生活消费品和办公用品的价格水平变动趋势和变动程序的相对数。其目的在于掌握零售商品价格的变动趋势，为国家宏观调控和国民经济核算提供参考依据。

商品零售价格的调查范围涉及到各种类型的工业、商业、餐饮业和其他行业的零售商品以及农民对非农业居民出售商品的价格。包括食品、饮料烟酒、服装鞋帽、纺织品、家用电器及音像器材、文化办公用品、日用品、体育娱乐用品、交通通信用品、家具、化妆品、金银珠宝、中西药品及医疗保健用品、书报杂志及电子出版物、燃料、建筑材料及五金电料等16 个大类。

固定资产投资价格指数 是反映一定时期内固定资产投资额价格变动趋势和程度的相对数。固定资产投资额是由建筑安装工程投资完成额、设备、工器具购置投资完成额和其他费用投资完成额三部分组成的。编制固定资产投资价格指数首先编制上述三部分投资的价格指数，然后采用加权算术平均法求出固定资产投资价格总指数。该指数可以准确地反映固定资产投资中涉及的各类商品和取费项目价格变动趋势和变动幅度，消除按现价计算的固定资产投资指标中的价格变动因素，真实地反映固定资产投资的规模、速度、结构和效益，为国家科学地制定、检查固定资产投资计划并提高宏观调控水平，为完善国民经济核算体系提供科学的、可靠的依据。

工业生产者出厂价格指数 是反映一定时期内全部工业产品出厂价格总水平的变动趋势和程度的相对数，包括工业企业售给本企业以外所有单位的各种产品和直接售给居民用于生活消费的产品。通过工业生产者出厂价格指数能观察出厂价格变动对工业总产值的影响。

工业生产者购进价格指数 是反映一定时期内全部工业企业作为生产投入，从物资交易市场和能源、原材料生产企业购买原材料、燃料和动力产品时，所支付的价格水平变动趋势和程度的相对数，是扣除工业企业物质消耗成本中的价格变动影响的重要依据。

住宅销售价格 指房产所有权转移时买卖双方实际成交的价格（合同价格）。房产买卖时，买房人购买的是房产的所有权，卖房人将房产所有权出让，同时要获得房产所有权出让的价值补偿。它主要包括新建住宅销售和二手住宅销售两部分。

新建商品住宅销售价格 指新建的、用于居住的进入房地产市场进行交易的房屋，第一次进行产权登记时的实际交易价格（合同价格）。其价格由成本、税金、利润、代收费用等组成，它受地段、层次、朝向、质量、材料差价等因素的影响。

二手住宅销售价格 指用于居住的进入房地产市场进行交易的房屋，再次进行产权登记时的实际交易价格。该指标取自《存量房屋买卖合同》。若合同中含有相关税费，则应将其扣除。

Explanatory Notes on Main Statistical Indicators

Urban Consumer Price Index reflects the trend and degree of changes in prices of consumer goods and services purchased by urban households. It is a indicator used for government decision making, price monitoring &controlling and improving the current national accounting system. The annual price index is used to reflect the degree of inflation and deflation.

Its survey field covers the prices of goods and services purchased by urban households and used for living. It is classified into 8 categories by food, tobacco and use articles, clothing, household facilities and articles, repair services, medicine and medical articles, means of transportation and communication, recreation, education and culture articles, residence, services.

Urban Retail Price Index reflects the trend and degree of changes in retail prices of living consumer goods and office equipment which are sold to residents and organizations by retail enterprises. It can be used to know about the change tendency of the price of retailed goods, provides reliable data for government decision making and further improving the current national accounting system.

Its survey field covers the retail price of industry, commerce, catering trade and other sectors and prices of goods sold to non-agricultural population by farmers. Now it is classified into 16 categories by food, beverages, tobacco and liquor, garments, shoes and hats, textiles, household appliances, stereo sets & camera facilities, cultural and office goods, articles for daily use, sports and recreational goods, transport and communications goods, furniture, cosmetics, jewelry, traditional Chinese and western medicines, newspapers, magazines and electronics publications, fuels, building decoration materials, hardware materials.

Price Index of Investment in Fixed Assets reflects the trend and degree of changes in prices of investment in fixed assets during a given period. The investment in fixed assets consists of three components, namely the investment in construction and installation, the investment in purchases of equipment and instrument, and the investment in other items. Price index of investment in fixed assets is calculated as the weighted arithmetic mean of the price indices of the three components of investment in fixed assets. Removing the factor of price change in the aggregates of investment at current prices, this indicator shows the changes in the prices of commodities and fees involved in the investment of fixed assets, and can be used to observe the actual size, growth, structure, and efficiency of investment in fixed assets and provides reliable and scientific date for government planning, management, decision making, and further improving the current national accounting system.

Industrial Producer Ex-factory Price Indices reflects the trend and degree of changes in general ex-factory prices of all industrial products during a given period, including sales of industrial products by an industrial enterprise to all units outside the enterprise, as well as sales of consumer goods to residents. It can be used to analyze the impact of ex-factory prices on gross industrial output value.

Industrial Producer Purchasing Price Indices reflects the trend and degree of changes in purchasing price of raw material, fuel and power paid by industrial enterprises when they purchase production as input from the market or other energy and raw material producers during a given period, and provide basis for measuring the material consumption of industrial enterprises after removing influence of price fromcost.

Residential Houses Selling Price Index refers to the transfers the ownership of the property buyers and sellers of the actual clinch a deal price (the contract price). Estate sale, is the ownership of the property buyers to purchase, sellers will property ownership transfer, at the same time to obtain the value of the property ownership transfer compensation. It mainly includes two parts of the new housing sales and second-hand housing sales.

New Commodity Residential Houses Selling Price Index refers to the newly built into the real estate market, used to live in trading houses, undertake property right registration for the first time the actual transaction price of (the contract price). Its price by cost, taxes and profits, collecting fees, etc, it is location, level, orientation, quality, the factors of material price difference.

Second-hand Housing Sales price refers to enter the real estate market for residential houses, which trade, undertake property right registration of actual transaction prices again. The index from the stock of the sale and purchase contract. If contract is contained in the relevant taxes, it should be deducted.

四、农　业

Chapter 4

AGRICULTURAL

4-1 农村平均每天创造的价值
Average Daily Value Created by Rural (2010-2014)

指 标	Item	单位	Unit	2010	2011	2012	2013	2014
粮食总产量	Yield of Grain	吨	ton	4376	4434	4432	4787	4821
#小 麦	Wheat	吨	ton	1458	1485	1528	1569	1606
玉 米	Corn	吨	ton	2541	2586	2533	2798	2778
水 稻	Rice	吨	ton	307	294	306	354	333
棉花总产量	Yield of Cotton	吨	ton	172	198	158	133	105
油料总产量	Yield of Oil-bearing Crops	吨	ton	18	18	15	16	14
蔬菜总产量	Yield of Vegetables	吨	ton	11488	11816	12266	12467	12608
水果总产量	Yield of Fruits	吨	ton	857	873	839	756	858
生猪出栏	Slaughtered Hogs	头	head	9815	9663	10252	10457	10589
牛出栏	Slaughtered Cattle and Buffaloes	头	head	496	493	521	522	532
羊出栏	Slaughtered Sheep and Goats	只	head	1831	1807	1781	1779	1839
家禽出栏	Slaughtered Poultry	只	head	190441	197690	219437	219656	222907
肉类总产量	Output of Meat	吨	ton	1167	1176	1255	1273	1272
#猪 肉	Pork	吨	ton	767	757	800	817	818
牛 肉	Beef	吨	ton	85	85	89	90	92
羊 肉	Mutton	吨	ton	42	42	40	41	43
禽蛋产量	Output of Poultry Eggs	吨	ton	546	528	522	518	532
奶类产量	Output of Milk	吨	ton	1897	1901	1868	1878	1888
水产品产量	Output of Aquatic Products	吨	ton	945	965	1000	1092	1118
#海水产品	Seawater Aquatic Products	吨	ton	107	105	114	216	211
淡水产品	Freshwater Aquatic Products	吨	ton	838	860	886	876	907
农林牧渔业产值	Output Value of Farming, Forestry, Animal Husbandry and Fishery	万元	10000 yuan	8694	9575	10291	11298	12102
农林牧渔业增加值	Added Value of Farming, Forestry, Animal Husbandry and Fishery	万元	10000 yuan	3988	4376	4701	5165	5521

4-2 农村社会经济主要指标
Major Indicators of Agricultural Society and Economy (2010-2014)

指 标	Item	单位	Unit	2010	2011	2012	2013	2014
乡(镇)个数	Number of Town (township)	个	unit	135	134	134	134	127
#建制镇	Organizational System Town	个	unit	116	123	123	123	121
村民委员会个数	Number of Village Committees	个	unit	3806	3750	3738	3724	3698
乡村总人口	Rural Population	万人	10000 persons	407.79	404.28	402.83	407.24	406.40
乡村总户数	Rural Households	万户	10000 households	130.28	129.07	129.03	131.09	129.93
乡村从业人员	Rural Laborers	万人	10000 persons	191.80	193.45	195.95	196.08	202.64
#第一产业	Primary Industry	万人	10000 persons	73.85	73.18	72.32	71.10	69.65
第二产业	Secondary Industry	万人	10000 persons	76.85	78.10	80.28	80.35	82.93
第三产业	Tertiary Industry	万人	10000 persons	41.10	42.17	43.35	44.63	50.06
年末实有林地面积	Forest Area(year-end)	万亩	10000 mu	313.60	317.91	321.96	332.53	339.10
年末实有果园面积	Area of Orchards (year-end)	万亩	10000 mu	51.54	48.82	50.56	51.23	49.44
农业机械总动力	Total Agricultural Machinery Power	万千瓦	10000 kw	587.79	583.87	568.13	554.18	552.41
农村用电量	Electricity Consumed	万千瓦时	10000 kwh	509920	512968	516155	692249	1090388
水产养殖面积	Bred Area of Aquatic Products	万亩	10000 mu	62.32	60.65	62.03	61.78	60.84
农作物总播种面积	Total Sown Area	万亩	10000 mu	688.91	701.97	718.46	710.27	718.53
#粮 食	Grain	万亩	10000 mu	467.67	466.19	484.38	499.19	518.73
棉 花	Cotton	万亩	10000 mu	77.70	90.03	83.12	58.79	45.24
油 料	Oil-bearing Crops	万亩	10000 mu	3.29	3.36	2.82	2.68	2.52
蔬 菜	Vegetables	万亩	10000 mu	127.28	130.66	133.37	134.81	135.21
粮食总产量	Yield of Grain	万吨	10000 tons	159.74	161.83	161.76	174.71	175.95
棉花总产量	Yield of Cotton	万吨	10000 tons	6.27	7.23	5.76	4.85	3.82
油料总产量	Yield of Oil-bearing Crops	万吨	10000 tons	0.64	0.66	0.56	0.58	0.52
蔬菜总产量	Output of Vegetables	万吨	10000 tons	419.31	431.30	447.70	455.06	460.20
园林水果总产量	Output of Fruits	万吨	10000 tons	31.27	31.88	30.62	27.58	31.32
生猪出栏	Slaughtered Hogs	万头	10000 heads	358.23	352.70	374.21	381.68	386.50
牛出栏	Slaughtered Cattle and Buffaloes	万头	10000 heads	18.12	18.00	19.02	19.05	19.43
羊出栏	Slaughtered Sheep and Goats	万只	10000 heads	66.84	65.97	65.01	64.92	67.12
家禽出栏	Slaughtered Poultry	万只	10000 heads	6951.10	7215.72	8009.45	8017.46	8136.12
肉类总产量	Output of Meat	万吨	10000 tons	42.60	42.92	45.80	46.48	46.40
禽蛋产量	Output of Eggs	万吨	10000 tons	19.92	19.26	19.05	18.89	19.42
奶类产量	Output of Milk	万吨	10000 tons	69.30	69.39	68.17	68.53	68.91
水产品产量	Output of Aquatic Products	万吨	10000 tons	34.49	35.21	36.50	39.86	40.80
农林牧渔业总产值	Gross output Value of Farming, Forestry, Animal Husbanday and Fishery	亿元	100 million yuan	317.33	349.48	375.62	412.36	441.71
农林牧渔业增加值	Added Value of Farming, Forestry, Animal Husbandry and Fishery	亿元	100 million yuan	145.58	159.73	171.59	188.54	201.53

4-3 农林牧渔业总产值和增加值发展速度及构成

Growth Rate and Composition of Gross Output Value & Added Value of Farming, Forestry, Animal Husbandry and Fishery (2013-2014)

指 标	Item	按生产价格计算 Calculated on Productive Price		按可比口径计算的发展速度(%) Growth Rate Calculated on Comparable Coverage
		2013	2014	
农林牧渔业总产值(万元)	**Gross Output Value of Farming, Forestry, Animal Husbandry and Fishery (10000 yuan)**	**4123644**	**4417130**	**3.0**
#1.农 业	Farming	2171561	2307427	3.3
2.林 业	Forestry	30912	32204	3.5
3.畜牧业	Animal Husbandry	1086285	1175906	2.9
4.渔 业	Fishery	732014	794681	2.2
农林牧渔业增加值(万元)	**Added Value of Farming, Forestry, Animal Husbandry and Fishery (10000 yuan)**	**1885362**	**2015314**	**2.8**
#1.农 业	Farming	1050599	1114097	3.1
2.林 业	Forestry	18097	18736	2.9
3.畜牧业	Animal Husbandry	453213	489371	2.6
4.渔 业	Fishery	347718	376803	2.0
农林牧渔业总产值(%)	**Gross Output Value of Farming, Forestry, Animal Husbandry and Fishery (%)**	**100.0**	**100.0**	
#1.农 业	Farming	52.7	52.2	
2.林 业	Forestry	0.7	0.7	
3.畜牧业	Animal Husbandry	26.3	26.6	
4.渔 业	Fishery	17.8	18.0	
农林牧渔业增加值(%)	**Added Value of Farming, Forestry, Animal Husbandry and Fishery (%)**	**100.0**	**100.0**	
#1.农 业	Farming	55.7	55.3	
2.林 业	Forestry	1.0	0.9	
3.畜牧业	Animal Husbandry	24.0	24.3	
4.渔 业	Fishery	18.4	18.7	

4-4 当年价格农林牧渔业总产值
Gross Output Value of Farming, Forestry, Animal Husbandry and Fishery Calculated on Productive Price (2010-2014)

单位：万元 (10000 yuan)

指 标	Item	2010	2011	2012	2013	2014
农林牧渔业总产值	**Gross Output Value of Farming, Forestry, Animal Husbandry and Fishery**	**3173264**	**3494849**	**3756238**	**4123644**	**4417130**
#一、农业产值	**Output Value of Farming**	**1682521**	**1798692**	**1959911**	**2171561**	**2307427**
(一)谷物及其他作物	Cereal and Other Crops	642504	699079	682063	747167	724664
1.谷　物	Cereal	446914	459475	478038	558558	427281
#小　麦	Wheat	135670	130080	161704	179819	140102
稻　谷	Rice	31932	32160	41701	55050	49519
玉　米	Corn	202179	230287	273652	318699	224094
2.薯　类	Tubers	1196	2688	3570	2286	4001
3.油　料	Oil-bearing Crops	2704	6366	5635	5821	4370
4.豆　类	Beans	10776	12837	13321	12882	4834
#大　豆	Soybean	10290	12540	11693	12482	4336
5.棉　花	Cotton	175525	209887	171319	154395	267476
6.其他农作物	Others	5389	7828	10180	13225	16702
(二)蔬菜园艺作物	Vegetables and Gardening Crops	846616	890170	1069488	1203031	1209926
1.蔬　菜	Vegetables	830237	819277	937158	1021928	1058372
2.花　卉	Flower	16379	49867	50200	69084	55666
3.其他园艺作物	Other Gardening Crops					
(三)水果(含果用瓜)、坚果	Fruits (including Melon-Fruit)	193276	209325	208247	221363	372747
#苹　果	Apple	19485	27672	24373	26490	31077
梨	Pear	9996	9701	8692	19827	15891
葡　萄	Grape					
西　瓜	Watermelon				39319	49423
核　桃	Walnut	977	769	594	2460	3291
(四)中药材	Chinese Medicine materials	125	118	113		91
二、林业产值	**Output Value of Forestry**	**23576**	**24596**	**27894**	**30912**	**32204**
(一)林木培育和种植	Cultivating and Planting Trees	20186	21076	23967	26384	27443
1.育种育苗	Cultivating	1534	1633	4007	4411	5762
2.造　林	Planting	9404	10103	9276	10211	8717
3.抚育管理	Management	9248	9270	10508	11568	12717
(二)竹木采运	Collecting and Transporting of Bamboo, wood	3390	3520	3927	4528	4761
(三)林产品	Forest Products					

4-4 续表 continued

单位：万元 (10000 yuan)

指 标	Item	2010	2011	2012	2013	2014
三、牧业产值	**Output Value of Animal Husbandry**	**874861**	**985187**	**1050068**	**1086285**	**1175906**
(一)牲畜饲养	Raising of Livestock	270690	308131	341510	374354	449352
1.牛的饲养	Cattle and Buffaloes	55447	73800	79884	89535	136399
2.羊的饲养	Sheep and Goats	27404	21110	27304	36355	47991
3.其他牲畜饲养	Other Livestock	949	850		740	757
4.奶产品	Milk Products	179712	205120	233729	247030	263198
5.毛绒产品	Feather Products	563	624	593	694	1007
6.其它牲畜产品	Other Livestock Products	6615	6627			
(二)猪的饲养	Raising of Hogs	359156	408385	408984	454454	440224
(三)家禽饲养	Raising of Poultry	243256	266963	298318	254101	282207
1.肉 禽	Poultry for Meat	108556	131615	158587	120738	102027
2.禽 蛋	Eggs	134700	135348	139731	133363	180180
(四)其他畜牧业	Others	1759	1708	1256	3376	4124
四、渔业产值	**Output Value of Fishery**	**502611**	**586093**	**616575**	**732014**	**794681**
(一)海水产品	Seawater Aquatic Products	96871	111093	118989	318516	295744
#养 殖	Culturing	31920	38891	47595	107689	47493
1.鱼 类	Fish	48284	55167	69247	185364	189859
2.甲壳类	Crust	44928	38605	47551	127287	100624
3.贝 类	Shell-fish	3624	2439	2101	5624	5152
4.其 他	Others	35	8	90	241	109
(二)淡水产品	Freshwater Aquatic Products	405740	475000	497586	413498	498937
#养 殖	Culturing	361452	369378	479945	398838	535327
1.鱼 类	Fish	302565	325232	333830	277415	310429
2.甲壳类	Crust	99575	139481	160739	133575	151045
3.贝 类	Shell-fish	1012	1126	1003	834	846
4.其 他	Other	2588	1100	2015	1674	36616

4-5 当年价格农林牧渔业中间消耗
Middle Expend of Farming, Forestry, Animal Husbandry and Fishery (2010-2014)

单位：万元 (10000 yuan)

指标	Item	2010	2011	2012	2013	2014
农林牧渔业中间消耗总计	**Total Middle Expend**	**1717471**	**1897561**	**2040355**	**2238282**	**2401816**
#一、农业中间消耗合计	**Middle Expend of Farming**	**863563**	**924476**	**1009391**	**1120963**	**1193330**
(一)物质消耗	Expend of Matter	725072	773146	825048	910167	970415
1.用种量	Seed	98174	106894	119221	133577	150654
2.役畜用饲料、饲草	Forage Grass	33820	37851	52871	57985	60415
3.肥料	Fertilizer	282562	286015	297768	328920	394195
4.燃料	Fuel	141712	157108	164056	174463	168423
5.农药	Pesticide	26364	29361	30941	35015	39363
6.农用塑料薄膜	Agricultural film	47490	52987	53722	56527	47667
7.用电量	Electricity	54340	56136	56146	55684	54118
8.小农具购置	Purchasing Small Farm Machinery	11863	11792	11823	13987	14587
9.办公用品购置	Purchasing of Office Articles	5040	4818	4707	6543	5449
10.其他	Others	23707	30184	33793	47466	35544
(二)生产服务支出	Expenditure of Productive Service	138491	151330	184343	210796	222915
二、林业中间消耗合计	**Middle Expend of Forestry**	**9654**	**10091**	**11490**	**12815**	**13468**
(一)物质消耗	Expend of Matter	8361	8922	9776	10645	10574
1.用种量	Seed	4518	4970	5820	6234	6150
2.肥料	Fertilizer	1105	1284	934	1069	890
3.燃料	Fuel	1396	1472	1557	1660	1238
4.农药	Pesticide	543	632	713	727	523
5.用电量	Electricity	233	297	237	241	159
6.小农机具购置	Pruchasing Small Farm Machinery	320	126	136	213	618
7.办公用品购置	Purchasing of Office Articles	134	46	74	96	71
8.其他	Others	112	95	305	405	925
(二)生产服务支出	Expenditure of Productive Service	1293	1169	1714	2170	2894
三、牧业中间消耗合计	**Middle Expend of Animal Husbandry**	**506630**	**571537**	**610452**	**633073**	**686535**
(一)物质消耗	Expend of Matter	467981	528695	564335	581830	625044
1.用种量	Seed	27164	31143	33410	32647	34081
2.饲料、饲草	Forage Grass	367228	399510	433689	447522	478718
3.燃料	Fuel	18224	36366	33975	35237	33896
4.用电量	Electricity	10964	11849	11832	10922	110108
5.畜牧用药品	Medical	36271	41913	44094	46976	55956
6.其他	Others	8130	7914	7335	8526	11375
(二)生产服务支出	Expenditure of Productive Service	38649	42842	46117	51243	61491
四、渔业中间消耗合计	**Middle Expend of Fishery**	**261709**	**306583**	**322856**	**384296**	**417878**
(一)物质消耗	Expend of Matter	248663	293501	310754	370994	402377
1.饲料	Forage Grass	160857	185403	206185	246443	272130
2.燃料	Fuel	20592	24847	29815	32451	31406
3.用电量	Electricity	14326	16956	17198	17025	20134
4.办公用品购置	Purchasing of Office Articles	134	181	244	245	214
5.其他	Others	52754	66114	57312	74830	78493
(二)生产服务支出	Expenditure of Productive Service	13046	13082	12102	13301	15501

4-6 农作物播种面积
Sown Area of Farm Crops
(2010-2014)

单位：万亩 (10000mu)

指 标	Item	2010	2011	2012	2013	2014
农作物总播种面积	**Total Sown Area**	**688.91**	**701.97**	**718.46**	**710.27**	**718.53**
一、粮食作物	**Grain Crops**	**467.67**	**466.19**	**484.38**	**499.19**	**518.73**
#夏收粮食	Grain Harvested in Summer	165.77	168.41	169.69	165.57	165.99
(一)谷 物	Cereal	444.45	445.20	464.43	486.92	505.20
#1.稻 谷	Rice	23.68	21.36	21.90	25.22	24.56
2.小 麦	Wheat	165.77	168.41	169.69	165.57	165.99
3.玉 米	Corn	253.39	253.51	268.99	287.51	304.20
(二)豆类合计	Beans	21.76	19.25	18.36	11.30	12.26
#大 豆	Soybean	21.13	18.56	17.76	10.97	11.84
绿 豆	Green Gram	0.36	0.42	0.45	0.12	0.21
红 小 豆	Ormosia	0.10	0.16	0.12	0.21	0.21
(三)薯类(折粮)	Tubers (converted into grain)	1.45	1.74	1.59	0.98	1.28
二.油料作物	**Oil-bearing Crops**	**3.29**	**3.36**	**2.82**	**2.68**	**2.52**
#花 生	Peanuts	2.10	2.19	2.10	2.10	1.73
芝 麻	Sesame	0.19	0.19	0.20	0.15	0.10
葵花籽	Sunflower Seeds	0.70	0.72	0.51	0.44	0.69
三、棉 花	**Cotton**	**77.70**	**90.03**	**83.12**	**58.79**	**45.24**
四、麻类合计	**Fiber Crops**					
五、蔬 菜(含菜用瓜)	**Vegetables (including melon-vegetable)**	**127.28**	**130.66**	**133.37**	**134.81**	**135.21**
六、瓜 类	**Melon**	**8.68**	**8.39**	**8.25**	**7.65**	**9.25**
#西 瓜	Watermelon	6.61	6.27	6.27	5.42	6.91
七、其他农作物	**Other Crops**	**4.29**	**3.34**	**6.52**	**7.15**	**7.58**

4-7 农作物种植结构
Planting Structure of Farm Crops
(2010-2014)

单位：% (%)

指　标	Item	2010	2011	2012	2013	2014
农作物总播种面积	**Total Sown Area**	**100.0**	**100.0**	**100.0**	**100.0**	**100.0**
一、粮食作物	**Grain Crops**	**67.9**	**66.4**	**67.4**	**70.3**	**72.2**
#夏收粮食	Grain Harvested in Summer	24.1	24.0	23.6	23.3	23.1
(一)谷　物	Cereal	64.5	63.4	64.6	68.6	70.3
#1.稻　谷	Rice	3.4	3.0	3.0	3.6	3.4
2.小　麦	Wheat	24.1	24.0	23.6	23.3	23.1
3.玉　米	Corn	36.8	36.1	37.4	40.5	42.4
(二)豆类合计	Beans	3.2	2.7	2.6	1.6	1.7
#大　豆	Soybean	3.1	2.6	2.5	1.5	1.6
绿　豆	Green Gram	…	0.1	0.1	…	…
红 小 豆	Ormosia	…	…	…	…	…
(三)薯类(折粮)	Tubers (converted into grain)	0.2	0.2	0.2	0.1	0.2
二.油料作物	**Oil-bearing Crops**	**0.5**	**0.5**	**0.4**	**0.4**	**0.4**
#花　生	Peanuts	0.3	0.3	0.3	0.3	0.2
芝　麻	Sesame	…	…	…	…	…
葵花籽	Sunflower Seeds	0.1	0.1	0.1	0.1	0.1
三、棉　花	**Cotton**	**11.3**	**12.8**	**11.6**	**8.2**	**6.3**
四、麻类合计	**Fiber Crops**					
五、蔬　菜(含菜用瓜)	**Vegetables (including melon-vegetable)**	**18.5**	**18.6**	**18.6**	**19.0**	**18.8**
六、瓜　类	**Melon**	**1.3**	**1.2**	**1.1**	**1.1**	**1.3**
#西　瓜	Watermelon	1.0	0.9	0.9	0.8	1.0
七、其他农作物	**Other Crops**	**0.5**	**0.5**	**0.9**	**1.0**	**1.0**

4-8 农作物总产量
Yield of Farm Crops
(2010-2014)

单位：万吨 (10000tons)

指 标	Item	2010	2011	2012	2013	2014
一、粮食作物	**Grain Crops**	**159.74**	**161.83**	**161.76**	**174.71**	**175.95**
#夏收粮食	Grain Harvested in Summer	53.20	54.20	55.76	57.28	58.62
(一) 谷 物	Cereal	157.36	159.54	159.76	173.48	174.35
#1.稻 谷	Rice	11.20	10.72	11.18	12.92	12.14
2.小 麦	Wheat	53.20	54.20	55.76	57.28	58.62
3.玉 米	Corn	92.74	94.38	92.45	102.14	101.40
(二)豆类合计	Beans	1.92	1.73	1.49	0.93	1.08
#大 豆	Soybean	1.87	1.69	1.44	0.90	1.03
绿 豆	Green Gram	0.02	0.03	0.03	0.01	0.02
红 小 豆	Ormosia	0.01	0.01	0.01	0.02	0.02
(三)薯类(折粮)	Tubers (converted into grain)	0.46	0.56	0.51	0.30	0.53
二.油料作物	**Oil-bearing Crops**	**0.64**	**0.66**	**0.56**	**0.58**	**0.52**
#花 生	Peanuts	0.50	0.52	0.46	0.49	0.39
芝 麻	Sesame	0.02	0.02	0.02	0.01	0.01
葵 花 籽	Sunflower Seeds	0.10	0.11	0.07	0.07	0.13
三、棉 花	**Cotton**	**6.27**	**7.23**	**5.76**	**4.85**	**3.82**
四、蔬 菜(含菜用瓜)	**Vegetables (including melon-vegetable)**	**419.31**	**431.30**	**447.70**	**455.06**	**460.20**
五、瓜 类	**Melon**	**28.77**	**29.69**	**27.57**	**26.59**	**31.38**
#西 瓜	Watermelon	23.98	24.40	22.78	20.48	26.01

4-9 林业和果品生产情况
Forestry and Fruits Production
(2010-2014)

指标	Item	单位	Unit	2010	2011	2012	2013	2014
一、营　　林	**Afforestation**							
(一)年末实有林地面积	Area of Afforested Land	亩	mu	3135992	3179108	3219648	3325300	3391000
#人造林地	Man-made Forest	亩	mu	3024049	3067165	3107705	3213357	3279057
(二)当年造林面积	Area of Afforestation in this year	亩	mu	271155	128421	86130	110850	105915
1.按造林方式分	By Approach							
#人造林地	Man-made Forest	亩	mu	271155	128421	86130	110850	105915
2.按林种用途分	By Function of Forest							
#用材林	Timber Forest	亩	mu	108870	34200	17445	8865	19800
经济林	By-product Forest	亩	mu	27225	17985	17055	24570	5325
防护林	Protection Forest	亩	mu	134445	76236	51630	77415	80790
(三)封山育林面积	Afforested Area on Sealed Mountain	亩	mu	390210	390210	390210	390210	390210
(四)年末实有育苗面积	Areas Used for Cultivating sapling (year-end)	亩	mu	83235	124328	108761	115830	156135
#当年新育	In this year	亩	mu	31920	35247	34695	42240	64755
(五)幼林抚育作业面积	Area of Young Trees	亩	mu	1246935	1330890	1242255	1091220	1263120
二、主要林产品产量								
#板　　栗	Chinese Chestnut	吨	ton	693	757	927	1047	1189
核　　桃	Walnuts	吨	ton	814	905	1012	1102	1271
三、村及村以下林木采伐量	**Forest Cut by Village and blow**	**立方米**	**cu.m**	**60000**	**67000**	**107000**	**113200**	**144021**
四、年末实有果园面积	**Area of Orchards (year-end)**	**亩**	**mu**	**515356**	**488194**	**505550**	**512300**	**494419**
五、水果产量	**Output of Fruits**	**吨**	**ton**	**312713**	**318816**	**306225**	**275807**	**313224**
#苹　　果	Apple	吨	ton	55512	55234	49639	47644	50368
葡　　萄	Grape	吨	ton	103322	113241	106929	92851	103784
柿　　子	Persimmon	吨	ton	8392	7712	8662	8307	9398
鲜　　枣	Jujube	吨	ton	33037	33837	34754	22828	38154
梨	Pear	吨	ton	35701	39276	36218	36911	40028

资料来源：天津市林业局
Sourse:Tianjin Forestry Administration

4-10 畜牧业生产情况
Production of Animal Husbandry
(2010-2014)

指 标	Item	单位	Unit	2010	2011	2012	2013	2014
一、大牲畜年末存栏	**Number of Large Animals (year-end)**	**万头**	**10000 heads**	**29.58**	**30.00**	**29.65**	**28.76**	**30.38**
(一)牛	Cattle and Buffaloes	万头	10000 heads	28.80	29.36	29.14	28.32	29.96
#乳牛	Cow	万头	10000 heads	15.67	15.79	15.58	15.11	15.71
(二)马	Horses	万头	10000 heads	0.11	0.09	0.07	0.06	0.06
(三)驴	Donkeys	万头	10000 heads	0.47	0.40	0.31	0.27	0.26
(四)骡	Mules	万头	10000 heads	0.20	0.15	0.13	0.11	0.10
二、大牲畜当年出栏	**Number of Slaughtered Large Animals in this year**	**万头**	**10000 heads**	**18.42**	**18.15**	**19.20**	**19.19**	**19.62**
(一)牛	Cattle and Buffaloes	万头	10000 heads	18.12	18.00	19.02	19.05	19.43
(二)马	Horses	万头	10000 heads	0.05	0.02	0.02	0.01	0.02
(三)驴	Donkeys	万头	10000 heads	0.20	0.11	0.14	0.12	0.15
(四)骡	Mules	万头	10000 heads	0.05	0.02	0.02	0.01	0.02
三、猪年末存栏	**Number of Hogs (year-end)**	**万头**	**10000 heads**	**186.94**	**191.26**	**193.75**	**200.99**	**199.78**
猪当年出栏	Number of Slaughtered Hogs in this year	万头	10000 heads	358.23	352.70	374.21	381.68	386.50
四、羊年末存栏	**Number of sheep and Goats (year-end)**	**万只**	**10000 heads**	**37.38**	**36.06**	**41.39**	**45.43**	**46.76**
羊当年出栏	Number of Slaughtered sheep and Goats in this year	万只	10000 heads	66.84	65.97	65.01	64.92	67.12
五、家禽年末存栏	**Number of Poultry (year-end)**	**万只**	**10000 heads**	**2105.32**	**2315.50**	**2542.42**	**2748**	**2887.5**
#鸡	Cocks and Hens	万只	10000 heads	2005.21	2205.40	2417.13	2624	2790.7
#产蛋鸡	Hens	万只	10000 heads	1188.87	1307.56	1129.89	1196.1	1290.6
六、家禽当年出栏	**Number of slaughtered Poultry in this year**	**万只**	**10000 heads**	**6951.10**	**7215.72**	**8009.45**	**8017.5**	**8136.1**
#鸡	Cocks and Hens	万只	10000 heads	6704.08	6959.28	7739.77	7560.60	7772.50
七、兔年末存栏	**Number of Rabbit (year-end)**	**万只**	**10000 heads**	**9.37**	**9.72**	**8.29**	**8.84**	**9.05**
兔当年出栏	Number of Slaughtered Rabbit in this year	万只	10000 heads	17.47	17.23	11.99	11.52	10.30
八、畜产品产量	**Output of Animal Products**							
(一)肉类总产量	Meat	吨	ton	426000	429200	458000	464800	464400
#猪 肉	Pork	吨	ton	279800	276000	292000	298200	298700
牛 肉	Beef	吨	ton	31000	30800	32600	32800	33600
羊 肉	Mutton	吨	ton	15300	14900	14700	14900	15700
禽 肉	Poultry	吨	ton	96200	101100	113100	113300	115900
(二)奶类产量	Milk	吨	ton	693000	693910	681680	685300	689050
#牛 奶	Cow Milk	吨	ton	690000	690900	678700	682400	689000
(三)禽蛋产量	Poultry Eggs	吨	ton	199200	192800	190490	188900	194200
#鸡 蛋	Eggs	吨	ton	187300	186700	186600	128100	182400

4-11 渔业生产情况
Production of Fishery
(2010-2014)

指　标	Item	单　位	Unit	2010	2011	2012	2013	2014
一、水产品总产量	**Output of Aquatic Products**	**吨**	**ton**	**344906**	**352148**	**365042**	**398562**	**407959**
(一)海水产品	Seawater Aquatic Products	吨	ton	38967	38342	41594	78733	76936
1.海洋捕捞	Sea Catching	吨	ton	24755	25037	27309	66464	65309
(1)鱼　类	Fish	吨	ton	17350	19743	21716	62557	62304
(2)甲壳类	Crust	吨	ton	2780	2218	3045	1756	1186
(3)贝　类	Shell-fish	吨	ton	4555	3066	2415	2090	1797
(4)其　它	Others	吨	ton	70	10	133	61	22
2.海水养殖	Seawater Cultured	吨	ton	14212	13305	14285	12269	11627
(1)鱼　类	Fish	吨	ton	2952	3454	3666	3521	3657
(2)甲壳类	Crust	吨	ton	11260	9846	10619	8748	7970
(3)其　他	Others	吨	ton		5			
(二)淡水产品	Freshwater Aquatic Products	吨	ton	305939	313806	323448	319829	331023
1.淡水捕捞	Freshwater Catching	吨	ton	9667	11037	11467	12333	11712
(1)鱼　类	Fish	吨	ton	5173	7071	6906	8531	8776
(2)甲壳类	Crust	吨	ton	1318	2276	2094	1920	806
(3)贝　类	Shell-fish	吨	ton	983	1093	976	982	979
(4)其　它	Others	吨	ton	2193	597	1491	900	1151
2.淡水养殖	Freshwater Cultured	吨	ton	296272	302769	311981	307496	319311
(1)鱼　类	Fish	吨	ton	244881	249219	253289	256009	275240
(2)甲壳类	Crust	吨	ton	50544	52855	57816	50828	43398
(3)其　他	Others	吨	ton	847	695	876	659	673
二、水产养殖面积	**Area of Aquatic Products Cultured**	**千公顷**	**1000 hectares**	**41.55**	**40.43**	**41.35**	**41.19**	**40.56**
(一)海水养殖	Seawater Cultured	千公顷	1000 hectares	3.98	4.11	3.99	3.17	3.18
(二)淡水养殖	Freshwater Cultured	千公顷	1000 hectares	37.57	36.32	37.36	38.02	37.38
1.池塘养殖	Pool	千公顷	1000 hectares	31.00	30.30	31.73	32.55	31.99
2.湖泊养殖	Lake	千公顷	1000 hectares		0.52			
3.河沟养殖	River	千公顷	1000 hectares	0.47	0.47	0.47	0.47	0.46
4.水库养殖	Reservoir	千公顷	1000 hectares	5.71	4.64	3.56	4.04	4.03
5.其他养殖	Others	千公顷	1000 hectares	0.39	0.39	1.60	0.96	0.90

资料来源：天津市水产行业协会
Tianjin Fisheries Trade Assiciation.

4-12 大型水库基本情况(2014年)
Large Reservoirs of Tianjin, 2014

水库名称 Name of Reservoir	所在河系 Location River	总 库容 (万立方米) Total Capacity (10000 cu.m)	灌溉面积(万公顷) Irrigated Areas (10000 hectares)	
			设 计 Designed	有 效 Effective
于桥水库 Yuqiao Reservoir	蓟县蓟运河 Jiyun River	155900	6.70	3.00
北大港水库 Beidagang Reservoir	大港区大清河 Daqing River	50000	1.39	0.67
团泊洼水库 Tuanbowa Reservoir	静海县独流减河 Duliujian River	18000	3.00	2.60

资料来源：天津市水务局
Source:Tianjin Municipal Water Conservancy Bureau.

4-13 中型水库基本情况(2014年)
Medium Reservoirs of Tianjin, 2014

水库名称 Name of Reservoir	所在河系 Location River	总 库容 (万立方米) Total Capacity (10000 cu.m)	灌溉面积(万公顷) Irrigated Areas (10000 hectares)	
			设 计 Designed	有 效 Effective
七里海水库 Qilihai Reservoir	宁河县潮白新河 Chaobaixin River	2400		
新地河水库 Xindihe Reservoir	东丽区金 钟 河 Jinzhong River	1799		
鸭淀水库 Yadian Reservoir	西青区津港运河 Jingang Canal	3360	0.53	0.53
黄港一库 Huanggang Ⅰ Reservoir	塘沽区黑 猪 河 Heizhu River	1792		
黄港二库 Huanggang Ⅱ Reservoir	塘沽区黑 猪 河 Heizhu River	6904		
北塘水库 Beitang Reservoir	塘沽区永定新河 Yongdingxin River	3977		
营城水库 Yingcheng Reservoir	汉沽区蓟 运 河 Jixian Canal	3043		
上马台水库 Shangmatai Reservoir	武清区北运河 North Canal	2730	0.87	0.87
津南水库 Jinnan Reservoir	津南区海河 Haihe River	2019		
尔王庄水库 Erwangzhuang Reservoir	宝坻区潮白新河 Chaobaixin River	4530		
杨庄水库 Yangzhuang Reservoir	蓟县泃河 Ju River	2700		

4-14 水资源情况
Water Resources
(2002-2014年)

年 份 Year	水资源总量 (亿立方米) Total Amount of Water Resources (100 million cu. m.)	地表水 Surface Water	地下水 Underground Water	地表水与地下水资源重复量 Duplicated Measurement of Surface and Underground	人均水资源量 (立方米/人) Per Capita Water Resources (cu. m./person)
2002	3.67	1.85	2.09	0.27	36.49
2003	10.60	6.15	4.82	0.37	105.03
2004	14.31	9.79	5.16	0.64	140.64
2005	10.63	7.13	4.44	0.94	102.87
2006	10.11	6.62	4.46	0.97	95.47
2007	11.31	7.50	4.76	0.95	103.29
2008	18.30	13.61	5.91	1.22	159.76
2009	15.24	10.59	5.60	0.95	126.80
2010	9.20	5.58	4.45	0.83	70.81
2011	15.38	10.89	5.22	0.73	113.54
2012	32.92	26.54	7.62	1.24	232.95
2013	14.64	10.80	5.01	1.17	145.82
2014	11.37	8.33	3.67	0.03	111.84

4-15 用水情况(2014年)
Water Used, 2014

单位：万立方米 (10000 cu.m)

地 区	Region	小 计 Total	地表水 Surface Water	地下水 Underground Water
全市总计	**Total**	**240869**	**159382**	**53396**
#滨海新区	Binhai New Area	44069	36714	7355
东丽区	Dongli District	6989	5688	1301
西青区	Xiqing District	11011	9178	1833
津南区	Jinnan District	2146	987	1159
北辰区	Beichen District	3481	2255	1226
武清区	Wuqing District	31639	22352	9287
宝坻区	Baodi District	40087	31409	8678
宁河县	Ninghe County	21325	17124	4201
静海县	Jinghai County	10309	6252	4057
蓟 县	Jixian County	16611	3070	13541

4-16 农业产业化发展状况(2014年)
Development Status of Agricultural Industrialization, 2014

指 标	Item	单 位	Unit	数 量 Number
一、市场化	**Market Condition**			
1.市场个数	Number of Markets	个	unit	407
#农产品批发市场	Whole Market of Farm Products	个	unit	41
2.农产品批发市场占地面积	Area of Wholesale Market of Farm Products	平方米	sq.m	5299679
二、集约化	**Centralization**			
1.农业企业	Agricultural Enterprises			
(1)个 数	Number of Enterprises	个	unit	2741
(2)从业人员	Employed Persons	人	person	43381
(3)营业收入总额	Business Revenue	万元	10000 yuan	1946749
(4)年净利润总额	Annual Net Profits	万元	10000 yuan	128805
(5)带动农户	Households Involved	户	household	91836
2.农产品加工企业情况	Farm Products Processing Enterprises			
(1)个 数	Number of Enterprises	个	unit	573
(2)从业人员	Employed Persons	人	person	8981
(3)营业收入总额	Business Revenue	万元	10000 yuan	338653
(4)农产品加工原料总额	Materials of Farm Products Processing	万元	10000 yuan	197059
(5)带动农户	Rural Households Involved	户	household	36358
三、社会化	**Social Service**			
1.农业科技服务机构	Productive Service Organization			
(1)个 数	Number of Organizations	个	unit	472
(2)从业人员	Employed Persons	人	person	5192
(3)销售农业生产资料总额	Agricultural Productive Materials Sold	万元	10000 yuan	36126
(4)组织销售农产品总额	Sales Value of Agriculture Products	万元	10000 yuan	658408
(5)带动农户	Number of Rural Households Involved	户	household	56589
2.农业经纪人	Agriculture Agent			
(1)人 数	Number of Persons	人	person	5497
(2)组织销售农产品总额	Sales Value of Farm Products	万元	10000 yuan	129966
(3)带动农户	Number of Rural Households Involved	户	household	63107
3.信息化	Information			
(1)固定电话装机数量	Number of Fixed Telephone	部	unit	724265
(2)移动电话拥有量	Number of Mobile Telephone	部	unit	2172283
(3)计算机拥有量	Number of Computer	台	unit	356308
(4)互联网上网用户	Number of Subscriber of Internent Services	户	subscriber	290824
四、新型农业	**New-style Agriculture**			
1.制种农业	Seed Production			
(1)籽种种植面积	Planted Area of Seeds	亩	mu	1266
(2)籽种销售收入	Output Value of Seeds	万元	10000 yuan	1410
(3)种畜、种禽销售收入	Sales Revenue of Stud Stock	万元	10000 yuan	586
(4)水产品种苗养殖面积	Cultivated Area of Aquatic Products	亩	mu	1194
(5)水产品种苗销售收入	Sales Revenue of Aquatic Products	万元	10000 yuan	2088
2.特种养殖产品销售收入	Sales Revenue of Special Cultivated Products	万元	10000 yuan	22350

4-17 滨海新区农业产业化发展状况(2014年)
Development Status of Agricultural Industrialization in Binhai New Area,2014

指 标	Item	单位	Unit	数 量 Number
一、市场化	**Market Condition**			
1.市场个数	Number of Markets	个	unit	56
#农产品批发市场	Whole Market of Farm Products	个	unit	5
2.农产品批发市场占地面积	Area of Wholesale Market of Farm Products	平方米	sq.m	3182000
二、集约化	**Centralization**			
1.农业企业	Agricultural Enterprises			
(1)个 数	Number of Enterprises	个	unit	236
(2)从业人员	Employed Persons	人	person	2247
(3)营业收入总额	Business Revenue	万元	10000 yuan	83600
(4)年净利润总额	Annual Net Profits	万元	10000 yuan	7019
(5)带动农户	Households Involved	户	household	2151
2.农产品加工企业情况	Farm Products Processing Enterprises			
(1)个 数	Number of Enterprises	个	unit	10
(2)从业人员	Employed Persons	人	person	136
(3)营业收入总额	Business Revenue	万元	10000 yuan	1578
(4)农产品加工原料总额	Materials of Farm Products Processing	万元	10000 yuan	
(5)带动农户	Rural Households Involved	户	household	
三、社会化	**Social Service**			
1.农业科技服务机构	Productive Service Organization			
(1)个 数	Number of Organizations	个	unit	53
(2)从业人员	Employed Persons	人	person	2967
(3)销售农业生产资料总额	Agricultural Productive Materials Sold	万元	10000 yuan	18945
(4)组织销售农产品总额	Sales Value of Agriculture Products	万元	10000 yuan	38850
(5)带动农户	Number of Rural Households Involved	户	household	10174
2.农业经纪人	Agriculture Agent			
(1)人 数	Number of Persons	人	person	724
(2)组织销售农产品总额	Sales Value of Farm Products	万元	10000 yuan	11934
(3)带动农户	Number of Rural Households Involved	户	household	5977
3.信息化	Information			
(1)固定电话装机数量	Number of Fixed Telephone	部	unit	46081
(2)移动电话拥有量	Number of Mobile Telephone	部	unit	164379
(3)计算机拥有量	Number of Computer	台	unit	30155
(4)互联网上网用户	Number of Subscriber of Internent Services	户	subscriber	27312
四、新型农业	**New-style Agriculture**			
1.制种农业	Seed Production			
(1)籽种种植面积	Planted Area of Seeds	亩	mu	60
(2)籽种销售收入	Output Value of Seeds	万元	10000 yuan	1000
(3)种畜、种禽销售收入	Sales Revenue of Stud Stock	万元	10000 yuan	
(4)水产品种苗养殖面积	Cultivated Area of Aquatic Products	亩	mu	252
(5)水产品种苗销售收入	Sales Revenue of Aquatic Products	万元	10000 yuan	371
2.特种养殖产品销售收入	Sales Revenue of Special Cultivated Products	万元	10000 yuan	590

4-18 东丽区农业产业化发展状况(2014年)
Development Status of Agricultural Industrialization in Dongli District,2014

指 标	Item	单位	Unit	数 量 Number
一、市场化	**Market Condition**			
1.市场个数	Number of Markets	个	unit	44
#农产品批发市场	Whole Market of Farm Products	个	unit	7
2.农产品批发市场占地面积	Area of Wholesale Market of Farm Products	平方米	sq.m	565300
二、集约化	**Centralization**			
1.农业企业	Agricultural Enterprises			
(1)个 数	Number of Enterprises	个	unit	2164
(2)从业人员	Employed Persons	人	person	32308
(3)营业收入总额	Business Revenue	万元	10000 yuan	1746498
(4)年净利润总额	Annual Net Profits	万元	10000 yuan	104241
(5)带动农户	Households Involved	户	household	65616
2.农产品加工企业情况	Farm Products Processing Enterprises			
(1)个 数	Number of Enterprises	个	unit	
(2)从业人员	Employed Persons	人	person	
(3)营业收入总额	Business Revenue	万元	10000 yuan	
(4)农产品加工原料总额	Materials of Farm Products Processing	万元	10000 yuan	
(5)带动农户	Rural Households Involved	户	household	
三、社会化	**Social Service**			
1.农业科技服务机构	Productive Service Organization			
(1)个 数	Number of Organizations	个	unit	9
(2)从业人员	Employed Persons	人	person	19
(3)销售农业生产资料总额	Agricultural Productive Materials Sold	万元	10000 yuan	20
(4)组织销售农产品总额	Sales Value of Agriculture Products	万元	10000 yuan	
(5)带动农户	Number of Rural Households Involved	户	household	40
2.农业经纪人	Agriculturc Agcnt			
(1)人 数	Number of Persons	人	person	41
(2)组织销售农产品总额	Sales Value of Farm Products	万元	10000 yuan	2390
(3)带动农户	Number of Rural Households Involved	户	household	2420
3.信息化	Information			
(1)固定电话装机数量	Number of Fixed Telephone	部	unit	35252
(2)移动电话拥有量	Number of Mobile Telephone	部	unit	154314
(3)计算机拥有量	Number of Computer	台	unit	42247
(4)互联网上网用户	Number of Subscriber of Internent Services	户	subscriber	34105
四、新型农业	**New-style Agriculture**			
1.制种农业	Seed Production			
(1)籽种种植面积	Planted Area of Seeds	亩	mu	
(2)籽种销售收入	Output Value of Seeds	万元	10000 yuan	
(3)种畜、种禽销售收入	Sales Revenue of Stud Stock	万元	10000 yuan	
(4)水产品种苗养殖面积	Cultivated Area of Aquatic Products	亩	mu	
(5)水产品种苗销售收入	Sales Revenue of Aquatic Products	万元	10000 yuan	
2.特种养殖产品销售收入	Sales Revenue of Special Cultivated Products	万元	10000 yuan	

4-19 西青区农业产业化发展状况(2014年)
Development Status of Agricultural Industrialization in Xiqing District, 2014

指　　标	Item	单位	Unit	数　量 Number
一、市场化	**Market Condition**			
1.市场个数	Number of Markets	个	unit	51
#农产品批发市场	Whole Market of Farm Products	个	unit	6
2.农产品批发市场占地面积	Area of Wholesale Market of Farm Products	平方米	sq.m	760384
二、集约化	**Centralization**			
1.农业企业	Agricultural Enterprises			
(1)个　数	Number of Enterprises	个	unit	9
(2)从业人员	Employed Persons	人	person	1160
(3)营业收入总额	Business Revenue	万元	10000 yuan	12781
(4)年净利润总额	Annual Net Profits	万元	10000 yuan	1777
(5)带动农户	Households Involved	户	household	4161
2.农产品加工企业情况	Farm Products Processing Enterprises			
(1)个　数	Number of Enterprises	个	unit	
(2)从业人员	Employed Persons	人	person	
(3)营业收入总额	Business Revenue	万元	10000 yuan	
(4)农产品加工原料总额	Materials of Farm Products Processing	万元	10000 yuan	
(5)带动农户	Rural Households Involved	户	household	
三、社会化	**Social Service**			
1.农业科技服务机构	Productive Service Organization			
(1)个　数	Number of Organizations	个	unit	54
(2)从业人员	Employed Persons	人	person	187
(3)销售农业生产资料总额	Agricultural Productive Materials Sold	万元	10000 yuan	3607
(4)组织销售农产品总额	Sales Value of Agriculture Products	万元	10000 yuan	563081
(5)带动农户	Number of Rural Households Involved	户	household	10523
2.农业经纪人	Agriculture Agent			
(1)人　数	Number of Persons	人	person	152
(2)组织销售农产品总额	Sales Value of Farm Products	万元	10000 yuan	5594
(3)带动农户	Number of Rural Households Involved	户	household	2295
3.信息化	Information			
(1)固定电话装机数量	Number of Fixed Telephone	部	unit	33290
(2)移动电话拥有量	Number of Mobile Telephone	部	unit	185981
(3)计算机拥有量	Number of Computer	台	unit	47476
(4)互联网上网用户	Number of Subscriber of Internent Services	户	subscriber	39125
四、新型农业	**New-style Agriculture**			
1.制种农业	Seed Production			
(1)籽种种植面积	Planted Area of Seeds	亩	mu	
(2)籽种销售收入	Output Value of Seeds	万元	10000 yuan	
(3)种畜、种禽销售收入	Sales Revenue of Stud Stock	万元	10000 yuan	450
(4)水产品种苗养殖面积	Cultivated Area of Aquatic Products	亩	mu	316
(5)水产品种苗销售收入	Sales Revenue of Aquatic Products	万元	10000 yuan	182
2.特种养殖产品销售收入	Sales Revenue of Special Cultivated Products	万元	10000 yuan	581

4-20 津南区农业产业化发展状况(2014年)

Development Status of Agricultural Industrialization in Jinnan District, 2014

指 标	Item	单位	Unit	数 量 Number
一、市场化	**Market Condition**			
1.市场个数	Number of Markets	个	unit	15
#农产品批发市场	Whole Market of Farm Products	个	unit	4
2.农产品批发市场占地面积	Area of Wholesale Market of Farm Products	平方米	sq.m	170260
二、集约化	**Centralization**			
1.农业企业	Agricultural Enterprises			
(1)个 数	Number of Enterprises	个	unit	
(2)从业人员	Employed Persons	人	person	
(3)营业收入总额	Business Revenue	万元	10000 yuan	
(4)年净利润总额	Annual Net Profits	万元	10000 yuan	
(5)带动农户	Households Involved	户	household	
2.农产品加工企业情况	Farm Products Processing Enterprises			
(1)个 数	Number of Enterprises	个	unit	2
(2)从业人员	Employed Persons	人	person	192
(3)营业收入总额	Business Revenue	万元	10000 yuan	5306
(4)农产品加工原料总额	Materials of Farm Products Processing	万元	10000 yuan	1215
(5)带动农户	Rural Households Involved	户	household	461
三、社会化	**Social Service**			
1.农业科技服务机构	Productive Service Organization			
(1)个 数	Number of Organizations	个	unit	15
(2)从业人员	Employed Persons	人	person	55
(3)销售农业生产资料总额	Agricultural Productive Materials Sold	万元	10000 yuan	65
(4)组织销售农产品总额	Sales Value of Agriculture Products	万元	10000 yuan	2232
(5)带动农户	Number of Rural Households Involved	户	household	469
2.农业经纪人	Agriculture Agent			
(1)人 数	Number of Persons	人	person	41
(2)组织销售农产品总额	Sales Value of Farm Products	万元	10000 yuan	56
(3)带动农户	Number of Rural Households Involved	户	household	96
3.信息化	Information			
(1)固定电话装机数量	Number of Fixed Telephone	部	unit	28225
(2)移动电话拥有量	Number of Mobile Telephone	部	unit	233307
(3)计算机拥有量	Number of Computer	台	unit	46125
(4)互联网上网用户	Number of Subscriber of Internent Services	户	subscriber	31275
四、新型农业	**New-style Agriculture**			
1.制种农业	Seed Production			
(1)籽种种植面积	Planted Area of Seeds	亩	mu	
(2)籽种销售收入	Output Value of Seeds	万元	10000 yuan	
(3)种畜、种禽销售收入	Sales Revenue of Stud Stock	万元	10000 yuan	
(4)水产品种苗养殖面积	Cultivated Area of Aquatic Products	亩	mu	
(5)水产品种苗销售收入	Sales Revenue of Aquatic Products	万元	10000 yuan	
2.特种养殖产品销售收入	Sales Revenue of Special Cultivated Products	万元	10000 yuan	13998

4-21 北辰区农业产业化发展状况(2014年)

Development Status of Agricultural Industrialization in Beichen District. 2014

指 标	Item	单位	Unit	数 量 Number
一、市场化	**Market Condition**			
1.市场个数	Number of Markets	个	unit	30
#农产品批发市场	Whole Market of Farm Products	个	unit	5
2.农产品批发市场占地面积	Area of Wholesale Market of Farm Products	平方米	sq.m	206600
二、集约化	**Centralization**			
1.农业企业	Agricultural Enterprises			
(1)个 数	Number of Enterprises	个	unit	15
(2)从业人员	Employed Persons	人	person	461
(3)营业收入总额	Business Revenue	万元	10000 yuan	36281
(4)年净利润总额	Annual Net Profits	万元	10000 yuan	2408
(5)带动农户	Households Involved	户	household	1490
2.农产品加工企业情况	Farm Products Processing Enterprises			
(1)个 数	Number of Enterprises	个	unit	5
(2)从业人员	Employed Persons	人	person	260
(3)营业收入总额	Business Revenue	万元	10000 yuan	8773
(4)农产品加工原料总额	Materials of Farm Products Processing	万元	10000 yuan	11809
(5)带动农户	Rural Households Involved	户	household	1593
三、社会化	**Social Service**			
1.农业科技服务机构	Productive Service Organization			
(1)个 数	Number of Organizations	个	unit	58
(2)从业人员	Employed Persons	人	person	163
(3)销售农业生产资料总额	Agricultural Productive Materials Sold	万元	10000 yuan	1708
(4)组织销售农产品总额	Sales Value of Agriculture Products	万元	10000 yuan	8896
(5)带动农户	Number of Rural Households Involved	户	household	4525
2.农业经纪人	Agriculture Agent			
(1)人 数	Number of Persons	人	person	327
(2)组织销售农产品总额	Sales Value of Farm Products	万元	10000 yuan	10072
(3)带动农户	Number of Rural Households Involved	户	household	803
3.信息化	Information			
(1)固定电话装机数量	Number of Fixed Telephone	部	unit	47643
(2)移动电话拥有量	Number of Mobile Telephone	部	unit	141795
(3)计算机拥有量	Number of Computer	台	unit	25695
(4)互联网上网用户	Number of Subscriber of Internent Services	户	subscriber	18755
四、新型农业	**New-style Agriculture**			
1.制种农业	Seed Production			
(1)籽种种植面积	Planted Area of Seeds	亩	mu	
(2)籽种销售收入	Output Value of Seeds	万元	10000 yuan	
(3)种畜、种禽销售收入	Sales Revenue of Stud Stock	万元	10000 yuan	
(4)水产品种苗养殖面积	Cultivated Area of Aquatic Products	亩	mu	30
(5)水产品种苗销售收入	Sales Revenue of Aquatic Products	万元	10000 yuan	20
2.特种养殖产品销售收入	Sales Revenue of Special Cultivated Products	万元	10000 yuan	3545

4-22 武清区农业产业化发展状况(2014年)
Development Status of Agricultural Industrialization inWuqing District, 2014

指 标	Item	单位	Unit	数 量 Number
一、市场化	**Market Condition**			
1.市场个数	Number of Markets	个	unit	34
#农产品批发市场	Whole Market of Farm Products	个	unit	4
2.农产品批发市场占地面积	Area of Wholesale Market of Farm Products	平方米	sq.m	31400
二、集约化	**Centralization**			
1.农业企业	Agricultural Enterprises			
(1)个 数	Number of Enterprises	个	unit	83
(2)从业人员	Employed Persons	人	person	1712
(3)营业收入总额	Business Revenue	万元	10000 yuan	14706
(4)年净利润总额	Annual Net Profits	万元	10000 yuan	1412
(5)带动农户	Households Involved	户	household	1375
2.农产品加工企业情况	Farm Products Processing Enterprises			
(1)个 数	Number of Enterprises	个	unit	49
(2)从业人员	Employed Persons	人	person	1412
(3)营业收入总额	Business Revenue	万元	10000 yuan	165707
(4)农产品加工原料总额	Materials of Farm Products Processing	万元	10000 yuan	57949
(5)带动农户	Rural Households Involved	户	household	3395
三、社会化	**Social Service**			
1.农业科技服务机构	Productive Service Organization			
(1)个 数	Number of Organizations	个	unit	50
(2)从业人员	Employed Persons	人	person	305
(3)销售农业生产资料总额	Agricultural Productive Materials Sold	万元	10000 yuan	2015
(4)组织销售农产品总额	Sales Value of Agriculture Products	万元	10000 yuan	7168
(5)带动农户	Number of Rural Households Involved	户	household	8220
2.农业经纪人	Agriculture Agent			
(1)人 数	Number of Persons	人	person	299
(2)组织销售农产品总额	Sales Value of Farm Products	万元	10000 yuan	3127
(3)带动农户	Number of Rural Households Involved	户	household	1560
3.信息化	Information			
(1)固定电话装机数量	Number of Fixed Telephone	部	unit	127570
(2)移动电话拥有量	Number of Mobile Telephone	部	unit	305745
(3)计算机拥有量	Number of Computer	台	unit	34294
(4)互联网上网用户	Number of Subscriber of Internent Services	户	subscriber	25462
四、新型农业	**New-style Agriculture**			
1.制种农业	Seed Production			
(1)籽种种植面积	Planted Area of Seeds	亩	mu	
(2)籽种销售收入	Output Value of Seeds	万元	10000 yuan	
(3)种畜、种禽销售收入	Sales Revenue of Stud Stock	万元	10000 yuan	
(4)水产品种苗养殖面积	Cultivated Area of Aquatic Products	亩	mu	10
(5)水产品种苗销售收入	Sales Revenue of Aquatic Products	万元	10000 yuan	36
2.特种养殖产品销售收入	Sales Revenue of Special Cultivated Products	万元	10000 yuan	11

4-23 宝坻区农业产业化发展状况(2014年)
Development Status of Agricultural Industrialization in Baodi District, 2014

指标	Item	单位	Unit	数量 Number
一、市场化	**Market Condition**			
1.市场个数	Number of Markets	个	unit	33
#农产品批发市场	Whole Market of Farm Products	个	unit	5
2.农产品批发市场占地面积	Area of Wholesale Market of Farm Products	平方米	sq.m	119071
二、集约化	**Centralization**			
1.农业企业	Agricultural Enterprises			
(1)个　数	Number of Enterprises	个	unit	12
(2)从业人员	Employed Persons	人	person	258
(3)营业收入总额	Business Revenue	万元	10000 yuan	775
(4)年净利润总额	Annual Net Profits	万元	10000 yuan	131
(5)带动农户	Households Involved	户	household	325
2.农产品加工企业情况	Farm Products Processing Enterprises			
(1)个　数	Number of Enterprises	个	unit	23
(2)从业人员	Employed Persons	人	person	400
(3)营业收入总额	Business Revenue	万元	10000 yuan	50503
(4)农产品加工原料总额	Materials of Farm Products Processing	万元	10000 yuan	13499
(5)带动农户	Rural Households Involved	户	household	5357
三、社会化	**Social Service**			
1.农业科技服务机构	Productive Service Organization			
(1)个　数	Number of Organizations	个	unit	76
(2)从业人员	Employed Persons	人	person	519
(3)销售农业生产资料总额	Agricultural Productive Materials Sold	万元	10000 yuan	2732
(4)组织销售农产品总额	Sales Value of Agriculture Products	万元	10000 yuan	5499
(5)带动农户	Number of Rural Households Involved	户	household	1106
2.农业经纪人	Agriculture Agent			
(1)人　数	Number of Persons	人	person	635
(2)组织销售农产品总额	Sales Value of Farm Products	万元	10000 yuan	12816.8
(3)带动农户	Number of Rural Households Involved	户	household	11784
3.信息化	Information			
(1)固定电话装机数量	Number of Fixed Telephone	部	unit	106220
(2)移动电话拥有量	Number of Mobile Telephone	部	unit	244575
(3)计算机拥有量	Number of Computer	台	unit	30561
(4)互联网上网用户	Number of Subscriber of Internent Services	户	subscriber	33457
四、新型农业	**New-style Agriculture**			
1.制种农业	Seed Production			
(1)籽种种植面积	Planted Area of Seeds	亩	mu	420
(2)籽种销售收入	Output Value of Seeds	万元	10000 yuan	60
(3)种畜、种禽销售收入	Sales Revenue of Stud Stock	万元	10000 yuan	100
(4)水产品种苗养殖面积	Cultivated Area of Aquatic Products	亩	mu	200
(5)水产品种苗销售收入	Sales Revenue of Aquatic Products	万元	10000 yuan	101
2.特种养殖产品销售收入	Sales Revenue of Special Cultivated Products	万元	10000 yuan	1851

4-24 宁河县农业产业化发展状况(2014年)

Development Status of Agricultural Industrialization in Ninghe County, 2014

指 标	Item	单位	Unit	数 量 Number
一、市场化	**Market Condition**			
1.市场个数	Number of Markets	个	unit	23
#农产品批发市场	Whole Market of Farm Products	个	unit	
2.农产品批发市场占地面积	Area of Wholesale Market of Farm Products	平方米	sq.m	
二、集约化	**Centralization**			
1.农业企业	Agricultural Enterprises			
(1)个 数	Number of Enterprises	个	unit	54
(2)从业人员	Employed Persons	人	person	908
(3)营业收入总额	Business Revenue	万元	10000 yuan	14203
(4)年净利润总额	Annual Net Profits	万元	10000 yuan	3175
(5)带动农户	Households Involved	户	household	4590
2.农产品加工企业情况	Farm Products Processing Enterprises			
(1)个 数	Number of Enterprises	个	unit	103
(2)从业人员	Employed Persons	人	person	1448
(3)营业收入总额	Business Revenue	万元	10000 yuan	28241
(4)农产品加工原料总额	Materials of Farm Products Processing	万元	10000 yuan	29142
(5)带动农户	Rural Households Involved	户	household	4980
三、社会化	**Social Service**			
1.农业科技服务机构	Productive Service Organization			
(1)个 数	Number of Organizations	个	unit	67
(2)从业人员	Employed Persons	人	person	290
(3)销售农业生产资料总额	Agricultural Productive Materials Sold	万元	10000 yuan	2997
(4)组织销售农产品总额	Sales Value of Agriculture Products	万元	10000 yuan	18706
(5)带动农户	Number of Rural Households Involved	户	household	4729
2.农业经纪人	Agriculture Agent			
(1)人 数	Number of Persons	人	person	1014
(2)组织销售农产品总额	Sales Value of Farm Products	万元	10000 yuan	33775
(3)带动农户	Number of Rural Households Involved	户	household	12865
3.信息化	Information			
(1)固定电话装机数量	Number of Fixed Telephone	部	unit	58015
(2)移动电话拥有量	Number of Mobile Telephone	部	unit	93765
(3)计算机拥有量	Number of Computer	台	unit	14961
(4)互联网上网用户	Number of Subscriber of Internent Services	户	subscriber	13919
四、新型农业	**New-style Agriculture**			
1.制种农业	Seed Production			
(1)籽种种植面积	Planted Area of Seeds	亩	mu	
(2)籽种销售收入	Output Value of Seeds	万元	10000 yuan	
(3)种畜、种禽销售收入	Sales Revenue of Stud Stock	万元	10000 yuan	
(4)水产品种苗养殖面积	Cultivated Area of Aquatic Products	亩	mu	386
(5)水产品种苗销售收入	Sales Revenue of Aquatic Products	万元	10000 yuan	1378
2.特种养殖产品销售收入	Sales Revenue of Special Cultivated Products	万元	10000 yuan	252

4-25 静海县农业产业化发展状况(2014年)
Development Status of Agricultural Industrialization in Jinghai County, 2014

指　　标	Item	单位	Unit	数　　量 Number
一、市场化	**Market Condition**			
1.市场个数	Number of Markets	个	unit	58
#农产品批发市场	Whole Market of Farm Products	个	unit	2
2.农产品批发市场占地面积	Area of Wholesale Market of Farm Products	平方米	sq.m	115726
二、集约化	**Centralization**			
1.农业企业	Agricultural Enterprises			
(1)个　　数	Number of Enterprises	个	unit	84
(2)从业人员	Employed Persons	人	person	1939
(3)营业收入总额	Business Revenue	万元	10000 yuan	9893
(4)年净利润总额	Annual Net Profits	万元	10000 yuan	1953
(5)带动农户	Households Involved	户	household	8492
2.农产品加工企业情况	Farm Products Processing Enterprises			
(1)个　　数	Number of Enterprises	个	unit	256
(2)从业人员	Employed Persons	人	person	3190
(3)营业收入总额	Business Revenue	万元	10000 yuan	56062
(4)农产品加工原料总额	Materials of Farm Products Processing	万元	10000 yuan	43281
(5)带动农户	Rural Households Involved	户	household	6535
三、社会化	**Social Service**			
1.农业科技服务机构	Productive Service Organization			
(1)个　　数	Number of Organizations	个	unit	61
(2)从业人员	Employed Persons	人	person	560
(3)销售农业生产资料总额	Agricultural Productive Materials Sold	万元	10000 yuan	2589
(4)组织销售农产品总额	Sales Value of Agriculture Products	万元	10000 yuan	8585
(5)带动农户	Number of Rural Households Involved	户	household	11117
2.农业经纪人	Agriculture Agent			
(1)人　　数	Number of Persons	人	person	653
(2)组织销售农产品总额	Sales Value of Farm Products	万元	10000 yuan	12742
(3)带动农户	Number of Rural Households Involved	户	household	5947
3.信息化	Information			
(1)固定电话装机数量	Number of Fixed Telephone	部	unit	99914
(2)移动电话拥有量	Number of Mobile Telephone	部	unit	292716
(3)计算机拥有量	Number of Computer	台	unit	55035
(4)互联网上网用户	Number of Subscriber of Internent Services	户	subscriber	43845
四、新型农业	**New-style Agriculture**			
1.制种农业	Seed Production			
(1)籽种种植面积	Planted Area of Seeds	亩	mu	786
(2)籽种销售收入	Output Value of Seeds	万元	10000 yuan	350
(3)种畜、种禽销售收入	Sales Revenue of Stud Stock	万元	10000 yuan	
(4)水产品种苗养殖面积	Cultivated Area of Aquatic Products	亩	mu	
(5)水产品种苗销售收入	Sales Revenue of Aquatic Products	万元	10000 yuan	
2.特种养殖产品销售收入	Sales Revenue of Special Cultivated Products	万元	10000 yuan	1142

4-26 蓟县农业产业化发展状况(2014年)

Development Status of Agricultural Industrialization in Jixian County, 2014

指 标	Item	单位	Unit	数 量 Number
一、市场化	**Market Condition**			
1.市场个数	Number of Markets	个	unit	63
#农产品批发市场	Whole Market of Farm Products	个	unit	3
2.农产品批发市场占地面积	Area of Wholesale Market of Farm Products	平方米	sq.m	148938
二、集约化	**Centralization**			
1.农业企业	Agricultural Enterprises			
(1)个 数	Number of Enterprises	个	unit	84
(2)从业人员	Employed Persons	人	person	2388
(3)营业收入总额	Business Revenue	万元	10000 yuan	28012
(4)年净利润总额	Annual Net Profits	万元	10000 yuan	6689
(5)带动农户	Households Involved	户	household	3636
2.农产品加工企业情况	Farm Products Processing Enterprises			
(1)个 数	Number of Enterprises	个	unit	125
(2)从业人员	Employed Persons	人	person	1943
(3)营业收入总额	Business Revenue	万元	10000 yuan	22483
(4)农产品加工原料总额	Materials of Farm Products Processing	万元	10000 yuan	40164
(5)带动农户	Rural Households Involved	户	household	14037
三、社会化	**Social Service**			
1.农业科技服务机构	Productive Service Organization			
(1)个 数	Number of Organizations	个	unit	29
(2)从业人员	Employed Persons	人	person	127
(3)销售农业生产资料总额	Agricultural Productive Materials Sold	万元	10000 yuan	1448
(4)组织销售农产品总额	Sales Value of Agriculture Products	万元	10000 yuan	5391
(5)带动农户	Number of Rural Households Involved	户	household	5686
2.农业经纪人	Agriculture Agent			
(1)人 数	Number of Persons	人	person	1611
(2)组织销售农产品总额	Sales Value of Farm Products	万元	10000 yuan	37459.6
(3)带动农户	Number of Rural Households Involved	户	household	19360
3.信息化	Information			
(1)固定电话装机数量	Number of Fixed Telephone	部	unit	142055
(2)移动电话拥有量	Number of Mobile Telephone	部	unit	355706
(3)计算机拥有量	Number of Computer	台	unit	29759
(4)互联网上网用户	Number of Subscriber of Internent Services	户	subscriber	23569
四、新型农业	**New-style Agriculture**			
1.制种农业	Seed Production			
(1)籽种种植面积	Planted Area of Seeds	亩	mu	
(2)籽种销售收入	Output Value of Seeds	万元	10000 yuan	
(3)种畜、种禽销售收入	Sales Revenue of Stud Stock	万元	10000 yuan	36
(4)水产品种苗养殖面积	Cultivated Area of Aquatic Products	亩	mu	
(5)水产品种苗销售收入	Sales Revenue of Aquatic Products	万元	10000 yuan	
2.特种养殖产品销售收入	Sales Revenue of Special Cultivated Products	万元	10000 yuan	380

4-27 农垦集团主要经济指标
Major Economic Indicators of Farms Agribusiness Group (2010-2014)

指标	Item	单位	Unit	2010	2011	2012	2013	2014
一、直属企事业单位	**Enterprises and Institutions**	**个**	**unit**	**44**	**43**	**46**	**50**	**46**
#农场个数	Number of Farms	个	unit	15	15	15	15	15
工业企业个数	Number of Industrial Enterprises	个	unit	15	14	14	14	11
商业企业个数	Number of Commercial Enterprises	个	unit	2	2	2	3	3
二、土地面积	**Area of Land**	**公顷**	**hectare**	**7835**	**7472**	**7382**	**7141**	**7149**
#耕地面积	Area of Cultivated Land	公顷	hectare	3191	2949	2760	2687	2612
三、工农业总产值	**Gross Output Value of Industry and Agriculture**	**万元**	**10000 yuan**	**285971**	**276742**	**257998**	**250885**	**230667**
#农业总产值	Gross Output Value of Agriculture	万元	10000 yuan	60841	59122	68010	84310	99408
四、增加值	**Added Value**	**万元**	**10000 yuan**	**126817**	**131680**	**143021**	**147592**	**166631**
(一)第一产业	Primary Industry	万元	10000 yuan	13107	15405	16993	21748	27977
(二)第二产业	Secondary Industry	万元	10000 yuan	54810	44223	38612	28696	25864
(三)第三产业	Tertiary Industry	万元	10000 yuan	58900	72052	87416	97148	112790
五、种植业生产情况	**Production of Planting**							
(一)农作物播种面积	Sown Area	亩	mu	49944	48099	43365	42381	41141
#粮食作物	Grain	亩	mu	38509	36241	38051	37543	28864
商品蔬菜	Vegetables for Selling	亩	mu	253	226	116	60	96
(二)农作物总产量	Yield of Farm Grops							
#粮　　食	Grain	吨	ton	16864	16859	16771	17882	14230
商 品 菜	Vegetables for Selling	吨	ton	922	566	275	140	52
六、水果生产情况	**Production of Fruits**							
(一)果园面积	Area of Orchards	亩	mu	2174	3854	3890	4602	4690
(二)水果总产量	Output of Fruits	吨	ton	1781	1340	682	2499	3520
七、畜牧水产生产情况	**Production of Animal Husbandry and Aquatic Products**							
(一)奶牛年末存栏	Cows in Hand (year-end)	头	head	18114	19393	20812	21366	24320
#成母牛	Adult Cows	头	head	9965	11199	11524	11536	12986
(二)牛奶总产量	Output of Milk	吨	ton	90706	100020	115125	111459	125579
(三)鸡年末存栏	Chicken in Hand (year-end)	万只	10000 heads	5.03	4.5	5.1	5.2	6.5
#产蛋鸡	Hens	万只	10000 heads	5.03	4.5	5.1	5.2	6.5
(四)鸡蛋总产量	Output of Eggs	吨	ton	620	650	425	383	902
(五)肉类总产量	Output of Meat	吨	ton	2027	952	1185	1840	1971
(六)养殖水面	Water Area for Breeding Aquatics	亩	mu	10585	10024	9224	9055	9610
(七)水产品产量	Output of Aquatic Products	吨	ton	7439	7390	7365	7609	8671

4-27 续表 continued

指 标	Item	单位	Unit	2010	2011	2012	2013	2014
八、农业机械总动力	**Total Agricultural Machinery Power**	**万千瓦**	**10000 kw**	**1.05**	**1.76**	**1.69**	**2.16**	**2.2**
#大中型拖拉机	Large and Medium Tractors	台	unit	19	68	57	54	68
小型拖拉机	Small Tractors	台	unit			2	5	8
汽车拥有量	Motor Vehicles	辆	unit	351	326	356	371	354
#载重汽车	Camions	辆	unit	64	47	36	43	36
九、用电量	**Electricity Consumed**	**万千瓦时**	**10000 kwh**	**10409**	**10984**	**10724**	**10892**	**10282**
十、化肥施用量(折纯)	**Chemical Fertilizer Consumption (convert to pure amount)**	**吨**	**ton**	**928**	**908**	**814**	**789**	**649**
十一、主要工业产品产量	**Output of Industrial Products**							
(一)葡萄酒	Wine	吨	ton	55363	38565	26033	21085	20563
(二)消毒牛奶	Sterilized Milk	吨	ton	52023	63416	78851	78296	72199
(三)饲料添加剂	Fodder Added Products	吨	ton	76	55	67	62	61
十二、固定资产投资总额	**Investment in Fixed Assets**	**万元**	**10000 yuan**	**60071**	**30969**	**31712**	**57484**	**45339**
十三、外贸出口产品总值	**Value of Foreign Exports**	**万元**	**10000 yuan**	**4438**	**4966**	**5174**	**4272**	**4593**
十四、利润总额	**Total Profits**	**万元**	**10000 yuan**	**63818**	**50113**	**48911**	**56282**	**59469**
十五、年末职工人数	**Number of Staff and Workers**	**人**	**person**	**5686**	**5582**	**5214**	**7557**	**5469**
十六、工资总额	**Total Wages**	**万元**	**10000 yuan**	**21498**	**33282**	**32115**	**48029**	**41658**
#职工年平均工资	Annual Average Wage	元	yuan	37809	59623	61617	64219	76339
十七、年末固定资产原值	**Original Value of Fixed Assets at year-end**	**万元**	**10000 yuan**	**280317**	**272247**	**339128**	**278730**	**251418**
十八、年末固定资产净值	**Net Value of Fixed Assets at Year-end**	**万元**	**10000 yuan**	**193336**	**180763**	**230692**	**197380**	**162319**

主要统计指标解释

观光休闲旅游农业园 是指在充分利用现有农村空间、农业自然资源和农村人文资源的基础上，通过以旅游内涵为主题的规划、设计与施工，把农业建设、科学管理、农艺展示、农产品加工、农村空间出让及旅游者的广泛参与融为一体，使旅游者充分领略现代新型农业艺术及生态农业的大自然情趣的新型旅游业的农业园区。

绿色农业 指以生产绿色食品为轴心的农业生产经营方式。绿色食品是指遵循可持续发展的原则，按照特定方式进行生产，经专门机构认定的，允许使用绿色标志的无公害的安全、优质、营养类农产品。

农业经纪人 指以获取佣金为目的，与农业相关人员及组织签订委托合同，充当委托人与第三人间有关农产品生产、农产品流通的订约媒介，或为委托人提供通过农业获益机会的自然人、法人或其他经纪组织中的工作人员。

农作物总播种面积 指应该在本日历年度内收获农产品的作物播种面积之和。其计算公式为：农作物总播种面积=上年秋冬播作物面积+本年春播作物面积+本年夏播作物面积=本年夏收作物播种面积+本年秋收作物播种面积

粮食总产量 指全社会的产量。包括国有经济经营的、集体统一经营的和农民家庭经营的粮食产量，还包括工矿企业家属办的农场和其他生产单位的产量。包括稻谷、小麦、玉米、高粱、谷子、其他杂粮、薯类、大豆。其计算方法，豆类按去豆荚后的干豆计算；薯类按5公斤鲜薯折1公斤粮食计算。其他粮食一律按脱粒后的原粮计算。

农林牧渔业总产值 指以货币表现的农林牧渔业全部产品总量。它用价值量形成综合说明了一定时期（通常指一年）农林牧渔业生产的总成果和总规模，是观察农林牧渔业生产水平和发展速度；研究农林牧渔业内部比例关系和农林牧渔业在国民经济中的产业布局的一个重要指标。同时，也是计算农林牧渔业劳动生产率和农林牧渔业增加值的基础资料。

农林牧渔业中间消耗 指农业生产过程中所投入和消耗的各种物质产品和劳务价值总和。分为中间物质消耗和中间劳务消耗。

农林牧渔业增加值 指各种经济类型的农业生产单位和农户从事农业生产经营活动所提供的社会最终产品的货币表现。其计算方法有两种，一是生产法：农林牧渔业增加值=农林牧渔业总产值-农林牧渔业中间消耗；二是分配法：农林牧渔业增加值=固定资产折旧+劳动者报酬+生产税净额（生产税-生产补贴）+营业赢余。

造林面积 指报告期内在荒地、荒山、沙丘等一切可造林土地上，采用人工播种、植苗、飞机播种等方法种植成片的乔木林和灌木林，经过检查验收符合技术规程要求，并按《中华人民共和国森林法实施细则》规定，成活率达85%以上的造林面积。包括四旁植树如一侧在四行以上，连续面积0.066公顷以上的面积，造林面积不包括补植面积和治沙及沿河种草面积。

当年出栏头数 指农林牧渔企业生产单位饲养的，供屠宰并已出栏的全部牲畜头数。包括交售给国家，集市上出售的部分。

肉类总产量 指单位出栏并已屠宰的猪、牛、羊、马、骡、驴、家禽、兔等肉产量。即屠宰后除去头、蹄、下水后带骨的重量，也叫胴体重。

水产品产量 指本年度内捕捞的水产品（包括人工养殖并捕捞的水产品和捕捞天然生长的水产品）产量。不论自食或出售的，都应计算在内。用作继续扩大再生产的水产品（如鱼苗、鱼种、鱼饵及转塘鱼、存塘鱼等）不作水产品产量统计。在淡水生长的各种水生植物，如莲藕、菱角等，因属农作物范畴，均不包括在水产品产量之内。

Explanatory Notes on Main Statistical Indicators

Agricultural Sightseeing Park refer to a kind of new tourism agricultural park. It fully utilizes current rural space, natural resources and human resources, merges agricultural construction, scientific management, agronomy display, agricultural products processing, rural space rent and tourism together. Tourists can enjoy modern agricultural art and ecological agriculture at here.

Green Agriculture refer to the agricultural production way which mainly produce green foods. Green foods refer to pollution-free, high-quality agricultural products, which produce according to special way and are permitted to use green mark.

Agriculture Agent refer to persons working for earning commission. They sign trust contract with agricultural people and organization, help commission person sign contract with other people about production and circulation of agricultural products, as well as provide chance for commission person to gain agricultural profits.

Sown areas of Farm Crops refer to area of land sown in current year. The formula is:

Sown areas of Farm crops=area of land sown in previous autumn and winter+area of land sown in current

spring+area of land sown in current summer=sown area of current summer crops+sown area of current autumn crops.

Grain Output refer to the total output in the whole region including grain produced by state farms, collective units, rural households, as well as by farms affiliated to industrial and mining enterprises and other production units. Grain includes rice, wheat.

Gross Output Value of Farming, Forestry, Animal Husbandry and Fishery refers to the total volume of products of farming, forestry, animal husbandry and fishery in value terms, which reflects the total scale and total result of agricultural production during a given period of time, which observe development level and speed of farming, forestry, animal husbandry and fishery, study proportional relation of farming, forestry, animal husbandry and fishery and proportional relations in national economic, which is also calculated labor productivity of farming, forestry, animal husbandry and fishery and value-added of farming, forestry, animal husbandry and fishery.

Intermediate Consumption of Farming, Forestry, Animal Husbandry and Fishery refers to total value input and consumption in the process of agriculture production and various physical products. It is classified into intermediate material consumption and intermediate service consumption..

Value-added of Farming, Forestry, Animal Husbandry and Fishery refers to the final results of various agricultural production and trade units in money terms. It is calculated with two approaches. First, production approach, value-added of farming, forestry, animal husbandry and fishery=gross output value of farming, forestry, animal husbandry and fishery. Second, distribution approach, value-added of farming, forestry, animal husbandry and fishery=depreciation of fixed assets+laborers remuneration+net taxes on production (taxes on production subsidies production)+ operating surplus.

Afforested Area refers to the area of forest land where tree and bush by artificially see, young plant, plane seed on the waste land, barren mountain, dune. during the reference period. Live rate of forest area coverage above 85%in accordance with the Regulation of the People's Republic of China on the Management of Forest Law, including the area of forest land inside farm land and the area of tree planted by the side of farm houses and a long the roads, continuing area coverage above 0.066 hectare, excluding the area of sand and planted grass lands along the river.

Nomber of Livestock Slaughtered refers to the total number of animals for butchering by farming, forestry, animal husbandry and fishery, including parts of selling to country and markets.

Output of Meal refers to output of having butchered of pork, beef, mutton, horse, mule, donkey, fowls, rabbit in the current year, namely the heaviness minus head, hoof, offal.

Total Output of Aquatic Products Amount of fishery (including artificially cultured, naturally grown), in respective consumption by peasants themselves or sold. It excludes aquatic (i.e.fish fry, fish grows, fish bait and transferred fish from piscine, leave fish) for continuing expanded reproduction aquatic. Various fresh water plants (i.e.lotus roots, water chestnut) are not included.

五、农　村

Chapter 5

COUNTRYSIDE

5-1 农村城市化发展状况(2014年)
Development Status of Rural City, 2014

指 标	Item	单位	Unit	数 量 Number
一、镇区规模	**Scale of Town**			
1.城镇建成区总户数	Total Households	户	household	406426
2.城镇建成区总人口	Total Population in township	人	person	1224767
#外来人口	From other Region Outside Tianjin	人	person	196906
本市迁入人口	Moved from other Region of Tianjin	人	person	9510
3.镇区从业人员	Laborers in township	人	person	629627
#外来从业人员	From other Region Outside Tianjin	人	person	139514
(1)第一产业	Primary Industry	人	person	89521
(2)第二产业	Secondary Industry	人	person	315288
(3)第三产业	Tertiary Industry	人	person	224818
4.镇区规划面积	Area of Planning Land	平方公里	sq.km	628
#建成区面积	Developed Area	平方公里	sq.km	336
5.镇区固定资产投资完成额	Investment in Fixed Assets	万元	10000 yuan	11973497
#基础设施	Intrastructure	万元	10000 yuan	4324405
住 宅	Residential Building	万元	10000 yuan	2026001
6.镇区当年新增就业岗位	New Job Posts in this year	个	unit	45173
二、镇区基础设施	**Infrastructure of Town**			
1.道路铺装面积	Area of Paved Roads	平方米	sq.m	18572274
2.公共绿地面积	Public Green Area	平方米	sq.m	35060000
3.当年新开工住宅楼面积	Floor Space of Residential Buildings Built in this year	平方米	sq.m	3074303
4.当年住宅楼竣工面积	Floor space of Residential Buildings Completed in this year	平方米	sq.m	3612159
5.排水管道长度	Length of Drainpipes	万延米	10000 meters	375
6.燃气管道长度	Length of Gas Pipes	公里	km	584
7.垃圾处理站	Garbage Disposal Station	个	unit	71
8.污水处理站	Sewage Disposal Station	个	unit	39
9.集贸市场个数	Number of Markets	个	unit	138
10.金融机构网点数	Bank, Credit Bank	个	unit	390
11.幼儿园、托儿所	Kindergarten	所	unit	438
12.学 校	School	所	unit	350
13.图书馆、文化馆	Library, Cultural Center	个	unit	134
14.医院、卫生院	Hospital	个	unit	146
15.拥有医院病床数	Beds of Hospitals	张	bed	7875

5-1 续表 continued

指　标	Item	单位	Unit	数　量 Number
三、镇区居民生活与社会福利	**People's lives and Social Welfare in Town**			
1.自来水普及率	Percentage of Population with Access to Tap water	%		99.1
2.生活用燃气普及率	Percentage of Population with Access to Gas	%		96.6
3.集中供热普及率	Percentage of Population with Access to Heating	%		54.9
4.人均住房面积	Per Capital Floor Space of Houses	平方米	sq.m	36
5.有线电视入户率	Percentage of Households with Access to Cable TV Programs	%		94.4
6.移动电话拥有量	Number of Mobile Telephone	部	unit	630208
7.互联网上网用户	Number of Subscriber of Internet Services	户	subscriber	107634
8.医疗保险参保人数	Persons Involved in Endowment Insurance	人	person	609691
9.养老保险参保人数	People Receiving Social Relief	人	person	154781
10.享受居民最低生活保障人数	People Receiving Subsistence Allowances	人	person	20440
四、农村文教卫生	**Rural Culture, Education, Health Care**			
1.小学校数	Number of Schools	所	unit	670
2.小学在校学生数	Enrollment Students	人	person	348281
3.小学专任教师数	Number of Teachers	人	person	27804
4.幼儿园、托儿所	Kindergarten	所	unit	1535
5.图书馆、文化馆	Library, Cultural Center	个	unit	514
6.剧场、影剧院	Theaters and Cinema	个	unit	19
7.体育场馆	Gymnasium	个	unit	29
8.医疗卫生机构个数	Hospital	个	unit	394
9.执业(助理)医师数	Number of Doctors	人	person	9251
10.医院、卫生院床位数	Number of Beds	床	bed	12710
五、农村社会福利	**Social Welfare in Rural Area**			
1.各种社会福利收养性单位数	Welfare Homes	个	unit	112
2.各种社会福利收养性单位床位数	Households Needed to receive 5 kinds of security	床	household	7346
3.各种社会福利收养性单位收养人数	Households Received 5 kinds of Security	人	person	2943
4.医疗保险参保人数	Persons Involved in Endowment Insurance	人	person	3359317
5.养老保险参保人数	People Receiving Social Relief	人	person	737805
6.农村居民最低生活保障人数	Social Relief Fund Delivered	人	person	101335

5-2 滨海新区农村城市化发展状况(2014年)
Development Status of Rural City in Binhai New Area, 2014

指　　标	Item	单位	Unit	数　量 Number
一、镇区规模	**Scale of Town**			
1.城镇建成区总户数	Total Households	户	household	19913
2.城镇建成区总人口	Total Population in township	人	person	54846
#外来人口	From other Region Outside Tianjin	人	person	3755
本市迁入人口	Moved from other Region of Tianjin	人	person	90
3.镇区从业人员	Laborers in township	人	person	28511
#外来从业人员	From other Region Outside Tianjin	人	person	3630
(1)第一产业	Primary Industry	人	person	4349
(2)第二产业	Secondary Industry	人	person	11606
(3)第三产业	Tertiary Industry	人	person	12556
4.镇区规划面积	Area of Planning Land	平方公里	sq.km	18
#建成区面积	Developed Area	平方公里	sq.km	13
5.镇区固定资产投资完成额	Investment in Fixed Assets	万元	10000 yuan	72440
#基础设施	Intrastructure	万元	10000 yuan	
住　　宅	Residential Building	万元	10000 yuan	39640
6.镇区当年新增就业岗位	New Job Posts in this year	个	unit	550
二、镇区基础设施	**Infrastructure of Town**			
1.道路铺装面积	Area of Paved Roads	平方米	sq.m	516379
2.公共绿地面积	Public Green Area	平方米	sq.m	1540000
3.当年新开工住宅楼面积	Floor Space of Residential Buildings Built in this year	平方米	sq.m	234000
4.当年住宅楼竣工面积	Floor space of Residential Buildings Completed in this year	平方米	sq.m	146000
5.排水管道长度	Length of Drainpipes	万延米	10000 meters	6
6.燃气管道长度	Length of Gas Pipes	公里	km	36
7.垃圾处理站	Garbage Disposal Station	个	unit	2
8.污水处理站	Sewage Disposal Station	个	unit	2
9.集贸市场个数	Number of Markets	个	unit	4
10.金融机构网点数	Bank, Credit Bank	个	unit	30
11.幼儿园、托儿所	Kindergarten	所	unit	11
12.学　校	School	所	unit	13
13.图书馆、文化馆	Library, Cultural Center	个	unit	6
14.医院、卫生院	Hospital	个	unit	6
15.拥有医院病床数	Beds of Hospitals	张	bed	110

5-2 续表 continued

指 标	Item	单位	Unit	数 量 Number
三、镇区居民生活与社会福利	**People's lives and Social Welfare in Town**			
1.自来水普及率	Percentage of Population with Access to Tap water	%		100
2.生活用燃气普及率	Percentage of Population with Access to Gas	%		85
3.集中供热普及率	Percentage of Population with Access to Heating	%		70
4.人均住房面积	Per Capital Floor Space of Houses	平方米	sq.m	42
5.有线电视入户率	Percentage of Households with Access to Cable TV Programs	%		97
6.移动电话拥有量	Number of Mobile Telephone	部	unit	25019
7.互联网上网用户	Number of Subscriber of Internet Services	户	subscriber	7944
8.医疗保险参保人数	Persons Involved in Endowment Insurance	人	person	9477
9.养老保险参保人数	People Receiving Social Relief	人	person	3387
10.享受居民最低生活保障人数	People Receiving Subsistence Allowances	人	person	701
四、农村文教卫生	**Rural Culture, Education, Health Care**			
1.小学校数	Number of Schools	所	unit	62
2.小学在校学生数	Enrollment Students	人	person	33644
3.小学专任教师数	Number of Teachers	人	person	4498
4.幼儿园、托儿所	Kindergarten	所	unit	142
5.图书馆、文化馆	Library, Cultural Center	个	unit	68
6.剧场、影剧院	Theaters and Cinema	个	unit	3
7.体育场馆	Gymnasium	个	unit	9
8.医疗卫生机构个数	Hospital	个	unit	159
9.执业(助理)医师数	Number of Doctors	人	person	1848
10.医院、卫生院床位数	Number of Beds	床	bed	1182
五、农村社会福利	**Social Welfare in Rural Area**			
1.各种社会福利收养性单位数	Welfare Homes	个	unit	11
2.各种社会福利收养性单位床位数	Households Needed to receive 5 kinds of security	床	household	846
3.各种社会福利收养性单位收养人数	Households Received 5 kinds of Security	人	person	580
4.医疗保险参保人数	Persons Involved in Endowment Insurance	人	person	153224
5.养老保险参保人数	People Receiving Social Relief	人	person	22488
6.农村居民最低生活保障人数	Social Relief Fund Delivered	人	person	8306

5-3 西青区农村城市化发展状况(2014年)
Development Status of Rural City in Xiqing District, 2014

指 标	Item	单位	Unit	数 量 Number
一、镇区规模	**Scale of Town**			
1.城镇建成区总户数	Total Households	户	household	74245
2.城镇建成区总人口	Total Population in township	人	person	209158
#外来人口	From other Region Outside Tianjin	人	person	49975
本市迁入人口	Moved from other Region of Tianjin	人	person	6245
3.镇区从业人员	Laborers in township	人	person	117063
#外来从业人员	From other Region Outside Tianjin	人	person	38109
(1)第一产业	Primary Industry	人	person	7165
(2)第二产业	Secondary Industry	人	person	72217
(3)第三产业	Tertiary Industry	人	person	37681
4.镇区规划面积	Area of Planning Land	平方公里	sq.km	46
#建成区面积	Developed Area	平方公里	sq.km	29
5.镇区固定资产投资完成额	Investment in Fixed Assets	万元	10000 yuan	3033500
#基础设施	Intrastructure	万元	10000 yuan	752300
住 宅	Residential Building	万元	10000 yuan	709871
6.镇区当年新增就业岗位	New Job Posts in this year	个	unit	4251
二、镇区基础设施	**Infrastructure of Town**			
1.道路铺装面积	Area of Paved Roads	平方米	sq.m	3229154
2.公共绿地面积	Public Green Area	平方米	sq.m	2970000
3.当年新开工住宅楼面积	Floor Space of Residential Buildings Built in this year	平方米	sq.m	153400
4.当年住宅楼竣工面积	Floor space of Residential Buildings Completed in this year	平方米	sq.m	367600
5.排水管道长度	Length of Drainpipes	万延米	10000 meters	68
6.燃气管道长度	Length of Gas Pipes	公里	km	215
7.垃圾处理站	Garbage Disposal Station	个	unit	11
8.污水处理站	Sewage Disposal Station	个	unit	2
9.集贸市场个数	Number of Markets	个	unit	20
10.金融机构网点数	Bank, Credit Bank	个	unit	44
11.幼儿园、托儿所	Kindergarten	所	unit	27
12.学 校	School	所	unit	26
13.图书馆、文化馆	Library, Cultural Center	个	unit	8
14.医院、卫生院	Hospital	个	unit	11
15.拥有医院病床数	Beds of Hospitals	张	bed	910

5-3 续表 continued

指 标	Item	单位	Unit	数 量 Number
三、镇区居民生活与社会福利	**People's lives and Social Welfare in Town**			
1.自来水普及率	Percentage of Population with Access to Tap water	%		100
2.生活用燃气普及率	Percentage of Population with Access to Gas	%		100
3.集中供热普及率	Percentage of Population with Access to Heating	%		91
4.人均住房面积	Per Capital Floor Space of Houses	平方米	sq.m	40
5.有线电视入户率	Percentage of Households with Access to Cable TV Programs	%		99
6.移动电话拥有量	Number of Mobile Telephone	部	unit	124196
7.互联网上网用户	Number of Subscriber of Internet Services	户	subscriber	26027
8.医疗保险参保人数	Persons Involved in Endowment Insurance	人	person	68038
9.养老保险参保人数	People Receiving Social Relief	人	person	17477
10.享受居民最低生活保障人数	People Receiving Subsistence Allowances	人	person	1462
四、农村文教卫生	**Rural Culture, Education, Health Care**			
1.小学校数	Number of Schools	所	unit	28
2.小学在校学生数	Enrollment Students	人	person	24794
3.小学专任教师数	Number of Teachers	人	person	1852
4.幼儿园、托儿所	Kindergarten	所	unit	118
5.图书馆、文化馆	Library, Cultural Center	个	unit	65
6.剧场、影剧院	Theaters and Cinema	个	unit	3
7.体育场馆	Gymnasium	个	unit	5
8.医疗卫生机构个数	Hospital	个	unit	33
9.执业(助理)医师数	Number of Doctors	人	person	950
10.医院、卫生院床位数	Number of Beds	床	bed	736
五、农村社会福利	**Social Welfare in Rural Area**			
1.各种社会福利收养性单位数	Welfare Homes	个	unit	12
2.各种社会福利收养性单位床位数	Households Needed to receive 5 kinds of security	床	household	618
3.各种社会福利收养性单位收养人数	Households Received 5 kinds of Security	人	person	377
4.医疗保险参保人数	Persons Involved in Endowment Insurance	人	person	216611
5.养老保险参保人数	People Receiving Social Relief	人	person	63492
6.农村居民最低生活保障人数	Social Relief Fund Delivered	人	person	3534

5-4 津南区农村城市化发展状况(2014年)
Development Status of Rural City in Jinnan District, 2014

指 标	Item	单位	Unit	数 量 Number
一、镇区规模	**Scale of Town**			
1.城镇建成区总户数	Total Households	户	household	82737
2.城镇建成区总人口	Total Population in township	人	person	236464
#外来人口	From other Region Outside Tianjin	人	person	38650
本市迁入人口	Moved from other Region of Tianjin	人	person	1247
3.镇区从业人员	Laborers in township	人	person	144050
#外来从业人员	From other Region Outside Tianjin	人	person	24025
(1)第一产业	Primary Industry	人	person	1656
(2)第二产业	Secondary Industry	人	person	57763
(3)第三产业	Tertiary Industry	人	person	84631
4.镇区规划面积	Area of Planning Land	平方公里	sq.km	55
#建成区面积	Developed Area	平方公里	sq.km	22
5.镇区固定资产投资完成额	Investment in Fixed Assets	万元	10000 yuan	3032878
#基础设施	Intrastructure	万元	10000 yuan	1367899
住 宅	Residential Building	万元	10000 yuan	973980
6.镇区当年新增就业岗位	New Job Posts in this year	个	unit	17194
二、镇区基础设施	**Infrastructure of Town**			
1.道路铺装面积	Area of Paved Roads	平方米	sq.m	1846781
2.公共绿地面积	Public Green Area	平方米	sq.m	2880000
3.当年新开工住宅楼面积	Floor Space of Residential Buildings Built in this year	平方米	sq.m	1827617
4.当年住宅楼竣工面积	Floor space of Residential Buildings Completed in this year	平方米	sq.m	2522039
5.排水管道长度	Length of Drainpipes	万延米	10000 meters	70
6.燃气管道长度	Length of Gas Pipes	公里	km	119
7.垃圾处理站	Garbage Disposal Station	个	unit	27
8.污水处理站	Sewage Disposal Station	个	unit	5
9.集贸市场个数	Number of Markets	个	unit	12
10.金融机构网点数	Bank, Credit Bank	个	unit	97
11.幼儿园、托儿所	Kindergarten	所	unit	37
12.学 校	School	所	unit	30
13.图书馆、文化馆	Library, Cultural Center	个	unit	17
14.医院、卫生院	Hospital	个	unit	14
15.拥有医院病床数	Beds of Hospitals	张	bed	2264

5-4 续表 continued

指　标	Item	单位	Unit	数量 Number
三、镇区居民生活与社会福利	**People's lives and Social Welfare in Town**			
1.自来水普及率	Percentage of Population with Access to Tap water	%		100
2.生活用燃气普及率	Percentage of Population with Access to Gas	%		98
3.集中供热普及率	Percentage of Population with Access to Heating	%		88
4.人均住房面积	Per Capital Floor Space of Houses	平方米	sq.m	39
5.有线电视入户率	Percentage of Households with Access to Cable TV Programs	%		99
6.移动电话拥有量	Number of Mobile Telephone	部	unit	146665
7.互联网上网用户	Number of Subscriber of Internet Services	户	subscriber	31094
8.医疗保险参保人数	Persons Involved in Endowment Insurance	人	person	103176
9.养老保险参保人数	People Receiving Social Relief	人	person	53962
10.享受居民最低生活保障人数	People Receiving Subsistence Allowances	人	person	3088
四、农村文教卫生	**Rural Culture, Education, Health Care**			
1.小学校数	Number of Schools	所	unit	33
2.小学在校学生数	Enrollment Students	人	person	30052
3.小学专任教师数	Number of Teachers	人	person	2166
4.幼儿园、托儿所	Kindergarten	所	unit	56
5.图书馆、文化馆	Library, Cultural Center	个	unit	21
6.剧场、影剧院	Theaters and Cinema	个	unit	1
7.体育场馆	Gymnasium	个	unit	6
8.医疗卫生机构个数	Hospital	个	unit	14
9.执业(助理)医师数	Number of Doctors	人	person	2264
10.医院、卫生院床位数	Number of Beds	床	bed	1608
五、农村社会福利	**Social Welfare in Rural Area**			
1.各种社会福利收养性单位数	Welfare Homes	个	unit	2
2.各种社会福利收养性单位床位数	Households Needed to receive 5 kinds of security	床	household	360
3.各种社会福利收养性单位收养人数	Households Received 5 kinds of Security	人	person	
4.医疗保险参保人数	Persons Involved in Endowment Insurance	人	person	231752
5.养老保险参保人数	People Receiving Social Relief	人	person	85064
6.农村居民最低生活保障人数	Social Relief Fund Delivered	人	person	7004

5-5 北辰区农村城市化发展状况(2014年)
Development Status of Rural City in Beichen District, 2014

指　　标	Item	单位	Unit	数　量 Number
一、镇区规模	**Scale of Town**			
1.城镇建成区总户数	Total Households	户	household	30510
2.城镇建成区总人口	Total Population in township	人	person	89198
#外来人口	From other Region Outside Tianjin	人	person	16879
本市迁入人口	Moved from other Region of Tianjin	人	person	20
3.镇区从业人员	Laborers in township	人	person	45802
#外来从业人员	From other Region Outside Tianjin	人	person	8573
(1)第一产业	Primary Industry	人	person	4683
(2)第二产业	Secondary Industry	人	person	27002
(3)第三产业	Tertiary Industry	人	person	14117
4.镇区规划面积	Area of Planning Land	平方公里	sq.km	47
#建成区面积	Developed Area	平方公里	sq.km	34
5.镇区固定资产投资完成额	Investment in Fixed Assets	万元	10000 yuan	1105182
#基础设施	Intrastructure	万元	10000 yuan	661453
住　　宅	Residential Building	万元	10000 yuan	1120
6.镇区当年新增就业岗位	New Job Posts in this year	个	unit	4030
二、镇区基础设施	**Infrastructure of Town**			
1.道路铺装面积	Area of Paved Roads	平方米	sq.m	1586407
2.公共绿地面积	Public Green Area	平方米	sq.m	8480000
3.当年新开工住宅楼面积	Floor Space of Residential Buildings Built in this year	平方米	sq.m	58066
4.当年住宅楼竣工面积	Floor space of Residential Buildings Completed in this year	平方米	sq.m	
5.排水管道长度	Length of Drainpipes	万延米	10000 meters	45
6.燃气管道长度	Length of Gas Pipes	公里	km	64
7.垃圾处理站	Garbage Disposal Station	个	unit	8
8.污水处理站	Sewage Disposal Station	个	unit	3
9.集贸市场个数	Number of Markets	个	unit	12
10.金融机构网点数	Bank, Credit Bank	个	unit	28
11.幼儿园、托儿所	Kindergarten	所	unit	30
12.学　校	School	所	unit	18
13.图书馆、文化馆	Library, Cultural Center	个	unit	8
14.医院、卫生院	Hospital	个	unit	11
15.拥有医院病床数	Beds of Hospitals	张	bed	317

5-5 续表 continued

指 标	Item	单位	Unit	数 量 Number
三、镇区居民生活与社会福利	**People's lives and Social Welfare in Town**			
1.自来水普及率	Percentage of Population with Access to Tap water	%		92
2.生活用燃气普及率	Percentage of Population with Access to Gas	%		98
3.集中供热普及率	Percentage of Population with Access to Heating	%		43
4.人均住房面积	Per Capital Floor Space of Houses	平方米	sq.m	33
5.有线电视入户率	Percentage of Households with Access to Cable TV Programs	%		98
6.移动电话拥有量	Number of Mobile Telephone	部	unit	38631
7.互联网上网用户	Number of Subscriber of Internet Services	户	subscriber	4035
8.医疗保险参保人数	Persons Involved in Endowment Insurance	人	person	48181
9.养老保险参保人数	People Receiving Social Relief	人	person	21466
10.享受居民最低生活保障人数	People Receiving Subsistence Allowances	人	person	2240
四、农村文教卫生	**Rural Culture, Education, Health Care**			
1.小学校数	Number of Schools	所	unit	34
2.小学在校学生数	Enrollment Students	人	person	28035
3.小学专任教师数	Number of Teachers	人	person	1665
4.幼儿园、托儿所	Kindergarten	所	unit	182
5.图书馆、文化馆	Library, Cultural Center	个	unit	97
6.剧场、影剧院	Theaters and Cinema	个	unit	1
7.体育场馆	Gymnasium	个	unit	1
8.医疗卫生机构个数	Hospital	个	unit	10
9.执业(助理)医师数	Number of Doctors	人	person	465
10.医院、卫生院床位数	Number of Beds	床	bed	655
五、农村社会福利	**Social Welfare in Rural Area**			
1.各种社会福利收养性单位数	Welfare Homes	个	unit	2
2.各种社会福利收养性单位床位数	Households Needed to receive 5 kinds of security	床	household	67
3.各种社会福利收养性单位收养人数	Households Received 5 kinds of Security	人	person	51
4.医疗保险参保人数	Persons Involved in Endowment Insurance	人	person	178504
5.养老保险参保人数	People Receiving Social Relief	人	person	59953
6.农村居民最低生活保障人数	Social Relief Fund Delivered	人	person	7937

5-6 武清区农村城市化发展状况(2014年)
Development Status of Rural City in Wuqing District, 2014

指 标	Item	单位	Unit	数 量 Number
一、镇区规模	**Scale of Town**			
1.城镇建成区总户数	Total Households	户	household	48769
2.城镇建成区总人口	Total Population in township	人	person	172827
#外来人口	From other Region Outside Tianjin	人	person	24894
本市迁入人口	Moved from other Region of Tianjin	人	person	398
3.镇区从业人员	Laborers in township	人	person	101759
#外来从业人员	From other Region Outside Tianjin	人	person	25961
(1)第一产业	Primary Industry	人	person	28116
(2)第二产业	Secondary Industry	人	person	53081
(3)第三产业	Tertiary Industry	人	person	20562
4.镇区规划面积	Area of Planning Land	平方公里	sq.km	168
#建成区面积	Developed Area	平方公里	sq.km	77
5.镇区固定资产投资完成额	Investment in Fixed Assets	万元	10000 yuan	1458133
#基础设施	Intrastructure	万元	10000 yuan	631825
住 宅	Residential Building	万元	10000 yuan	242164
6.镇区当年新增就业岗位	New Job Posts in this year	个	unit	7340
二、镇区基础设施	**Infrastructure of Town**			
1.道路铺装面积	Area of Paved Roads	平方米	sq.m	3588910
2.公共绿地面积	Public Green Area	平方米	sq.m	11280000
3.当年新开工住宅楼面积	Floor Space of Residential Buildings Built in this year	平方米	sq.m	421000
4.当年住宅楼竣工面积	Floor space of Residential Buildings Completed in this year	平方米	sq.m	556000
5.排水管道长度	Length of Drainpipes	万延米	10000 meters	43
6.燃气管道长度	Length of Gas Pipes	公里	km	92
7.垃圾处理站	Garbage Disposal Station	个	unit	8
8.污水处理站	Sewage Disposal Station	个	unit	12
9.集贸市场个数	Number of Markets	个	unit	23
10.金融机构网点数	Bank, Credit Bank	个	unit	55
11.幼儿园、托儿所	Kindergarten	所	unit	78
12.学 校	School	所	unit	71
13.图书馆、文化馆	Library, Cultural Center	个	unit	20
14.医院、卫生院	Hospital	个	unit	24
15.拥有医院病床数	Beds of Hospitals	张	bed	828

5-6 续表 continued

指标	Item	单位	Unit	数量 Number
三、镇区居民生活与社会福利	**People's lives and Social Welfare in Town**			
1.自来水普及率	Percentage of Population with Access to Tap water	%		100
2.生活用燃气普及率	Percentage of Population with Access to Gas	%		95
3.集中供热普及率	Percentage of Population with Access to Heating	%		18
4.人均住房面积	Per Capital Floor Space of Houses	平方米	sq.m	26
5.有线电视入户率	Percentage of Households with Access to Cable TV Programs	%		82
6.移动电话拥有量	Number of Mobile Telephone	部	unit	73275
7.互联网上网用户	Number of Subscriber of Internet Services	户	subscriber	9861
8.医疗保险参保人数	Persons Involved in Endowment Insurance	人	person	112055
9.养老保险参保人数	People Receiving Social Relief	人	person	24711
10.享受居民最低生活保障人数	People Receiving Subsistence Allowances	人	person	1864
四、农村文教卫生	**Rural Culture, Education, Health Care**			
1.小学校数	Number of Schools	所	unit	113
2.小学在校学生数	Enrollment Students	人	person	56386
3.小学专任教师数	Number of Teachers	人	person	4145
4.幼儿园、托儿所	Kindergarten	所	unit	238
5.图书馆、文化馆	Library, Cultural Center	个	unit	32
6.剧场、影剧院	Theaters and Cinema	个	unit	3
7.体育场馆	Gymnasium	个	unit	5
8.医疗卫生机构个数	Hospital	个	unit	36
9.执业(助理)医师数	Number of Doctors	人	person	1641
10.医院、卫生院床位数	Number of Beds	床	bed	1455
五、农村社会福利	**Social Welfare in Rural Area**			
1.各种社会福利收养性单位数	Welfare Homes	个	unit	30
2.各种社会福利收养性单位床位数	Households Needed to receive 5 kinds of security	床	household	1893
3.各种社会福利收养性单位收养人数	Households Received 5 kinds of Security	人	person	939
4.医疗保险参保人数	Persons Involved in Endowment Insurance	人	person	696607
5.养老保险参保人数	People Receiving Social Relief	人	person	102101
6.农村居民最低生活保障人数	Social Relief Fund Delivered	人	person	8970

5-7 宝坻区农村城市化发展状况(2014年)
Development Status of Rural City in Baodi District, 2014

指 标	Item	单位	Unit	数 量 Number
一、镇区规模	**Scale of Town**			
1.城镇建成区总户数	Total Households	户	household	16095
2.城镇建成区总人口	Total Population in township	人	person	54818
#外来人口	From other Region Outside Tianjin	人	person	6596
本市迁入人口	Moved from other Region of Tianjin	人	person	
3.镇区从业人员	Laborers in township	人	person	33146
#外来从业人员	From other Region Outside Tianjin	人	person	6452
(1)第一产业	Primary Industry	人	person	9600
(2)第二产业	Secondary Industry	人	person	18320
(3)第三产业	Tertiary Industry	人	person	5226
4.镇区规划面积	Area of Planning Land	平方公里	sq.km	66
#建成区面积	Developed Area	平方公里	sq.km	37
5.镇区固定资产投资完成额	Investment in Fixed Assets	万元	10000 yuan	1841309
#基础设施	Intrastructure	万元	10000 yuan	311664
住 宅	Residential Building	万元	10000 yuan	750
6.镇区当年新增就业岗位	New Job Posts in this year	个	unit	606
二、镇区基础设施	**Infrastructure of Town**			
1.道路铺装面积	Area of Paved Roads	平方米	sq.m	990432
2.公共绿地面积	Public Green Area	平方米	sq.m	50000
3.当年新开工住宅楼面积	Floor Space of Residential Buildings Built in this year	平方米	sq.m	
4.当年住宅楼竣工面积	Floor space of Residential Buildings Completed in this year	平方米	sq.m	
5.排水管道长度	Length of Drainpipes	万延米	10000 meters	9
6.燃气管道长度	Length of Gas Pipes	公里	km	4
7.垃圾处理站	Garbage Disposal Station	个	unit	3
8.污水处理站	Sewage Disposal Station	个	unit	1
9.集贸市场个数	Number of Markets	个	unit	16
10.金融机构网点数	Bank, Credit Bank	个	unit	26
11.幼儿园、托儿所	Kindergarten	所	unit	24
12.学 校	School	所	unit	41
13.图书馆、文化馆	Library, Cultural Center	个	unit	28
14.医院、卫生院	Hospital	个	unit	17
15.拥有医院病床数	Beds of Hospitals	张	bed	540

5-7 续表 continued

指 标	Item	单位	Unit	数 量 Number
三、镇区居民生活与社会福利	**People's lives and Social Welfare in Town**			
1.自来水普及率	Percentage of Population with Access to Tap water	%		99
2.生活用燃气普及率	Percentage of Population with Access to Gas	%		92
3.集中供热普及率	Percentage of Population with Access to Heating	%		2
4.人均住房面积	Per Capital Floor Space of Houses	平方米	sq.m	26
5.有线电视入户率	Percentage of Households with Access to Cable TV Programs	%		82
6.移动电话拥有量	Number of Mobile Telephone	部	unit	51383
7.互联网上网用户	Number of Subscriber of Internet Services	户	subscriber	5045
8.医疗保险参保人数	Persons Involved in Endowment Insurance	人	person	41375
9.养老保险参保人数	People Receiving Social Relief	人	person	7275
10.享受居民最低生活保障人数	People Receiving Subsistence Allowances	人	person	3360
四、农村文教卫生	**Rural Culture, Education, Health Care**			
1.小学校数	Number of Schools	所	unit	80
2.小学在校学生数	Enrollment Students	人	person	30210
3.小学专任教师数	Number of Teachers	人	person	3108
4.幼儿园、托儿所	Kindergarten	所	unit	77
5.图书馆、文化馆	Library, Cultural Center	个	unit	92
6.剧场、影剧院	Theaters and Cinema	个	unit	1
7.体育场馆	Gymnasium	个	unit	
8.医疗卫生机构个数	Hospital	个	unit	49
9.执业(助理)医师数	Number of Doctors	人	person	984
10.医院、卫生院床位数	Number of Beds	床	bed	744
五、农村社会福利	**Social Welfare in Rural Area**			
1.各种社会福利收养性单位数	Welfare Homes	个	unit	8
2.各种社会福利收养性单位床位数	Households Needed to receive 5 kinds of security	床	household	155
3.各种社会福利收养性单位收养人数	Households Received 5 kinds of Security	人	person	100
4.医疗保险参保人数	Persons Involved in Endowment Insurance	人	person	451088
5.养老保险参保人数	People Receiving Social Relief	人	person	128513
6.农村居民最低生活保障人数	Social Relief Fund Delivered	人	person	11044

5-8 宁河县农村城市化发展状况(2014年)
Development Status of Rural City in Ninghe County, 2014

指 标	Item	单位	Unit	数 量 Number
一、镇区规模	**Scale of Town**			
1.城镇建成区总户数	Total Households	户	household	10198
2.城镇建成区总人口	Total Population in township	人	person	32589
#外来人口	From other Region Outside Tianjin	人	person	1017
本市迁入人口	Moved from other Region of Tianjin	人	person	72
3.镇区从业人员	Laborers in township	人	person	11875
#外来从业人员	From other Region Outside Tianjin	人	person	808
(1)第一产业	Primary Industry	人	person	3851
(2)第二产业	Secondary Industry	人	person	3555
(3)第三产业	Tertiary Industry	人	person	4469
4.镇区规划面积	Area of Planning Land	平方公里	sq.km	49
#建成区面积	Developed Area	平方公里	sq.km	25
5.镇区固定资产投资完成额	Investment in Fixed Assets	万元	10000 yuan	44782
#基础设施	Intrastructure	万元	10000 yuan	41522
住 宅	Residential Building	万元	10000 yuan	1308
6.镇区当年新增就业岗位	New Job Posts in this year	个	unit	305
二、镇区基础设施	**Infrastructure of Town**			
1.道路铺装面积	Area of Paved Roads	平方米	sq.m	229870
2.公共绿地面积	Public Green Area	平方米	sq.m	3410000
3.当年新开工住宅楼面积	Floor Space of Residential Buildings Built in this year	平方米	sq.m	300000
4.当年住宅楼竣工面积	Floor space of Residential Buildings Completed in this year	平方米	sq.m	
5.排水管道长度	Length of Drainpipes	万延米	10000 meters	
6.燃气管道长度	Length of Gas Pipes	公里	km	
7.垃圾处理站	Garbage Disposal Station	个	unit	4
8.污水处理站	Sewage Disposal Station	个	unit	3
9.集贸市场个数	Number of Markets	个	unit	8
10.金融机构网点数	Bank, Credit Bank	个	unit	20
11.幼儿园、托儿所	Kindergarten	所	unit	9
12.学 校	School	所	unit	15
13.图书馆、文化馆	Library, Cultural Center	个	unit	8
14.医院、卫生院	Hospital	个	unit	9
15.拥有医院病床数	Beds of Hospitals	张	bed	443

5-8 续表 continued

指 标	Item	单位	Unit	数 量 Number
三、镇区居民生活与社会福利	**People's lives and Social Welfare in Town**			
1.自来水普及率	Percentage of Population with Access to Tap water	%		100
2.生活用燃气普及率	Percentage of Population with Access to Gas	%		91
3.集中供热普及率	Percentage of Population with Access to Heating	%		9
4.人均住房面积	Per Capital Floor Space of Houses	平方米	sq.m	24
5.有线电视入户率	Percentage of Households with Access to Cable TV Programs	%		76
6.移动电话拥有量	Number of Mobile Telephone	部	unit	10772
7.互联网上网用户	Number of Subscriber of Internet Services	户	subscriber	1249
8.医疗保险参保人数	Persons Involved in Endowment Insurance	人	person	24676
9.养老保险参保人数	People Receiving Social Relief	人	person	2849
10.享受居民最低生活保障人数	People Receiving Subsistence Allowances	人	person	1446
四、农村文教卫生	**Rural Culture, Education, Health Care**			
1.小学校数	Number of Schools	所	unit	54
2.小学在校学生数	Enrollment Students	人	person	26725
3.小学专任教师数	Number of Teachers	人	person	2072
4.幼儿园、托儿所	Kindergarten	所	unit	73
5.图书馆、文化馆	Library, Cultural Center	个	unit	13
6.剧场、影剧院	Theaters and Cinema	个	unit	1
7.体育场馆	Gymnasium	个	unit	1
8.医疗卫生机构个数	Hospital	个	unit	20
9.执业(助理)医师数	Number of Doctors	人	person	1008
10.医院、卫生院床位数	Number of Beds	床	bed	407
五、农村社会福利	**Social Welfare in Rural Area**			
1.各种社会福利收养性单位数	Welfare Homes	个	unit	10
2.各种社会福利收养性单位床位数	Households Needed to receive 5 kinds of security	床	household	143
3.各种社会福利收养性单位收养人数	Households Received 5 kinds of Security	人	person	91
4.医疗保险参保人数	Persons Involved in Endowment Insurance	人	person	286600
5.养老保险参保人数	People Receiving Social Relief	人	person	43379
6.农村居民最低生活保障人数	Social Relief Fund Delivered	人	person	14423

5-9 静海县农村城市化发展状况(2014年)
Development Status of Rural City in Jinghai County, 2014

指　　标	Item	单位	Unit	数　量 Number
一、镇区规模	**Scale of Town**			
1.城镇建成区总户数	Total Households	户	household	92264
2.城镇建成区总人口	Total Population in township	人	person	263936
#外来人口	From other Region Outside Tianjin	人	person	52386
本市迁入人口	Moved from other Region of Tianjin	人	person	1006
3.镇区从业人员	Laborers in township	人	person	89845
#外来从业人员	From other Region Outside Tianjin	人	person	29405
(1)第一产业	Primary Industry	人	person	15444
(2)第二产业	Secondary Industry	人	person	50115
(3)第三产业	Tertiary Industry	人	person	24286
4.镇区规划面积	Area of Planning Land	平方公里	sq.km	103
#建成区面积	Developed Area	平方公里	sq.km	54
5.镇区固定资产投资完成额	Investment in Fixed Assets	万元	10000 yuan	904983
#基础设施	Intrastructure	万元	10000 yuan	410120
住　宅	Residential Building	万元	10000 yuan	50233
6.镇区当年新增就业岗位	New Job Posts in this year	个	unit	8656
二、镇区基础设施	**Infrastructure of Town**			
1.道路铺装面积	Area of Paved Roads	平方米	sq.m	3723403
2.公共绿地面积	Public Green Area	平方米	sq.m	3040000
3.当年新开工住宅楼面积	Floor Space of Residential Buildings Built in this year	平方米	sq.m	78420
4.当年住宅楼竣工面积	Floor space of Residential Buildings Completed in this year	平方米	sq.m	20520
5.排水管道长度	Length of Drainpipes	万延米	10000 meters	49
6.燃气管道长度	Length of Gas Pipes	公里	km	24
7.垃圾处理站	Garbage Disposal Station	个	unit	5
8.污水处理站	Sewage Disposal Station	个	unit	11
9.集贸市场个数	Number of Markets	个	unit	23
10.金融机构网点数	Bank, Credit Bank	个	unit	39
11.幼儿园、托儿所	Kindergarten	所	unit	156
12.学　校	School	所	unit	81
13.图书馆、文化馆	Library, Cultural Center	个	unit	26
14.医院、卫生院	Hospital	个	unit	30
15.拥有医院病床数	Beds of Hospitals	张	bed	1586

5-9 续表 continued

指标	Item	单位	Unit	数量 Number
三、镇区居民生活与社会福利	**People's lives and Social Welfare in Town**			
1.自来水普及率	Percentage of Population with Access to Tap water	%		100
2.生活用燃气普及率	Percentage of Population with Access to Gas	%		97
3.集中供热普及率	Percentage of Population with Access to Heating	%		53
4.人均住房面积	Per Capital Floor Space of Houses	平方米	sq.m	44
5.有线电视入户率	Percentage of Households with Access to Cable TV Programs	%		97
6.移动电话拥有量	Number of Mobile Telephone	部	unit	89283
7.互联网上网用户	Number of Subscriber of Internet Services	户	subscriber	14340
8.医疗保险参保人数	Persons Involved in Endowment Insurance	人	person	114177
9.养老保险参保人数	People Receiving Social Relief	人	person	16145
10.享受居民最低生活保障人数	People Receiving Subsistence Allowances	人	person	3964
四、农村文教卫生	**Rural Culture, Education, Health Care**			
1.小学校数	Number of Schools	所	unit	98
2.小学在校学生数	Enrollment Students	人	person	57689
3.小学专任教师数	Number of Teachers	人	person	3142
4.幼儿园、托儿所	Kindergarten	所	unit	312
5.图书馆、文化馆	Library, Cultural Center	个	unit	60
6.剧场、影剧院	Theaters and Cinema	个	unit	3
7.体育场馆	Gymnasium	个	unit	1
8.医疗卫生机构个数	Hospital	个	unit	33
9.执业(助理)医师数	Number of Doctors	人	person	1646
10.医院、卫生院床位数	Number of Beds	床	bed	945
五、农村社会福利	**Social Welfare in Rural Area**			
1.各种社会福利收养性单位数	Welfare Homes	个	unit	18
2.各种社会福利收养性单位床位数	Households Needed to receive 5 kinds of security	床	household	2403
3.各种社会福利收养性单位收养人数	Households Received 5 kinds of Security	人	person	258
4.医疗保险参保人数	Persons Involved in Endowment Insurance	人	person	420551
5.养老保险参保人数	People Receiving Social Relief	人	person	117679
6.农村居民最低生活保障人数	Social Relief Fund Delivered	人	person	14694

5-10 蓟县农村城市化发展状况(2014年)
Development Status of Rural City in Jixian County, 2014

指 标	Item	单位	Unit	数 量 Number
一、镇区规模	**Scale of Town**			
1.城镇建成区总户数	Total Households	户	household	31695
2.城镇建成区总人口	Total Population in township	人	person	110931
#外来人口	From other Region Outside Tianjin	人	person	2754
本市迁入人口	Moved from other Region of Tianjin	人	person	432
3.镇区从业人员	Laborers in township	人	person	57576
#外来从业人员	From other Region Outside Tianjin	人	person	2551
(1)第一产业	Primary Industry	人	person	14657
(2)第二产业	Secondary Industry	人	person	21629
(3)第三产业	Tertiary Industry	人	person	21290
4.镇区规划面积	Area of Planning Land	平方公里	sq.km	77
#建成区面积	Developed Area	平方公里	sq.km	44
5.镇区固定资产投资完成额	Investment in Fixed Assets	万元	10000 yuan	480290
#基础设施	Intrastructure	万元	10000 yuan	147622
住 宅	Residential Building	万元	10000 yuan	6935
6.镇区当年新增就业岗位	New Job Posts in this year	个	unit	2241
二、镇区基础设施	**Infrastructure of Town**			
1.道路铺装面积	Area of Paved Roads	平方米	sq.m	2860938
2.公共绿地面积	Public Green Area	平方米	sq.m	1410000
3.当年新开工住宅楼面积	Floor Space of Residential Buildings Built in this year	平方米	sq.m	1800
4.当年住宅楼竣工面积	Floor space of Residential Buildings Completed in this year	平方米	sq.m	
5.排水管道长度	Length of Drainpipes	万延米	10000 meters	85
6.燃气管道长度	Length of Gas Pipes	公里	km	30
7.垃圾处理站	Garbage Disposal Station	个	unit	3
8.污水处理站	Sewage Disposal Station	个	unit	
9.集贸市场个数	Number of Markets	个	unit	20
10.金融机构网点数	Bank, Credit Bank	个	unit	51
11.幼儿园、托儿所	Kindergarten	所	unit	66
12.学 校	School	所	unit	55
13.图书馆、文化馆	Library, Cultural Center	个	unit	13
14.医院、卫生院	Hospital	个	unit	24
15.拥有医院病床数	Beds of Hospitals	张	bed	877

5-10　续表　continued

指　　标	Item	单位	Unit	数　量 Number
三、镇区居民生活与社会福利	**People's lives and Social Welfare in Town**			
1.自来水普及率	Percentage of Population with Access to Tap water	%		97
2.生活用燃气普及率	Percentage of Population with Access to Gas	%		98
3.集中供热普及率	Percentage of Population with Access to Heating	%		1
4.人均住房面积	Per Capital Floor Space of Houses	平方米	sq.m	25
5.有线电视入户率	Percentage of Households with Access to Cable TV Programs	%		90
6.移动电话拥有量	Number of Mobile Telephone	部	unit	70984
7.互联网上网用户	Number of Subscriber of Internet Services	户	subscriber	8039
8.医疗保险参保人数	Persons Involved in Endowment Insurance	人	person	88536
9.养老保险参保人数	People Receiving Social Relief	人	person	7509
10.享受居民最低生活保障人数	People Receiving Subsistence Allowances	人	person	2315
四、农村文教卫生	**Rural Culture, Education, Health Care**			
1.小学校数	Number of Schools	所	unit	137
2.小学在校学生数	Enrollment Students	人	person	45900
3.小学专任教师数	Number of Teachers	人	person	3631
4.幼儿园、托儿所	Kindergarten	所	unit	249
5.图书馆、文化馆	Library, Cultural Center	个	unit	18
6.剧场、影剧院	Theaters and Cinema	个	unit	1
7.体育场馆	Gymnasium	个	unit	1
8.医疗卫生机构个数	Hospital	个	unit	31
9.执业(助理)医师数	Number of Doctors	人	person	1719
10.医院、卫生院床位数	Number of Beds	床	bed	1252
五、农村社会福利	**Social Welfare in Rural Area**			
1.各种社会福利收养性单位数	Welfare Homes	个	unit	16
2.各种社会福利收养性单位床位数	Households Needed to receive 5 kinds of security	床	household	466
3.各种社会福利收养性单位收养人数	Households Received 5 kinds of Security	人	person	257
4.医疗保险参保人数	Persons Involved in Endowment Insurance	人	person	546472
5.养老保险参保人数	People Receiving Social Relief	人	person	38047
6.农村居民最低生活保障人数	Social Relief Fund Delivered	人	person	20268

5-11 滨海新区社会经济基本情况(2014年)
Basic Statisitcs on Social and Economic Indicators of Binhai New Area, 2014

指 标	Item	单 位	Unit	数 量 Number
一、基本情况	**Population, Labor and other**			
乡(镇)个数	Number of Town (township)	个	unit	5
街道办事处个数	Number of Subdistrict Offices	个	unit	14
行政区域土地面积	Area of Administrative Land	平方公里	sq.km	345
二、人口与就业	**Number of Village Committees**			
常住户数	Total Households	户	household	440300
常住人口	Total Population at year-end	万人	10000 persons	289
第一产业从业人员	Number of laborers in units	人	person	44309
第二产业从业人员	of which: Secondary Industry	人	person	827680
第三产业从业人员	Tertiary Industry	人	person	463879
三、综合经济	**General Economy**			
(一)地区生产总值	Gross Domestic Products	万元	10000 yuan	87601496
第一产业增加值	Added Value of Primary Industry	万元	10000 yuan	109496
#农 业	Farming	万元	10000 yuan	34236
林 业	Forestry	万元	10000 yuan	66
牧 业	Animal Husbandry	万元	10000 yuan	29380
渔 业	Fishery	万元	10000 yuan	45814
第二产业增加值	Added Value of Secondary Industry	万元	10000 yuan	58284300
#工 业	of which: Industry	万元	10000 yuan	55241600
第三产业增加值	Added Value of Tertiary Industry	万元	10000 yuan	29207700
(二)财政、金融	Government Finance and Banking			
公共财政收入	Total Financial Revenue	万元	10000 yuan	10282000
各项税收	Taxes	万元	10000 yuan	6174500
公共财政支出	Local General Budgetary Financial Expenditure	万元	10000 yuan	7470100
#农林水事务支出	Expenses on Agriculture	万元	10000 yuan	92900
科学技术支出	Expenses on Science	万元	10000 yuan	377700
医疗卫生支出	Science and Technology Promotion Funds	万元	10000 yuan	250200
教育支出	Expenses on Education	万元	10000 yuan	834100
四、农业	**Agriculture**			
(一)生产条件	Cinditions of Agricultural			
耕地面积	Cultivated area	公顷	hectares	21341
农业机械总动力	Total Power of Agricultural Machinery	万千瓦特	10 000 kw	65
有效灌溉面积	Effective Irrigated Area	公顷	hectares	19573
机电井数	Motor-pumped Well	眼	unit	1765
(二)农作物播种面积	Sown Areas of Farm Crops	公顷	hectares	17171
#粮食作物播种面积	Sown Areas of Grain	公顷	hectares	12403
蔬菜播种面积	Sown Areas of Vegetables	公顷	hectares	2108
(三)农产品产量	Yield of Farm Crops			
粮食总产量	Yield of Grain	吨	tons	48350
蔬菜产量	Yield of Vegetables	吨	tons	107298
(四)园林水果产量	Output of Fruits in Orchards	吨	tons	67143
(五)畜牧业生产	Production of Animal Husbandry			
肉类总产量	Output of Meat	吨	tons	25559
#猪肉产量	Pork	吨	tons	21001
年末生猪存栏	Pigs in Hand (year-end)	头	heads	164987

5-11 续表 continued

指 标	Item	单 位	Unit	数 量 Number
年末牛存栏	Cattle in Hand (year-end)	头	heads	11766
年末羊存栏	Sheep & Goats in Hand (year-end)	只	heads	24262
禽蛋产量	Output of Poultry Eggs	吨	tons	14662
奶类产量	Output of Milk	吨	tons	53020
(六)渔业生产	Production of Fishery			
水产品产量	Output of Aquatic Products	吨	tons	81628
五、工业及建筑业	**Industry and Construction**			
规模以上工业企业单位数	Industrial enterprises above designated size	个	unit	1439
规模以上工业总产值(现价)	Gross Output Value of Industry (current price)	万元	10000 yuan	167199100
规模以上工业企业从业人员年平均人数	Annual Average Laborers	人	person	672314
规模以上工业企业主营业务收入	Sales Revenue	万元	10000 yuan	166092700
建筑业企业单位数	Number of Construction Enterprises	个	unit	646
六、交通、通讯与能源	**Transportation, Post, Telecommunication, Energy**			
公路里程	Length of Highway	公里	km	92.738
民用汽车拥有量	Number of Civil Motor Vehicles Owned	辆	unit	
固定电话用户	Number of Residential Telephone Subscribers at year-end	户	subscriber	658000
移动电话用户	Number of Mobile Telephone Subscribers at year-end	户	subscriber	2008000
互联网宽带接入用户	Number of Subscriber of Internet Services	户	subscriber	1375000
七、贸易、外经、旅游	**Trade, Foreign Economy and Tourism**			
社会消费品零售总额	Total Sales above Designated Size	万元	10000 yuan	12128700
出口总额	Total Exports	万美元	10000 USD	3282000
当年实际使用外资金额	Foreign Investment Actually used in this year	万美元	10000 USD	1232708
星级饭店客房总数	The total number of hotel rooms	间	unit	6127
八、固定资产投资	**Investment in Fixed Assets**			
固定资产投资	Investment of Urban Units	万元	10000 yuan	57801500
新增固定资产投资	Newly Increased Fixed Assets of Urban Units	万元	10000 yuan	1527.08
房地产开发投资	Investment of Real Estate Development	万元	10000 yuan	3326792
#住 宅	of which: Residential Buildings	万元	10000 yuan	1878659
住宅竣工面积	Floor Space of Residential Buildings	万平方米	10 000 sq. m	521.23
九、教育、科技、文化、卫生	**Education, Science and Technology, Culture and Health Care**			
普通中学	Number of Regular Secondary Schools	所	unit	86
小学数	Number of Primary Schools	所	**unit**	87
普通中学专任教师数	Full-time Teachers of Regular Secondary Schools	人	person	7195
小学专任教师数	Full-time Teachers of Primary Schools	人	person	4796
普通中学在校学生数	Students Enrollment of Regular Secondary Schools	人	person	63238
小学在校学生数	Students Enrollment of Primary Schools	人	person	80495
医疗卫生机构床位数	Beds of Hospitals	床	bed	7626
医疗卫生机构技术人员	Medical Technical Personnel of Hospitals	人	person	12464
十、社会保障	**People's Life**			
各种社会福利收养性单位数	Number of Social Welfare Institutions	个	unit	18
各种社会福利收养性单位床位数	Beds of Social Welfare Institutions	床	**bed**	1972
城镇基本养老保险参保人数	Staff Involved in Endowment Insurance	人	person	1222200
城镇基本医疗保险参保人数	Staff Involved in Medical Insurance	人	person	1403900

5-12 东丽区社会经济基本情况(2014年)
Basic Statisitcs on Social and Economic Indicators of Dongli District, 2014

指 标	Item	单 位	Unit	数 量 Number
一、基本情况	**Population, Labor and other**			
乡(镇)个数	Number of Town (township)	个	unit	
街道办事处个数	Number of Subdistrict Offices	个	unit	11
行政区域土地面积	Area of Administrative Land	平方公里	sq.km	477
二、人口与就业	**Number of Village Committees**			
常住户数	Total Households	户	household	139437
常住人口	Total Population at year-end	万人	10000 persons	
第一产业从业人员	Number of laborers in units	人	person	
第二产业从业人员	of which: Secondary Industry	人	person	
第三产业从业人员	Tertiary Industry	人	person	
三、综合经济	**General Economy**			
(一)地区生产总值	Gross Domestic Products	万元	10000 yuan	8517972
第一产业增加值	Added Value of Primary Industry	万元	10000 yuan	41567
#农 业	Farming	万元	10000 yuan	23714
林 业	Forestry	万元	10000 yuan	5177
牧 业	Animal Husbandry	万元	10000 yuan	2984
渔 业	Fishery	万元	10000 yuan	9692
第二产业增加值	Added Value of Secondary Industry	万元	10000 yuan	4681735
#工 业	of which: Industry	万元	10000 yuan	4229500
第三产业增加值	Added Value of Tertiary Industry	万元	10000 yuan	3794670
(二)财政、金融	Government Finance and Banking			
公共财政收入	Total Financial Revenue	万元	10000 yuan	905370
各项税收	Taxes	万元	10000 yuan	471236
公共财政支出	Local General Budgetary Financial Expenditure	万元	10000 yuan	933640
#农林水事务支出	Expenses on Agriculture	万元	10000 yuan	28418
科学技术支出	Expenses on Science	万元	10000 yuan	22537
医疗卫生支出	Science and Technology Promotion Funds	万元	10000 yuan	47889
教育支出	Expenses on Education	万元	10000 yuan	159884
四、农业	**Agriculture**			
(一)生产条件	Cinditions of Agricultural			
耕地面积	cultivated area	公顷	hectares	9307
农业机械总动力	Total Power of Agricultural Machinery	万千瓦特	10 000 kw	6
有效灌溉面积	Effective Irrigated Area	公顷	hectares	7791
机电井数	Motor-pumped Well	眼	unit	608
(二)农作物播种面积	Sown Areas of Farm Crops	公顷	hectares	6348
#粮食作物播种面积	Sown Areas of Grain	公顷	hectares	2513
蔬菜播种面积	Sown Areas of Vegetables	公顷	hectares	1986
(三)农产品产量	Yield of Farm Crops			
粮食总产量	Yield of Grain	吨	tons	11439
蔬菜产量	Yield of Vegetables	吨	tons	87434
(四)园林水果产量	Output of Fruits in Orchards	吨	tons	8854
(五)畜牧业生产	Production of Animal Husbandry			
肉类总产量	Output of Meat	吨	tons	4040
#猪肉产量	Pork	吨	tons	3675
年末生猪存栏	Pigs in Hand (year-end)	头	heads	41233

5-12 续表 continued

指标	Item	单位	Unit	数量 Number
年末牛存栏	Cattle in Hand (year-end)	头	heads	1459
年末羊存栏	Sheep & Goats in Hand (year-end)	只	heads	5092
禽蛋产量	Output of Poultry Eggs	吨	tons	1246
奶类产量	Output of Milk	吨	tons	2415
(六)渔业生产	Production of Fishery			
水产品产量	Output of Aquatic Products	吨	tons	6530
五、工业及建筑业	**Industry and Construction**			
规模以上工业企业单位数	Industrial enterprises above designated size	个	unit	325
规模以上工业总产值(现价)	Gross Output Value of Industry (current price)	万元	10000 yuan	15627588
规模以上工业企业从业人员年平均人数	Annual Average Laborers	人	person	78516
规模以上工业企业主营业务收入	Sales Revenue	万元	10000 yuan	24642934
建筑业企业单位数	Number of Construction Enterprises	个	unit	109
六、交通、通讯与能源	**Transportation, Post, Telecommunication, Energy**			
公路里程	Length of Highway	公里	km	280
民用汽车拥有量	Number of Civil Motor Vehicles Owned	辆	unit	
固定电话用户	Number of Residential Telephone Subscribers at year-end	户	subscriber	110700
移动电话用户	Number of Mobile Telephone Subscribers at year-end	户	subscriber	166300
互联网宽带接入用户	Number of Subscriber of Internet Services	户	subscriber	73500
七、贸易、外经、旅游	**Trade, Foreigh Economy and Tourism**			
社会消费品零售总额	Total Sales above Designated Size	万元	10000 yuan	1911894
出口总额	Total Exports	万美元	10000 USD	283300
当年实际使用外资金额	Foreign Investment Actually used in this year	万美元	10000 USD	81514
星级饭店客房总数	The total number of hotel rooms	间	unit	
八、固定资产投资	**Investment in Fixed Assets**			
固定资产投资	Investment of Urban Units	万元	10000 yuan	7868213
新增固定资产投资	Newly Increased Fixed Assets of Urban Units	万元	10000 yuan	7094679
房地产开发投资	Investment of Real Estate Development	万元	10000 yuan	2701310
#住宅	of which: Residential Buildings	万元	10000 yuan	2701310
住宅竣工面积	Floor Space of Residential Buildings	万平方米	10 000 sq. m	104
九、教育、科技、文化、卫生	**Education, Science and Technology, Culture and Health Care**			
普通中学	Number of Regular Secondary Schools	所	unit	18
小学数	Number of Primary Schools	所	unit	38
普通中学专任教师数	Full-time Teachers of Regular Secondary Schools	人	person	1441
小学专任教师数	Full-time Teachers of Primary Schools	人	person	1871
普通中学在校学生数	Students Enrollment of Regular Secondary Schools	人	person	14964
小学在校学生数	Students Enrollment of Primary Schools	人	person	23933
医疗卫生机构床位数	Beds of Hospitals	床	bed	810
医疗卫生机构技术人员	Medical Technical Personnel of Hospitals	人	person	1431
十、社会保障	**People's Life**			
各种社会福利收养性单位数	Number of Social Welfare Institutions	个	unit	
各种社会福利收养性单位床位数	Beds of Social Welfare Institutions	床	bed	
城镇基本养老保险参保人数	Staff Involved in Endowment Insurance	人	person	136900
城镇基本医疗保险参保人数	Staff Involved in Medical Insurance	人	person	148000

5-13 西青区社会经济基本情况(2014年)

Basic Statisitcs on Social and Economic Indicators of Xiqing District, 2014

指 标	Item	单 位	Unit	数 量 Number
一、基本情况	**Population, Labor and other**			
乡(镇)个数	Number of Town (township)	个	unit	7
街道办事处个数	Number of Subdistrict Offices	个	unit	2
行政区域土地面积	Area of Administrative Land	平方公里	sq.km	571
二、人口与就业	**Number of Village Committees**			
常住户数	Total Households	户	household	
常住人口	Total Population at year-end	万人	10000 persons	81
第一产业从业人员	Number of laborers in units	人	person	23199
第二产业从业人员	of which: Secondary Industry	人	person	290688
第三产业从业人员	Tertiary Industry	人	person	119732
三、综合经济	**General Economy**			
(一)地区生产总值	Gross Domestic Products	万元	10000 yuan	9647136
第一产业增加值	Added Value of Primary Industry	万元	10000 yuan	125036
#农 业	Farming	万元	10000 yuan	93826
林 业	Forestry	万元	10000 yuan	810
牧 业	Animal Husbandry	万元	10000 yuan	13111
渔 业	Fishery	万元	10000 yuan	17289
第二产业增加值	Added Value of Secondary Industry	万元	10000 yuan	5517200
#工 业	of which: Industry	万元	10000 yuan	5094000
第三产业增加值	Added Value of Tertiary Industry	万元	10000 yuan	4004900
(二)财政、金融	Government Finance and Banking			
公共财政收入	Total Financial Revenue	万元	10000 yuan	2346300
各项税收	Taxes	万元	10000 yuan	1386997
公共财政支出	Local General Budgetary Financial Expenditure	万元	10000 yuan	973550
#农林水事务支出	Expenses on Agriculture	万元	10000 yuan	54471
科学技术支出	Expenses on Science	万元	10000 yuan	16434
医疗卫生支出	Science and Technology Promotion Funds	万元	10000 yuan	99926
教育支出	Expenses on Education	万元	10000 yuan	160236
四、农业	**Agriculture**			
(一)生产条件	Cinditions of Agricultural			
耕地面积	cultivated area	公顷	hectares	13719
农业机械总动力	Total Power of Agricultural Machinery	万千瓦特	10 000 kw	29
有效灌溉面积	Effective Irrigated Area	公顷	hectares	8570
机电井数	Motor-pumped Well	眼	unit	1918
(二)农作物播种面积	Sown Areas of Farm Crops	公顷	hectares	18786
#粮食作物播种面积	Sown Areas of Grain	公顷	hectares	5748
蔬菜播种面积	Sown Areas of Vegetables	公顷	hectares	11613
(三)农产品产量	Yield of Farm Crops			
粮食总产量	Yield of Grain	吨	tons	30017
蔬菜产量	Yield of Vegetables	吨	tons	646662
(四)园林水果产量	Output of Fruits in Orchards	吨	tons	21973
(五)畜牧业生产	Production of Animal Husbandry			
肉类总产量	Output of Meat	吨	tons	15830
#猪肉产量	Pork	吨	tons	11642
年末生猪存栏	Pigs in Hand (year-end)	头	heads	101203

5-13 续表 continued

指 标	Item	单 位	Unit	数 量 Number
年末牛存栏	Cattle in Hand (year-end)	头	heads	3722
年末羊存栏	Sheep & Goats in Hand (year-end)	只	heads	13248
禽蛋产量	Output of Poultry Eggs	吨	tons	7043.6
奶类产量	Output of Milk	吨	tons	11211.1
(六)渔业生产	Production of Fishery			
水产品产量	Output of Aquatic Products	吨	tons	32730
五、工业及建筑业	**Industry and Construction**			
规模以上工业企业单位数	Industrial enterprises above designated size	个	unit	614
规模以上工业总产值(现价)	Gross Output Value of Industry (current price)	万元	10000 yuan	21674319
规模以上工业企业从业人员年平均人数	Annual Average Laborers	人	person	193100
规模以上工业企业主营业务收入	Sales Revenue	万元	10000 yuan	23509300
建筑业企业单位数	Number of Construction Enterprises	个	unit	1801
六、交通、通讯与能源	**Transportation, Post, Telecommunication, Energy**			
公路里程	Length of Highway	公里	km	599.6
民用汽车拥有量	Number of Civil Motor Vehicles Owned	辆	unit	53600
固定电话用户	Number of Residential Telephone Subscribers at year-end	户	subscriber	182500
移动电话用户	Number of Mobile Telephone Subscribers at year-end	户	subscriber	1045917
互联网宽带接入用户	Number of Subscriber of Internet Services	户	subscriber	40969
七、贸易、外经、旅游	**Trade, Foreign Economy and Tourism**			
社会消费品零售总额	Total Sales above Designated Size	万元	10000 yuan	1923750
出口总额	Total Exports	万美元	10000 USD	243389
当年实际使用外资金额	Foreign Investment Actually used in this year	万美元	10000 USD	109500
星级饭店客房总数	The total number of hotel rooms	间	unit	138
八、固定资产投资	**Investment in Fixed Assets**			
固定资产投资	Investment of Urban Units	万元	10000 yuan	9108782
新增固定资产投资	Newly Increased Fixed Assets of Urban Units	万元	10000 yuan	4945639
房地产开发投资	Investment of Real Estate Development	万元	10000 yuan	969840
#住 宅	of which: Residential Buildings	万元	10000 yuan	712461
住宅竣工面积	Floor Space of Residential Buildings	万平方米	10 000 sq. m	129
九、教育、科技、文化、卫生	**Education, Science and Technology, Culture and Health Care**			
普通中学	Number of Regular Secondary Schools	所	unit	15
小学数	Number of Primary Schools	所	unit	32
普通中学专任教师数	Full-time Teachers of Regular Secondary Schools	人	person	1367
小学专任教师数	Full-time Teachers of Primary Schools	人	person	1803
普通中学在校学生数	Students Enrollment of Regular Secondary Schools	人	person	17894
小学在校学生数	Students Enrollment of Primary Schools	人	person	26904
医疗卫生机构床位数	Beds of Hospitals	床	bed	975
医疗卫生机构技术人员	Medical Technical Personnel of Hospitals	人	person	1128
十、社会保障	**People's Life**			
各种社会福利收养性单位数	Number of Social Welfare Institutions	个	unit	
各种社会福利收养性单位床位数	Beds of Social Welfare Institutions	床	bed	
城镇基本养老保险参保人数	Staff Involved in Endowment Insurance	人	person	145900
城镇基本医疗保险参保人数	Staff Involved in Medical Insurance	人	person	161000

5-14 津南区社会经济基本情况(2014年)

Basic Statisitcs on Social and Economic Indicators of Jinnan District, 2014

指 标	Item	单 位	Unit	数 量 Number
一、基本情况	**Population, Labor and other**			
乡(镇)个数	Number of Town (township)	个	unit	8
街道办事处个数	Number of Subdistrict Offices	个	unit	
行政区域土地面积	Area of Administrative Land	平方公里	sq.km	398
二、人口与就业	**Number of Village Committees**			
常住户数	Total Households	户	household	173100
常住人口	Total Population at year-end	万人	10000 persons	50
第一产业从业人员	Number of laborers in units	人	person	11801
第二产业从业人员	of which: Secondary Industry	人	person	108795
第三产业从业人员	Tertiary Industry	人	person	105397
三、综合经济	**General Economy**			
(一)地区生产总值	Gross Domestic Products	万元	10000 yuan	7100056
第一产业增加值	Added Value of Primary Industry	万元	10000 yuan	57936
#农 业	Farming	万元	10000 yuan	11352
林 业	Forestry	万元	10000 yuan	369
牧 业	Animal Husbandry	万元	10000 yuan	11385
渔 业	Fishery	万元	10000 yuan	34829
第二产业增加值	Added Value of Secondary Industry	万元	10000 yuan	3572300
#工 业	of which: Industry	万元	10000 yuan	2893600
第三产业增加值	Added Value of Tertiary Industry	万元	10000 yuan	3469820
(二)财政、金融	Government Finance and Banking			
公共财政收入	Total Financial Revenue	万元	10000 yuan	2012744
各项税收	Taxes	万元	10000 yuan	458959
公共财政支出	Local General Budgetary Financial Expenditure	万元	10000 yuan	729856
#农林水事务支出	Expenses on Agriculture	万元	10000 yuan	14028
科学技术支出	Expenses on Science	万元	10000 yuan	15426
医疗卫生支出	Science and Technology Promotion Funds	万元	10000 yuan	43612
教育支出	Expenses on Education	万元	10000 yuan	95842
四、农业	**Agriculture**			
(一)生产条件	Cinditions of Agricultural			
耕地面积	cultivated area	公顷	hectares	13740
农业机械总动力	Total Power of Agricultural Machinery	万千瓦特	10 000 kw	23
有效灌溉面积	Effective Irrigated Area	公顷	hectares	2928
机电井数	Motor-pumped Well	眼	unit	896
(二)农作物播种面积	Sown Areas of Farm Crops	公顷	hectares	5455
#粮食作物播种面积	Sown Areas of Grain	公顷	hectares	3306
蔬菜播种面积	Sown Areas of Vegetables	公顷	hectares	942
(三)农产品产量	Yield of Farm Crops			
粮食总产量	Yield of Grain	吨	tons	13534
蔬菜产量	Yield of Vegetables	吨	tons	42945
(四)园林水果产量	Output of Fruits in Orchards	吨	tons	2218
(五)畜牧业生产	Production of Animal Husbandry			
肉类总产量	Output of Meat	吨	tons	16717
#猪肉产量	Pork	吨	tons	9387
年末生猪存栏	Pigs in Hand (year-end)	头	heads	47377

5-14 续表 continued

指 标	Item	单 位	Unit	数 量 Number
年末牛存栏	Cattle in Hand (year-end)	头	heads	871
年末羊存栏	Sheep & Goats in Hand (year-end)	只	heads	6142
禽蛋产量	Output of Poultry Eggs	吨	tons	861
奶类产量	Output of Milk	吨	tons	1000
(六)渔业生产	Production of Fishery			
水产品产量	Output of Aquatic Products	吨	tons	20088
五、工业及建筑业	**Industry and Construction**			
规模以上工业企业单位数	Industrial enterprises above designated size	个	unit	
规模以上工业总产值(现价)	Gross Output Value of Industry (current price)	万元	10000 yuan	
规模以上工业企业从业人员年平均人数	Annual Average Laborers	人	person	
规模以上工业企业主营业务收入	Sales Revenue	万元	10000 yuan	
建筑业企业单位数	Number of Construction Enterprises	个	unit	
六、交通、通讯与能源	**Transportation, Post, Telecommunication, Energy**			
公路里程	Length of Highway	公里	km	717
民用汽车拥有量	Number of Civil Motor Vehicles Owned	辆	unit	
固定电话用户	Number of Residential Telephone Subscribers at year-end	户	subscriber	84500
移动电话用户	Number of Mobile Telephone Subscribers at year-end	户	subscriber	335141
互联网宽带接入用户	Number of Subscriber of Internet Services	户	subscriber	35822
七、贸易、外经、旅游	**Trade, Foreign Economy and Tourism**			
社会消费品零售总额	Total Sales above Designated Size	万元	10000 yuan	2322973
出口总额	Total Exports	万美元	10000 USD	136793
当年实际使用外资金额	Foreign Investment Actually used in this year	万美元	10000 USD	57660
星级饭店客房总数	The total number of hotel rooms	间	unit	611
八、固定资产投资	**Investment in Fixed Assets**			
固定资产投资	Investment of Urban Units	万元	10000 yuan	7756800
新增固定资产投资	Newly Increased Fixed Assets of Urban Units	万元	10000 yuan	4496707
房地产开发投资	Investment of Real Estate Development	万元	10000 yuan	1845223
#住 宅	of which: Residential Buildings	万元	10000 yuan	1593841
住宅竣工面积	Floor Space of Residential Buildings	万平方米	10 000 sq. m	371
九、教育、科技、文化、卫生	**Education, Science and Technology, Culture and Health Care**			
普通中学	Number of Regular Secondary Schools	所	unit	16
小学数	Number of Primary Schools	所	unit	33
普通中学专任教师数	Full-time Teachers of Regular Secondary Schools	人	person	1292
小学专任教师数	Full-time Teachers of Primary Schools	人	person	1710
普通中学在校学生数	Students Enrollment of Regular Secondary Schools	人	person	18231
小学在校学生数	Students Enrollment of Primary Schools	人	person	30170
医疗卫生机构床位数	Beds of Hospitals	床	bed	789
医疗卫生机构技术人员	Medical Technical Personnel of Hospitals	人	person	1106
十、社会保障	**People's Life**			
各种社会福利收养性单位数	Number of Social Welfare Institutions	个	unit	9
各种社会福利收养性单位床位数	Beds of Social Welfare Institutions	床	bed	3894
城镇基本养老保险参保人数	Staff Involved in Endowment Insurance	人	person	96910
城镇基本医疗保险参保人数	Staff Involved in Medical Insurance	人	person	109417

5-15 北辰区社会经济基本情况(2014年)
Basic Statisitcs on Social and Economic Indicators of Beichen District, 2014

指 标	Item	单 位	Unit	数 量 Number
一、基本情况	**Population, Labor and other**			
乡(镇)个数	Number of Town (township)	个	unit	9
街道办事处个数	Number of Subdistrict Offices	个	unit	7
行政区域土地面积	Area of Administrative Land	平方公里	sq.km	479
二、人口与就业	**Number of Village Committees**			
常住户数	Total Households	户	household	
常住人口	Total Population at year-end	万人	10000 persons	81
第一产业从业人员	Number of laborers in units	人	person	22500
第二产业从业人员	of which: Secondary Industry	人	person	
第三产业从业人员	Tertiary Industry	人	person	
三、综合经济	**General Economy**			
(一)地区生产总值	Gross Domestic Products	万元	10000 yuan	8856827
第一产业增加值	Added Value of Primary Industry	万元	10000 yuan	106753
#农 业	Farming	万元	10000 yuan	49499
林 业	Forestry	万元	10000 yuan	164
牧 业	Animal Husbandry	万元	10000 yuan	50463
渔 业	Fishery	万元	10000 yuan	6627
第二产业增加值	Added Value of Secondary Industry	万元	10000 yuan	5526427
#工 业	of which: Industry	万元	10000 yuan	5221218
第三产业增加值	Added Value of Tertiary Industry	万元	10000 yuan	3223647
(二)财政、金融	Government Finance and Banking			
公共财政收入	Total Financial Revenue	万元	10000 yuan	1503737
各项税收	Taxes	万元	10000 yuan	1029083
公共财政支出	Local General Budgetary Financial Expenditure	万元	10000 yuan	810675
#农林水事务支出	Expenses on Agriculture	万元	10000 yuan	41009
科学技术支出	Expenses on Science	万元	10000 yuan	20288
医疗卫生支出	Science and Technology Promotion Funds	万元	10000 yuan	66037
教育支出	Expenses on Education	万元	10000 yuan	112564
四、农业	**Agriculture**			
(一)生产条件	Cinditions of Agricultural			
耕地面积	cultivated area	公顷	hectares	18010
农业机械总动力	Total Power of Agricultural Machinery	万千瓦特	10 000 kw	
有效灌溉面积	Effective Irrigated Area	公顷	hectares	11110
机电井数	Motor-pumped Well	眼	unit	176
(二)农作物播种面积	Sown Areas of Farm Crops	公顷	hectares	15429
#粮食作物播种面积	Sown Areas of Grain	公顷	hectares	8106
蔬菜播种面积	Sown Areas of Vegetables	公顷	hectares	5410
(三)农产品产量	Yield of Farm Crops			
粮食总产量	Yield of Grain	吨	tons	39562
蔬菜产量	Yield of Vegetables	吨	tons	251579
(四)园林水果产量	Output of Fruits in Orchards	吨	tons	15841
(五)畜牧业生产	Production of Animal Husbandry			
肉类总产量	Output of Meat	吨	tons	23748
#猪肉产量	Pork	吨	tons	14167
年末生猪存栏	Pigs in Hand (year-end)	头	heads	95541

5-15 续表 continued

指 标	Item	单 位	Unit	数 量 Number
年末牛存栏	Cattle in Hand (year-end)	头	heads	37250
年末羊存栏	Sheep & Goats in Hand (year-end)	只	heads	34081
禽蛋产量	Output of Poultry Eggs	吨	tons	14110
奶类产量	Output of Milk	吨	tons	146705
(六)渔业生产	Production of Fishery			
水产品产量	Output of Aquatic Products	吨	tons	9416
五、工业及建筑业	**Industry and Construction**			
规模以上工业企业单位数	Industrial enterprises above designated size	个	unit	605
规模以上工业总产值(现价)	Gross Output Value of Industry (current price)	万元	10000 yuan	20855538
规模以上工业企业从业人员年平均人数	Annual Average Laborers	人	person	126347
规模以上工业企业主营业务收入	Sales Revenue	万元	10000 yuan	23777517
建筑业企业单位数	Number of Construction Enterprises	个	unit	76
六、交通、通讯与能源	**Transportation, Post, Telecommunication, Energy**			
公路里程	Length of Highway	公里	km	142.04
民用汽车拥有量	Number of Civil Motor Vehicles Owned	辆	unit	
固定电话用户	Number of Residential Telephone Subscribers at year-end	户	subscriber	
移动电话用户	Number of Mobile Telephone Subscribers at year-end	户	subscriber	
互联网宽带接入用户	Number of Subscriber of Internet Services	户	subscriber	
七、贸易、外经、旅游	**Trade, Foreign Economy and Tourism**			
社会消费品零售总额	Total Sales above Designated Size	万元	10000 yuan	1847738
出口总额	Total Exports	万美元	10000 USD	285248
当年实际使用外资金额	Foreign Investment Actually used in this year	万美元	10000 USD	101657
星级饭店客房总数	The total number of hotel rooms	间	unit	
八、固定资产投资	**Investment in Fixed Assets**			
固定资产投资	Investment of Urban Units	万元	10000 yuan	8227434
新增固定资产投资	Newly Increased Fixed Assets of Urban Units	万元	10000 yuan	4043316
房地产开发投资	Investment of Real Estate Development	万元	10000 yuan	1286642
#住 宅	of which: Residential Buildings	万元	10000 yuan	947796
住宅竣工面积	Floor Space of Residential Buildings	万平方米	10 000 sq. m	138
九、教育、科技、文化、卫生	**Education, Science and Technology, Culture and Health Care**			
普通中学	Number of Regular Secondary Schools	所	unit	20
小学数	Number of Primary Schools	所	unit	39
普通中学专任教师数	Full-time Teachers of Regular Secondary Schools	人	person	1408
小学专任教师数	Full-time Teachers of Primary Schools	人	person	1787
普通中学在校学生数	Students Enrollment of Regular Secondary Schools	人	person	15910
小学在校学生数	Students Enrollment of Primary Schools	人	person	30362
医疗卫生机构床位数	Beds of Hospitals	床	bed	1830
医疗卫生机构技术人员	Medical Technical Personnel of Hospitals	人	person	2899
十、社会保障	**People's Life**			
各种社会福利收养性单位数	Number of Social Welfare Institutions	个	unit	
各种社会福利收养性单位床位数	Beds of Social Welfare Institutions	床	bed	
城镇基本养老保险参保人数	Staff Involved in Endowment Insurance	人	person	131219
城镇基本医疗保险参保人数	Staff Involved in Medical Insurance	人	person	142859

5-16 武清区社会经济基本情况(2014年)
Basic Statisitcs on Social and Economic Indicators of Wuqing District, 2014

指 标	Item	单 位	Unit	数 量 Number
一、基本情况	**Population, Labor and other**			
乡(镇)个数	Number of Town (township)	个	unit	24
街道办事处个数	Number of Subdistrict Offices	个	unit	6
行政区域土地面积	Area of Administrative Land	平方公里	sq.km	1569
二、人口与就业	**Number of Village Committees**			
常住户数	Total Households	户	household	292121
常住人口	Total Population at year-end	万人	10000 persons	113
第一产业从业人员	Number of laborers in units	人	person	166207
第二产业从业人员	of which: Secondary Industry	人	person	352664
第三产业从业人员	Tertiary Industry	人	person	177594
三、综合经济	**General Economy**			
(一)地区生产总值	Gross Domestic Products	万元	10000 yuan	9507233
第一产业增加值	Added Value of Primary Industry	万元	10000 yuan	376833
#农 业	Farming	万元	10000 yuan	251455
林 业	Forestry	万元	10000 yuan	10892
牧 业	Animal Husbandry	万元	10000 yuan	74131
渔 业	Fishery	万元	10000 yuan	40355
第二产业增加值	Added Value of Secondary Industry	万元	10000 yuan	5339800
#工 业	of which: Industry	万元	10000 yuan	4926600
第三产业增加值	Added Value of Tertiary Industry	万元	10000 yuan	3790600
(二)财政、金融	Government Finance and Banking			
公共财政收入	Total Financial Revenue	万元	10000 yuan	2460180
各项税收	Taxes	万元	10000 yuan	1858640
公共财政支出	Local General Budgetary Financial Expenditure	万元	10000 yuan	1234795
#农林水事务支出	Expenses on Agriculture	万元	10000 yuan	75333
科学技术支出	Expenses on Science	万元	10000 yuan	19487
医疗卫生支出	Science and Technology Promotion Funds	万元	10000 yuan	80282
教育支出	Expenses on Education	万元	10000 yuan	341281
四、农业	**Agriculture**			
(一)生产条件	Cinditions of Agricultural			
耕地面积	cultivated area	公顷	hectares	84931
农业机械总动力	Total Power of Agricultural Machinery	万千瓦特	10 000 kw	112
有效灌溉面积	Effective Irrigated Area	公顷	hectares	60200
机电井数	Motor-pumped Well	眼	unit	5193
(二)农作物播种面积	Sown Areas of Farm Crops	公顷	hectares	117603
#粮食作物播种面积	Sown Areas of Grain	公顷	hectares	88937
蔬菜播种面积	Sown Areas of Vegetables	公顷	hectares	22668
(三)农产品产量	Yield of Farm Crops			
粮食总产量	Yield of Grain	吨	tons	482443
蔬菜产量	Yield of Vegetables	吨	tons	1372058
(四)园林水果产量	Output of Fruits in Orchards	吨	tons	55379
(五)畜牧业生产	Production of Animal Husbandry			
肉类总产量	Output of Meat	吨	tons	51185
#猪肉产量	Pork	吨	tons	26476
年末生猪存栏	Pigs in Hand (year-end)	头	heads	206548

5-16 续表 continued

指标	Item	单位	Unit	数量 Number
年末牛存栏	Cattle in Hand (year-end)	头	heads	72261
年末羊存栏	Sheep & Goats in Hand (year-end)	只	heads	84652
禽蛋产量	Output of Poultry Eggs	吨	tons	28604
奶类产量	Output of Milk	吨	tons	212832
(六)渔业生产	Production of Fishery			
水产品产量	Output of Aquatic Products	吨	tons	72338
五、工业及建筑业	**Industry and Construction**			
规模以上工业企业单位数	Industrial enterprises above designated size	个	unit	542
规模以上工业总产值(现价)	Gross Output Value of Industry (current price)	万元	10000 yuan	18408942
规模以上工业企业从业人员年平均人数	Annual Average Laborers	人	person	181646
规模以上工业企业主营业务收入	Sales Revenue	万元	10000 yuan	18040975
建筑业企业单位数	Number of Construction Enterprises	个	unit	189
六、交通、通讯与能源	**Transportation, Post, Telecommunication, Energy**			
公路里程	Length of Highway	公里	km	2254
民用汽车拥有量	Number of Civil Motor Vehicles Owned	辆	unit	
固定电话用户	Number of Residential Telephone Subscribers at year-end	户	subscriber	192669
移动电话用户	Number of Mobile Telephone Subscribers at year-end	户	subscriber	782926
互联网宽带接入用户	Number of Subscriber of Internet Services	户	subscriber	124418
七、贸易、外经、旅游	**Trade, Foreign Economy and Tourism**			
社会消费品零售总额	Total Sales above Designated Size	万元	10000 yuan	2674068
出口总额	Total Exports	万美元	10000 USD	285474
当年实际使用外资金额	Foreign Investment Actually used in this year	万美元	10000 USD	73480
星级饭店客房总数	The total number of hotel rooms	间	unit	
八、固定资产投资	**Investment in Fixed Assets**			
固定资产投资	Investment of Urban Units	万元	10000 yuan	10029439
新增固定资产投资	Newly Increased Fixed Assets of Urban Units	万元	10000 yuan	7570858
房地产开发投资	Investment of Real Estate Development	万元	10000 yuan	1554083
#住　宅	of which: Residential Buildings	万元	10000 yuan	1297053
住宅竣工面积	Floor Space of Residential Buildings	万平方米	10 000 sq. m	555
九、教育、科技、文化、卫生	**Education, Science and Technology, Culture and Health Care**			
普通中学	Number of Regular Secondary Schools	所	unit	54
小学数	Number of Primary Schools	所	unit	113
普通中学专任教师数	Full-time Teachers of Regular Secondary Schools	人	person	4565
小学专任教师数	Full-time Teachers of Primary Schools	人	person	4145
普通中学在校学生数	Students Enrollment of Regular Secondary Schools	人	person	54121
小学在校学生数	Students Enrollment of Primary Schools	人	person	60380
医疗卫生机构床位数	Beds of Hospitals	床	bed	3707
医疗卫生机构技术人员	Medical Technical Personnel of Hospitals	人	person	4661
十、社会保障	**People's Life**			
各种社会福利收养性单位数	Number of Social Welfare Institutions	个	unit	44
各种社会福利收养性单位床位数	Beds of Social Welfare Institutions	床	bed	4558
城镇基本养老保险参保人数	Staff Involved in Endowment Insurance	人	person	125301
城镇基本医疗保险参保人数	Staff Involved in Medical Insurance	人	person	145747

5-17 宝坻区社会经济基本情况(2014年)
Basic Statisitcs on Social and Economic Indicators of Baodi District, 2014

指 标	Item	单 位	Unit	数 量 Number
一、基本情况	**Population, Labor and other**			
乡(镇)个数	Number of Town (township)	个	unit	16
街道办事处个数	Number of Subdistrict Offices	个	unit	8
行政区域土地面积	Area of Administrative Land	平方公里	sq.km	1450
二、人口与就业	**Number of Village Committees**			
常住户数	Total Households	户	household	222512
常住人口	Total Population at year-end	万人	10000 persons	90
第一产业从业人员	Number of laborers in units	人	person	132878
第二产业从业人员	of which: Secondary Industry	人	person	234758
第三产业从业人员	Tertiary Industry	人	person	74310
三、综合经济	**General Economy**			
(一)地区生产总值	Gross Domestic Products	万元	10000 yuan	5647332
第一产业增加值	Added Value of Primary Industry	万元	10000 yuan	356103
#农 业	Farming	万元	10000 yuan	189562
林 业	Forestry	万元	10000 yuan	1228
牧 业	Animal Husbandry	万元	10000 yuan	138073
渔 业	Fishery	万元	10000 yuan	27240
第二产业增加值	Added Value of Secondary Industry	万元	10000 yuan	2517148
#工 业	of which: Industry	万元	10000 yuan	2171401
第三产业增加值	Added Value of Tertiary Industry	万元	10000 yuan	2774081
(二)财政、金融	Government Finance and Banking			
公共财政收入	Total Financial Revenue	万元	10000 yuan	500826
各项税收	Taxes	万元	10000 yuan	341183
公共财政支出	Local General Budgetary Financial Expenditure	万元	10000 yuan	737210
#农林水事务支出	Expenses on Agriculture	万元	10000 yuan	73191
科学技术支出	Expenses on Science	万元	10000 yuan	10695
医疗卫生支出	Science and Technology Promotion Funds	万元	10000 yuan	51287
教育支出	Expenses on Education	万元	10000 yuan	265637
四、农业	**Agriculture**			
(一)生产条件	Cinditions of Agricultural			
耕地面积	cultivated area	公顷	hectares	73743
农业机械总动力	Total Power of Agricultural Machinery	万千瓦特	10 000 kw	90
有效灌溉面积	Effective Irrigated Area	公顷	hectares	65530
机电井数	Motor-pumped Well	眼	unit	4552
(二)农作物播种面积	Sown Areas of Farm Crops	公顷	hectares	105524
#粮食作物播种面积	Sown Areas of Grain	公顷	hectares	87851
蔬菜播种面积	Sown Areas of Vegetables	公顷	hectares	10511
(三)农产品产量	Yield of Farm Crops			
粮食总产量	Yield of Grain	吨	tons	446715
蔬菜产量	Yield of Vegetables	吨	tons	560340
(四)园林水果产量	Output of Fruits in Orchards	吨	tons	23073
(五)畜牧业生产	Production of Animal Husbandry			
肉类总产量	Output of Meat	吨	tons	76293
#猪肉产量	Pork	吨	tons	55963
年末生猪存栏	Pigs in Hand (year-end)	头	heads	306102

5-17 续表 continued

指 标	Item	单 位	Unit	数 量 Number
年末牛存栏	Cattle in Hand (year-end)	头	heads	39260
年末羊存栏	Sheep & Goats in Hand (year-end)	只	heads	77048
禽蛋产量	Output of Poultry Eggs	吨	tons	42590
奶类产量	Output of Milk	吨	tons	24285
(六)渔业生产	Production of Fishery			
水产品产量	Output of Aquatic Products	吨	tons	42912
五、工业及建筑业	**Industry and Construction**			
规模以上工业企业单位数	Industrial enterprises above designated size	个	unit	418
规模以上工业总产值(现价)	Gross Output Value of Industry (current price)	万元	10000 yuan	7777958
规模以上工业企业从业人员年平均人数	Annual Average Laborers	人	person	86126
规模以上工业企业主营业务收入	Sales Revenue	万元	10000 yuan	7766770
建筑业企业单位数	Number of Construction Enterprises	个	unit	93
六、交通、通讯与能源	**Transportation, Post, Telecommunication, Energy**			
公路里程	Length of Highway	公里	km	2026
民用汽车拥有量	Number of Civil Motor Vehicles Owned	辆	unit	43800
固定电话用户	Number of Residential Telephone Subscribers at year-end	户	subscriber	224500
移动电话用户	Number of Mobile Telephone Subscribers at year-end	户	subscriber	365700
互联网宽带接入用户	Number of Subscriber of Internet Services	户	subscriber	125000
七、贸易、外经、旅游	**Trade, Foreign Economy and Tourism**			
社会消费品零售总额	Total Sales above Designated Size	万元	10000 yuan	1683771
出口总额	Total Exports	万美元	10000 USD	52037
当年实际使用外资金额	Foreign Investment Actually used in this year	万美元	10000 USD	28500
星级饭店客房总数	The total number of hotel rooms	间	unit	250
八、固定资产投资	**Investment in Fixed Assets**			
固定资产投资	Investment of Urban Units	万元	10000 yuan	6392500
新增固定资产投资	Newly Increased Fixed Assets of Urban Units	万元	10000 yuan	1091300
房地产开发投资	Investment of Real Estate Development	万元	10000 yuan	381694
#住 宅	of which: Residential Buildings	万元	10000 yuan	193000
住宅竣工面积	Floor Space of Residential Buildings	万平方米	10 000 sq. m	93
九、教育、科技、文化、卫生	**Education, Science and Technology, Culture and Health Care**			
普通中学	Number of Regular Secondary Schools	所	unit	42
小学数	Number of Primary Schools	所	unit	80
普通中学专任教师数	Full-time Teachers of Regular Secondary Schools	人	person	3570
小学专任教师数	Full-time Teachers of Primary Schools	人	person	2699
普通中学在校学生数	Students Enrollment of Regular Secondary Schools	人	person	33674
小学在校学生数	Students Enrollment of Primary Schools	人	person	35593
医疗卫生机构床位数	Beds of Hospitals	床	bed	2223
医疗卫生机构技术人员	Medical Technical Personnel of Hospitals	人	person	2515
十、社会保障	**People's Life**			
各种社会福利收养性单位数	Number of Social Welfare Institutions	个	unit	18
各种社会福利收养性单位床位数	Beds of Social Welfare Institutions	床	bed	515
城镇基本养老保险参保人数	Staff Involved in Endowment Insurance	人	person	65370
城镇基本医疗保险参保人数	Staff Involved in Medical Insurance	人	person	143300

5-18 宁河县社会经济基本情况(2014年)
Basic Statisitcs on Social and Economic Indicators of Ninghe County, 2014

指 标	Item	单 位	Unit	数 量 Number
一、基本情况	**Population, Labor and other**			
乡(镇)个数	Number of Town (township)	个	unit	14
街道办事处个数	Number of Subdistrict Offices	个	unit	
行政区域土地面积	Area of Administrative Land	平方公里	sq.km	1031
二、人口与就业	**Number of Village Committees**			
常住户数	Total Households	户	household	120934
常住人口	Total Population at year-end	万人	10000 persons	38
第一产业从业人员	Number of laborers in units	人	person	64748
第二产业从业人员	of which: Secondary Industry	人	person	59952
第三产业从业人员	Tertiary Industry	人	person	44936
三、综合经济	**General Economy**			
(一)地区生产总值	Gross Domestic Products	万元	10000 yuan	5017157
第一产业增加值	Added Value of Primary Industry	万元	10000 yuan	307627
#农 业	Farming	万元	10000 yuan	130070
林 业	Forestry	万元	10000 yuan	4574
牧 业	Animal Husbandry	万元	10000 yuan	125472
渔 业	Fishery	万元	10000 yuan	47511
第二产业增加值	Added Value of Secondary Industry	万元	10000 yuan	2478007
#工 业	of which: Industry	万元	10000 yuan	2338648
第三产业增加值	Added Value of Tertiary Industry	万元	10000 yuan	2231523
(二)财政、金融	Government Finance and Banking			
公共财政收入	Total Financial Revenue	万元	10000 yuan	337618
各项税收	Taxes	万元	10000 yuan	104738
公共财政支出	Local General Budgetary Financial Expenditure	万元	10000 yuan	492916
#农林水事务支出	Expenses on Agriculture	万元	10000 yuan	52055
科学技术支出	Expenses on Science	万元	10000 yuan	7617
医疗卫生支出	Science and Technology Promotion Funds	万元	10000 yuan	41231
教育支出	Expenses on Education	万元	10000 yuan	115318
四、农业	**Agriculture**			
(一)生产条件	Cinditions of Agricultural			
耕地面积	cultivated area	公顷	hectares	39011
农业机械总动力	Total Power of Agricultural Machinery	万千瓦特	10 000 kw	57
有效灌溉面积	Effective Irrigated Area	公顷	hectares	36296
机电井数	Motor-pumped Well	眼	unit	3252
(二)农作物播种面积	Sown Areas of Farm Crops	公顷	hectares	38423
#粮食作物播种面积	Sown Areas of Grain	公顷	hectares	15169
蔬菜播种面积	Sown Areas of Vegetables	公顷	hectares	9816
(三)农产品产量	Yield of Farm Crops			
粮食总产量	Yield of Grain	吨	tons	96108
蔬菜产量	Yield of Vegetables	吨	tons	549741
(四)园林水果产量	Output of Fruits in Orchards	吨	tons	27991
(五)畜牧业生产	Production of Animal Husbandry			
肉类总产量	Output of Meat	吨	tons	110643
#猪肉产量	Pork	吨	tons	75389
年末生猪存栏	Pigs in Hand (year-end)	头	heads	476295

5-18　续表　continued

指　　标	Item	单　位	Unit	数　量 Number
年末牛存栏	Cattle in Hand (year-end)	头	heads	27646
年末羊存栏	Sheep & Goats in Hand (year-end)	只	heads	25060
禽蛋产量	Output of Poultry Eggs	吨	tons	21085
奶类产量	Output of Milk	吨	tons	78009
(六)渔业生产	Production of Fishery			
水产品产量	Output of Aquatic Products	吨	tons	63075
五、工业及建筑业	**Industry and Construction**			
规模以上工业企业单位数	Industrial enterprises above designated size	个	unit	264
规模以上工业总产值(现价)	Gross Output Value of Industry (current price)	万元	10000 yuan	6947300
规模以上工业企业从业人员年平均人数	Annual Average Laborers	人	person	58654
规模以上工业企业主营业务收入	Sales Revenue	万元	10000 yuan	7154000
建筑业企业单位数	Number of Construction Enterprises	个	unit	98
六、交通、通讯与能源	**Transportation, Post, Telecommunication, Energy**			
公路里程	Length of Highway	公里	km	1229.7
民用汽车拥有量	Number of Civil Motor Vehicles Owned	辆	unit	
固定电话用户	Number of Residential Telephone Subscribers at year-end	户	subscriber	124765
移动电话用户	Number of Mobile Telephone Subscribers at year-end	户	subscriber	331681
互联网宽带接入用户	Number of Subscriber of Internet Services	户	subscriber	75619
七、贸易、外经、旅游	**Trade, Foreign Economy and Tourism**			
社会消费品零售总额	Total Sales above Designated Size	万元	10000 yuan	966000
出口总额	Total Exports	万美元	10000 USD	32306
当年实际使用外资金额	Foreign Investment Actually used in this year	万美元	10000 USD	30638
星级饭店客房总数	The total number of hotel rooms	间	unit	355
八、固定资产投资	**Investment in Fixed Assets**			
固定资产投资	Investment of Urban Units	万元	10000 yuan	5964500
新增固定资产投资	Newly Increased Fixed Assets of Urban Units	万元	10000 yuan	4838792
房地产开发投资	Investment of Real Estate Development	万元	10000 yuan	115252
#住　　宅	of which: Residential Buildings	万元	10000 yuan	99386
住宅竣工面积	Floor Space of Residential Buildings	万平方米	10 000 sq. m	5
九、教育、科技、文化、卫生	**Education, Science and Technology, Culture and Health Care**			
普通中学	Number of Regular Secondary Schools	所	unit	29
小学数	Number of Primary Schools	所	unit	54
普通中学专任教师数	Full-time Teachers of Regular Secondary Schools	人	person	2186
小学专任教师数	Full-time Teachers of Primary Schools	人	person	2072
普通中学在校学生数	Students Enrollment of Regular Secondary Schools	人	person	17937
小学在校学生数	Students Enrollment of Primary Schools	人	person	26725
医疗卫生机构床位数	Beds of Hospitals	床	bed	1301
医疗卫生机构技术人员	Medical Technical Personnel of Hospitals	人	person	1686
十、社会保障	**People's Life**			
各种社会福利收养性单位数	Number of Social Welfare Institutions	个	unit	10
各种社会福利收养性单位床位数	Beds of Social Welfare Institutions	床	bed	143
城镇基本养老保险参保人数	Staff Involved in Endowment Insurance	人	person	32515
城镇基本医疗保险参保人数	Staff Involved in Medical Insurance	人	person	64791

5-19 静海县社会经济基本情况(2014年)
Basic Statisitcs on Social and Economic Indicators of Jinghai County, 2014

指 标	Item	单 位	Unit	数 量 Number
一、基本情况	**Population, Labor and other**			
乡(镇)个数	Number of Town (township)	个	unit	18
街道办事处个数	Number of Subdistrict Offices	个	unit	
行政区域土地面积	Area of Administrative Land	平方公里	sq.km	1415
二、人口与就业	**Number of Village Committees**			
常住户数	Total Households	户	household	232641
常住人口	Total Population at year-end	万人	10000 persons	77
第一产业从业人员	Number of laborers in units	人	person	80959
第二产业从业人员	of which: Secondary Industry	人	person	185814
第三产业从业人员	Tertiary Industry	人	person	132147
三、综合经济	**General Economy**			
(一)地区生产总值	Gross Domestic Products	万元	10000 yuan	5833800
第一产业增加值	Added Value of Primary Industry	万元	10000 yuan	227462
#农 业	Farming	万元	10000 yuan	124700
林 业	Forestry	万元	10000 yuan	13257
牧 业	Animal Husbandry	万元	10000 yuan	75990
渔 业	Fishery	万元	10000 yuan	13515
第二产业增加值	Added Value of Secondary Industry	万元	10000 yuan	3298512
#工 业	of which: Industry	万元	10000 yuan	2992400
第三产业增加值	Added Value of Tertiary Industry	万元	10000 yuan	2307826
(二)财政、金融	Government Finance and Banking			
公共财政收入	Total Financial Revenue	万元	10000 yuan	515188
各项税收	Taxes	万元	10000 yuan	299612
公共财政支出	Local General Budgetary Financial Expenditure	万元	10000 yuan	727318
#农林水事务支出	Expenses on Agriculture	万元	10000 yuan	54094
科学技术支出	Expenses on Science	万元	10000 yuan	10566
医疗卫生支出	Science and Technology Promotion Funds	万元	10000 yuan	56014
教育支出	Expenses on Education	万元	10000 yuan	172582
四、农业	**Agriculture**			
(一)生产条件	Cinditions of Agricultural			
耕地面积	cultivated area	公顷	hectares	61924
农业机械总动力	Total Power of Agricultural Machinery	万千瓦特	10 000 kw	67
有效灌溉面积	Effective Irrigated Area	公顷	hectares	40714
机电井数	Motor-pumped Well	眼	unit	3131
(二)农作物播种面积	Sown Areas of Farm Crops	公顷	hectares	63664
#粮食作物播种面积	Sown Areas of Grain	公顷	hectares	50227
蔬菜播种面积	Sown Areas of Vegetables	公顷	hectares	8508
(三)农产品产量	Yield of Farm Crops			
粮食总产量	Yield of Grain	吨	tons	227713
蔬菜产量	Yield of Vegetables	吨	tons	509279
(四)园林水果产量	Output of Fruits in Orchards	吨	tons	35810
(五)畜牧业生产	Production of Animal Husbandry			
肉类总产量	Output of Meat	吨	tons	59688
#猪肉产量	Pork	吨	tons	31718
年末生猪存栏	Pigs in Hand (year-end)	头	heads	221073

5-19 续表 continued

指 标	Item	单 位	Unit	数 量 Number
年末牛存栏	Cattle in Hand (year-end)	头	heads	29344
年末羊存栏	Sheep & Goats in Hand (year-end)	只	heads	80315
禽蛋产量	Output of Poultry Eggs	吨	tons	13710
奶类产量	Output of Milk	吨	tons	142396
(六)渔业生产	Production of Fishery			
水产品产量	Output of Aquatic Products	吨	tons	25065
五、工业及建筑业	**Industry and Construction**			
规模以上工业企业单位数	Industrial enterprises above designated size	个	unit	586
规模以上工业总产值(现价)	Gross Output Value of Industry (current price)	万元	10000 yuan	17193280
规模以上工业企业从业人员年平均人数	Annual Average Laborers	人	person	93293
规模以上工业企业主营业务收入	Sales Revenue	万元	10000 yuan	17560514
建筑业企业单位数	Number of Construction Enterprises	个	unit	75
六、交通、通讯与能源	**Transportation, Post, Telecommunication, Energy**			
公路里程	Length of Highway	公里	km	2115
民用汽车拥有量	Number of Civil Motor Vehicles Owned	辆	unit	86454
固定电话用户	Number of Residential Telephone Subscribers at year-end	户	subscriber	167920
移动电话用户	Number of Mobile Telephone Subscribers at year-end	户	subscriber	278370
互联网宽带接入用户	Number of Subscriber of Internet Services	户	subscriber	145207
七、贸易、外经、旅游	**Trade, Foreign Economy and Tourism**			
社会消费品零售总额	Total Sales above Designated Size	万元	10000 yuan	1221732
出口总额	Total Exports	万美元	10000 USD	142538
当年实际使用外资金额	Foreign Investment Actually used in this year	万美元	10000 USD	23223
星级饭店客房总数	The total number of hotel rooms	间	unit	484
八、固定资产投资	**Investment in Fixed Assets**			
固定资产投资	Investment of Urban Units	万元	10000 yuan	6012326
新增固定资产投资	Newly Increased Fixed Assets of Urban Units	万元	10000 yuan	3731254
房地产开发投资	Investment of Real Estate Development	万元	10000 yuan	469829
#住 宅	of which: Residential Buildings	万元	10000 yuan	290183
住宅竣工面积	Floor Space of Residential Buildings	万平方米	10 000 sq. m	50
九、教育、科技、文化、卫生	**Education, Science and Technology, Culture and Health Care**			
普通中学	Number of Regular Secondary Schools	所	unit	47
小学数	Number of Primary Schools	所	unit	98
普通中学专任教师数	Full-time Teachers of Regular Secondary Schools	人	person	2862
小学专任教师数	Full-time Teachers of Primary Schools	人	person	3142
普通中学在校学生数	Students Enrollment of Regular Secondary Schools	人	person	35562
小学在校学生数	Students Enrollment of Primary Schools	人	person	57689
医疗卫生机构床位数	Beds of Hospitals	床	bed	1646
医疗卫生机构技术人员	Medical Technical Personnel of Hospitals	人	person	2374
十、社会保障	**People's Life**			
各种社会福利收养性单位数	Number of Social Welfare Institutions	个	unit	18
各种社会福利收养性单位床位数	Beds of Social Welfare Institutions	床	bed	2403
城镇基本养老保险参保人数	Staff Involved in Endowment Insurance	人	person	57699
城镇基本医疗保险参保人数	Staff Involved in Medical Insurance	人	person	

5-20 蓟县社会经济基本情况(2014年)
Basic Statisitcs on Social and Economic Indicators of Jixian County, 2014

指 标	Item	单 位	Unit	数 量 Number
一、基本情况	**Population, Labor and other**			
乡(镇)个数	Number of Town (township)	个	unit	26
街道办事处个数	Number of Subdistrict Offices	个	unit	1
行政区域土地面积	Area of Administrative Land	平方公里	sq.km	1590
二、人口与就业	**Number of Village Committees**			
常住户数	Total Households	户	household	245041
常住人口	Total Population at year-end	万人	10000 persons	84
第一产业从业人员	Number of laborers in units	人	person	136781
第二产业从业人员	of which: Secondary Industry	人	person	113895
第三产业从业人员	Tertiary Industry	人	person	88976
三、综合经济	**General Economy**			
(一)地区生产总值	Gross Domestic Products	万元	10000 yuan	3509092
第一产业增加值	Added Value of Primary Industry	万元	10000 yuan	306107
#农 业	Farming	万元	10000 yuan	159285
林 业	Forestry	万元	10000 yuan	2996
牧 业	Animal Husbandry	万元	10000 yuan	128632
渔 业	Fishery	万元	10000 yuan	15194
第二产业增加值	Added Value of Secondary Industry	万元	10000 yuan	1150275
#工 业	of which: Industry	万元	10000 yuan	809615
第三产业增加值	Added Value of Tertiary Industry	万元	10000 yuan	2052711
(二)财政、金融	Government Finance and Banking			
公共财政收入	Total Financial Revenue	万元	10000 yuan	829711
各项税收	Taxes	万元	10000 yuan	328413
公共财政支出	Local General Budgetary Financial Expenditure	万元	10000 yuan	922716
#农林水事务支出	Expenses on Agriculture	万元	10000 yuan	43044
科学技术支出	Expenses on Science	万元	10000 yuan	13522
医疗卫生支出	Science and Technology Promotion Funds	万元	10000 yuan	54794
教育支出	Expenses on Education	万元	10000 yuan	198315
四、农业	**Agriculture**			
(一)生产条件	Cinditions of Agricultural			
耕地面积	cultivated area	公顷	hectares	53939
农业机械总动力	Total Power of Agricultural Machinery	万千瓦特	10 000 kw	76
有效灌溉面积	Effective Irrigated Area	公顷	hectares	44939
机电井数	Motor-pumped Well	眼	unit	9368
(二)农作物播种面积	Sown Areas of Farm Crops	公顷	hectares	79027
#粮食作物播种面积	Sown Areas of Grain	公顷	hectares	70909
蔬菜播种面积	Sown Areas of Vegetables	公顷	hectares	6576
(三)农产品产量	Yield of Farm Crops			
粮食总产量	Yield of Grain	吨	tons	363591
蔬菜产量	Yield of Vegetables	吨	tons	424637
(四)园林水果产量	Output of Fruits in Orchards	吨	tons	54766
(五)畜牧业生产	Production of Animal Husbandry			
肉类总产量	Output of Meat	吨	tons	80638
#猪肉产量	Pork	吨	tons	49282
年末生猪存栏	Pigs in Hand (year-end)	头	heads	337441

5-20 续表 continued

指标	Item	单位	Unit	数量 Number
年末牛存栏	Cattle in Hand (year-end)	头	heads	76021
年末羊存栏	Sheep & Goats in Hand (year-end)	只	heads	117700
禽蛋产量	Output of Poultry Eggs	吨	tons	50287
奶类产量	Output of Milk	吨	tons	17127
(六)渔业生产	Production of Fishery			
水产品产量	Output of Aquatic Products	吨	tons	26356
五、工业及建筑业	**Industry and Construction**			
规模以上工业企业单位数	Industrial enterprises above designated size	个	unit	152
规模以上工业总产值(现价)	Gross Output Value of Industry (current price)	万元	10000 yuan	1764029
规模以上工业企业从业人员年平均人数	Annual Average Laborers	人	person	25862
规模以上工业企业主营业务收入	Sales Revenue	万元	10000 yuan	1645817
建筑业企业单位数	Number of Construction Enterprises	个	unit	90
六、交通、通讯与能源	**Transportation, Post, Telecommunication, Energy**			
公路里程	Length of Highway	公里	km	2527
民用汽车拥有量	Number of Civil Motor Vehicles Owned	辆	unit	84685
固定电话用户	Number of Residential Telephone Subscribers at year-end	户	subscriber	143065
移动电话用户	Number of Mobile Telephone Subscribers at year-end	户	subscriber	652928
互联网宽带接入用户	Number of Subscriber of Internet Services	户	subscriber	28453
七、贸易、外经、旅游	**Trade, Foreign Economy and Tourism**			
社会消费品零售总额	Total Sales above Designated Size	万元	10000 yuan	1542262
出口总额	Total Exports	万美元	10000 USD	137125
当年实际使用外资金额	Foreign Investment Actually used in this year	万美元	10000 USD	22400
星级饭店客房总数	The total number of hotel rooms	间	unit	836
八、固定资产投资	**Investment in Fixed Assets**			
固定资产投资	Investment of Urban Units	万元	10000 yuan	6352217
新增固定资产投资	Newly Increased Fixed Assets of Urban Units	万元	10000 yuan	1060867
房地产开发投资	Investment of Real Estate Development	万元	10000 yuan	486445
#住　宅	of which: Residential Buildings	万元	10000 yuan	420493
住宅竣工面积	Floor Space of Residential Buildings	万平方米	10 000 sq. m	46
九、教育、科技、文化、卫生	**Education, Science and Technology, Culture and Health Care**			
普通中学	Number of Regular Secondary Schools	所	unit	65
小学数	Number of Primary Schools	所	unit	115
普通中学专任教师数	Full-time Teachers of Regular Secondary Schools	人	person	4925
小学专任教师数	Full-time Teachers of Primary Schools	人	person	3461
普通中学在校学生数	Students Enrollment of Regular Secondary Schools	人	person	39017
小学在校学生数	Students Enrollment of Primary Schools	人	person	51187
医疗卫生机构床位数	Beds of Hospitals	床	bed	1596
医疗卫生机构技术人员	Medical Technical Personnel of Hospitals	人	person	4366
十、社会保障	**People's Life**			
各种社会福利收养性单位数	Number of Social Welfare Institutions	个	unit	24
各种社会福利收养性单位床位数	Beds of Social Welfare Institutions	床	bed	956
城镇基本养老保险参保人数	Staff Involved in Endowment Insurance	人	person	32300
城镇基本医疗保险参保人数	Staff Involved in Medical Insurance	人	person